業務委託（アウトソーシング）契約書の作成と審査の実務

滝川宜信 著

発行 民事法研究会

はしがき

　今から30年近く前のことであるが、ある企業の法務部課長の職にあったころ、国際法律関係のある研究所の常務理事に国際取引法に関して大学の先生を紹介して欲しいとお願いしたところ、その時に常務理事の発した言葉が今でも私の頭にこびりついている。

　「大学の先生は知ったかぶりが多いからね……」。

　大学で教える現在、そうならないように常に肝に銘じている。

　弁護士の著作による契約関係の実務書でも、実務に基づかず「知ったかぶり」で記述されている部分が時折目にとまる。契約条項の細部にわたってまで、顧客が相談することなどないからだろうと思う。

　知ったかぶりをせず、地道に理論的に実務の最適な方向を説くことが真の実務書であることを、改めて痛感している。

　本書は、実務で使用する100種類以上の業務委託契約書を参考にして比較・検討した結果である。企業法務部門を離れて10年以上経ったいま、本書を執筆するにあたり、まず、実際に企業が取り交わしている契約書を収集することから始めなくてはならなかった。この場を借りて、その収集にご協力いただいた各企業法務部門の方々はもちろんのこと、企業出身の明治学院大学の河村寛治教授、飯田浩司教授にもお礼を申し上げたい。

　また、本書を執筆するにあたり、拙著『取引基本契約書の作成と審査の実務〔第4版〕』を改めて精読したところ、初版から15年も経て、誤記や現在では使われない事項、新しく追加すべき事項などが見つかった。本書執筆の副産物としてその部分について加除を行って、2014年10月に第5版として刊行することができた。

　1970年代、京都大学法学部教授であった恩師北川善太郎先生は、実務研究の成果を『現代契約法Ⅰ・Ⅱ』（商事法務研究会刊）に著し、地道な実務研究と精緻な民法理論とを結び付ける橋を架けられた。

　先生を慕って最後の門下生として研究者をめざしたのが1999年であった。

　本来なら、本書も、先生にご批判をいただくところであるが……、先生がお

亡くなりになられてから2年が経過してしまった。論文についてお褒めにあず¹かったことや、先生が京都から上京の折、東京駅でよく食事をご一緒させていただいたことなどが忘れられない。いま、直接教えを受けた当時の先生と同じ年齢になって、先生なら「こうおっしゃるだろう」と考えながら仕事をしている。

　本書の出版にあたっては、20年近くお世話になっている民事法研究会の田口信義社長、編集部の雪野奈美氏にご尽力いただいたことを記して心から感謝を申し上げる次第である。

　最後に、企業における契約業務に関し、何かの役に立てると思うので以下のウェブを検索していただければ幸いである。

滝川契約	検索

2014年12月

明治学院大学高輪校舎研究室にて

滝川宜信

---

1 論文は、単著として『経営指導念書の理論と実際』（2001年6月刊）という書名で民事法研究会から刊行している。

凡　例

1　本書の特色

本書の特色は、下記のように3つの利用方法がとれるようにしていることである。

①　業務委託契約に関する法的性質および法理論的な内容を知りたいときは、**第1章**

②　業務委託契約に通常使用される条項を知りたいときは、**第2章**

③　個別の業務委託契約書例とポイントを知りたいときは、**第3章～第6章**に収録している。さらに、個別の業務委託契約書例は次にように4つに分類して利用の便を図っている。

- ・「物」に関する、すなわち「物」を媒体とする業務委託契約は、**第3章**
- ・「物」に関しない、コンサルティング等の「ノウハウや専門知識」を媒体とする業務委託契約は、**第4章**
- ・「労働力」に関する、派遣や出向などの「人」を媒体とする業務委託契約は、**第5章**
- ・「販売権」に関する、すなわち代理商、など「販売」を媒体とする業務委託契約は、**第6章**

に収録している。

2　「第2章　業務委託契約書の一般的条項」の利用の仕方

「タイトル」から「契約当事者の表示」まで、業務委託契約書に一般的に使用される16の条項等について解説を行ったものである。

(1)　基本条文等

基本的なもの、当事者の衡平性が極端に偏らないものを基本条文として掲載した。ただし、基本条文がベストという意味ではない。どのような条文が最適であるかは、当事者間の委託取引の具体的状況や事実からしかいえないものだからである。

(2)　意義および当該条項に関する解説と記載例

本条項の意義、考え方、変更すべき条文例など、実際の条文作成や審査に必

要となるノウハウや知識を記述している。

(3)　**条項例（実際に使用されているものを列挙）**

最後に、実際に使用されている条項例を記載例として多数掲載し参考に供している。契約書作成のヒントとして活用していただきたい。

3　「第3章　物に関する業務委託契約書」から「第6章　販売権の委託に関する契約書」までの利用の仕方

各業務委託契約書について、必要となる条項を設定し、その中で解説等を試みている。

各業務委託契約書は次の構成をとっている。

(1)　**業務委託契約書の名称**

各種の個別契約書名を明示している。

(2)　**想定する前提**

ある前提や条件を設定し、それに基づいた業務委託契約書を記載することとしている。

(3)　**各条項**

その契約書に必要とされる条項を掲載している。ただし、第2章に関する条項であっても、記載していないものは、委託取引の状況に応じて、適宜、挿入して利用してほしい。

(4)　**POINT**

必要な条項については、当該条項の解説として「POINT」を掲載している。POINTでは、注意事項、関係判例、変更条文例・追加条文例と変更・追加理由など当該条項に関する必要な内容を記述している。

(5)　**他の標準契約書等との比較**

標準契約書・約款が数種存在するものは、条項ごとまたは重要条項について内容を比較している（民間建設工事約款、産業廃棄物処分委託契約書、ソフトウェア開発委託契約書）。

(6)　**関連条文**

標準約款などについては、関連法令との対比ができるよう関連条文の欄を設けている。

4　裁判所・判例集・文献の略称

　最高裁は最、大審院は大、高裁は高、控訴院は控、地裁は地、地裁支部は支、判決は判、決定は決と略記し、裁判所名、判決年月日、判決文所収判例集を示した（所収判例集等については、以下の略語例によった）。

　　民録（大審院民事判決録）

　　民集（大審院、最高裁判所民事判例集）

　　刑集（大審院、最高裁判所刑事判例集）

　　集民（最高裁判所裁判集民事）

　　高民（高等裁判所民事判例集）

　　下民（下級裁判所民事判例集）

　　東高民時報（東京高等裁判所民事判決時報）

　　裁判所ウェブサイト（裁判所ウェブサイト裁判例情報）

　　新聞（法律新聞）

　　判決全集（大審院判決全集）

　　法学（東北帝国大学法学会誌）

　　判時（判例時報）

　　判タ（判例タイムズ）

　　ジュリ（ジュリスト）

　　金判（金融・商事判例）

　　金法（金融法務事情）

　　NBL（NBL）

　　LEX/DB（TKC 法律情報データベース）

　　商事（商事法務）

目　　次

第1章　アウトソーシング（業務委託）と法

第2章　業務委託契約書の一般的条項

第３章　物に関する業務委託契約書

第4章 物に関しない業務委託契約書

第5章　労働力の委託に関する契約書

第6章　販売権の委託に関する契約書

第1章

アウトソーシング（業務委託）と法

Ⅰ　アウトソーシングとは

①　アウトソーシングの定義

アウトソーシングを広義に捉えると、「ある組織から他の組織に対して、組織の機能やサービスのすべてまたはその一部を委託すること」とされる。

その実体は、従来から行われているが、現在では、経営環境の変化によりアウトソーシングが競争力強化の手段として積極的な意義をもつようになってきている。すなわち、アウトソーシングが従来もっていた単なる業務の一部の代行ではなく、戦略性が新たに加わったことである。[1]

また、狭義に捉えると「アウトソーシングとは、供給側が自ら業務を設計・計画し、運営まで行うことである」とされる。この定義の特色は、業務の設計・計画のみならず、運営まで行う一貫性のある行為をアウトソーシングするものである。したがって、業務の設計・計画だけの場合はコンサルティング、業務の設計・計画がなくて、運営のみの場合は外注、業務の設計・運営もない行為は人材派遣であり、いずれもアウトソーシングではないとする。

一方、前述のとおり広義に捉えると、「業務のすべてまたは一部を外部の組織に任せる委託や外注」すなわち「資源の外部化」である。この定義では、コンサルティング、外注、人材派遣のすべてが含まれる。

本書は、アウトソーシングに関する戦略的な経営そのものを目的とする経営

1　島田辰巳＝原田保編『実践アウトソーシング』1頁、9頁〜10頁（日科技連・1998年）

書ではなく、企業における他企業へのアウトソーシングに関する契約条項の作成や審査方法などを述べるものであり、各種の外部委託契約について広く対象とするものであって、広義の定義をとるものである。

2　アウトソーシングのメリット・デメリット[2]

(1)　メリット

アウトソーシングは、自社によって効率の悪い業務を、専門的機能をもった外部の企業へ委託することであり、それによって余裕のでた社内の経営資源を中核業務（コア・コンピタンス）に集中させることができるので、次のようなメリットが考えられる。

① 　専門的な企業へ外部委託することによる業務の費用削減と負担の軽減
② 　インフラに変更を加えることなくビジネスの成長が可能
③ 　一般的には、自社で行うよりもサービスの高品質化が可能
④ 　固定費の変動費化が可能
⑤ 　人材の有効活用が可能

(2)　デメリット

デメリットとして、組織的な問題と人的問題があるとされる。

(ア)　組織的な問題

① 　戦略的にコントロールすることが失われるおそれ
② 　受託者への依存のしすぎ
③ 　専門的要員がいなくなることによる技術等関連知識の喪失のおそれ（ノウハウの喪失）
④ 　受託者から封じ込められる可能性
⑤ 　機密漏えいなどセキュリティの問題
⑥ 　受託者の経営状態と品質水準（納期の遅延や期待品質との乖離など）
⑦ 　責任の所在

これらのうち、③を除いては、アウトソーシング契約の内容を検討すること

2　島田＝原田・前掲書（注1）13頁～15頁

により歯止めをかけることが可能である。

　たとえば、①②④⑦は、自社の担当部署と受託者との責任の明確化および担当部署によるコントロール体制、⑤は、委託業務に適応した秘密保持契約の締結、⑥は、報告事項の明確化、契約不履行時の対応・ペナルティの明確化、などで対応することになる。

　(イ)　人的問題

①　人的に最適な適合性を継続・維持できないおそれ

②　アウトソーシング対象部門と受託先企業を脅威とみなすおそれ

③　要員の抵抗

④　対象部門の要員のモラールの低下と社内業務の質の低下

⑤　人員の削減問題

⑥　要員のスキルと訓練の範囲の限定化

③　アウトソーシング実務から見たアウトソーシング契約

(1)　受託者との契約のあり方[3]

　アウトソーシングは、基本的に社内で業務を遂行する場合のように、自社の命令・指示系統によっては進行しない。そのため、受託者から提供された契約書では、誤解や行き違いを招き、問題が起こった時点で取り返しのつかないことになる危険性がある。

　委託者が作成し、受託者に提示して、相手と協議する形が望ましい。そして契約内容の協議は利害を主張する場でなく、あくまでも継続的な共存関係を築くための場としての位置づけで臨むことが肝要である。

(2)　委託者から見た契約書の実務的な記載内容[4]

(ア)　契約の目的

　何のために契約するか。受託者に期待することを、提携の目的、共通の経営

3　安部雅博『アウトソーシングの実務』131頁以下（同文館出版・1999年）

4　安部・前掲書（注3）134頁以下、デロイトトーマツコンサルティング『アウトソーシング導入の急所』111頁以下（中央経済社・1999年）、妹尾雅夫『アウトソーシングの知識』37頁以下（日本経済新聞社・2000年）、島田＝原田・前掲書（注1）42頁以下などを参照

目標への貢献、環境変化への対応などを踏まえて、具体的に協議したうえで、条項に表す。

　(イ)　**契約期間**

①　業務の基本的な履行期間、提供するサービスの内容によって期間に長短がでてくる。更新をにらんだ期間設定にしておくことが、アウトソーシングの効果を高める一つのポイントであろう。

②　情報システム構築や物流施設建設などの大規模投資を伴うアウトソーシング契約は、比較的長期になるので、契約期間の設定は重要である。

③　アウトソーシングする業務内容によっては、試験期間（仮契約期間）の設定も必要となる。この場合、試験期間中の定義を明確にし、「本契約開始前に契約の見直しを行う」という1項を入れるようにする。

　　この試験期間の設定は、受託者の機能のチェックのほか、契約内容の見直しや検討ができるので、有効である。

　(ウ)　**委託業務の明細**

①　業務内容に関しては、「○○○一式」という内容ではなくて、できる限り詳細に記述しておく必要がある。特に目的が情報システム構築、製造物製作の場合には、最終的な製品イメージを記述し得ない場合が少なからずあるが、その場合でも管理者責任、工程チェックなどの条項で適宜内容のチェックができるような仕組みにしておくことが重要である。

②　できるだけ多くの想定事項に対応したものとして作成する。

③　業務結果（成果）を受け取る方法を明確にしておくことも必要である。

　(エ)　**契約金額**

①　委託業務の内容を詳細に規定したうえで総額として契約するもの、業務の内容ごとに金額を策定し、サービスを受けたものについて請求を受けるもの、到達目標を設定し、実際の成果を評価する成功報酬方式によるものなどがあり、アウトソーシングする業務の内容から判断する。

②　必要経費の分担を決めておく。

　(オ)　**委託業務の修正・追加**

追加サービス発生の場合や委託業務の内容を変更する場合の手続や方法を定めておく。

特に IT におけるアウトソーシングの場合、追加発生業務が頻繁に起きるのでその対応は必須である。業務の内容によっては、当初予想した以上の処理負担が発生した場合や追加発生業務に対する費用が発生した場合の再交渉による価格決定などを取り決めておく。

㈎　契約内容の不履行と損害賠償

納期の遅れ、品質の低さ、予定した成果との差異など、アウトソーシングの問題点のほとんどがここに集約される。契約不履行に伴う損害賠償の定義を明確にする。

また、双方に起因しない不可抗力の事故についても定めておく。

㈏　機密の漏えい

① 機密保全のためのチェック体制や、実際に漏えいした場合の対処方法を明確にしておく。

② 守秘義務は、このような業務委託を行う際には必須の条項であり、その実効性を担保するために、守秘義務違反に対する厳格な損害賠償条項等によって当該条項の有効性を高めることが重要である。

③ 業務内容によっては、別に詳細な、機密保持契約を締結することも検討する。

㈐　知的財産権

特許権、著作権など、知的財産権の取り扱いが問題となる場合には、自社に帰属するものと受託者に帰属するものの条件を明確にして定めておく。

㈑　品　質

生産部分のアウトソーシングの場合に特に重要である。責任の所在を明確にしておく。市場に出た場合の品質トラブルの責任分担の定めと品質面のトラブル対策として綿密に取り決めておく。

㈒　契約解除

① 受託者が誠実な対応を行わないとき、期間内に契約内容を履行できる見込みがないときなどの場合、自社の損失を最小限にとどめるために、契約の解除条件を明確化することが必要である。

② 事業環境が変化した際などの途中解約（任意解約）の条項なども入れておく。

II　アウトソーシング契約に係る法的性質

業務委託契約書は、その法的性質を明確にしないと契約書に記載されない部分についてトラブルが発生した場合、予見が不可能となる。

また、印紙税法においても、業務委託契約が請負か、売買の委託か、運送か、委任かなどその法的性質が、課税・不課税の判断の重要な要素となる。

一概に業務委託といっても、典型契約（民法が定める13の契約）では、請負（民法632条）、委任（民法643条）、寄託（民法643条）などがあり、民法においては、役務（サービス）提供型の典型契約として分類される。そのほか、派遣などの非典型契約（民法が定める契約以外の契約）も存在する。

1　はじめに

(1)　任意規定と強行規定

民法91条は、「法律行為の当事者が法令中の公の秩序に関しない規定と異なる意思を表示したときは、その意思に従う」とする。

本条は、法律行為の当事者が、「公の秩序に関しない規定（＝任意規定）」と異なった意思表示をしても、そのために法律行為が無効となることはなく意思表示どおりの効果を発することを定めている。

その反面、「公の秩序に関する規定（＝強行規定）」に反する意思表示や特約をした場合、法律行為の当事者の意思表示どおりの効果を生じず、無効とされ法的拘束力はない。

(2)　契約の解釈と任意規定の関係

任意規定には解釈規定と補充規定があるとされる。補充規定とは、たとえば、契約に代金支払場所の約定がない場合に、民法574条（代金の支払場所）が約定のない場合に適用される規定であり、このように意思表示が欠けている事項に適用する「補充規定」の意味をもつ。補充規定は、たとえば、契約の当事者が、合意により証約手付や違約手付とすることも自由であるが、民法557条は、単に手付を交付したときのように法律行為の意思表示が不明瞭な場合に、解約手付として、その意味を解釈する「解釈規定」の意味をもつ。

　任意規定は英米法では、デフォルト・ルールと呼ばれ、当事者が契約によって法律関係を規律しなかった場合に、最後に依拠すべき内容と考えられている。これに対してわが国の任意規定は、法規であるため任意規定に基づく補充や解釈は、任意規定の適用である。[6]

　任意規定は、約款が存在する場合に、それが意思推定としての意味を持たない場合において、すでに合理性の判断基準として用いられており、たとえば売買契約書が存在する場合も、民法の「売買」の諸規定（民法555条〜585条）を中心とする売買法の多くの規定はもはや意思の推定規定としての意味はもたないが、合理性の判断基準としての役割を担っている。[7]

② 請 負

(1) 請負の意義

　請負は、当事者の一方が、ある仕事の完成を約し、相手方が仕事の結果に対してその当事者に報酬を与えることを約すことによってその効力を生ずる有償、双務、諾成契約である（民法632条）。

　仕事は有形でも、無形（たとえば、運送、演奏）のいずれでもよい。

(2) 民法における請負契約

㈦ 請負契約とは

　請負契約は、雇用契約や委任契約、寄託契約と同様、他人の役務を利用する契約である。

　a. 雇用契約との違い　　雇用契約は、労働者が使用者の指揮・監督に従って労務を服すること自体が目的となることから、労働者が労務を提供している限り、労働の成果の如何を問わず、定められた報酬を得ることができる。一方、請負契約においては、仕事を完成しなければ報酬を得ることはできない。

　b. 委任契約との違い　　委任は一定の事務の処理という統一した労務を目的として、受任者は多少の範囲で自由裁量が認められているが、請負と異なり、

5　加藤雅信『新民法体系 I 民法総則〔第2版〕』220頁（有斐閣・2005年）
6　四宮和夫＝能見善久『民法総則〔第7版〕』189頁、192頁（弘文堂・2005年）
7　山手正史「商事売買と法」『岩波講座　現代の法7 企業と法』169頁、175頁（岩波書店・1998年）

仕事の完成に関係なく、仕事の処理に関して費用と報酬が与えられる。[8]

　c.　**製作物供給契約**　　製作物供給契約は、委託者の注文に応じて物を製作するという過程と、製作した物を委託者に供給する過程があり、仕事の完成を目的とした請負的側面と、売買的側面を持っており、請負契約と売買契約の一種の混合契約とされるが、ただ、製作された物が代替物である場合には、売買契約として捉えることが適当であろうし、一方、それが不代替物である場合には、請負契約として捉えることが適当であろう。[9]

　d.　**下請負契約**　　下請負とは、受託者（請負人）が請け負った仕事を自分で完成せずに、受託者が注文者となってさらに第三者（下請負人）に再委託（下請け）させることをいう。下請負人がさらに下請けに出すことを「孫請け」と呼ぶ。

　なお、一般的に使われる「下請け」には、①下請負の場合と、②企業が傘下の取引先に発注する場合（売買、請負、委任、製作物供給など）の意味を含む。

　下請負は、受託者（元請負人）本人が仕事を完成しなければ意味のない場合や法律で禁止されている場合（建設業法22条＝委託者（注文者）の承諾がなければ一括下請けは許されない）を除き認められる。

　したがって、特約があるか、仕事の性質上請負人自身がしなければ債務の本旨に従った履行とはならないような特別の場合を除き、請負人自身が仕事を完成する必要はなく、下請負人を使用することは差し支えない。もっとも、下請負人の故意・過失については、請負人は自己の責めに帰すべき事由として責任を負うべきとされる。ただし、下請負人の使用について特に注文者の承諾があった場合には、請負人は原則、選任・監督上の過失についてのみ責任を負う（『新版注釈民法(16)』124頁〔広中俊雄〕）。

　当事者間で再委託（下請負）を禁ずる特約がある場合、これに反すると請負契約違反となるが、下請負契約自体は無効となるわけではない。下請負契約は、

8　我妻榮『債務各論中巻二』602頁（岩波書店・1962年）
9　東京高判昭和55年10月29日東高民時報31巻10号230頁。電気関係部品の製作供給の事案で、あらかじめ取引数量の合計を定め、かつ毎月の納品数を定めたうえ、その後11回にわたる注文書の発行によって、納期、納品数の指定がなされた契約は1個の継続的供給売買契約ではなく、11個の製作請負契約であるとする。

あくまでも受託者（元請負人）と再受託者（下請負人）の契約関係であり、委託者（注文者）と再受託者（下請負人）の間には直接の契約関係は生じないからである。再受託者（下請負人）は受託者（元請負人）の履行補助者または履行代行者であるから、再受託者（下請負人）の故意・過失につき、受託者（元請負人）は責任を負う。

  (イ)　受託者（請負人）の仕事の完成・引渡義務、委託者（注文者）の報酬
　　　支払義務

　a.「仕事の完成」義務　　請負契約における請負人の義務は、「仕事の完成」であり、仕事が完成しなければ報酬を得ることができない（民法632条）。仕事の完成は、請負契約における請負人のもっとも基本的な義務である。そして、請負では、仕事の完成は報酬と対価関係にあるだけでなく、報酬の支払時期とも関係するので、その確定はきわめて重要である。

　仕事の完成に必要な労務は、原則として、受託者（請負人）が自らこれを提供することを要しない。受託者（請負人）は、さらに下請負させることができるし、第三者を履行補助者として仕事を完成させることもできる。

　b.「注文者の報酬支払」義務　　注文者の報酬支払義務は後払いが原則である。[10]
引渡しが必要な目的物の受託者（請負人）の仕事完成義務は、特約のない限り、注文者の報酬支払義務に対して、先履行の関係に立つ（民法633条の反対解釈。なお、引渡しを要しない請負においては、仕事完成の時に委託者〈注文者〉に報酬支払義務が発生する）。そして、この場合は、受託者（請負人）の目的物引渡義務は、委託者（注文者）の報酬支払義務と同時履行の関係に立つ（民法633条）。[11]

10　前払いの特約があるときは、約定の報酬前払いがあるまで請負人は原則として仕事に着手することを拒むことができるし、仕事の進行に応じて分割払いをしていく特約があるときは、弁済期が到来した分までの支払いがあるまで、請負人は原則として仕事の続行を拒むことができる（前払い特約のある場合＝大判明治44年1月25日民録17輯5頁）。

11　「民法（債権関係）の改正に関する要綱仮案（平成26年8月26日決定）」（以下、「改正要綱仮案」という）は、仕事が完成することができなくなった場合等の報酬請求権について、次のような規律を設けるものとする（第35請負1）。
　「注文者の責めに帰することができない事由によって仕事を完成することができなくなった場合又は仕事の完成前に請負が解除された場合において、既にした仕事の結果のうち、可分な部分の給付によって注文者が利益を受けるときは、その部分を仕事の完成とみなす。この場合において、請負人は、注文者が受ける利益の限度において、報酬を請求することができる。」

(ウ)　目的物の所有権の帰属

　請負契約で完成した目的物（特に建物）の所有権は、いつ委託者（注文者）に帰属することになるのか。当事者間で移転時期を確定していればそれに従う（大判大正5年12月13日民録22輯2417頁）。特約がない場合、①主たる材料の供給者が委託者（注文者）であれば所有権は原始的に委託者（注文者）に帰属する（大判昭和7年5月9日民集11巻824頁）、②主たる材料の供給者が受託者（請負人）であれば所有権は原始的に請負人に帰属し、引渡しによって委託者（注文者）に帰属する（大判大正3年12月26日民録20輯1208頁）。

　これに対し、近時の学説・判例は完成と同時にまたは工事の進捗に応じて委託者（注文者）に帰属するとする（注文者帰属説）。

　最判昭和46年3月5日判時628号48頁[12]は、特約による注文者帰属を認め、最判平成5年10月19日民集47巻8号5061頁[13]は、出来形部分についても注文者に帰属する旨の特約を認める。

(エ)　請負契約と危険負担

　目的物の滅失・毀損により仕事の完成が不能となった場合、当事者双方に帰責事由がなければ、危険負担の債務者主義（民法536条1項）が適用され、目的物の引渡しまでに生じた危険は、受託者（請負人）の負担となり、報酬請求権もなくなる[14]。ただし、特約によって委託者（注文者）に危険を負担させる例も少なくない（たとえば、「民間建設工事標準請負契約約款（甲）」第21条、「民間（旧四会）連合協定工事請負契約約款」第21条など、275頁参照）。

(オ)　請負人の瑕疵担保責任

　完成した仕事の目的物に瑕疵がある場合[15]、受託者（請負人）は、①瑕疵修補

12　最判昭和46年3月5日判時628号48頁は、「建物建築の請負契約において、注文者の所有または使用する土地の上に請負人が材料全部を提供して建築した建物の所有権は、建物引渡の時に請負人から注文者に移転するのを原則とするが、これと異なる特約が許されないものではなく、明示または黙示の合意により、引渡および請負代金完済の前においても、建物の完成と同時に注文者が建物所有権を取得するものと認めることは、なんら妨げられるものではない」とした。

13　最判平成5年10月19日民集47巻8号5061頁は、出来形部分に関しても「建物建築工事の注文者と元請負人との間に、請負契約が中途で解除された際の出来形部分の所有権は注文者に帰属する旨の約定がある場合には、元請負人から一括して当該工事を請け負った下請負人が自ら材料を提供して出来形部分を築造したとしても、注文者と下請負人との間に格別の合意があるなど特段の事情のない限り、右契約が中途で解除された際の出来形部分の所有権は注文者に帰属する」とする。

14　我妻・前掲書（注8）629頁

（民法634条１項）、②損害賠償（民法634条２項）、③契約解除（民法635条）につ
いて瑕疵担保責任を負う。売買契約の場合と異なり、隠れた瑕疵に限られたも
のではない。

　受託者（請負人）に過失がなくてもこれらの責任を負う。ただし、仕事の目
的物の瑕疵が委託者（注文者）の供した材料の性質または委託者（注文者）の
与えた指図によって生じたときは、受託者（請負人）がその材料または指図が
不適当であることを知りながら告げなかったときを除き、受託者（請負人）は
担保責任を免れる（民法636条）。

　また、当事者は、受託者（請負人）が担保責任を負わない、または責任を軽
減する特約をなした場合には、特約に従い担保責任を免れる。ただし、受託者
（請負人）は担保責任を負わない旨の特約をしたときであっても、知りながら
告げなかった事実については、担保責任を免れることはできない（民法640条）。

　a. 委託者（注文者）の瑕疵修補請求権　　委託者（注文者）は、受託者（請負
人）に対して、仕事の目的物に瑕疵があるときは、相当の期間を定めて、当該
瑕疵の修補を請求することができる（民法634条１項本文）。しかし、瑕疵が重
要でない場合、その修補に過分の費用を要するときは修補を請求できない（同
条１項ただし書）。

　b. 委託者（注文者）の損害賠償請求権　　損害賠償請求は、上記の瑕疵修補
請求に代わり、単独ですることも、瑕疵修補請求と共にすることもできる（民
法634条２項前段）。損害賠償請求は、修補不能のときまたは修補に過分の費用
を要するときだけでなく、修補が可能な場合であっても、修補請求をせずに直
ちにすることができる。

15　改正要綱仮案は、民法634条１項の規律を次のように改めるものとする（第35請負２(1)）。
　　「仕事の目的物が種類又は品質に関して契約の内容に適合しないものであるときは、注文者は、
　　請負人に対し、相当の期間を定めて、目的物の修補を請求することができる。」

16　改正要綱仮案は、民法635条を削除するものとする（第35請負２(2)）。

17　最判昭和58年１月20日判時1076号56頁は、「造船の請負契約によって建造された船舶に存する瑕
　　疵が比較的軽微であるが、その修補に著しく過分の費用を要するなど原判示の事実関係のもとに
　　おいては、注文者は、請負人に対し、右修補に代えて、右修補に要する改造工事費及び滞船料に
　　相当する金員を損害賠償として請求することはできない」とするので、注文者は過分の費用を請
　　求することはできず、請負代金の減額を損害賠償として請求することになる。

18　我妻・前掲書（注８）638頁。ただし、信義則によると、修補が容易であり、これにより注文者
　　に損害が残らない場合には、まず修補を請求すべきである。

受託者（請負人）の担保責任の損害賠償の範囲は、売主の場合の信頼利益と異なり、履行利益まで含まれる。売買契約では、売買の目的である特定物を引き渡せば売主の債務は完了するのに反し、請負契約における受託者（請負人）の義務は、仕事の完成すなわち瑕疵のない仕事をすることであるので、その責任は瑕疵によって生ずるすべての損害賠償に及ぶとするのが妥当である[19]。

損害賠償請求権は、受託者（請負人）の報酬請求権と同時履行の関係に立つので（民法634条2項後段）、委託者（注文者）は、自己の有する損害賠償請求権と未払い報酬額とを相殺することが可能である。

　c. **委託者（注文者）の解除権**[20]　　委託者（注文者）は、仕事の目的物に瑕疵があり、そのため契約の目的を達成することができないときは、委託者（注文者）は契約の解除ができる（民法635条本文）。

ただし、仕事の目的物が建物その他土地の工作物である場合には、その主要構造部分に重大な瑕疵があったとしても契約解除は認められない（同条ただし書）。

したがって、建て替えざるを得ない場合でも、契約解除はできないが、判例は、このような場合には、委託者（注文者）は、受託者（請負人）に対し、建物の建て替えに要する費用相当額を損害として請求することができるとした（最判平成14年9月24日判時1801号77頁）。

　d. **請負人の担保責任の期間**[21]　　仕事の目的物を引き渡した時から1年、物の引渡しを要しない場合には仕事を終了した時から1年で消滅するのが原則である（民法637条）。

19　我妻・前掲書（注8）632頁
20　改正要綱仮案は、解除権（民法635条）を削除するものとする（第35請負2(1)）。
21　改正要綱仮案は、民法637条の規律を次のように改めるものとする（第35請負2(3)）。
　　「請負人が種類又は品質に関して契約の内容に適合しない仕事の目的物を注文者に引き渡した場合（引渡しを要しない場合にあっては、仕事が終了した時に目的物が種類又は品質に関して契約の内容に適合しない場合）において、注文者がその不適合の事実を知った時から1年以内に当該事実を請負人に通知しないときは、注文者は、その不適合を理由とする修補の請求、報酬の減額の請求、損害賠償の請求及び契約の解除をすることができない。ただし、請負人が引渡しの時（引渡しを要しない場合にあっては、仕事が終了した時）に目的物が契約の内容に適合しないものであることを知っていたとき又は知らなかったことにつき重大な過失があったときは、この限りでない。」

　土地の工作物については、特則があり、建物その他土地の工作物については引渡し後5年、石造り、土造り、レンガ造り、または金属造りなどの工作物については、引渡し後10年である（民法638条1項）。もっとも土地の工作物が瑕疵により滅失または損傷したときは、委託者（注文者）は、その時より1年以内に修補請求または損害賠償請求をしなければならない（民法638条2項）。

　担保責任の期間は、普通の消滅時効の期間内（民法167条1項＝10年）を限度として、伸張できるとされるが、実際には特約により、民法の規定する期間より短縮しているのが実情である。

　たとえば、「民間（旧四会）連合協定工事請負契約約款」の第27条では、目的物の引渡しの日から、木造の建物は1年、石造、金属造、コンクリート造およびこれらに類する建物、その他土地の工作物もしくは地盤は2年間とする。ただし、その瑕疵が受託者（請負人）の故意または重過失によって生じた場合には、1年を5年に、2年を10年とする（284頁参照）。

　もっとも、「住宅の品質確保の促進等に関する法律（品確法）」94条1項は、「住宅を新築する建設工事の請負契約においては、請負人は、注文者に引き渡した時から10年間、住宅のうち構造耐力上主要な部分又は雨水の浸入を防止する部分として政令で定めるものの瑕疵について、瑕疵担保責任を負う」とする。そして、この規定に反する特約で注文者に不利なものは無効とされる（品確法94条2項）。

㈹　請負契約の終了

　民法は、委託者（注文者）の解除権（民法641条）および委託者（注文者）の破産手続開始による受託者（請負人）等の解除権（民法642条）の規定を置いている。

　a.　委託者（注文者）の解除権　　受託者（請負人）が仕事を完成させるまでは、委託者（注文者）はいつでも損害を賠償して請負契約を解除できる（民法641条）。委託者（注文者）が必要としなくなった仕事を続けさせるのは、社会的・経済的に無意味であるからである。損害賠償の範囲は、受託者（請負人）がすでに支出した費用だけでなく仕事を完成すれば得たであろう利益（履行利益）[22]まで及ぶ。

　b.　委託者（注文者）の破産手続開始による受託者（請負人）等の解除権[23]　　委託

者（注文者）が破産手続開始決定を受けたときは、受託者（請負人）または破産管財人は、請負契約を解除することができ、受託者（請負人）は、すでにした仕事の報酬および報酬に含まれない費用について、破産財団の配当に加入できる（民法642条1項）。この場合には、破産管財人が契約解除をした場合の受託者（請負人）に限って、解除によって生じた損害につき賠償請求でき、それにつき破産財団の配当に加入する（同条2項）。

(3)　商法における請負契約（＝運送契約）

商法569条以下の運送契約は仕事の完成を目的とした請負契約の一種である。そのうち旅客運送契約（商法590条以下）は対象が自然人であり、かつ、当事者が旅客自身であることが多く、企業間契約（B to B）に関する本書の趣旨とは外れるので、以下では「物品運送契約」についてのみ述べる。なお、海上物品運送契約（商法737条〜776条）については、ここでは述べない。

(ア)　物品運送契約の締結

物品運送契約は、受託者である運送人と運送の委託者である荷送人（商品の所有者〈荷主〉または所有者から商品の委託された者）との間で締結される諾成・不要式の契約である。物品運送契約に基づき運送人は運送品を目的地まで運送し、荷受人または貨物引換証の所持人に運送品を引き渡すことにより運送を完了し、荷送人に運送賃を請求する。なお、荷受人は契約当事者ではない。物品運送の運送人とは、陸上または湖川、港湾で物品を運送することを業として運送を引き受ける者である（商法596条）。

なお、必ずしも運送人が自らの輸送手段を運行して運送をなす旨を引き受ける（実運送契約）ことは必要なく、運送人（＝利用運送人という）が下請運送人を履行補助者として利用することにより運送を引き受ける利用運送契約も存在する。[24]

22　内田貴『民法II〔第3版〕債権各論』274頁（東京大学出版会・2011年）、我妻・前掲書（注8）651頁

23　改正要綱仮案は、民法642条1項前段の規律を、次のように改めるものとする（第35請負3）。「(1)　注文者が破産手続開始の決定を受けたときは、破産管財人は、契約の解除をすることができる。(2)　(1)に規定する場合には、請負人は、仕事を完成しない間に限り、契約の解除をすることができる。」

【図1】 物品運送契約の当事者と荷受人

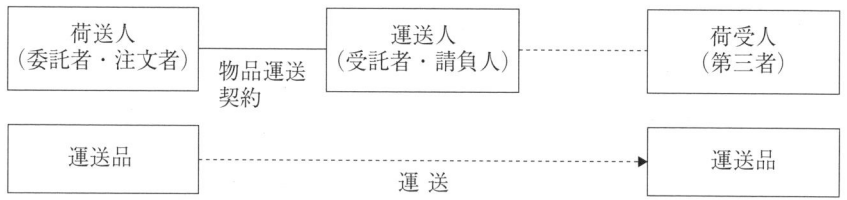

(イ)　運送人の権利

a. 運送品引渡請求権　運送契約は要物契約ではないので運送品の引渡しは契約の成立要件ではないが、運送品の引渡しがなければ運送契約を開始できないので、引渡しを請求できる。

b. 運送状交付請求権　運送人は、荷送人に対して運送状（「送り状」とも呼ばれる）を交付するよう請求することができる（商法570条1項）。運送状は、契約書ではなく、有価証券でもないが、運送契約の内容について荷送人が作成し交付する証拠証券である。これにより、荷受人や相次運送（19頁参照）の場合の後続の運送人が運送契約の内容を確認することが可能になる。

運送状には、運送品の種類・重量または容積およびその荷造りの種類、個数ならびに記号、到達地、荷受人の氏名または商号、運送状の作成年月日を記載し、荷送人が署名しなければならない（商法570条2項）。

c. 運送賃請求権・費用償還請求権　運送人は、特約がなくても当然に運送賃の支払いを請求することができる（商法512条）。運送契約は請負契約である

24　江頭憲治郎『商取引法〔第7版〕』278頁（弘文堂・2013年）。実際に輸送手段を支配・運行している事業者の行う運送を実運送、それらの事業者を下請けとして利用することにより運送契約上の義務を履行する形を利用運送と呼ぶ。利用運送人は、荷送人に対して自ら運送契約上の義務を負い、自らが収受する運送賃と実運送業者に対して支払う運送賃との差額を取得することを業とするものであるから、物品の取次ぎを行うことにより報酬を取得する運送取扱人（商法559条）とは異なる。

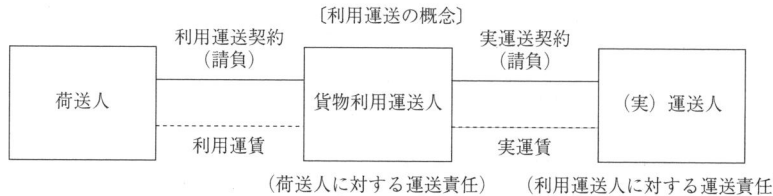

〔利用運送の概念〕

ので後払いが原則であるが（民法633条）、実務では前払いの特約をするのが一般的である（たとえば、「標準貨物自動車運送約款」第33条、327頁参照）。

　運送品の全部または一部が不可抗力により滅失したときは、運送人はその運送賃を請求することができず、運送人がすでに運送賃の全部または一部を受け取っていたときは、これを返還しなければならない（商法576条1項）。ただし、運送品の性質もしくは瑕疵または荷造人の過失によって滅失したときは、運送人は運送賃の全部を請求することができる（同条2項）。

　運送の途中で、荷送人が運送の中止または運送品の返還その他の処分を請求したときは、運送人は運送の割合に応じて運送賃その他の費用を請求することができる（商法582条1項）。

　そのほか、運送人は運送に関し必要な費用（通関費用、倉敷料、保険料、荷造料、運送品の改装費など運送賃に含まれない費用）を支出したときは、その償還を請求することができる（利息については商法513条2項）。

　運送人の荷送人または荷受人に対する債権は、1年の短期消滅時効にかかる（商法589条、567条）。

　d.　留置権・先取特権　　運送人は、運送品に関し受け取るべき報酬、運送賃その他委託者のためにした取立てまたは前貸しについて、運送品を留置する権利を有する（商法589条、562条）。問屋・代理商の留置権（商法521条）と異なり請求権と運送品の間に牽連関係が必要であるが、所有権が委託者にあるかどうかは必要とされない。

　運送人は、さらに運送賃および運送に付随する費用について、自己の手中にある運送品の上に、先取特権を有する（民法318条）。[25]

　e.　供託・競売権　　運送人は、荷受人が不明で確知することができなかったときは、運送品を供託することができる（商法585条1項）。さらに、この場合、運送人が荷造人に催告しても指図がないときは、運送品を競売することができる（同条2項）。運送人は供託・競売をしたときは、遅滞なく荷送人に通知しなければならない（同条3項）。

　運送品が損敗しやすい物の場合、催告をしないで競売をすることができる

25　これらの留置権および先取特権には、破産法上の別除権が認められ（破産法65条、66条）、会社更生法上の更生担保権とされる（会社更生法2条10項）。

（商法587条、524条2項）。

　競売をしたときには、その代価を運送賃や立替払いした費用に充当することも認められる（商法587条、524条3項）。

　これらの供託・競売権は、運送品の引渡しについて争いがある場合にも認められる（商法586条1項）。

㈡　運送人の義務

a. 貨物引換証交付義務　運送人は、荷送人の請求があるときは貨物引換証を交付しなければならない（商法571条1項）。

b. 指図遵守義務　荷送人または貨物引換証の所持人は、運送人に対して運送の中止、運送品の返還その他の処分を請求することができる（商法582条1項前段）。運送人は、この指図に従わなければならない。荷送人等の処分権は、市場の状況や買主の信用状態の変化に伴い、荷送人等は迅速な処置をとることができるよう認められている。荷送人等の利益を保護するため、運送人に指図に従う義務を課している。指図が、運送人の本来の義務を不当に加重するものであってはならず、運送契約の義務の範囲内で行われなければならない。指図により処分を行ったときは、運送人は、すでに行った運送の割合に応じた運送賃（割合運送賃）、立替金およびその処分によって生じた費用の弁済を請求することができる（商法582条1項後段）。

　荷受人の処分権は、運送品が到達地に到達した後、荷受人が運送品の引渡しを請求したときは、消滅する（商法582条2項）。

㈢　運送人の責任

a. 損害賠償義務　運送人は、自己もしくは運送取扱人またはその使用人、その他運送のために使用した者が、運送品の受取り、引渡し、保管および運送に関し、注意を怠らなかったことを証明しなければ、運送品の滅失、毀損または延着について損害賠償の責任を負う（商法577条）。当該規定は、債務不履行の一般原則（民法415条）を明確化したに過ぎないと解されている（通説）。

b. 損害賠償額の特則　大量の運送品を低廉な料金で、かつ迅速に運送しなければならない運送人を保護する趣旨から、商法は損害賠償額について特別な定めを設けている。すなわち、この責任に基づく損害賠償額については、運送品が全部滅失した場合または一部滅失・毀損したうえに延着した場合における

損害賠償額は、その引渡しがあるべかりし日における到達地の価格を基準とし、運送品の一部滅失または損傷の場合における損害賠償額は、その引渡しがあった日における到達日の価格を基準とする（商法580条1項・2項）。

　なお、延着のみによる損害賠償の額については規定されておらず、民法の一般原則（民法415条、416条）による。

　運送人を保護する規定であるので運送人が悪意または重大な過失によって運送品を滅失・毀損させた場合には、本規定の適用はなく、一切の損害を賠償しなければならない（商法581条）。

　c. 高価品の特則　　貨幣、有価証券その他の高価品について、荷送人がその種類および価額を明告したのでなければ、運送人は損害を賠償する責任を負わない（商法578条）。寄託の場合と同趣旨である（商法595条）。

　なお、高価品の特則は、運送品が滅失・毀損した場合であって、延着については高価品とその他の品を区別する必要もなく、運送人は一切の損害の賠償を民法の一般原則によるとされる[26]。

　d. 不法行為責任との競合　　運送人の損害賠償責任（商法577条）は、運送人等が故意または過失により運送品を滅失毀損した場合、債務不履行と同時に運送品の所有権の侵害となり、不法行為責任の要件を満たす場合がある（民法709条、715条）。

　従来の有力説および判例（最判昭和44年10月17日判時575号71頁）は、請求権競合説の立場に立ち、荷送人は、債務不履行と不法行為を理由とする請求権を有し、いずれかを選択することができるとする。

　これに対して、近時の有力説は、契約法の規定と不法行為法の規定は特別法と一般法の関係に立ち、運送契約があるときは、債務不履行責任しか請求できないと解する法条競合説の立場に立つ。

　その他、通常、契約の存在は違法性を阻却するから運送品の滅失毀損があった場合に必ずしも不法行為責任が生ずるわけでないが、不法行為責任は運送契約に予想された程度を逸脱する行為があったときに初めて発生すると解し、運送人が故意・重過失によって滅失・毀損せしめた場合に限り請求権の競合を認

26　近藤光男『商法総則・商行為法〔第6版〕』205頁（有斐閣・2013年）

める説（折衷説）がある。[27]

㋔　荷受人の地位

a. **荷受人の権利**　　荷受人は、運送品が到達地に到着するまでは、何ら権利義務を有しない。運送品は到達地に到着したときは、荷受人は荷送人と同一の権利を取得する（商法583条1項）。この場合、両者の権利は併存するが、競合するときは荷送人の権利が優先する。荷受人が運送品の引渡しを請求したときでも荷送人の権利は消滅せず、運送品の引渡しに関して争いがあるときは、運送人は荷送人に指図を求めることになる（商法586条1項、585条2項）。もっとも、運送品の引渡しを荷受人が請求したときは、荷受人の権利が優先する（商法586条2項参照）。

b. **荷受人の義務**　　荷受人が運送品を受け取ると、運送賃その他の費用を支払う義務を負う（商法583条2項）。なお、この時点においても荷送人の支払義務は消滅せず、両者は不真正連帯債務となる。

c. **貨物引換証が発行されている場合**　　この場合、運送契約上の権利義務は貨物引換証に表章され、証券の所持者が、運送契約上の一切の権利義務を有する。

㋕　相次運送

複数の運送人が、同一の運送品を相次いで運送を行うことをいい、以下の4種が認められる。

a. **部分運送**　　同一の運送品を数人の運送取扱人が独立して特定の部分区間の運送を引き受けるものである。荷送人と運送人がそれぞれ独立した運送契約を結ぶものである。

b. **下請運送**　　1人の運送人（元請運送人）が全区間の運送を引き受け、その全部または一部を下請運送人に委託するものであり、荷送人と直接法律関係に立つのは元請運送人だけであり、下請運送人は履行補助者に過ぎない。

c. **同一運送**　　複数の運送人が共同して全区間を引き受け、運送人間で各自の担当区間を定めるものであり、荷送人との運送契約の当事者となるのは、運送人全員である。したがってこれらの者は、すべての区間について連帯責任

27　戸田修三「運送人の契約責任と不法行為責任」ジュリ増刊商法の争点Ⅱ245頁

を負う（商法511条1項）。

　d.　**連帯運送**　　複数の運送人が1通の通し運送状によって、順次各特定区間の運送を引き受けるもので、荷送人と全区間の運送契約を締結するのは最初の運送人であり、その後の運送人がその運送契約に加入したものとみなされる。

　1通の通し運送状により運送が引き継がれる場合は通常、この形態の運送が存在するものとされ、「狭義の相次運送」と呼ばれる。そして、商法579条は、相次運送の場合の各運送人の荷送人または荷受人に対する連帯責任を定めるが、連帯運送の各運送人を指すとするのが通説である。

　㈮　**貨物（かぶつ）引換証**

　a.　**意　義**　　陸上物品運送において、運送人が運送品の受取りを確認する証券であり、かつ運送品の引渡しを約する有価証券である。運送人は、荷送人の請求に基づき貨物引換証を作成・交付する義務を負う（商法571条1項）。

　b.　**貨物引換証の性質**

①　要因証券（非設権証券）　　既存の運送契約を原因として、運送品返還請求権を表章するものであり、いわゆる要因証券である。

②　要式証券　　証券に記載すべき事項が法定されているので（商法571条2項）、要式証券である。学説は、運送品の同一性を認識できる程度の記載があればよいとし、厳格な要式性を否定する。

③　指図証券性　　当然に指図証券性があり、裏書譲渡が可能である（商法574条）。

④　文言証券性　　運送に関する法律関係は貨物引換証の記載された文言により決定される（商法572条）。

⑤　受戻証券性　　貨物引換証が発行されたときは証券と引換えでなければ、運送人に対し運送品の引渡しを請求できない（商法584条）。

　c.　**貨物引換証の債権的効力**　　前述のとおり、運送に関する法律関係は貨物引換証の記載された文言により決定される（商法572条、文言証券性・債権的効力）。一方、貨物引換証は運送契約を原因として発行される（要因証券性）。この相反する文言証券性と要因証券性の関係を次のような場合どのように解するかが問題となる。

　一つは空券（くうけん）の場合（運送品を実際に受け取っていないにもかかわら

ず貨物引換証が発行された場合）であり、もう一つは品違いの場合（運送人が実際に受け取った物と証券上の記載が相違した場合）である。

判例は、空券の場合、要因証券性を重視して証券を無効と解する（大判昭和13年12月27日民集17巻2848頁）。また判例は、品違いの場合、文言証券性を重視して運送人に対して貨物引換証のとおりの引渡義務を課している（大判昭和11年2月12日民集15巻357頁、倉荷証券の品違いの事案）。

学説は、要因説、文言説、折衷説に大別される。

要因説は、空券は原因を欠いたものとして無効であり、品違いは実際に受け取った運送品を返還すればよく、証券記載を信頼して不測の損害を受けた証券取得者の救済は不法行為責任の追及によるとする。要因説によれば運送人は有利となり、証券流通性確保規定（商法572条）が無意味になる可能性もある。

文言説は、①要因性とは証券の文言に原因の記載を要する意味に過ぎないとする考え方、②要因性を通常用いられる意味に解しつつ貨物引換証を無因証券化されたものとする考え方、③文言性＝無因性と解せずに文言性の理論的根拠を禁反言則や抗弁制限法則に求める考え方に大別できるとする。

折衷説は、要因説、文言説の欠点を配慮したうえで、空券の場合は無効と解し不法行為で救済を図り、品違いの場合は文言性が認められ、債務不履行で救済を図るなどの考え方がある。[28]

d. 貨物引換証の物権的効力　貨物引換証により運送品を受け取るべき者に証券を引き渡したときは、証券の引渡しは、運送品の上に行使する権利の取得について、運送品の引渡しと同一の効力を有する（商法575条）。これを貨物引換証の物権的効力という。その結果、運送品に関する処分は、貨物引換証によってしなければならない（商法573条）。

貨物引換証の物権的効力は、運送品が運送人に引き渡されその直接占有を失った荷送人に、貨物引換証の引渡しをもって運送品自体の引渡しに代えるとする、あたかも自己占有しているのと同一の効果（たとえば、対抗要件の具備〈民法178条〉や運送品の質入れ〈民法344条〉や転売など）を生じるように考え出されたものである。

28　原秀六「貨物引換証の要因性と文言性」ジュリ増刊商法の争点II240頁

⑷　運送関係業法等

　運送関係では、商法に規定（商法569条〜592条「運送」、同法737条〜787条「海上運送」）があるほか、鉄道事業法、鉄道営業法、道路運送法、貨物自動車運送事業法、貨物利用運送事業法、海上運送法、航空法など多数の特別法がある。

⑸　建設業法等

　いま一つ、請負に関する業法として重要なのは建設請負を対象とする建設業法であるが、その契約実務では建設請負契約の標準化（約款化）が進んでいる。なお、建設業法は、近代化に資すると同時に紛争防止に寄与するものとして、契約書の作成を要求するが（建設業法18条）、私法上の契約の成立要件ではない。

　建設業法18条は、「建設工事の請負契約の当事者は、各々の対等な立場における合意に基いて公正な契約を締結し、信義に従って誠実にこれを履行しなければならない」と規定する。

　そして、契約内容を明確化するため、同法19条において前述した書面記載を要求し、契約項目を列挙するが具体的内容を定めているものではない。項目の内容については、当然、発注者と受注者の協議により決定されることになる。

　建設工事に関する下請取引において、一括下請負の禁止（建設業法22条）などのほか、下請人に対する元請負人の義務として第3章第2節（同法24条の2〜24条の7）を置く。さらに、国土交通省は、元請人と下請人間における対等な関係の構築および公正かつ透明な取引の実現を図ることを目的として「建設業法令遵守ガイドライン（平成24年7月再改訂)」を制定している。

⑹　独禁法における「物流特殊指定」

　物流特殊指定は、独禁法2条9項6号を受けて、下請法の「役務提供委託」（下請法2条4項）の規制対象（元請物流事業者と下請物流事業者間の委託取引）とはならない「荷主（委託者）と物流事業者との取引」における優越的地位の濫用を規制している。

　特定荷主が、特定物流事業者に対し、物品運送委託または保管委託をした場合に特定の不公正な取引方法により取引を行った場合に、公取委は、排除措置および課徴金納付（継続的な優越的濫用に限る）を命ずることができる（独禁法

20条、20条の6）。

　特定の不公正な取引方法とは、支払遅延、減額、買いたたき、購入・利用強制、割引困難な手形の交付、不当な経済上の利益の提供要請、不当な給付内容の変更およびやり直し、要求拒否に対する報復措置、情報提供に対する報復措置の9の行為である（物流特殊指定1項〜8項）。

　対象となる取引は、①荷主から委託されている取引内容が、運送サービスまたは倉庫における保管サービスであり、②荷主と物流事業者の間に資本金額（または出資金額）等が以下の関係が存在することである（物流特殊指定備考1）。[29]

【図2】　物流特殊指定における荷主と物流事業者

荷主（委託者）	運送または保管サービス委託	物流事業者（受託者）
資本金額・出資総額が3億円超		資本金額・出資総額が3億円以下（含む個人事業者）
資本金額・出資総額が1千万円超で3億円以下		資本金額・出資総額が1千万円以下（含む個人事業者）
優越的地位に立つ事業者		取引上の地位が劣っている事業者

　なお、荷主が物流子会社を通じて運送取引等を行う場合には、物流子会社が荷主とみなされるが、資本金額等は親会社の資本金額等で判断される（資本金額等について下請法2条9項と同様の規定）。

(7)　下請法（下請事業者の請負）

(ア)　下請法とは

規模の大きい業者（親事業者という）が規模の小さい会社や個人事業者（下

29　資本金額の差を優越的地位の濫用の要件とすることは、下請法の運送委託などの役務提供委託（下請法2条4項）と類似するが、根本的に異なるのは、物流特殊指定の委託者は荷主（運送品の所有者）であり、下請法では「事業者が業として行う……役務の提供の行為を……他の事業者に委託すること」（下請法2条4項）であり、委託者は運送業者である点で、まったく異なる。

請事業者という）へ、商品の製造を委託したり、運送業者が運送を委託したりする場合、弱い立場にある下請事業者を保護するため、親事業者の義務や禁止行為を定めた法律である。「優越的地位の濫用」（独禁法2条9項5号）として独占禁止法においても対象となるが、事業者間の取引において、優越的地位の濫用と下請法の双方が適用可能な場合には、通常、下請法が適用される。

(イ)　下請法の適用範囲

　下請法では、その適用対象となる「下請取引」を、だれが規制の対象となるのかを事業者間の資本金額の関係から、また取引内容を限定して明確化している。

　a. どのような取引内容か　　事業者が「業として行う」以下の4種類の委託取引が対象となる。

① 　製造委託　　下請法でいう製造委託とは、規格、性能、品質、形状、デザイン、ブランド等を指定して、親事業者が下請事業者に、業として販売のための、または業として請け負った製品、半製品、原材料等[30]の物品の製造（含む加工）をしてもらうことをいう（下請法2条1項）。したがって、市場で普通に販売されている物を購入することは製造委託にはならないが、その一部分でも自社用に加工して購入する場合は製造委託にあたる。

② 　修理委託　　事業者が業として請け負った物品の修理の全部または一部を他の下請事業者に修理してもらったり、事業者が自己の使用する物品の修理を行っている場合に、その一部を他の事業者に修理してもらうことである（下請法2条2項）。

③ 　情報成果物作成委託　　事業者が業として提供し、または業として請け負う情報成果物の作成の全部または一部を下請事業者に作成してもらったり、事業者自ら使用する情報成果物の全部または一部を下請事業者に作成してもらうことである。

④ 　役務提供委託　　事業者が業として行う役務提供行為の全部または一部を下請事業者に提供してもらうことである。

b. だれが規制対象となるか　　下請法では、親事業者を規制主体、下請事業

30　販売する製品や請け負った製品を製造する金型の製造委託も含む（下請法2条1項）。

者を保護主体と位置づけている。

① 製造委託・修理委託等（情報成果物作成委託のうち、「プログラム〈ソフトウェア業〉」と、役務提供委託のうち「運送〈運輸業〉」、「物品の倉庫における保険〈倉庫業〉」および「情報処理〈情報処理サービス業〉」の4業種を含む。下請法2条7項1号かっこ書、下請法施行令1条2項）。

　ⓐ 資本金額または出資総額が3億円を超える法人たる事業者が、個人または資本金額または出資総額が3億円以下の法人たる事業者に、製造委託・修理委託等をする場合、前者を「親事業者」といい、後者を「下請事業者」という。

　ⓑ 資本金額または出資総額が1千万円を超え3億円以下の法人たる事業者が、個人または資本金額または出資総額が1千万円以下の法人たる事業者に、製造委託・修理委託等をする場合、前者を「親事業者」といい、後者を「下請事業者」という。

【図3】　製造委託・修理委託等における親事業者と下請事業者

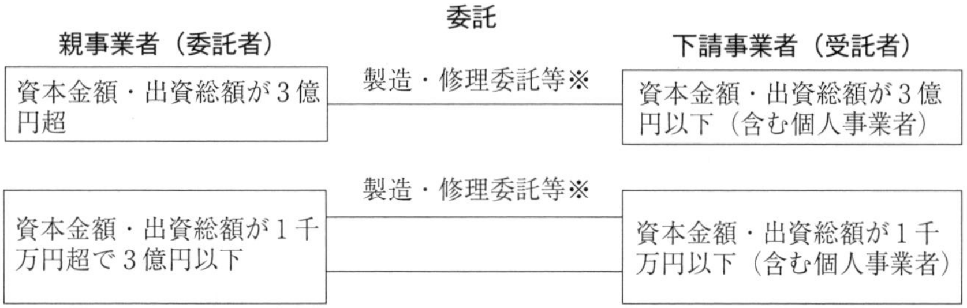

※政令（下請法施行令1条2項）に定める情報成果物作成委託および役務提供委託のうち4業種を含む。

② 情報成果物作成委託・役務提供委託（政令で定める業種〈上記①かっこ書〉を除く）

　ⓐ 資本金額または出資総額が5千万円を超える法人たる事業者が、個人または資本金額または出資総額が5千万円以下の法人たる事業者に、情報成果物作成委託・役務提供委託をする場合、前者を「親事業者」とい

い、後者を「下請事業者」という。

ⓑ　資本金額または出資総額が1千万円を超え5千万円以下の法人たる事業者が、個人または資本金額または出資総額が1千万円以下の法人たる事業者に、情報成果物作成委託・役務提供委託をする場合、前者を「親事業者」といい、後者を「下請事業者」という。

【図4】　情報成果物作成委託・役務提供委託における親事業者と下請事業者
（図3の※を除くもの）

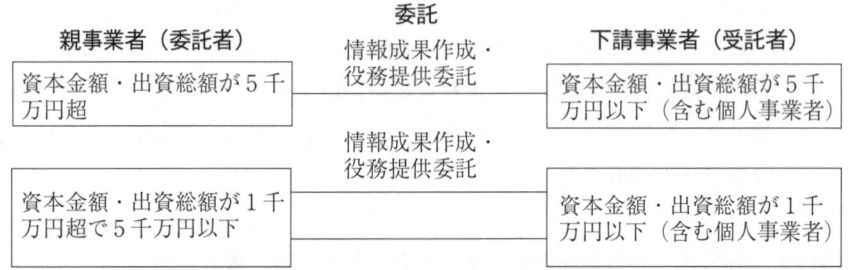

(ｳ)　**親事業者の義務**

①　支払期日を定める義務　　親事業者は、下請事業者から物品を受領した日（役務提供委託の場合は、下請事業者が役務の提供をした日）から起算して60日以内のできる限り短い期間内に、下請事業者の受け取る代金の支払期日を定めなければならない（下請法2条の2）。

②　書面の交付義務　　親事業者が下請事業者に発注する場合には、直ちに、注文の内容、下請代金の額、支払方法等を記載した書面（3条書面）を下請事業者に交付しなければならない（下請法3条）。[31]

③　遅延利息の支払義務　　親事業者は、支払期日（前記(ｳ)①参照）までに下請代金を支払わなかった場合、下請事業者から物品を受領した日から起算して60日を経過した日から支払いをする日までの期間について年14.6%の遅延利息を支払わなければならない（下請法4条の2）。

④　書類の作成・保存義務　　親事業者は、下請業者に対し製造委託、役務提供委託等をした場合は、給付の内容、下請代金の額等について記載した

書類（5条書類）を作成し、2年間保存しなければならない（下請法5条）。

㈜　親事業者の禁止事項

　下請法では親事業者が製造委託等をした場合、してはならない行為として11項目の禁止事項が課せられている（下請法4条1項各号および2項各号）。これらの行為は、たとえ下請事業者の了解を得て行ったとしても、また親事業者に違法性の意識がなくても、下請法違反となるので十分な注意が必要である。

① 　買いたたきの禁止　　親事業者は、発注に際して下請代金を決定するときに、発注した内容と同種または類似の給付の内容（または役務の提供）に対して、通常支払われる対価に比べて著しく低い下請代金を不当に定めてはならない（下請法4条1項5号）。

② 　不当な下請代金の減額の禁止　　親事業者は、発注時に決定した下請代金を、下請事業者に責任がないにもかかわらず発注後減額してはならない（下請法4条1項3号）。

③ 　下請代金の支払遅延の禁止　　親事業者は、理由のいかんを問わず、支

31　発注書面（3条書面）の内容 [*1]

①親事業者・下請事業者の名称（番号、記号でも可）
②製造委託、役務提供委託等をした日
③下請事業者の給付の内容
④下請事業者の給付を受領する期日（役務提供委託は役務が提供される日・期間）
⑤下請事業者の給付を受領する場所
⑥下請事業者の給付の内容について検査をする場合は、その検査を完了する日
⑦下請代金の額（算定方法による記載も可）[*2]
⑧下請代金の支払期日
⑨手形を交付する場合はその手形の金額と手形の満期
⑩一括決済方式で支払う場合は、金融機関名、貸付または支払可能額、親事業者が下請代金債権相当額または下請代金債務相当額を金融機関に支払う日
⑪原材料を有償支給する場合はその内容（品名、数量、対価、引渡し期日、決済期日、決済方法）

※1　継続的な運送委託契約書が、3条書面の内容をすべて網羅したものであれば、発注書を出す必要はないが、実務上、個別具体的な運送を指示することは必要と考えられる。
※2　この算定方法は、下請代金の額の算定の根拠となる事項が確定すれば、具体的金額が自動的に確定することになる必要があり、具体的金額が確定すれば、速やかに下請事業者に通知する必要がある（運用基準第3-1(2)）。

払期日までに下請代金を支払わなければならない（下請法4条1項2号）。

④　購入・利用強制の禁止　　親事業者は、正当な理由がない限り、親事業者の指定する製品や原材料を強制的に購入させたり、サービス等を強制的に下請事業者に利用させて対価を支払わせてはならない（下請法4条1項6号）。

⑤　不当な返品の禁止　　親事業者は、下請事業者に責任がないにもかかわらず、納入された物品等をいったん受領した後に、返品してはならない（下請法4条1項4号）。

⑥　受領拒否の禁止　　親事業者は、下請事業者に責任はないのに、下請事業者に委託した給付の受領を拒んではならない（下請法4条1項1号）。

⑦　報復措置の禁止　　親事業者は、下請事業者が親事業者の下請法違反行為を公正取引委員会や中小企業庁に知らせたことを理由に、下請事業者への注文数量を減らしたり、取引を停止したり、その他不利益な取扱いをしてはならない（下請法4条1項7号）。

⑧　有償支給原材料等の対価の早期決済の禁止　　親事業者は、下請事業者の給付に必要な原材料等を有償支給している場合、下請事業者の責に帰すべき理由がないのに、その原材料等を用いる給付に対する下請代金の支払期日より前に、その原材料等の対価を下請事業者に支払わせたり、あるいは下請代金から控除（相殺）してはならない（下請法4条2項1号）。

⑨　割引困難な手形の交付の禁止　　親事業者は、下請代金を手形で支払う場合、割引を受けることが困難とされる手形サイト（現在の運用では120日超）の手形を交付してはならない（下請法4条2項2号）。

⑩　不当な経済上の利益の提供要請の禁止　　親事業者が、下請事業者に対し、自己のために金銭、役務その他の経済上の利益を提供することにより、下請事業者の利益を不当に害してはならない（下請法4条2項3号）。

⑪　不当な給付内容の変更・やり直しの禁止　　親事業者が、下請事業者に責任がないのに、発注の取消しもしくは発注内容の変更を行い、または受領後にやり直しをさせることにより、下請事業者の利益を不当に害してはならない（下請法4条2項4号）。

(オ) **下請法違反に対する措置**

① 勧告（下請法 7 条）　「必要な措置」をとるよう公取委からなされるもので、違反行為の取り止め、下請事業者に与えた不利益の回復、再発防止措置の実行（再発防止の取締役会決議など）が求められる。また、勧告に従った場合であっても社名と違反事実が公表される。

② 指　導　下請法には「勧告」しか記載されていないが、多くの場合、非公式な方法である「指導」により行われる。

③ 罰　則　ⓐ 3 条書面を交付しなかった（一部欠落、不正確なものを含む）、5 条書類を作成・保存しないまたは虚偽の書類を作成した、ⓑ 9 条の規定による報告をしない、または虚偽報告または検査を拒否・妨害・忌避した者は50万円以下の罰金が処せられる（下請法10条〜11条）。ただし、これらの罰則が適用された例はない。

(8) **標準約款**

運送関係では、「標準貨物自動車運送約款」（平成 2 年国交省告示575号、最終改正平成15年 3 月国交省告示170号）、「標準貨物軽自動車運送約款」（国交省告示171号）、「標準引越運送約款」（最終改正平成15年 3 月国交省告示170号）、「標準貨物軽自動車引越約款」（国交省告示172号）、「標準宅配便運送約款」（平成 2 年運輸省告示576号、最終改正平成15年 3 月国交省告示170号）、「標準霊柩運送約款」（平成18年国交省告示1047号）がある。

そのほか、利用運送（15頁注24）に関しても、「標準貨物自動車利用運送約款（平成 2 年運輸省告示579号）」などの約款がある。

建設関係では日本建築学会・日本建築家協会・日本建築協会・全国建設業協会・建築業協会・日本建築士連合会・日本建築士事務所連合会の 7 団体が作成した「民間（旧四会）連合協定工事請負契約約款」や中央建設業協議会が決定した「民間工事標準契約約款（甲）(2)」が民間建設工事で利用されている。公共工事では、中央建設業審議会決定の「公共工事標準請負契約約款」がある。さらに建設下請取引に関し「建設工事標準下請契約約款」がある。

以下で、「標準貨物自動車運送約款」、「民間（旧四会）連合協定工事請負契約約款」について、民法・商法規定との主な相違について述べる。

【表1】　標準貨物自動車運送約款と民法・商法の規定との相違

標準貨物自動車運送約款		民法・商法の規定	
第40条 （コンテナ貨物）	コンテナの貨物の滅失・毀損に関して、運送人に対して損害賠償請求をしようとする者は、その損害が運送人または使用人その他運送のため使用した者の故意過失によることを証明しなければならない。 （立証責任＝荷送人）	商法577条	運送人またはその使用人その他運送のため使用した者が無過失を証明できなければ貨物の滅失・毀損・延着につき損害賠償の責めを免れることはできない。 （立証責任＝運送人）

【表2】　民間（旧四会）建設工事請負契約約款（民間（旧四会）約款）および民間工事請負契約約款（甲）（民間約款（甲））と民法・商法の規定との相違

民間（旧四会）約款		民間約款（甲）		民法・商法の規定	
第21条 （不可抗力による損害）	不可抗力による損害が生じたときは、当事者が協議して重大なものと認め、かつ受注者が善管注意をしたと認められるものは、発注者の負担とする。	第21条	同左	民法536条1項	請負契約の目的物たる建築物が竣工前に天災で滅失した場合は、受注者は報酬請求権を失う（大判明治35年12月18日民録8輯11巻100頁）。
第27条2項 （瑕疵の担保）	瑕疵担保期間は引渡し後、木造の建物は1年間、石造・金属造・コンクリート造およびこれらに類する建物等は2年間とす	第27条	同左	民法638条1項	引渡し後5年間担保責任を負う。石造・金属造・コンクリート造およびこれらに類する建

	る。 瑕疵が受注者の故意・重過失によって生じたときは1年を5年、2年を10年とする。				物等は10年とする。
第27条4項～5項（瑕疵の担保）	発注者が引渡し時に瑕疵があったことを知ったときは遅滞なく行使要。 滅失・毀損の日から6か月以内に行使要。	第27条	同左	民法638条2項	滅失・毀損の日から1年以内に行使要。

③　委　任

(1)　委任の意義

委任契約は当事者の一方（委託者）が、法律行為をすることを相手方に委託し、相手方（受託者）がこれを承諾することにより、効力を生じる（民法643条）。

法律行為でない事務を委託する場合を準委任契約といい委任の規定が準用される（民法656条）。

準委任される事務の対象範囲は広い。委任契約の典型は弁護士への訴訟委託であるが、準委任は医師との診療契約や税理士の税務サービスなどの専門的知識を提供する事務は言うに及ばず業務委託契約など多方面で利用されている。

(2)　民法における委任契約

(ア)　代理と委任の関係

任意代理人は「委任による代理人」とされる（民法104条、111条2項）。本人と代理人の内部関係すなわち本人が任意代理人に代理権を付与する原因の一つは、委任契約である。

31

　もっとも民法は代理と委任とを、観念上、区別して構成した。委任契約は代理権が与えられる場合も少なくないが、委任契約であれば代理権が発生するとは限らない。委任のうち受任者が委任者の名において法律行為をすることを許されているときは、代理権が与えられていると見るべきであるが、受任者の名において法律行為をするときは、代理権は認められない（『新版注釈民法(16)』209頁〔明石三郎〕）。

　そのため、商法上の問屋は委任契約であるが、売買は問屋自身が当事者となって行われ、代理を伴わないことから代理権の授与を伴わない。

　一方、雇用契約、組合契約、請負契約では代理権の授与を伴う場合がある。

　㈠　**委任と他の法律関係**

　請負と委任の違い等については前述したが（7頁）、以下に比較表を添付した。

　委任と雇用の関係が問題になることがある。労働力の提供や技術指導などを目的とする行為を個人が会社（＝委託者）と契約を締結している場合、原則として、雇用関係はなく労基法は適用されない。

【表3】　請負と委任・準委任との比較表

	請　　負	委任・準委任
契約の目的	受託者が委託（＝請け負わ）された仕事を完成すること（民法632条） ※受託者が仕事を中止し期限内の完成不能が明確になれば、委託者は契約解除できる（大判大正15年11月25日民集5巻763頁）	受託者が委託（＝委任）された事務を処理すること（民法644条）
受託者の義務	受託者は仕事を完成する義務を負う（民法632条）	受託者は善管注意義務を負う（民法644条）
報酬請求権	受託者は仕事を完成した後でなければ報酬を請求できない	受託者は委任事務を履行した後でなければ報酬を請求できない

	（民法633条） →受託者の仕事完成義務は委託者の報酬支払義務に対して先履行の関係にある。そして物の製作や修理に関する請負契約は仕事完成後目的物の引渡義務と報酬支払義務は同時履行の関係にある	（民法648条2項） →民法は原則無報酬とするが、受託者が商人の場合（商事委任）は、常に報酬を請求できる（商法512条） →弁護士（商人ではない）報酬について特段の定めがなくても相当の報酬額を算定すべき（最判昭和37年2月1日民集16巻2号157頁）
契約解除権	（委託者）原則、仕事が完成するまでの間はいつでも損害を賠償して解除できる（民法641条） （受託者）契約を解除することはできない	（委託者および受託者）いつでも契約を解除できる（民法651条1項） →ただし、相手が不利なときに解除した場合は、損害賠償義務を負う（同条2項）
瑕疵担保責任	受託者は、仕事に瑕疵があれば、瑕疵担保責任を負う（民法634条〜640条）	規定なし
報告義務	受託者は報告義務を負わない	受託者は、委託者の請求があれば、いつでも事務処理状況を報告し、委任事務の終了後は顛末の報告義務を負う（民法645条）
印紙税	課税文書	原則、不課税文書
根拠法	民法643条〜656条	民法632条〜642条

㈡　復委任

　第三者に自分に代わり事務処理を委任することを復委任というが、委任は人的な信頼関係に基づくので、受託者自らがその事務を処理すべきであり、復委任をすることができない。

　しかし、通説は、任意代理権で認められる復任権（民法104条）を類推適用し、

委託者の許諾を得たとき、またはやむを得ない事由があるときに限って、復受託者（再委託）を認めるべきとする。[32]

　ただし、事務処理の全部または一部に復委任の可能性のある委任契約については、容認あるいは禁止をするにかかわらず、契約書で明確に規定しておくべきである。

㈜　受託者（受任者）の義務

　a.　**善管注意義務**　　委任契約の受託者は、委任事務を処理することにつき、善管注意義務を負う（民法644条）。弁護士、銀行、公認会計士、税理士などが委任の受託者である場合、受任者の提供する役務（サービス）は、高度で専門的なものであるのは当然であるが、それぞれの専門的サービスにおいて要求される相当なレベルに達していればよい。[33]

　b.　**付随的義務**　　委任契約の受託者は、受託した事務の処理中は、委託者の求めに応じてその状況を報告し、委任終了後は、遅滞なく、事務処理の顛末を報告する義務がある（民法645条）。

　判例は、コンビニエンス・ストアのフランチャイズ契約のうち発注システムでの代金支払いについて、通常の準委任と異なる特性が存するが、準委任の性質を有するとしたうえで、フランチャイズの運営会社Y社は、同社に集約された情報の範囲内で、提供されている資料等からは明らかにならない支払内容を加盟店経営者Xに報告することは大きな困難があるとは考えられず、仕入代金の支払いに関するYからXへの報告について何ら定めがないからといって、民法656条の報告義務が認められない理由はなく、本件基本契約の合理的解釈としては、報告する義務を免れないとした（最判平成20年7月4日判時2028号32頁）。

　このような場合、受託者にとってに負荷がかかるのであれば、明確に報告す

32　改正要綱仮案は、次のような規律を設けるものとする（第36委任1）。
　「⑴　受任者は、委任者の許諾を得たとき、又はやむを得ない事由があるときでなければ、復受任者を選任することができない。
　　⑵　代理権を付与する委任において、受任者が代理権を有する復受任者を選任したときは、復受任者は、委任者に対して、その権限の範囲内において、受任者と同一の権利を有し、義務を負う。」
　※なお、本規律は、通説と同様である。
33　北川善太郎『債権各論〔第3版〕』90頁（有斐閣・2003年）

る範囲を定めておくことも必要になる。

　上記の義務のほか、委任契約の受託者は、受託した事務を処理するにあたり、受け取った金銭その他の物や収取した果実を委託者に引き渡さなければならず、さらに、受託者が自己名義で得た権利を委託者に引き渡さなければならない（民法646条）。もっとも、委任契約締結時に、委託者が買入れの委託にあたり、金銭を受託者に交付していたときは、受託者が第三者から権利を取得すると同時に、その権利が受託者から委託者に移転する旨の合意があったものと推定される（大判大正4年10月16日民録21輯1705頁）。

　そして、委任の受託者が委託者に引き渡すべき金銭、または委託者の利益のため用いるべき金銭を自己のため消費したときは、消費した以後の利息を支払うとともに、もしも損害が発生していればそれも賠償しなければならない（民法647条）。

(オ) 委託者（委任者）の義務

a. **報酬支払義務**　民法648条1項、656条は、委任契約の受託者は委託者に対して報酬を請求できないと定めるが、受託者が商人である場合（商事委任）には、特約がなくても、常に有償である（商法512条）。また、商人に該当しない者で、報酬の合意がなくても、報酬を支払う黙示の契約または慣行があると見るべきである（最判昭和37年2月1日民集16巻2号157頁参照）[34]。

　報酬の支払いは、委任事務の終了した後が原則であるが、期間をもって報酬を定めたときは期間の経過後に請求することができる（民法648条2項）[35]。

　委任が受託者の責に帰さない事由により中途で終了したときは、受託者は履行の割合に応じて報酬を請求することができる（民法648条3項）[36]。この点は、仕事の完成を目的とする請負とは異なる。

　売主が同一の不動産の売却を2人の仲介業者に仲介を委託していた場合であっても、各仲介業者がそれぞれ単独で仲介業務を行って売買契約が成立したと

34　内田・前掲書（注22）293頁
35　改正要綱仮案は、報酬の支払時期に関し、民法648条2項に付け加えて、次のような規律を設けるものとする（第36委任2(1)）。
　　「委任事務の処理により得られた成果に対して報酬を支払うことを約したときは、報酬は、その成果の引渡しと同時に、支払わなければならない。ただし、その成果が引渡しを要しないときは、民法第648条第2項本文の規定を準用する。」

きには、各仲介業者は、それぞれ法定の最高報酬額の範囲内で仲介手数料の支払いを請求することができる（東京高判平成 6 年 7 月19日金判964号38頁）。

　また、不動産売買契約が成立するという段階で、不動産仲介業者を外して委託者（売主）が購入希望者と直接契約を締結した事案では、停止条件の成就を妨げたものとして（民法130条）、不動産仲介業者は報酬を請求できるとする（最判昭和45年10月22日民集24巻11号1599頁）。

　b. 費用の前払い義務　　委任事務を処理するのに要する費用について、受託者から請求があれば、委託者は費用を前払いしなければならない（民法649条）。

　c. 立替費用償還義務　　受託者は、委任事務を処理するため必要な費用を支出したときは、委託者に対し、その費用と支出日以後の利息の償還を請求することができる（民法650条 1 項）。

　d. 債務弁済・担保提供義務　　受託者は、委任事務を処理するため必要な債務を負担したときは、委任者に対し、その債務を自己に代わり弁済させ、また、その債務が弁済期にないときは、委託者に相当の担保を提供させることができる（民法650条 2 項）。

　e. 損害賠償義務　　受託者は、委任事務を処理するため自己に過失なく損害を受けたときは、委託者に対しその賠償を請求することができる（民法650条 3 項）。

　(カ)　委任契約の終了

　a. 委任契約の終了事由　　委任契約は、契約共通の終了事由（委任事務の終了、委任事務の履行不能、終期の到来、解除条件の成就など）によって終了するほか、任意解除権（民法651条）の行使によって終了するほか、委託者または受託者の死亡、委託者または受託者の破産手続開始決定を受けたこと、受託者が後

36　改正要綱仮案は、民法648条 3 項の規律を次のように改めるものとする（第36委任 2 (2)）。
　　「ア　委任者の責めに帰することができない事由によって委任事務を処理することができなくなったとき又は委任が履行の中途で終了したときは、受任者は、既にした履行の割合に応じて報酬を請求することができる。
　　　イ　2 (1)（前掲（注34））に規定する場合において、委任者の責めに帰することができない事由によって成果を得ることができなくなったとき又は成果を得る前に委任が終了したときは、既にした委任事務の処理による結果のうち、可分な部分の給付によって委任者が利益を受けるときに限り、その部分を得られた成果とみなす。この場合において、受任者は、委任者が受ける利益の限度において、報酬を請求することができる。」

見開始の審判を受けたこと、などによって終了する（民法653条）。これらは、委任契約が当事者間の信頼関係に基づくことが重視されるからである。

　なお、企業間の委任契約においては、当事者の一方が破産手続開始決定だけでなくその他の法的倒産手続の開始の申立てのあったとき、当事者の一方が、仮差押え、仮処分、差押え等の申立て等を受けたとき、手形小切手の不渡り処分や支払停止となったときなどの事由が生じたときは、他方がいつでも解除できるようにする例が多い（「契約解除条項」、123頁参照）。

　b.　**任意解除権**　　民法651条1項は、委任は、各当事者がいつでも解除することができると規定する。委任が当事者の人的信頼関係に基づくものであり、信頼が失われると委任を継続する意味がなくなるからである。委任契約の解除は、遡及効がなく、将来効のみ生ずる（民法652条、620条＝解約告知の意味である）。

　もっとも、任意解除と異なる特約も有効であり、実際、「○か月前までに告知しないと解除できない」とすることや「特定の解除事由がないと解除できない」とすることも可能である。

　相手方の不利な時期の解除は、解除者はその損害を賠償しなければならないが、やむを得ない事由があればこの限りでない（民法651条2項）。[37]

　したがって、「一定の予告期間を定めてその期間経過後に、解除の効果が生じる」などの条項を規定することは、損害賠償が発生する機会を減少させることになる。

　c.　**受託者の利益にもなる委任契約の任意解除権**　　大判大正9年4月24日民録29巻562頁は、委任契約が受任者の利益をも目的としていたときは、民法651条により解除できないとした。このときの委任契約は、委託者が受託者に対し、委託者の債務の取立てを委任し、その取立金額の1割を受託者の委託者への債

37　改正要綱仮案は、民法651条2項の規定を次のように改めるものとする（第36委任3）。
　「民法第651条第1項の規定による委任の解除が次のいずれかに該当するときは、その解除をした者は、相手方の損害を賠償しなければならない。ただし、やむを得ない事由があったときは、この限りでない。
　⑴　当事者の一方が相手方に不利な時期に委任を解除したとき。
　⑵　委任者が受任者の利益（専ら報酬を得ることによるものを除く。）をも目的とする委任を解除したとき。」

務の弁済に当てるものであった。

　これに対して最高裁の昭和56年の判例は、不動産管理委託契約に関する事案で、受任者の利益のため締結された委任契約を解除するやむを得ない事由がない場合であっても、委任者が委任契約の解除権自体を放棄したものとは解されない事情があるときは、民法651条により委任契約を解除することができるとした（最判昭和56年1月19日民集35巻1号1頁）。

　以上から、契約実務では、受益者の利益にもなる委任契約においては、契約解除・不解除に関する条項を規定しておく必要がある。

⑶　商法における委任契約

㋐　商行為にかかる代理および委任

a.　商行為の代理（顕名主義の例外）　　本人にとって商行為となる契約において、代理人が本人のためにすることを示さないときでも、代理人の行為は本人に対して効力を生じる（商法504条本文）。

　ただし、相手方が本人のためにすることを知らなかったときは、相手方は代理人に対しても履行の請求ができる（同条ただし書）。これは、民法99条、100条の顕名主義の例外を定めたものとされる。

b.　本人の死亡と代理権の存続　　商行為の委任に基づく代理権は、商人の死亡によって消滅しない（商法506条）。民法は、商人が死亡すれば代理権は消滅するとする（民法111条1項1号）。しかし、この原則が商取引に適用されると、取引の安全が著しく妨げられることから、企業の便宜と取引の安全のために、民法の特則が設けられたものである（東京高判平成10年8月27日判時1683号150頁）。

c.　商行為の委任における受託者の権限　　商行為の委任の受託者は、委任の本旨に反しない範囲内において、委任を受けていない行為をすることができる（商法505条）。民法644条の趣旨（善管注意義務）を明確にしたものとされる。この規定は、単に委任の委託者と受託者との内部関係における受託者の権限の範囲を規定したものに過ぎないとされる。[38]

38　近藤・前掲書（注26）140頁

　したがって、本規定は対外的代理権の拡張を図ったものではないとされるので、実務においては、対外的代理権に関しては、委託契約の目的条項で、明確にしておくことが求められる。

　㈠　**代理商契約**

　代理商とは、特定の商人・会社のために、平常その商人の営業の部類に属する取引の代理または媒介をする者で、その商人の使用人でない者をいう（商法27条、会社法16条）。

　商人と代理商の間には、取引の代理を行う締約代理商であれば委任契約が存在し、取引の媒介を行う媒介代理商であれば準委任契約が存在し、いずれも民法の委任に関する規定が適用・準用されるが、商法には特則がありこちらが優先的に適用される[39]。

　a.　**代理商の権利**

　①　留置権　　代理商が取引の代理または媒介をなしたことによって生じた債権の弁済期が到来しているときは、弁済を受けるまで商人のために当該代理商が占有する物または有価証券を留置することができる（商法31条本文、会社法20条本文）。ただし、この留置権は別段の意思表示に行って排除することも可能である（商法31条ただし書、会社法20条ただし書）。

　②　売買に関する通知受領権　　代理商が物品の販売または媒介の委託を受けた場合、代理商は売買の目的物の瑕疵または数量の不足（商法526条2項）、その他売買に関する通知を受ける権限を有する（商法29条、会社法18条）。

　b.　**代理商の義務**

　①　通知義務　　代理商が取引の代理または媒介をしたときは、遅滞なく、その旨の通知を商人に対して発しなければならない（商法27条、会社法16条）。民法645条（受任者による報告）に対する特則である。

　②　競業避止義務　　代理商は、商人の許可を受けなければ、自己または第三者のためにその商人の営業の部類に属する取引をしたり、その商人の営業と同種の事業を行う会社の取締役、執行役、業務執行社員となることが

39　近藤・前掲書（注26）98頁

できない（商法28条1項、会社法17条1項）。

　c.　**代理商契約の終了**　　代理商契約は、委任の一般的終了原因（民法653条）により終了する。[40]

　代理商契約において当事者が契約期間を定めなかった場合には、2か月前までの予告により、契約を解除できる（商法30条1項、会社法19条1項）。この点でいつでも解除できるとする民法651条の適用を排除する。もっとも、やむを得ない事由があるときはいつでも解除することができる（商法30条2項、会社法19条2項）。やむを得ない事由とは、代理商の競業避止義務違反、商人の報酬支払債務の不履行など信頼関係が崩壊し、契約の継続が著しく困難であるとされる事由である。過失のある相手方に対して損害賠償をすることは認められる（民法652条、600条）。

　(ウ)　**仲立契約**

　a.　**仲立人**　　仲立人とは、他人間の商行為を媒介することを営業とするものである（商法543条）。仲立人は、商品や有価証券の売買、保険、金融、海上運送、旅行[41]、不動産取引[42]などの分野で利用され、委託者は、仲立人からの情報によって取引の相手方を見つけ取引契約を締結することができる。

　なお、民事仲立人には商法543条以下の仲立営業に関する規定は適用されない。[43]

　b.　**一方的仲立契約と双方的仲立契約**　　仲立人と委託者間で締結される契約を仲立契約といい、一方的仲立契約と双方的仲立契約があり、通説は、特段の事情がない限り双方的仲立契約を仲立契約と解している。一方的仲立契約は受託者である仲立人は法律行為成立のため尽力すべき義務を負わないが、ただ尽

39　近藤・前掲書（注26）98頁

40　ただし、商行為の委任による代理権は本人の死亡により消滅しない（商法506条）から、本人である商人の死亡は代理商契約の終了原因とはならない。媒介代理商も商法506条を準用すると解される。

41　旅行業法では代理、取次、仲立を対象とする。

42　宅地建物取引業法は、仲立、民事仲立を対象とする。

43　商行為以外の取引の媒介を業とする者を民事仲立人といい、結婚仲介業や商行為でない非商人（市民）間の非投機的な不動産の媒介を行う宅建業者がこれにあたる。民事仲立人も商人であり（商法502条11号、4条1項）、商人に関する規定の適用は受けるが、商法上の仲立人ではないため商法の仲立営業に関する規定は適用されない。

【図5】 仲立契約の当事者等

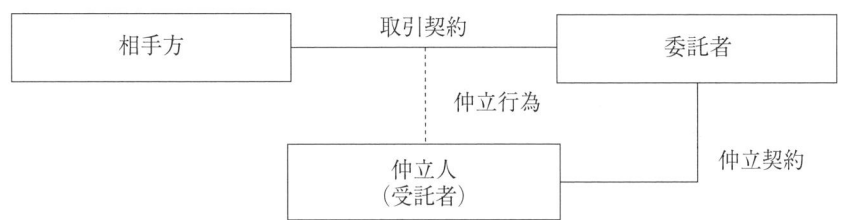

力した結果法律行為が成立した場合は、委託者が仲立人に対して報酬を支払う義務を有するものであり、片務契約であり請負類似の契約である。これに対して双方的仲立契約は、受託者である仲立人が法律行為成立のため尽力する義務を負い、他方、委託者も仲立人に対して報酬支払義務を負うものであり、双務契約であり準委任契約である。

c. 仲立人の権利

① 給付受領権の不存在　仲立人は単なる媒介者として他人間の法律行為に尽力するのみなので、別段の意思表示や慣習がない限り、媒介行為について当事者のために支払いやその他の給付を受けることができない（商法544条）。給付の受領代理権を付与する場合には、その旨を契約書に明記すべきである。

② 報酬請求権　仲立人は特約がなくても相当の報酬を請求することができるが、結約書を作成・交付した後でなければ、報酬を請求することができない（商法512条、550条1項）。この報酬は仲立料と呼ばれ、仲立人が媒介にあたり支出した費用（旅費、通信費など）は、経費として報酬に含まれ、特約がない限り、委託者に費用の償還を請求することはできない。[44] 仲立人が法律行為成立のため尽力したとしても不成立の場合は、報酬請求権は発生しない。

　商事仲立人の報酬は、当事者が平分して負担する（商法550条2項）。[45] 仲

---

[44] 民事仲立人も法律行為が成立すれば、支払いを請求することができるが、原則として、報酬とは別に費用償還請求をすることができない（江頭・前掲書（注24）232頁）。

[45] 海運仲立業者、旅行業者（手配旅行〔旅行業法2条1項3号〕の場合）等は、代金支払いを受ける側の当事者からのみ報酬の支払いを受ける慣行がある（江頭・前掲（注24）232頁）。

立人の媒介行為により、委託者のみならず相手方も利益を享受することになるからである。仲立人は全額を委託者または相手方に請求できず、委託者・相手方間でこれと異なる分担割合を定めても仲立人に対抗できない。

　準委任契約であっても、費用の請求権はなく（民法649条、650条参照）、異なる分担割合を定めるためには三者の契約が必要である。

　d.　**仲立人の義務**　　双方的仲立契約は、委任の本旨に従い善管注意義務を負うほか、紛争防止のための各種の義務と氏名黙秘義務および介入義務を負う。

① 　見本保管義務　　仲立人がその媒介する行為について見本を受け取ったときは、その行為が完了するまで見本を保管しなければならない（商法545条）。

② 　締約書作成・交付義務　　媒介された法律行為が成立したときは、仲立人は遅滞なくその法律行為（商法548条の場合を除き）の当事者の氏名または商号、行為の年月日およびその要領を記載した書面（締約書）を作成し、署名をした後、これを当事者に交付しなければならない（商法546条1項）。媒介された法律行為が直ちに履行されるべきものである場合を除いて、仲立人は、各当事者に交付した書面に署名させなければならない（同条2項）。当事者の一方が書面の受領や署名を拒否したときは、遅滞なくその旨を他方の当事者に通知しなければならない（同条3項）。

③ 　帳簿作成・謄本交付義務　　仲立人は帳簿を作成して、これを締約書に記載すべき事項（商法546条参照）を記載し（商法547条1項）、各当事者の請求あり次第、その当事者のために媒介した行為について帳簿の謄本を交付しなければならない（同条2項）。この帳簿を「仲立人日記帳」といい、媒介した他人間の取引について記載するものであるから、商業帳簿（商法19条2項）とは異なる。

④ 　氏名黙秘義務　　当事者がその氏名または商号を相手方に示さないよう命じたときは、仲立人は、締約書および日記帳の謄本に、その氏名または商号を記載してはならない（商法548条）。なお、仲立人日記帳は、当事者から謄本の交付を請求できるだけであり、正本には氏名または商号を記載しておく必要がある（商法547条2項）。

⑤ 　介入義務　　仲立人が当事者の一方の氏名または商号を相手方に示さな

いときは、相手方に対し自ら契約を履行する責任を負う（商法549条）。介入義務は、仲立人が当事者の一方の氏名または商号を相手方に示さないときに課される。仲立人の媒介した法律行為は、一方の相手方と他方の匿名の相手方との間で成立し、介入義務が生じても仲立人が契約の当事者になるわけではない。

㈑ 問屋契約

a. 問 屋 問屋（といや）とは、自己の名をもって、他人のために、物品の販売または買入れの取次を業として行う者である（商法551条）。なお、一般に卸売商のことを問屋（とんや）というが、卸売商は、自己の名をもって自己の計算において取引を行う自己商であって、商法上の問屋ではない（大判明治44年5月25日民録17輯336頁）。証券会社が問屋の典型例であり、顧客の売り注文・買い注文を受けて、証券会社は自己の名をもって証券取引所で有価証券の売買を行い、その売買の経済的損益は顧客に帰属する。

物品の販売または買入れ以外の取次ぎを業とする者については、商法は準問屋として、問屋に関する規定を準用している（商法558条）[46]。そして、物品の販売または買入れ以外の取次ぎを業とする者の中で、物品運送取引の取次ぎを業とする者は運送取扱人として特別の規定を置く（商法559条以下、45頁）。

【図6】 問屋契約の当事者等

b. 問屋契約 問屋と委託者との間の契約（問屋契約・取次契約）は、物品の販売・買入れを内容とする委任契約である。しかし、商法は問屋と委託者の

---

46 広告主から委託を引き受ける広告業者（東京地判平成3年11月26日判タ771号185頁、東京地判昭和39年2月14日下民集15巻2号273頁）などである（江頭・前掲（注24）240頁）。

関係については、委任および代理に関する規定を準用する（商法552条 2 項）。これは、委任の規定を適用し、代理に関する規定を準用する趣旨であると解される（最判昭和31年10月12日民集10巻10号1260頁）。もっとも、代理に関する規定中民法107条 2 項は、その本質が単なる委任であって代理権を伴わない問屋の性質に照らし再委託の場合にはこれを準用すべきでないとされる（前掲最判昭和31年10月12日）。

c.　問屋の権利

①　介入権　　問屋は、取引所の相場のある物品の販売または買入れの委託を受けたときは、自ら買主または売主となることができる（商法555条 1 項前段）。これを「問屋の介入権」という。本来は、委託者と問屋の間で利益相反をきたすので認められないが、商法は、目的物に取引所の相場のような客観的基準がある場合に限り、介入権を認めた。そして、介入は問屋が委託者に対する介入をする旨の通知によって行われ、通知は到達によって効力を生じる。この場合の売買価格は問屋が通知を発した時の相場による（商法555条 1 項後段）。問屋が介入権を行使した場合であっても、問屋には報酬・費用の請求権が認められる（商法555条 2 項）。

②　供託・競売権（自助売却権）　　問屋が買入れの委託を受けた場合において、委託者が買い入れた物品を受け取ることを拒みまたは受け取ることができないときは、商事売買の売主に認められる供託権および競売権が認められる（商法556条、524条）。

③　留置権　　問屋は、委託者のために物品の販売または買入れをしたことにより、委託者に対して生じた債権につき、委託者のため占有した物または有価証券を留置することができる（商法557条、31条）。代理商の留置権と同様の権利である（前掲39頁）。

d.　問屋の義務

①　通知義務　　問屋が委託者のために物品の販売または買入れをしたときは、遅滞なく、委託者に対して、その旨の通知を発しなければならない（商法557条、27条）。民法645条（受任者による報告）に対する特則である（前掲34頁）。

②　指値遵守義務　　委託者が売買価格を指定して売買を委託することを

「指値売買」という。問屋が指値売買において、委託者の指定した金額よりも安値で販売し、または高値で買入れをした場合でも、問屋が自らその差額を負担する限り、その売買は委託者に対して効力を生ずる（商法554条）。問屋が指値遵守義務に反して売買したときは、委託者は自己への帰属を否定することができる一方、問屋が差額を負担すれば委託者の利益が害されることがないから委託の実行としての効力を有する。

③　履行担保義務　　問屋は、委託者のためになした販売または買入れにつき相手方がその債務を履行しない場合において、別段の意思表示または慣習がない限り、委託者に対して自ら履行をなす責任を負う（商法553条）。相手方の債務不履行について、委託者は相手方と直接の法律関係に立つわけではないので（図6参照）、委託者は相手方に対して履行を請求できないため、商法は問屋制度の信用維持と取引安全のため、委託者に対して問屋が自ら履行すべき責任を課したものである。

(オ)　**運送取扱契約**

運送取扱人とは、自己の名をもって物品運送の取次ぎをなすことを業とする者をいい、問屋に関する規定が準用されている（商法559条）。[47]

【図7】　運送取扱契約の当事者等

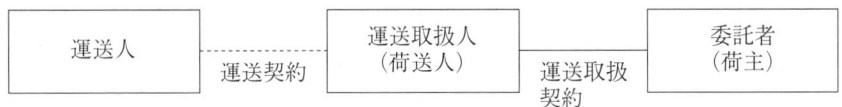

a.　**運送取扱人の権利**

①　報酬請求権　　運送取扱人は商人であるから、特約がなくても報酬を請求することができる（商法512条）。そして、報酬を請求できるのは、委任事務が終了したとき、すなわち運送取扱人が運送品を運送人に引き渡した

47　自ら輸送手段を持たない者が利用運送を引き受ける形で自ら運送人となることが多くなったため、「自己の名をもって物品運送の取次ぎをなす運送取扱営業のウェイトは相対的に低下し、貨物利用運送事業法に存在した同営業（運送取次事業）に対する規制は、平成14年の改正（改正前は「貨物取扱事業法」という名称であった）により撤廃された（江頭・前掲書（注24）307頁）。

ときである（商法561条1項）。運送賃を定めている運送取扱契約（確定運賃運送取扱契約）では、特約のない限り、報酬を請求できない（商法561条2項）。

② 費用償還請求権　運送取扱人は、委託者に対して費用の前払いおよび償還を請求することができる（商法559条2項、552条2項、民法649条、650条）。

③ 留置権　運送取扱人は、報酬、運送賃その他委託者のためにした立替金、前貸金について運送品に対して留置権を有する（商法562条）。問屋・代理商の留置権と異なり請求権と運送品の間に牽連関係が必要であるが、所有権が委託者にあるかどうかは必要とされない。

④ 介入権　運送取扱人は、特約がない限り、自ら運送を引き受けることができる（商法565条1項前段）。この「運送取扱人の介入権」は、問屋の介入権（44頁）とは異なり、運送賃がほとんど定型化されているので、客観的な相場のあることを要しない。

介入権の行使により、運送取扱人は運送人と同一の権利義務を有する（商法565条1項後段）。そして、運送取扱人が委託者の請求によって自ら貨物引換証を作成したときは、自ら運送を行うものとされる（商法565条2項）。

⑤ 債権の短期消滅時効　運送取扱人の委託者または荷受人に対する債権は、1年の消滅時効にかかる（商法567条）。また運送取扱人の運送品の滅失・毀損・延着による損害賠償責任も1年の消滅時効にかかる（商法566条）。

b. 運送取扱人の義務

運送取扱人は、自己またはその使用人が、運送品の受取り、引渡し、保管または他の運送人の選択、その他運送に関する注意を怠らなかったことを証明しなければ、運送品の滅失、毀損、延着につき、損害賠償の責任を免れることができない（商法560条）。この規定は、任意規定であるので特約により、運送取扱人の責任を軽減することができる。

高価品の運送取扱いについては委託者がその種類および価格を明告して委託するのでなければ、運送取扱人は、その物品の滅失または毀損によって生じた

損害を賠償する責任を負わない（商法568条、595条）。

　c.　**相次運送取扱い**　　同一の運送品を数人の運送人が運送する形態を相次運送というが、この場合に数人の運送取扱人が運送を取り扱うことを、広義の相次運送取扱いといい、次の3種がある。

①　下請運送取扱い　　1人の運送取扱人（元請運送取扱人）が全部の取次ぎを引き受け、その全部または一部を下請運送取扱人に委託するものであり、委託者と直接法律関係に立つのは元受運送取扱人だけであり、下請運送取扱人は履行補助者に過ぎない。

②　部分運送取扱い　　同一の運送品を数人の運送取扱人が独立して特定の部分区間を取次ぎの委託を受けるもので、委託者と各運送取扱人間で別個の運送取扱契約が存在する。

③　中間運送取扱い（狭義の運送取扱い）　　最初の運送取扱人（発送地取扱人）が、委託者からの委託により、自己の名をもって運送の取次ぎを引き受けるとともに、第2以下の運送取扱人（中間地運送取扱人）を選任し、順次運送取扱契約を締結し到達地まで運ぶ場合である。

【図8】　中間運送取扱い（狭義の運送取扱い）

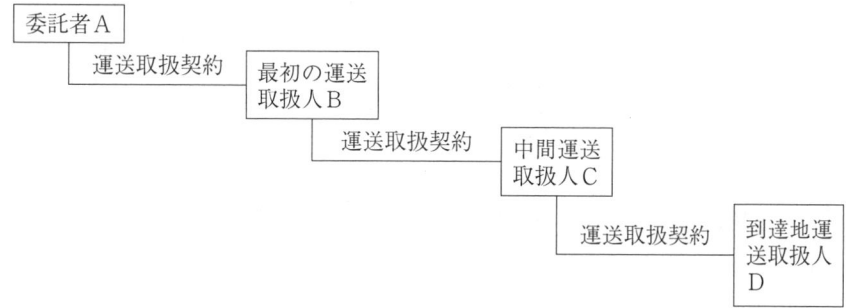

(4)　会社法における委任契約

　会社法における代理商契約は前記(3)(イ)を参照していただきたい。また取締役、監査役、執行役など役員等と会社との委任契約は、原則、会社対個人間なのでここでは省略し、会計参与および会計監査人のみ以下に記述する。

㈎　管理人等の委任

a.　**株主名簿管理人**　　株式会社は、株式会社に代わって株主名簿の作成および備置きその他の株主名簿に関する事務を行う株主名簿管理人を置く旨を定款で定め、当該事務を委託することができる（会社法123条）。新株予約権原簿の管理は、株主名簿管理人に当該事務を委託することができる（会社法251条）。

b.　**社債原簿管理人**　　会社は、会社に代わって社債原簿の作成および備置きその他の社債原簿に関する事務を行う社債原簿管理人を定め、当該事務を行うことを委託することができる（会社法683条）。

c.　**社債管理者**　　会社は、社債を発行する場合には、社債管理者を定め社債権者のために、弁済の受領、債権の保全その他の社債の管理を行うことを委託しなければならない（会社法702条本文）。

社債管理者は、銀行、信託会社および銀行、信託会社に準ずるものとして法務省令で定める農林中央金庫、商工組合中央金庫、農協、信用組合、信用金庫、保険会社などである（会社法703条、会社規則170条）。有価証券関連業を行う金融商品取引業者（証券会社など）は、社債管理者となることが禁止される（金融商品取引法36条の4第1項）。

㈑　事業全部の経営の委任

事業全部の経営の委任とは、事業全部の経営を他人に委任し、受任者が委任会社の名義で経営する契約で、事業の損益が委任会社に帰属する場合（経営管理契約）と受任者に帰属する場合（狭義の経営委任契約）がある。受任者が、特別支配会社でない限り、株主総会の特別決議を要し（会社法467条1項4号）、反対株主に株式買取請求権がある（会社法469条1項）。

㈒　法人等への役員等の委任

a.　**会計参与**　　株式会社と会計参与との関係は委任である（会社法330条）。公認会計士・監査法人だけでなく税理士・税理士法人も会計参与になることができる（会社法333条1項）。会計参与は計算書類等の作成にあたる株式会社の内部機関であり、役員であり、すべての株式会社において定款で定めることにより任意に設置でき、株主総会で選任する（会社法329条1項、326条2項、341条）。

b.　**会計監査人**　　株式会社と会計監査人との関係は委任である（会社法330

条）。会計監査人は、公認会計士・監査法人でなければならない（会社法337条1項）。株主総会で選任する（会社法329条1項、309条1項）。監査法人は、社員の中から会計監査人の職務を行うべき者を選定し、株式会社に通知しなければならない（会社法337条2項）。会計監査人は株式会社の外部機関であるが、役員ではない（会社法329条1項）。

④ 寄 託

(1) 寄託の意義

寄託は、他人の物を保管するという役務を伴う契約である。すなわち、当事者の一方（受寄者＝受託者）が相手方（寄託者＝委託者）のために保管をすることを約束して、物を受け取ることによって成立する契約である（民法657条）[48]。委任と同様の役務提供契約の一種であり、物の保管という比較的限定された役務を目的とする内容から、民法は「寄託」を典型契約の一つとして規定する。

寄託の法的性質は、委託者から物を受け取る要物契約であるが、諾成契約としての寄託も特約可能である。また、保管料等を要件としない寄託は、無償・片務契約であるが、保管料等を受領する寄託は、有償・双務契約である。商人が受寄者となる契約が一般的であるので、通常は商法512条により有償寄託となる。

寄託は、委任と同様、継続的契約である。寄託については、商法に特則（商法593条〜596条〔商事寄託〕、商法597条〜628条〔倉庫営業〕）があり、実務では商法規定の方が重要である。

主体は別の契約関係であるが、その中で物の寄託がなされる場合も多く、商事寄託には、寄託を受けた商人の責任（商法593条）、場屋の主人の責任（商法594条）などが規定されている。

---

[48] 「民法（債権関係）の改正に関する要綱仮案」（平成26年8月26日決定）は、要物性を見直し、民法657条の規律を次のように改めるものとする（第38寄託1(1)）。
「寄託は、当事者の一方が相手方のためにある物を保管することを約し、相手方がこれを承諾することによって、その効力を生ずる。」

⑵　民法における寄託契約

㋐　受寄者（受寄者＝受託者）の義務

a.　**注意義務**　　保管について、無償寄託は「自己の財産におけると同一の注意」義務であるが（民法659条）、有償寄託の場合は、「善管注意義務」（民法400条）を負う。

ただし、商人が、その営業の範囲内で、受寄者となる場合には、有償・無償に関係なく、常に「善管注意義務」を負う（商法593条）。商法は、場屋の主人のレセプツム責任（不可抗力責任）も規定する（商法594条、後記52頁参照）。

b.　**受寄物の使用・再寄託禁止**　　受寄者は、寄託者の承諾がなければ、受託物を利用し、または第三者にこれを保管させることはできない（民法658条1項）。なお、消費寄託（民法666条）であれば、寄託物を消費することができる。承諾があれば、第三者に保管させてもよく、この場合は、複代理に関する規定（民法105条、107条2項）が準用される（民法658条2項）。

c.　**通知義務**　　保管に付随する義務として、受寄物に関して権利を主張する第三者が、受寄物に対し、訴訟の提起、差押え・仮差押え・仮処分をしたときは、寄託者に防御の機会を与えるため、遅滞なく受寄者に通知しなければならない（民法660条）。

㋑　寄託者（＝委託者）の義務

有償寄託の場合の保管料支払義務（民法665条、648条）のほか、損害賠償義務を負う。すなわち、寄託者は、寄託物の性質または瑕疵によって、受寄者に生じた損害を賠償する義務を負う（民法661条本文）。ただし、寄託者が善意、無過失のとき、または受寄者が悪意のときは、寄託者は免責される（民法661条ただし書）。

㋒　寄託の終了

a.　**寄託者の返還請求**　　寄託物の返還時期を定めない場合はもちろんのこと、当事者が返還時期を定めた場合であっても、寄託者は、いつでも寄託契約を解除して、寄託物の返還を請求できる（民法662条）。この場合、有償委託では受寄者に過失がなければ、受寄者には割合的保管料支払請求権がある（民法665条、648条3項）。

b.　**受寄者の返還**　　返還時期を定めない場合は、受寄者はいつでもその返還

を請求できるが、返還時期の定めがある場合には、受寄者にやむを得ない事由がないときは、返還期限前に返還することができない（民法663条）。倉庫営業については商法に特則がある（商法619条、55頁参照）。

㈐　特殊な寄託

a. **消費寄託**　受寄者が預かった物を消費できるというものであり、後で同種、同等、同量の物を返還すればよく、銀行預金や郵便貯金が典型例であるが、金銭だけでなく、原油、金、プラチナなどの鉱物資源、穀物などで利用される。寄託規定のほか消費貸借の規定が準用される（民法666条）。消費貸借との違いは、返還時期を定めなかった場合にその取扱いが異なる点である。

消費貸借においては、貸主は相当の期間を定めて返還の催告をしなければならないが（民法591条）、消費寄託においては、寄託者はいつでも返還できる点にある（民法666条2項）。これは、消費貸借契約の返還時期の定めが借主の利益のためであるのに対し、消費寄託契約の返還時期の定めは寄託者（たとえば銀行預金における預金者）の利益のためであることによる[49]。

b. **混蔵寄託**　受寄者が複数の寄託者から個別の契約により寄託された代替物を寄託者の承諾のもとに混合して保管し、返還の際には、寄託されたのと同じ数量を返還する寄託契約である。

受寄者が処分権を有しない点で、消費寄託とは異なる。保護預かりする「金地金」の保管方法などに利用される。典型例は株券であったが、上場株式は振替制度の対象となり平成21年より電子化された結果、混蔵寄託という構成は不要となった[50]。

⑶　商法における寄託契約

㈎　商事寄託

寄託の一般規定は、民法に規定されているが（民法657条〜666条）、これに対して商人がその営業の範囲内で受けた寄託を商事寄託という。

商人がその営業の範囲内において寄託を受けたときは、報酬を受けていないときであっても、善管注意義務をもって保管しなければならない（商法593条）。

49　内田・前掲書（注22）307頁、我妻・前掲書（注8）743頁

50　内田・前掲書（注22）308頁

　商法593条は「寄託を受けた」とするので、受寄者が寄託者のために物品を保管することを約し、物品を受け取ることで寄託契約が成立する（民法657条）[51]。寄託契約が成立していなければ本条の適用はない。また、「営業の範囲内」とは、倉庫営業の場合はもとより、デパート・ホテル等の無料一時預かりのような附属的商行為の場合も含まれる。

　本条は任意規定であり、この責任は、特約によって軽減または免除することができる。ただし、商法594条3項の場合は免除できない。

㈠　場屋営業者の寄託

　場屋営業とは、客の来集を目的とする場屋の取引営業であって（商法502条7号）、自己の名をもってこれを行うことで商人となる（商法4条1項）。商法では、旅店、飲食店、浴場を例示するが、その他、劇場、インターネットカフェ、スポーツクラブ、ゲームセンター、ショッピングモール、ゴルフ場のクラブハウスなど、サービスの多様化に伴い枚挙にいとまがない[52]。

a.　場屋営業者の責任

①　寄託を受けた物品に対する責任　　商法は、場屋営業者は、客から寄託を受けた物品の滅失または既存について、それが不可抗力によって生じたものであることを証明しない限り、損害賠償責任を免れることができないとする（商法594条1項）。不可抗力により生じたことを証明しない限り、たとえ無過失を証明したとしても責任を免れない。これはローマ法の「レセプツム責任」という厳格な責任に由来したものといわれている。

　　不可抗力について、通説・判例は、当該事業の外部から発生した出来事で、通常必要と認められる予防手段を尽くしても、なおその発生を防止することができない危害をいうものと解している。

②　寄託を受けない物品に対する責任　　客が寄託をしなかった場合であっても、場屋内に携帯して持ち込んだ物品が営業者またはその使用人の不注意によって滅失または毀損したときは、営業者は損害賠償の責任を負う（商法594条2項）。場屋の利用関係に基づき法が特に認めた法定責任である。

③　特約による責任の免除　　これらの場屋営業者の責任に関する規定は任

51　前掲（注48）参照
52　名古屋地判昭和59年6月29日判タ531号176頁

意規定であるから、客との間で個別的に特約を締結することにより、場屋営業者の責任は免除ないし軽減される。ただし、場屋営業者が責任を負わない旨を一方的に告示しただけでは、免責特約としての効力を認められない（商法594条3項）。

④　高価品の特則　　貨幣、有価証券その他の高価品について、客がその種類および価額を明告して場屋営業者に寄託したのでなければ、場屋営業者はその物品の滅失または毀損によって生じた損害を賠償する責任を負わない（商法595条）。運送人および運送取扱人の場合と同趣旨である（商法568条、578条）。判例は、場屋営業者が責任を負わないのは債務不履行責任にとどまり、不法行為責任については排除されないとの請求権競合説の立場をとる（大判昭和17年6月29日新聞4787号13頁）。一方、学説の有力説は、判例の見解に反対し不法行為責任が否定されるとする法条競合説の立場をとる。

⑤　責任の消滅時効　　場屋営業者のこれらの責任は、場屋営業者が寄託物を返還し、または客が携帯品を持ち去った後1年を経過したときは、時効によって消滅する（商法596条1項）。物品が全部滅失したときは、客が場屋を去ってから、1年を経過した時に時効によって消滅する（同条2項）。

　　ただし、場屋営業者に悪意があるときは、この短期時効の規定は適用されず（同条3項）、一般原則に基づく商法522条により5年の時効にかかる。ここでの「悪意」とは、故意に滅失・毀損をする行為をした場合と解されており、単にその事実を知っている場合まで含まない。

(ウ)　倉庫寄託契約

倉庫営業者は、他人のために物品を倉庫に保管することを業とする者をいう（商法597条）。

倉庫営業は商法（商法597条〜628条）、民法（民法657条〜666条）のほかに「倉庫業法」という業法などにより特別な規制が加えられている。倉庫営業は、公共的色彩が強く、その運営の適正を図る必要性、倉庫証券の流通確保の要請があるからである。[53]

53　近藤・前掲書（注26）247頁

その他、国土交通省作成の標準倉庫寄託約款などの約款も倉庫寄託契約に際し重要である。

a. **倉庫寄託契約の性質**　　倉庫寄託契約は、倉庫営業者が寄託者のために寄託する物品を倉庫に保管することを引き受ける契約であり、有償、不要式の双務契約である。

倉庫寄託契約が要物契約か、諾成契約であるかについては争いがある。従来の学説は、民法上の寄託契約（民法657条）の一種であると解し、要物契約であるとしていた（要物契約説）。しかし、近時の学説は、要物契約ではなく諾成契約であると解している（諾成契約説）。諾成契約説では、倉庫営業者は「寄託の引受」を業とするのであり（商法502条2号）、寄託の引受によってすでに倉庫委託契約は成立し、倉庫営業者は保管に必要な準備をすべき義務を負担することになり、寄託物の引渡しは保管義務発生の要件とされる。倉庫営業における寄託実務では、引受けと受寄物の引渡しが必ずしも一致しないことも多く、諾成契約説を支持すべきである。この点については、45頁（注47）を参照されたい。

b. **倉庫営業者の権利**

①　保管料・費用償還請求権　　倉庫営業者も商人である以上、特約がなくても相当の報酬すなわち保管料を請求することができる（商法512条）。ただし、倉庫営業者が保管料および立替金その他受寄物に関する費用を請求できるのは、特約のない限り、受寄物の出庫のときである（商法618条本文）。そして、受寄物の一部出庫の場合には、割合に応じてその支払いを請求することができる（同ただし書）。もっとも保管期間を経過したときには、出庫前でも請求できると解される。[55]

②　留置権・先取特権　　保管料・費用償還請求権につき倉庫営業者は、民法・商法の一般規定に基づく留置権（民法295条、商法521条）および動産保存の先取特権（民法320条）を有する。

③　自助売却権　　寄託者または預証券（もしくは倉荷証券）の所持人が、

54　要物契約説では、寄託物の引渡しの前の時点で寄託者の申込みと倉庫業者の承諾により寄託の予約がなされると解されている。

55　江頭・前掲書（注24）368頁、372頁

寄託物の受け取りを拒み、または受け取ることができないときは、倉庫営業者は当該寄託物を供託し、または相当の期間を定めて催告したのち、これを競売することができる（商法624条１項前段、524条１項・２項、627条２項）。競売代金の処理については、商法611条（競売代金からの支払い）および612条（競売代金不足の場合）の規定が準用される（商法624条２項）。

c. 倉庫営業者の義務

① 保管義務　倉庫業者は、その営業の範囲内において寄託を引き受けたときは、善良なる管理者の注意をもって保管しなければならない（商法593条）。

保管期間について、当事者が契約で定めていない場合は、倉庫業者は受寄物を倉庫に入れてから６か月経過しないと、返還することはできない（商法619条本文）。ただし、やむを得ない事由があるときは、いつでも返還することができる（同条ただし書）。

倉庫営業者は、寄託者の承諾のない限り、自己の引き受けた保管を他の倉庫営業者に下請け（再寄託）させることはできない（民法658条１項）。ただし、標準倉庫寄託約款（昭和56年３月４日改正）第18条の再委託条項では、「当会社は、やむを得ない事由があるときは、寄託者又は証券所持人の承諾を得ないで、当会社の費用で他の倉庫業者に受寄物を再寄託することができる」とし、承諾がなくても再寄託できるとするが、最初の受寄者に保管の責任がある。[56] また、承諾を得た場合でも、実際には少なくとも単に寄託者の承諾を得て再委託したというだけでは、寄託者と下請倉庫業者の間に直接関係が生ずるとはされない。[57] なお、寄託物の再寄託については363頁注41を参照されたい。

倉庫営業者は、受寄物に関して権利を主張する第三者が、受寄物に対し、訴訟の提起、差押え・仮差押え・仮処分をしたときは、寄託者に防御の機会を与えるため、遅滞なく寄託者に通知しなければならない（民法660条）。しかし、その事実を一旦通知すれば倉庫営業者はその後の経過を逐一報告するには及ばない（最判昭和40年10月19日民集19巻７号1876頁）。

56　明石三郎『新版注釈民法(16)』325頁（有斐閣・1989年）
57　来栖三郎『契約法』597頁（有斐閣・1974年）

② 倉庫証券交付義務　倉庫営業者は、寄託者の請求に基づき「預証券」および「質入証券」またはこれらに代えて「倉荷証券」を交付しなければならない（商法598条、627条1項）。これらの倉庫営業者に対する寄託物の返還請求権を表章する有価証券を総称して「倉庫証券」という。

③ 受寄物の点検等に応じる義務　寄託者または預証券の所持人は、営業時間内はいつでも倉庫営業者に対して、寄託物の点検もしくは見本の摘出を求め、または保存に必要な処分をすることができる（商法616条1項）。当事者の利益を保護するためであり、倉庫営業者は、必要な協力をする義務がある。[58]

④ 損害賠償義務　倉庫営業者は、自己またはその使用人が受寄物の保管に関し、注意を怠らなかったことを証明できなければ、受寄物の滅失または損傷について損害賠償責任を負わなければならない（商法617条）。運送取扱人の責任（商法560条）、運送人の責任（商法577条）と同様、通説は、[59]債務不履行に関する民法の一般責任を注意的に具体化した規定と解する。

　商法617条は任意規定であり、公序良俗（民法90条）等に反しない限り、特約で軽減したり免除したりすることも可能である（約款、374頁参照）。

　倉庫営業者の責任について、運送人と同様、責任の特別消滅事由と短期消滅時効が規定されている。

　倉庫営業者の責任は、倉庫営業者に悪意がある場合を除き、寄託物の返還を受けた寄託者が留保をせずに寄託品を受け取りかつ保管料を支払ったときに消滅する（商法625条、588条）。

　また、倉庫営業者に悪意がある場合を除き、寄託物の一部滅失または毀損によるものについては、出庫の日から1年を経過したことにより消滅する（商法626条1項・3項）。なお、全部滅失の場合は預証券の所持人（不明のときは寄託者）に対して通知を発した日から1年となる（同条2項）。

58　江頭・前掲書（注24）370頁
59　なお、倉庫営業者には運送人の場合と異なり、損害賠償額の特別規定（商法580条、581条）は規定されていない。

(4) 倉庫業法

㈆ 倉庫業者

倉庫業を営もうとする者は、国土交通大臣の行う登録を受けなければならない（倉庫業法3条）。登録を受けた者は、倉庫業者として倉庫寄託契約に基づき受寄物の保管責任を負うことになる。

㈈ 倉庫寄託約款

倉庫業者は倉庫寄託約款を定め、その実施前に、国土交通大臣に届出なければならない。もっとも、標準倉庫寄託約款を倉庫寄託約款として定めた場合は、届け出たものとみなされる（倉庫業法8条）。そのことが、多くの倉庫業者が標準倉庫約款を使用している理由であろう。[60]

㈊ 料金等の掲示

倉庫業者は、国土交通省令の定めるところにより、保管料その他の料金（消費者から収受するものに限る）、倉庫寄託約款、倉庫の種類その他の事項を営業所その他の事業所において利用者の見やすいように掲示しておかなければならない（同法9条）。

なお、料金等については、倉庫業法施行規則24条によれば、倉庫業者は、倉庫料金届出書を国土交通大臣または地方運輸局長に届け出なければならないとされるが、倉庫業法9条からそれは消費者から収受するものでなければならない。

企業間の寄託取引では当事者間の協議による価格の決定が前提となる。

(5) 標準倉庫寄託約款

倉庫業法により登録を受けた事業者の作成する倉庫寄託約款は、実施前に国[61]土交通大臣に届け出る義務があり（倉庫業法8条）、現在の実務では、各事業者は標準約款とほぼ同一のものを届け出ている。寄託者または証券所持人に著しく不利な条項もありうるので、常にこれにより免責されるのは妥当ではない。

60　現在の実務では、旧運輸省の作成した約款の標準案とほぼ同一のものを届け出ている（塩田澄夫『倉庫寄託約款の解説』（交通出版社・1961年）、江頭・前掲書（注24）362頁。

61　倉庫営業をするには倉庫業法により国土交通大臣の行う登録を受けなければならない（倉庫業法3条）とされるが、登録をしなくても商法上の倉庫営業者にはなる（福岡高判昭和29年8月2日下民集5巻8号1226頁）。

　倉庫寄託約款は倉庫営業者を保護するものであり、それは当約款が単に届出事項に過ぎず、認可ないし許可事項でないことに基づいており、また倉庫営業は、海上運送と異なり不時の危険は少なく、国際取引を顧慮する必要もないことからその有効性に問題があるとする学説もある。[62]

　そして、寄託物を倉庫営業者に寄託する場合は、倉庫寄託契約は倉庫寄託約款に基づいて締結される。ちなみに標準倉庫寄託約款の第1条は、「当会社の締結する寄託、寄託の予約およびこれらに関連する契約については、この約款に定めるところによる」とするので、別に倉庫寄託契約において特約を定めて当該約款やその特定条項を排除しない限り、寄託者が当該約款内容をよく知らなくても、当該約款に定めるところによることになるので注意が必要である。

　したがって、倉庫営業者と寄託契約を締結する際には、倉庫寄託契約の内容のみならず、倉庫寄託約款の内容も知っておく必要がある。

　そこで旧運輸省が作成した標準倉庫寄託約款（甲）（改正昭和56年港倉11号、352頁参照）[63]について、民法および商法の規定と異なるものについて以下に記述する。

【表4】　標準倉庫寄託約款と民法・商法の規定との違い

標準倉庫寄託約款（甲）		民法・商法の規定	
第3条	当会社[64]が特に承認したときは、当会社以外の者が庫入出作業を行うことができる。	民法658条1項	受寄者は寄託者の承諾がなければ第三者にこれを保管させることはできない。
第13条	当会社は、寄託者の請求があったときは倉荷証券を交付する。	商法598条	受寄者は寄託者の請求に基づき預証券および質入証券を交付しなければならない。
	※商法規定の原則は、倉荷	商法627条	寄託者の請求あるときは、

62　蓮井良憲＝森淳二朗編『商法総則・商行為法〔第4版〕』288頁（法律文化社・2006年）
63　旧運輸省が作成した標準案には、このほか「冷蔵倉庫寄託約款（昭和35年港倉100号）」、「水面木材倉庫寄託約款（昭和36年港倉96号）」の合計3種類がある。そのほか、倉庫業法に基づく「標準トランクルームサービス約款（倉庫業法8条3項、昭和61年運告237号）」がある。
64　標準倉庫寄託約款は受寄者を当会社とするので、当該記述に従った。

	証券ではなく預証券および質入証券である。		預証券および質入証券に代えて倉荷証券を交付することを要す。
第18条	当会社は、やむを得ない事由があるときは、寄託者等の承諾を得ずに、再寄託できる。	民法658条1項	受寄者は寄託者の承諾がなければ第三者にこれを保管させることはできない。ただし、363頁注41参照のこと。
第20条	受寄物の保管期間は、3か月 ※規定がなければ6か月なので、寄託者不利の規定	商法619条	保管期間を定めないときは6か月
第26条	当会社が必要と認めたときは、受寄物の一部の出庫を拒絶することができる。	民法662条	当事者が寄託物の返還の時期を定めたときであっても、寄託者は、いつでもその返還を請求することができる。
第34条	寄託者等は、寄託物の価格、損害の程度、損害てん補額を保険者と決定するに際して、当会社の承認を要する。当会社が承認できないときは、当会社が保険者と協議し、前項の決定をする。	民法537条1項	契約により当事者の一方が、第三者（寄託者・証券保持人）に対してある給付をすることを約したときは、その第三者は、債務者（保険会社）に対して、直接にその給付を請求する権利を有する。
第35条	寄託者等は、当会社を経由して火災保険金の支払いを受ける。	（保険法8条）	被保険者が損害保険契約の当事者以外の者であるときは、当該被保険者は、当然に当該損害保険契約の利益を享受する。（同法12条＝強行規定）
第38条1項	当会社が負う損害は当会社またはその使用人の故意または重大な過失に限る。	民法415条 商法617条	受託者過失に限定されない。過失責任
第38条2	当会社に対して損害賠償し	民法415条	寄託者側が損害賠償を請求

59

項			する際に帰責事由の存在を立証するのではなく、受寄者側が帰責事由の存在について主張・立証責任を負う。[65] 受寄者側が自己または使用人の無過失につき挙証責任を負う。
	ようとする者は、その損害が会社または使用人の故意・重過失を証明しなければならない。※挙証責任の転換と過失責任からの軽減	商法617条	
第41条	当会社は受寄物の検査をしないときは、証券に記載し種類・品質・数量については責任を負わない。	商法602条	寄託に関する事項は、倉庫営業者とその所持人間では、その証券の定めるところによる。
第44条	当会社は、寄託者等が留保せずに寄託物を受け取った後は、貨物の損害を負わない。	商法625条（商法588条1項）	受寄者は寄託者が留保せずに寄託物を受け取りかつ保管料その他の費用を支払ったときは、責任は消滅する。ただし、寄託物に直ちに発見できない毀損または一部滅失のあった場合に、受寄物の受取人が受け取りの日から2週間以内に倉庫営業者に対して通知をしたときは、責任は消滅しない。
第45条	寄託者は、寄託申込書の不提出、寄託物の性質もしくは欠陥により生じた損害につき無過失責任を負う。	民法661条ただし書	寄託者に過失なくその性質もしくは瑕疵を知らなかったときは、損害賠償責任を負わない。
第48条	寄託者等は、当会社の保管料その他の費用を会社が定めた日に支払わねばならない。	商法618条	受寄者は受寄物の出庫のときでなければ保管料その他の費用を請求することができない。

65　最判昭和39年9月17日民集13巻11号1412頁

⑤ 労働者派遣

⑴ 労働者派遣契約の意義

労働者派遣契約とは、事業主（派遣元）がその雇用する派遣労働者を他の事業主（派遣先）に派遣して、その事業主の指揮命令の下で業務を従事させるものであり、派遣先が派遣労働者を雇用することを約してすること含まないこと（労働者派遣法2条1号。以下、「労働者派遣法」という）を内容とする派遣元と派遣先の契約である。したがって、当該契約を派遣された他の事業主（派遣先）が、自己の労働者と同様に、他人である派遣元の労働者を直接指揮命令して使用できるところに、労働者派遣契約の特徴がある。

これに対し、請負契約は、注文者（委託者）が請負人（受託者）の労働者に対して直接指揮命令をして使用することはできない。

また、出向契約は、出向先（委託者）と出向元（受託者）との契約により、出向元だけでなく出向先にも労働者との雇用関係が発生し、出向先が労働者に対して指揮命令できるものである。

⑵ 労働者派遣と請負、出向、店員派遣の差異

㋐ 労働者派遣契約

労働者派遣は、派遣元（派遣会社）、派遣労働者、派遣先会社（派遣先）の労

【図9】 労働者派遣契約の当事者等（労働者派遣の三角関係）

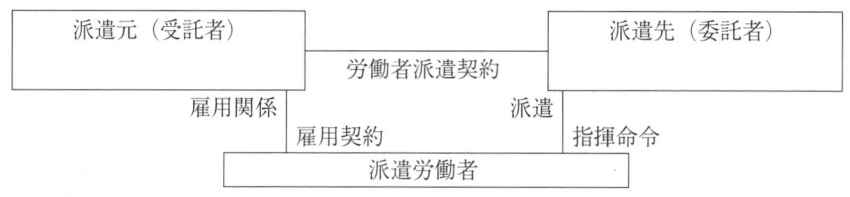

66　正式の法律名称は「労働者派遣事業の適正な運用の確保及び派遣労働者の保護等に関する法律」といい、2012年の労働者派遣法の改正により、名称が改められ「保護法化」された。それに伴い、第1条の目的規定や第3章のタイトルも「派遣労働者の保護等」に変更された。なお、労働者派遣期間制限のあり方を柱とする労働者派遣法改正案は、2014年春の通常国会（第186回国会）で一度廃案となり、2014年秋の臨時国会（第187回国会）に再提出されたものの再度廃案となった。

働者派遣の三角関係となっている。

　派遣労働者は、派遣先でその指揮命令下で業務に従事するが、派遣先とは雇用関係はなく、派遣元に雇用される労働者であり、使用者は派遣先である。

㈡　請　負

　請負とは、「当事者の一方がある仕事を完成することを約し、相手方がその仕事の結果に対して報酬を支払うことを約すこと」である（民法632条）。

【図10】　請負契約の当事者等

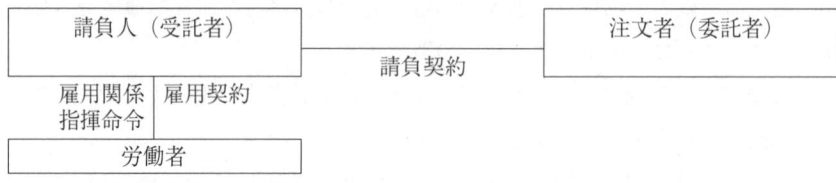

　請負人が労働者を雇用し、指揮命令して使用するものなので、民法・労働基準法上の使用者としての責任もすべて請負人が負うものであり、注文者が使用者として責任を負うものではない。

　しかし、判例（最判平成 7 年 2 月28日民集49巻 2 号559頁：朝日放送事件）は、事業主（注文者）が雇用主（請負人）との間の請負契約により派遣を受けている労働者をその業務に従事させている場合において、労働者が従事すべき業務の全般につき、作業日時、作業時間、作業場所、作業内容等その細部に至るまで事業主が自ら決定し、労働者が事業主の作業秩序に組み込まれて事業主の従業員と共に作業に従事し、その作業の進行がすべて事業主の指揮監督の下に置かれているなど判示の事実関係の下においては、事業主は、労働者の基本的な労働条件等について雇用主と部分的とはいえ同視できる程度に現実的かつ具体的に支配、決定することができる地位にあり、その限りにおいて、労働組合法 7 条にいう「使用者」にあたるとする。

　また、契約形態は請負であるが、実質は注文者が請負人の労働者に対して指揮命令をしている場合（偽装請負の場合）は、発注者は労働基準法等の規定の適用を受けることになる。

(ウ) 出　向

出向には「在籍出向」と「移籍（転籍）出向」がある。

「在籍出向」は、労働者が出向元に在籍すなわち雇用契約を結んだまま出向先と雇用契約するもので、二重の雇用関係が成立する。出向先が指揮命令権をもつが、出向先と雇用契約がある点で労働者派遣と異なる（労働者派遣法2条1号参照）。

一方、「移籍出向」は、労働者が出向元との雇用契約を解消し、出向先とのみ雇用契約を締結するものである。

【図11】　在籍出向契約の当事者等

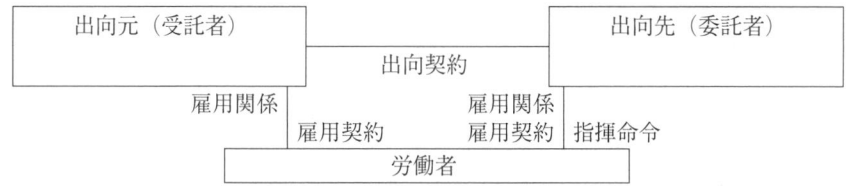

(エ)　取引先への店員の派遣

大規模小売店等には「派遣」あるいは「派遣店員」といわれる労働者がいる。このような者は、メーカーや商社に直接雇用され、派遣されて、大規模小売店等から販売場所の提供を受け販売業務等に従事するが、大規模小売店等には業務の指揮命令権はなく、雇用関係のあるメーカーや商社が直接行う。

この形態は、店舗の新規・改装オープン時などに大規模小売店等が納入業者等に従業員の派遣を要請し、納入業者等に不利益を与えたりする場合に、独禁法上の優越的地位の濫用（独禁法2条9項5号）に問われる事例がみられる。[68]

67　東京高判平成14年3月22日判タ1111号187頁。請負契約を昭和61年労働省告示第37号に基づき労働者派遣を行っていたと認めたうえで、注文者が労働安全衛生法上の事業者とみなした。

68　ロイヤルホームセンター事件（平成22年7月30日排除措置命令）、山陽マルナカ事件（平成23年6月22日課徴金納付命令・排除措置命令）、エディオン事件（平成24年2月16日課徴金納付命令・排除措置命令）、ラルズ事件（平成25年7月3日課徴金納付命令・排除措置命令）、ダイレックス事件（平成26年6月5日課徴金納付命令・排除措置命令）など。

【図12】　店員派遣契約の当事者等

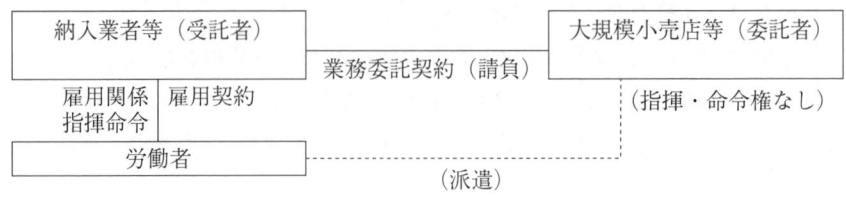

　条件についてあらかじめ当事者間で合意しかつ、店員派遣のための通常必要な費用を大規模小売店等が負担するなどを約することが必要である。

⑶　労働者派遣契約の締結

㋐　基本契約および個別契約の締結

　労働者派遣契約とは、当事者の一方（派遣元）が相手方（派遣先）に対し労働者派遣をすることを約する契約をいう（労働者派遣法26条1項かっこ書）。なお、労働者派遣契約には、「基本契約」と呼ばれる派遣に関する基本的事項を定めたものと、「個別契約」といわれる具体的事項を定めたものがある。

　なお、派遣元は、この労働者派遣契約を締結するにあたり、あらかじめ派遣事業の許可を受けた（許可番号）旨等を明示し、明示内容を労働者派遣契約書面に併せて記載する必要ある（労働者派遣法26条4項、労働者派遣規則21条4項）。[69]

　派遣先となる者には、紹介予定派遣の場合を除き、労働者派遣契約の締結に際し、当該労働者派遣契約に基づく労働者派遣に係る派遣労働者を特定することを目的とする行為をしないように努力義務が課されている（労働者派遣法26条7項）。

　労働者派遣契約には、通常、以下の事項（労働者派遣法26条1項各号）およびその他の事項が定められる。なお、以下の事項は個別契約においては法定記載事項である。

㋑　労働者派遣契約の必要的記載事項

　前述したように、個別の労働者に関し、派遣労働者の適正な就業条件を確保

69　労働者派遣事業の適正な運営の確保及び派遣労働者の保護等に関する法律施行規則（本書では、「労働者派遣規則」という）

することを目的とする「個別契約」について、労働者派遣法は記載すべき事項を法定事項として定めている（労働者派遣法26条1項各号＝以下の①〜⑫）。

　a. 派遣労働者が従事する業務の内容（1号）　　業務の内容は、その業務に必要とされる能力、行う業務等が具体的に記載され、派遣元が的確な派遣労働者を決定できる程度のもので、できる限り詳細であることが適当である（以下の記載例は、労働者派遣事業関係業務取扱要領〔平成26年4月1日以降〕第7　労働者派遣契約〔厚生労働省〕に基づく。以下、「業務取扱要領第7」という）。

【記載例1】　業務取扱要領第7　契約事項①業務の内容

> **（業務の内容）**　　パーソナルコンピュータの操作によるプレゼンテーション資料作成、業務管理資料、会議用資料等の作成業務（労働者派遣事業の適正な運営の確保及び派遣労働者の保護等に関する法律施行令第4条第3号の事務用機器操作に該当。）

　b. 就業の場所（2号）　　派遣労働者が労働に従事する事業所の名称および所在地その他派遣就業の場所（原則として、所属する部署、電話番号など派遣元が派遣労働者と連絡が取れる程度の内容）である。

【記載例2】　同　契約事項②就業の場所

> **（就業の場所）**　　○○○○株式会社本社　国内マーケティング部営業課販売促進係
> （〒110-0010　東京都千代田区霞が関1—2—2　○ビル2階　　TEL3456-7890）

　c. 派遣就業中の派遣労働者を指揮命令する者（3号）　　具体的に指揮命令する者の部署、役職、氏名である。

【記載例3】　同　契約事項③指揮命令者

（指揮命令者）　　国内マーケティング部営業課販売促進係長　　○○○○

---

　d.　派遣期間および就業日（4号）　　期間については、具体的な労働者派遣の
開始年月日および終了年月日、派遣就業する日または曜日を指定している。

【記載例4】　同　契約事項④派遣期間および就業日

（派遣期間）　　平成○○年4月1日から平成○○年の3月31日まで
（就業日）　　月～金（なお、休業日は、「派遣先のカレンダー」による。）

---

　e.　労働時間および休憩時間（5号）　　就業すべき日の始業、就業の時刻なら
びに休憩時間。シフト制の場合は、シフト表を添付する。

【記載例5】　同　契約事項⑤就業時間、休憩時間

（就業時間）　　9時から18時まで
（休憩時間）　　12時から13時まで

---

　f.　安全および衛生に関する事項（6号）　　派遣労働者が前記aの業務を遂行
するにあたり、当該派遣労働者の安全・衛生を確保するために必要な事項を記
載する。

【記載例6】　同　契約事項⑥安全および衛生に関する事項

　　派遣先および派遣元は、労働者派遣法第44条から第47条の2までの規定

により課された各法令を遵守し、自己に課された法令上の責任を負う。なお、派遣就業中の安全および衛生については、派遣先の安全衛生に関する規定を適用することとし、その他について派遣元の安全衛生に関する規定を適用する。

g.　苦情処理に関する事項（7号）　派遣元および派遣先は、派遣労働者の苦情の申出を受ける者、派遣元および派遣先において苦情処理する方法、派遣先と派遣元の連携体制等を記載する。

【記載例7】　同　契約事項⑦苦情の処理に関する事項

⑴　苦情を受ける者
（派遣先）　　営業課総務係長　　○○○○　　　TEL3456-4567　内線567
（派遣元）　　派遣事業部運営係主任　　○○○○　TEL1234-5678
⑵　苦情処理方法、連携体制等
①　派遣元　　派遣元の苦情を受ける者は、苦情の申出を受けたときは、直ちに派遣元責任者○○○○へ連絡し、当該責任者が中心となって、誠意をもって、遅滞なく、当該苦情の適切迅速な処理を図ることとし、その結果について必ず派遣労働者に通知することとする。
②　派遣先　　派遣先の苦情を受ける者は、苦情の申出を受けたときは、直ちに派遣先責任者の○○○○へ連絡し、当該責任者が中心となって、誠意をもって、遅滞なく、当該苦情の適切迅速な処理を図ることとし、その結果について必ず派遣労働者に通知することとする。
③　派遣先および派遣元事業主は、自らでその解決が容易であり、即時に処理した苦情の他は、相互に遅滞なく通知するとともに、密接に連絡調整を行いつつ、その解決を図ることとする。

h.　労働者派遣契約の解除にあたって、派遣労働者の雇用安定を図るため必要な措

置（8号）　労働者派遣契約の解除に際して、派遣労働者の雇用の安定を図る観点から、当該労働者派遣契約の当事者である派遣元事業主および派遣先が協議して次の事項等（記載例8〜10）に係る必要な措置を具体的に定める。

【記載例8】　同　契約事項⑧派遣契約解除にあたり労働者の雇用安定を図る措置(1)

> **(1)　労働者派遣契約の解除の事前申入れ**
> 　派遣先は、もっぱら派遣先に起因する事由により、労働者派遣契約の契約期間が満了する前の解除を行おうとする場合には、派遣元の合意を得ることはもとより、あらかじめ相当の猶予期間をもって派遣元に解除の申入れを行うこととする。

【記載例9】　同　契約事項⑧派遣契約解除にあたり労働者の雇用安定を図る措置(2)

> **(2)　派遣先における就業機会の確保**
> 　派遣元事業主および派遣先は、労働者派遣契約の契約期間が満了する前に派遣労働者の責に帰すべき事由によらない労働者派遣契約の解除を行った場合には、派遣先の関連会社での就業をあっせんする等により、当該労働者派遣契約に係る派遣労働者の新たな就業機会の確保を図ることとする。

【記載例10】　同　契約事項⑧派遣契約解除にあたり労働者の雇用安定を図る措置(3)

> **(3)　損害賠償等に係る適切な措置**
> 　派遣先は、派遣先の責に帰すべき事由により労働者派遣契約の契約期間が満了する前に労働者派遣契約の解除を行おうとする場合には、派遣労働

者の新たな就業機会の確保を図ることとし、これができないときには、少なくとも当該労働者派遣契約の解除に伴い派遣元事業主が当該労働者派遣に係る派遣労働者を休業させること等を余儀なくされたことにより生じた損害の賠償を行わなければならないこととする。例えば、派遣元事業主が当該派遣労働者を休業させる場合は休業手当に相当する額以上の額について、派遣元事業主がやむを得ない事由により当該派遣労働者を解雇する場合は、派遣先による解除の申入れが相当の猶予期間をもって行われなかったことにより派遣元事業主が解雇の予告をしないときは30日分以上、当該予告をした日から解雇の日までの期間が30日に満たないときは当該解雇の日の30日前の日から当該予告の日までの日数分以上の賃金に相当する額以上の額について、損害の賠償を行わなければならないこととする。その他派遣先は派遣元事業主と十分に協議したうえで適切な善後処理方策を講ずることとする。また、派遣元事業主および派遣先の双方の責に帰すべき事由がある場合には、派遣元事業主及び派遣先のそれぞれの責に帰すべき部分の割合についても十分に考慮することとする。

i．紹介予定派遣の場合は、これに関する事項（9号）[70]　　当該職業紹介により従事すべき業務の内容および労働条件その他の当該紹介予定派遣に関する事項を記載する。

【記載例11】　同　契約事項⑨紹介予定派遣の場合の記載事項

（紹介予定派遣にかかる契約である場合の項目例と記載例）

(1)　派遣先が雇用する場合に予定される労働条件等

（契約期間）　　　期間の定めなし

（業務内容）　　　プレゼンテーション用資料、業績管理資料、会議用資料等

70　紹介予定派遣とは、派遣会社が派遣労働者の役務を提供開始前または開始後に、派遣先に対し派遣労働者について職業紹介を行いまたは行うことを予定して労働者を派遣する制度である（労働者派遣法2条6号）。

の作成業務及び来客対応

（就業場所）　　○○○○株式会社本社 国内マーケティング部営業課販売促進係

（〒110-0010 千代田区霞が関 1―2―2 ○ビル 2 階　TEL3593-＊＊＊＊）

（始業・終業）　　始業：9 時・終業：18時

（休憩時間）　　60分

（所定時間外労働）　　有（1 日 4 時間、1 か月45時間、1 年360時間の範囲内）

（休日）　　毎週土、日、祝日、年末年始（12月29日から 1 月 3 日）、夏季休業（8 月13日から 8 月16日）

（休暇）　　年次有給休暇：10日（6 か月継続勤務後）

（その他）　　有給（慶弔休暇）

（賃金）　　基本賃金 月給180,000〜240,000円（毎月15日締切、毎月20日支払）

（通勤手当）：通勤定期券代の実費相当（上限月額35,000円）

（所定時間外、休日又は深夜労働に対して支払われる割増賃金率）

・所定時間外：法定超25％、休日：法定休日35％、深夜：25％

（昇給）　　有（0 〜3,000円／月）

（賞与）　　有（年 2 回、計 1 か月分）

（社会保険の加入状況）　　厚生年金、健康保険、雇用保険、労災保険：有

⑵　その他

・派遣先は、職業紹介を受けることを希望しなかったまたは職業紹介を受けた者を雇用しなかった場合には、その理由を、派遣元事業主に対して書面により明示する。

・紹介予定派遣を経て派遣先が雇用する場合には、年次有給休暇及び退職金の取扱いについて、労働者派遣の期間を勤務期間に含めて算入することとする。

　j.　**派遣元責任者および派遣先責任者に関する事項**（10号、労働者派遣規則22条 1 号）　　派遣元および派遣先責任者の部署、役職、氏名、連絡方法（電話番号）

である。

　また、当該業務の内容（上記ａ）が製造業務である場合には、当該派遣元責任者および派遣先責任者が、それぞれ製造業務専門派遣元責任者（労働者派遣規則29条３号）または製造業務専門派遣先責任者（労働者派遣規則34条３号）である旨を記載する。

　k.　**休日労働をさせる日または時間外労働時間数**（10号、労働者派遣規則22条２号）　この定めをする場合、派遣元の36協定の範囲内でなければならない。

【記載例12】　同　契約事項⑪就業日外労働、時間外労働

> **（就業日外労働）**　個別契約第○条で定める就業日のほか、１か月に２日の範囲で就労を命ずることができるものとする。
> **（時間外労働）**　個別契約第○条で定める就業時間外に、１日４時間、１か月45時間、１年360時間の範囲で労働を命ずることができる。

　l.　**派遣労働者の福祉の増進のための便宜の供与の内容および方法**（10号、労働者派遣規則22条３号）　派遣元と派遣先で定めた場合に記載する。社内診療所、社員食堂、レクリエーション施設、制服の貸与、社内教育などに関するものである。

　m.　**派遣受入れ期間の制限を受けない業務についての労働者派遣に関する事項**（10号、労働者派遣規則21条２項）　「業務取扱要領第７」の(2)(二)参照。

　n.　**派遣労働者の人数**（労働者派遣法26条１項本文）　前記ａから l に掲げる事項の内容の組合せが１つの場合は、派遣労働者の人数を、当該組合せが複数の場合は、当該組合せごとの派遣労働者の人数を定めなければならない（労働者派遣規則21条１項）。

　派遣労働者の人数は、当該就業条件の組合せで常時いることとなる人数であり、複数の者が交替して行うこととなる場合であってもその複数の者分の人数を定めるものではない。たとえば、午前と午後で１人ずつ就業することとなる場合は１人となる。

(ウ)　労働者派遣契約の任意的記載事項

　その他の事項は、法律に規定はなく、公序良俗（民法90条）やその他の強行規定に反しない限り、定めることができる。

　たとえば、派遣料金に関する条項、秘密保持に関する条項、損害賠償条項、契約解除条項、セクハラ防止に関する条項、契約の有効期間条項などで、通常、基本契約に規定する。

　前述したように、個別の労働者に関し、派遣労働者の適正な就業条件を確保することを目的とする「個別契約」について、労働者派遣法は記載すべき事項を法定事項として定めている（労働者派遣法26条1項各号、上記(イ)a〜1）。

　なお、派遣元は、この労働者派遣契約を締結するにあたり、あらかじめ、派遣事業の許可を受けた旨等（許可番号等）を明示し、明示内容を労働者派遣契約書面に併せて記載する必要がある（同条4項、労働者派遣規則21条4項）。

(エ)　派遣先が講ずべき措置に関する指針（最終改正：平成24年厚生労働省告示第475号。以下、「派遣先指針」という）

　労働者派遣法に基づき派遣先が講ずべき措置に関して、その適切かつ有効な実施を図るため必要な事項を「派遣先指針」として定めている。

　a. **就業条件の確認**　派遣先は、労働者派遣契約（個別契約）の締結にあたって、業務の内容、当該業務を遂行するための必要となる知識、技術または経験の水準その他の就業条件の内容を確認しなければならない（派遣先指針第2の1）。

　b. **労働者派遣契約に定める就業条件の確保**　派遣先は、労働者派遣契約を円滑・的確に履行するため次に掲げる適切な措置を講じる必要がある（派遣先指針2の2）。

①　就業条件の周知徹底　就業条件について、指揮命令する職務上の地位にある者その他の関係者に周知徹底を図る。

②　就業場所の巡回　就業場所を巡回し労働者派遣法に反していないことを確認する。

③　労働者派遣契約の遵守指導　直接指揮命令する者に個別契約の内容に反する指示を行わないよう指導する。

　c. **派遣労働者を特定することを目的とする行為の禁止**　派遣に先立ち、事前

に、面接を行ったり、派遣元に履歴書を送付させたり、若年者に限るなど、派遣労働者を特定することを行わない（派遣先指針2の3）。

　　d. 性別による差別の禁止　　個別契約に性別を記載することも禁止される（派遣先指針2の4）。

　　e. 労働者派遣契約の定めに違反する事実を知った場合の是正措置等　　違反を知った場合には早急に是正し、違反行為を行った者・派遣先責任者への個別契約遵守のための必要な措置を講じると共に、派遣元と十分な協議をしたうえで適切な措置を講ずる（派遣先指針2の5）。

　　f. 派遣労働者の雇用の安定を図る必要な措置（派遣先指針2の6）

①　労働者派遣契約の締結にあたって講ずべき措置　　期間満了前の契約解除についての損害賠償の定めを置き、派遣期間を定めるにあたっては可能な限り長期に定める。

②　労働者派遣契約の解除の事前の申入れ　　派遣元の合意を得、あらかじめ相当の猶予期間をもって解除の申入れを行う。

③　派遣先における就業機会の確保　　当該派遣先の関連会社での就業あっせん等により新たな就業機会の確保を図る。

④　損害賠償等に係る適切な措置　　契約期間満了前の解除により派遣労働者を休業させた場合の損害賠償を行う。派遣先は派遣元と十分協議して適切な善後処理方策を講じる。双方に帰責事由のある場合のそれぞれの割合を十分考慮する。

⑤　労働者派遣契約の満了期間前の契約解除に関し、派遣元から請求があったときは解除理由を派遣元に明らかにする。

　　g. 適切な苦情の処理　　苦情申出を受ける者、苦情処理の方法、派遣元との連携のための体制等を労働者派遣契約に定める。派遣労働者からの苦情申出を理由に不利益取扱いをしてはならない（派遣先指針2の7、労働者派遣法26条1項7号）。

　　h. 労働・社会保険の適用の促進　　派遣先は、労働・社会保険に加入している派遣労働者を受け入れ、未加入の場合は、派遣元に対し加入させてから派遣するよう求めることができる（派遣先指針2の8）。

　　i. 適正な派遣就業の確保（派遣先指針2の9）

①　適切な就業環境の維持、福利厚生等　　セクハラ防止等適切な就業環境の維持、従業員が通常利用する福祉施設への利用拡大に努める。派遣元事業主からの求めに応じ当該派遣労働者の職務評価等の情報提供に努める。

②　教育訓練・能力開発　　派遣先は、派遣元の行う教育訓練等に可能な限り協力する。

j. 関係法令の関係者へ通知　　労働者派遣法、労働基準法等の特例等関係法令の関係者への周知徹底を図るための措置を講ずる（派遣先指針2の10）。

k. 派遣元事業主との労働時間等にかかる連絡体制の確立　　派遣労働者の時間外・休日労働の協定は、派遣元で締結され、派遣先は当該協定の内容、労働時間の枠組みについて、派遣元との連絡調整を的確に行わなければならない（派遣先指針2の11）。

l. 派遣労働者等に対する説明会等の実施　　派遣先は、派遣労働者の受け入れに際し、福利厚生の内容、派遣先従業員との業務上の関係、職場生活の留意点等の説明会等を実施する（派遣先指針2の12）。

m. 派遣先責任者の適切な選任および適切な業務の遂行　　派遣先は、派遣先責任者の選任にあたり、労働関係法令に関し知識を有し、人事・労務管理等の知識または経験があり、派遣労働者の就業に関し一定の決定、変更権限があるなど、派遣先責任者の職務を的確に遂行できる者を選任するよう努める（派遣先指針2の13）。

n. 労働者派遣の役務の提供を受ける期間の制限の適切な運用　　派遣先は、派遣労働者による常用労働者の代替の防止の確保を図るため、事業所その他派遣就業の場所ごとの同一の業務について、派遣可能期間を超える期間継続して労働者派遣の役務の提供を受けてはならない（派遣先指針2の14）。

o. 労働者派遣の役務の提供を受けようとする期間に係る意見聴取の適切かつ確実な実施　　派遣先は、受入れ期間について、労働組合または労働者の過半数代表者に対して意見聴取を確実に実施しなければならない（派遣先指針2の15、労働者派遣法40条の2第4項）。

p. 雇用調整により解雇した労働者が就いていたポストへの派遣労働者の受け入れ　　派遣先は、雇用調整により解雇した労働者が就いていたポストに、解雇後3か月以内に派遣労働者を受け入れる場合には、必要最小限度の派遣の期間を

定め、雇用される派遣労働者に対し受け入れ理由を説明する等、適切な措置を講じなければならない（派遣先指針 2 の16）。

q. **安全衛生に係る措置**　派遣先は、派遣元と協力して、派遣労働者の安全衛生に係る措置を実施するために必要な配慮を行う（派遣先指針 2 の17）。

r. **紹介予定派遣**　労働者派遣法は、紹介予定派遣制度について定めており（労働者派遣法 2 条 6 号）、派遣先指針でも具体的に定めている（派遣先指針 2 の18、派遣元指針の12参照）。

⑷　労働関係法令に基づく派遣先の義務

㋐　労働基準法上の義務

労働者派遣法44条は、労働基準法の適用に関する特例を定める。

a. **均等待遇**　「使用者（派遣先）は、労働者（派遣労働者）の国籍、信条又は社会的身分を理由として、賃金、労働時間その他の労働条件について、差別的取扱をしてはならない（労働基準法 3 条）」。そして、労働者派遣法27条は、派遣先は「派遣労働者の国籍、信条、性別、社会的身分、派遣労働者が労働組合の正当な行為をしたこと等を理由として、労働者派遣契約を解除してはならない」と定める。

b. **公民権行使の保証**　使用者（派遣先）は、労働者（派遣労働者）が労働時間中に、選挙権その他公民としての権利を行使し、または公の職務を執行するために必要な時間を請求した場合においては、拒んではならない（労働基準法 7 条本文）。

c. **労働時間・休憩・休日**　使用者（派遣先）は、労働者（派遣労働者）に、休憩時間を除き 1 週間について40時間を超えて、労働させてはならない（労働基準法32条）。

使用者（派遣先）は、労働時間が 6 時間を超える場合においては少なくとも45分、8 時間を超える場合においては少なくとも 1 時間の休憩時間を労働時間の途中に与えなければならない（労働基準法34条 1 項）。

使用者（派遣先）は、労働者（派遣労働者）に対して、毎週少くとも 1 回の休日を与えなければならない。

そのほか、労働時間には、時間外労働や変形労働時間制の問題があるが、労

働基準法に基づく手続が必要となる（労働基準法33条の2、32条の3、32条の4、36条）。ただし、裁量労働制（労働基準法38条の3、38条の4）については、労働者派遣法による適用はない（労働者派遣法44条2項参照）。

　　d.　**年少者の保護**（労働者派遣法44条2項）　　労働時間および休日（労働基準法60条）、深夜業（労働基準法61条）、危険有害業務の就業制限（労働基準法62条）、坑内労働の禁止（労働基準法63条）は、派遣先と派遣労働者に適用される。

　　e.　**妊娠・出産等の女性の保護**（労働者派遣法44条2項）　　妊産婦等の坑内業務の就業制限（労働基準法64条の2）、妊産婦の危険有害業務の就業制限（労働基準法64条の3）、産前産後の時間外労働、休日労働、深夜業（労働基準法66条）、育児時間の請求に関する措置（労働基準法67条）、生理日の就業が著しく困難な女性に対する措置（労働基準法68条）は、派遣先と派遣労働者に適用される。

　　㈠　**雇用機会均等法上の義務**

　以下について派遣先を雇用機会主とみなして雇用機会均等法の規定を適用する（労働者派遣法47条の2）。

　　a.　**妊娠、出産等を理由とする不利益取扱いの禁止等**（雇用機会均等法9条3項）

　　b.　**職場における性的な言動に起因する問題に関する雇用管理上の措置**（セクハラ防止措置）　　事業主（派遣先）は、職場において行われる性的な言動に対するその雇用する労働者の対応により当該労働者がその労働条件につき不利益を受け、または当該性的な言動により当該労働者の就業環境が害されることのないよう、当該労働者からの相談に応じ、適切に対応するために必要な体制の整備その他の雇用管理上（および指揮命令上）必要な措置を講じなければならない（雇用機会均等法11条1項）。

　　c.　**妊娠中・出産後の母性健康管理措置**（雇用機会均等法12条、13条）

　　㈡　**労働安全衛生法上の義務**

　派遣先は労働安全衛生法上の義務を負う（労働者派遣法45条）。

　　㈢　**育児・介護休業法上の義務**

　派遣労働者であっても育児や介護に基づく休業制度（育児・介護休業法5条、11条）、所在労働時間の短縮措置（育児・介護休業法23条）が適用され、派遣先がこれらの申し出を妨げることはできず、派遣元と協議し、派遣労働者の不利益にならないようにしなければならない（育児・介護休業法10条、16条、23条の

2）。

⑥ 印紙税

⑴ 印紙税法の課税文書とは

　印紙税は、日常の経済取引に伴って作成する契約書等の文書に課税される税金である。

　印紙税が課税される契約書等の文書（「課税文書」という）は、印紙税法別表第一（「課税物件表」という）に掲げられている20種類の文書により証明されるべき事項（「課税事項」という）が記載されており、当事者間において課税事項を証明する目的で作成された文書のうち非課税文書に該当しない文書をいう。

　非課税文書とは、印紙税法5条（非課税文書）の規定により印紙税を課税しないこととされている文書である。

　課税文書に該当するかどうかはその文書に記載されている内容に基づいて判断することとなるが、当事者の約束や慣習により文書の名称や文言は種々の意味に用いられている。そのため、その文書の内容判断にあたっては、その名称、呼称や記載されている文言により形式的に行うのではなく、その文書に記載されている文言、符号等の実質的な意味を汲み取って行う必要がある。

　たとえば、委任契約に関しては印紙税の対象とならず印紙の貼付は不要であるので、あえて請負取引のタイトルを「委任契約書」としたとしても、内容が請負取引であれば課税物件表の第2号文書の請負に関する契約書に該当する。また、その請負に関する契約書に取引金額そのものの記載はないが、文書に記載されている単価、数量、記号等により、当事者間において取引金額が計算できる場合は、それを記載金額とするなどである。

⑵ 業務委託契約書のうち課税文書とされるもの

㋐ 課税物件表1「（第1号の4文書）運送に関する契約書」

　第1号文書は、不動産の譲渡、地上権または土地の賃借権の設定または譲渡、消費貸借、運送に関する契約書である。このうち運送契約は、人または物品を場所的に移動させる仕事の完成を目的としており、民法・商法上からは分類上、請負契約（第2号文書に該当）の一種とされるが、印紙税法上は運送契約書は

第1号文書とされており、契約金額が10万円以上から300万円以下の範囲で第2号文書とは取扱いが異なる。また、運送業者が貨物の運送を引き受けた証として荷送人に交付する運送引受書、送り状などと称する文書、さらに荷送人に交付する貨物受取書で貨物の個数、重量、運賃、積地および揚地など具体的に運送契約の成立を記載証明したものは、運送に関する契約書に該当する⁷¹。

　なお、課税物件表1の4では、運送に関する契約書として用船契約書を含むものとされる。用船契約とは、船舶または航空機の全部または一部を貸し切り、これにより物品または旅客を運送することを約する契約をいうが、この場合、裸用船契約書（船舶の賃貸借契約である）は、用船契約に該当せず不課税になる。

㈣　課税物件表2「（第2号文書）請負に関する契約書」

　請負に関する契約書には、職業野球の選手、映画・演劇の俳優（監督・演出家・プロデューサー）、プロボクサー、プロレスラー、音楽家、舞踊家、テレビ放送の演技者（演出家・プロデューサー）が、その者としての役務の提供を約することを内容とする契約を含む。

　課税物件表には第2号文書として、工事請負契約書、工事注文請書、物品加工注文請書、広告契約書、映画俳優専属契約書、請負金額変更契約書などが例示されている。

　注意を要するのは、委任契約書とされる会社監査契約書および税理士委嘱契約書である。会社法上、株式会社と会計監査人との関係は委任に関する規定に従うと明文で規定されているが（会社法330条）、印紙税法上は請負に関する契約書（第2号文書14）として取り扱われる。同様に、税理士委嘱契約書は、委任に関する契約書であり課税文書にあたらないが、税務書類等の作成を目的とし、これに対して一定の金額を支払うことを約した契約書は、印紙税法上は請負に関する契約書（第2号文書17）に該当するとされる。

　なお、建設工事の請負にかかる契約書（建設業法2条1項に規定されるもの）で、平成26年4月1日から平成30年3月31日までの間に作成されるものについては印紙税額が軽減されている（表5参照）。

71　ただし、貨物引換証（商法570条参照）、倉庫証券（商法598条、599条、627条参照）、船荷証券（国際海上運送法6条、7条参照）は、課税物件表9（第9号文書）に該当する。

【表5】 請負に関する契約書の印紙税額

右記以外の請負に関する契約書		税額	建設工事の請負に関する契約書		税額
記載された契約金額		税額	記載された契約金額		税額
1万円未満のもの		非課税	同左		非課税
1万円以上	100万円以下	200円	1万円以上	200万円以下	200円
100万円超	200万円以下	400円			
200万円超	300万円以下	1000円	同左	同左	500円
300万円超	500万円以下	2000円	同左	同左	1000円
500万円超	1000万円以下	1万円	同左	同左	5000円
1000万円超	5000万円以下	2万円	同左	同左	1万円
5000万円超	1億円以下	6万円	同左	同左	3万円
1億円超	5億円以下	10万円	同左	同左	6万円
5億円超	10億円以下	20万円	同左	同左	16万円
10億円超	50億円以下	40万円	同左	同左	32万円
50億円超		60万円	同左		48万円
契約金額の記載のないもの		200円	同左		200円

㈡ **課税物件表7「(第7号文書)継続的取引の基本となる契約書」**

a. 継続的取引の基本となる契約書とは　特定の相手方との間において継続的に生ずる取引の基本となる契約書のうち、次の①ないし③の文書をいい、税率は1通につき4,000円である。ただし、その契約書に記載された契約期間が3か月以内であり、かつ、更新の定めのないものは除かれる。

① 売買取引基本契約書や貨物運送基本契約書、下請基本契約書などのように、営業者間において、売買、売買の委託、運送、運送取扱いまたは請負に関する複数取引を継続的に行うため、その取引に共通する基本的な取引条件のうち、目的物の種類、取扱数量、単価、対価の支払方法、債務不履行の場合の損害賠償の方法または再販売価格のうち1以上の事項を定める

契約書

②　代理店契約書などのように、両当事者（営業者に限らない）間において、売買に関する業務、金融機関の業務、保険募集の業務または株式の発行もしくは名義書換の事務を継続して委託するため、その委託する業務または事務の範囲または対価の支払方法を定める契約書

③　その他、金融、証券・商品取引、保険に関する基本契約のうち、一定のもの。たとえば銀行取引約定書、信用取引口座約定約諾書、保険特約書など

b.　**第1号の4文書（運送に関する契約書）・第2号文書（請負に関する契約書）と第7号文書の区分**　これらの契約書は同時に第7号文書に該当する可能性もある。

第7号文書に該当する契約書は、特定の相手方との間に継続的に生ずる取引の基本となるもののうち、具体的には政令（相続税施行令26条）で定めるものをいうとされる（印紙税法別表第7号課税標準）。

継続的取引の基本となる契約書の範囲に関し政令（相続税施行令26条1号）は、前記a①の契約書について、「営業者の間において、売買、売買の委託、運送、運送取扱いまたは請負に関する2以上の取引を継続して行うため作成される契約書で、当該2以上の取引に共通して適用される取引条件のうち目的物の種類、取扱数量、単価、対価の支払方法、債務不履行の場合の損害賠償の方法または再販売価格を定めるもの（電気またはガスの供給に関するものは除く。）」と規定する。

すなわち、ⓐ営業者間の契約であること、ⓑ売買、売買の委託、運送、運送取扱いまたは請負に関する契約書であること、ⓒ複数の取引を継続して行うための契約書であること、ⓓ複数の取引に共通して適用される取引条件のうち目的物の種類、取扱数量、単価、対価の支払方法、債務不履行の場合の損害賠償の方法または再販売価格のうち1以上の事項を定める契約であること、が第7号の契約書の要件となる。

72　「売買の委託」とは特定の物品等を販売しまたは購入することを委託することをいい、上記本文㋩a②（相続税施行令26条2号参照）の「売買に関する業務の委託」とは売買に関する業務の一部または全部を委託することをいう。

　なお、電気・ガスの供給に関する契約、および、前述したように契約期間が3か月以内であり、かつ、更新の定めのない契約書は除かれる。

　以上から、第1号の4文書または第2号文書と第7号文書の両方に該当する契約書については、記載金額があるものは第1号の4文書または第2号文書、記載金額のないものは7号文書として取り扱われる。

　また、委任契約書[73]、寄託契約書[74]は、原則、印紙税の課税物件ではないものとされる。

(3)　2以上の事項が併記・混合されている契約書の所属

　それぞれの記載事項について、課税物件表の第何号に所属するかを判定し、一定のルールに従って、最終的に第何号文書かを判断することになる。

a. 不課税の自動車の売買契約と第1号の4（運送契約）に該当する契約書

〔例1〕　契約書に契約金額として合計200万円のみ記載⇒第1号の契約書（200万円）とされ、印紙税は2,000円となる。

〔例2〕　契約書に自動車代金190万円、運送料10万円の記載⇒第1号の契約書（10万円）とされ、印紙税は400円となる。

b. 第1号文書（不動産等の譲渡、地上権または土地の賃借権の設定または譲渡、消費貸借、運送に関する契約書）と第2号文書（請負に関する契約書）に該当する契約書

〔例3〕　機械の製作（第2号）および機械の運送契約書（第1号の4）で契約金額が合計100万円の記載しかないもの⇒第1号の契約書（100万円）とされ、印紙税は1,000円となる（印紙税基本通達11条4号、24条3号）。

　同様に産業廃棄物収集・運搬および処分契約書において、収集・運搬契約書

73　委任契約書は「課税物件表」にも記載がなく、一応、印紙税が課税されないものとされる。ただし、継続的取引の基本となる契約書の範囲に関し政令（印紙税法施行令26条1号・2号）には「売買の委託（上記本文(ウ)a①）」、「売買に関する業務の委託（上記本文(ウ)a②）」の記載があり、これに該当する可能性のある委任契約は、記載内容からだけではなく、管轄税務署の判断を求めることが必要である。

74　物品の販売会社と倉庫会社との間において、物品の寄託およびその荷役に関しての契約書は、寄託契約書とされていても、荷役部分について、第2号文書、契約金額の記載がなければ第7号文書に該当する。

（第1号の4）と処分契約書（第2号）で合計契約金額のみが定めてある場合は、第1号の契約書とされ合計契約金額に対して第1号の印紙税額が適用される。

　〔例4〕　第2号文書の契約金額が第1号文書の契約金額を超えるもの。

　契約書に、機械の製作費95万円、機械の運送費5万円を区分して記載⇒第2号文書（95万円）とされ、印紙税は200円となる（印紙税基本通達11条6号、24条2号）。

　同様に産業廃棄物収集・運搬および処分契約書において、収集・運搬（第1号の4）の契約金額および処分（第2号）の契約金額が記載されているものは、「第1号の4の契約金額≧第2号の契約金額」であれば課税物件表の第1号の4文書となるが、例4のように「第1号の4の契約金額＜第2号の契約金額」であれば課税物件表の第2号文書となる。

⑷　契約書の記載金額

それぞれ記載金額に基づき印紙税額を判断する。

a. 予定金額、概算金額、最高金額・最低金額が記載されている場合

　〔例1〕　予定金額200万円、概算金額200万円、約200万円は、記載金額200万円とする。

　〔例2〕　最低金額200万円、最低金額200万円以上、最高金額200万円以下は、いずれも記載金額200万円とする。

　〔例3〕　最低金額200万円超は記載金額200万1円、200万円未満は記載金額199万9,999円とする。

b. 外国通貨により表示されている場合　　契約書作成時の基準外国為替相場または裁定外国為替相場により円に換算した金額が、記載金額となる。

c. 単価・数量などにより計算できる場合　　計算により算出した金額が、記載金額となる。

　〔例4〕　物品加工契約書にA商品・単価500円、数量1万個とのみ記載されたものは、記載金額500万円の第2号文書となる。

d. 月単位等で契約金額を定めている契約書の場合　　この場合、契約期間の定めがあれば、当該金額に当該期間を乗じて算出したものを契約金額とし、契約期間の定めがなければ記載金額のないものとして扱われる。

　なお、契約期間の更新の定めがあるものは、更新前の期間のみを記載金額算出の対象とし、更新後の期間は考慮しない。

　〔例5〕　ビル清掃請負契約書において、「清掃料月10万円、契約期間2年、当事者に異議がないときは更に1年延長する」と記載されたものは、記載金額240万円（10万円×24月）の第2号文書となる。

e. 消費税および地方消費税の金額にかかる契約書の記載金額　消費税額等が区分記載されている場合は、その金額は記載金額に含まれない。[75]

　〔例6〕　たとえば請負契約書において、

① 「請負金額　108万円」「税込み金額　108万円」と記載したものは、消費税等の8万円が含まれていても、記載金額108万円の第2号文書となる。

② 「請負金額　108万円うち消費税額等8万円」「請負金額　100万円　消費税等8万円　合計108万円」「請負金額　108万円、税抜価格100万円」「請負金額　108万円、税抜価格100万円、消費税等8万円」は、いずれも記載金額100万円の第2号文書となる。

f. 第1号文書・第2号文書の記載金額の特例　当該契約書に具体的な契約金額の記載がなくても、契約書中に契約金額または単価、数量、記号その他の記載のある見積書、注文書その他これらに類する文書（課税文書に該当するものは除く）の名称、発行日、記号、番号その他の記載があることにより、当事者間の記載金額を明らかにできるときは、その金額が契約書の記載金額になる。

　〔例7〕　建築請負契約書に、「請負金額は、請負人発行の見積書（第○○号）のとおりとする」と記載され、見積書に請負金額として1000万円の記載があるものは、記載金額1000万円の第2号文書となる。

⑦　普通取引約款の拘束力

(1)　普通取引約款の意義

　普通取引約款とは、企業が特定の業種に属する多数の契約の締結を合理化・画一化するため、あらかじめ定型的に定められた契約条項であり、普通契約約

75　ただし、この取扱いは、手形（第3号文書）、債権譲渡または債務引受けに関する契約書（第15号文書）には適用されない。

款、業務約款、営業約款など、あるいは単に約款とも呼ばれる。

　約款は同種・同型の大量かつ集団的な取引を簡易・迅速・画一的に処理することを目的とし、主に企業者または企業者の団体の作成によるものであり、普通保険約款、運送約款、銀行取引約定書、当座勘定約定書、倉庫寄託約款、建設請負契約約款、取引所の受託契約準則などに利用されている。

　約款の内容は、通常、その種の契約から生ずべき当事者の権利義務、契約不履行に対する制裁、契約の存続期間、期間満了前の解約権留保などのほか、当該企業に関する免責条項（免責約款）[76]、裁判籍などに関する条項を含んでいる。

(2)　普通取引約款の規制

(ア)　立法による規制

　立法による規制は、約款による弊害の防止のため、約款に定めるべき事項を法律で規定するもの（金商法133条「受託契約準則及びその記載事項」など）や免責約款の制限を法律で規定するもの（商法739条、786条、国際海上物品運送法15条などの海上運送人の免責約款の制限、消費者契約法 8 条・10条の事業者の免責条項・消費者利益を害する条項の無効など）がある。

　なお、民法における「約款規制」については債権法改正の中で議論されており、中間試案[77]（平成25年 2 月26日）の後の要綱仮案（平成26年 8 月26日）では一部委員から異論が述べられ保留となったが、最終的には「改正要綱案」におい

76　免責約款の種類として、①過失約款（たとえば、ほとんどの倉庫寄託約款〈標準寄託約款（甲）38条〉では、損害が受寄者〈倉庫営業者またはその使用人〉の故意または重過失により生じたことを寄託者等が証明しない限り、倉庫営業者は損害賠償責任を負わない旨の免責条項が規定されている。当該免責条項により損害賠償責任の軽減と挙証責任の転換が図られ、倉庫営業者に有利になりすぎ、有効性を疑問視する意見もある）、②賠償額制限約款（受託者の賠償額を一定額に制限するものである）、③不知約款（たとえば、ほとんどの倉庫寄託約款（標準寄託約款41条）は、受寄者が受寄物の内容を検査しないときは検査しない旨の文言を証券面に表示して責任を負わないとする免責条項が規定されている）などがある。

77　中間試案においては約款規制（中間試案第30）として、①約款の定義、②約款の組入要件の内容、③不意打ち条項規制、④約款の変更、⑤不当条項規制の 5 項目を取り上げている。①の約款の定義については、「多数の相手方との契約の締結を予定してあらかじめ準備される契約条項の総体であって、それらの契約の内容を画一的に定めるものを目的として使用するもの」と定義し、「事業者対消費者」の構図に限定されず、本書の対象とするような「事業者対事業者」の約款も規制するものである。

て公表される予定である。

⑷　行政による規制

　行政による一般的な規制方法は約款の認可である（保険業法4条2項3号、5条1項3号、金商法82条2項、82条1項1号、電気事業法21条、23条、貨物自動車運送事業法10条など）。倉庫寄託約款は届出事項にすぎず、認可事項ではないため倉庫営業者に有利な約款が現われている。また、銀行取引約款は、約款の認可制度はなく、一般的な行政的監督に服するにすぎない。

⑸　普通取引約款の拘束力

　約款がなぜ拘束力を有するのかについて、種々の説や判例が対立する。法律行為理論、意思推定理論、附合契約理論、自治法理論、商慣習法理論などの議論があるが、判例のとる立場である、ⓐ意思推定理論、現在の有力説である、ⓑ自治法理論、ⓒ商慣習理論について簡単に述べる。

　a.　意思推定理論　　大判大正4年12月24日民録21輯2182頁は、法律上公示義務の定めのない火災保険約款の免責条項の効力が争われた事案において、当事者（保険契約者・保険会社）が、特に普通取引約款によらない旨の意思表示をしないで契約をしたときは、反証がない限りその約款による意思をもって契約をしたものと推定すべきであるとした。これに対して、学説は、判例の意思推定理論によれば、契約の相手方は約款の内容につき善意であることを立証すれば約款に拘束されないことになり、法的安定性を害するとの批判があった。

　b.　自治法理論　　「社会あるところに法あり」の法諺にのっとり、団体が自主的に制定する法規に法源性を認め、約款を定款その他とともにその一つの例とみる立場である。しかし、約款は、企業者が企業取引の便宜化と合理化の要請のもと利用するものであり、それは本来、企業者の「経済的な力」によって事実上の利用をみるにすぎないとして、法としての一般的適用を主張することには批判がある。

　c.　商慣習法論（白地慣習説）　　約款そのものを商慣習法として認めるのではなく、特定の取引について「約款による」ということを内容とする商慣習ない

78　蓮井＝森・前掲書（注62）288頁
79　西原寛一『商行為法〔第3版〕』52頁（有斐閣・1973年）
80　石井照久＝鴻常夫『商法総則』51頁（勁草書房・1975年）

し商慣習法が成立しているとみる立場である。特に新種の企業における新約款
採用の場合は、この理論では説明できないとの批判がある。[81]

(3)　普通取引約款の取扱い

　普通保険約款のように不特定多数と取引を行う場合は、変更することは困難
であり、当該普通保険約款に基づき取引を行うか、行わないかが一つの前提と
なるが、運送、建設工事、倉庫寄託などの標準約款などは、特定の委託者と受
託者の取引に使用されるものであり、たとえ所轄官庁の告示のあるものであっ
ても、契約自由の原則から、当事者が合意すれば、約款と異なる内容の契約は
できるし、必要とあれば異なる内容を契約しなければならない。また、約款に
規定していない内容があれば追加しなければならないことは、もとより当然で
ある。

81　西原・前掲書（注79）51頁

第2章

業務委託契約書の一般的条項

1 タイトル

【記載例1】 基本タイトル

○○に関する業務委託契約書

(1) タイトルの意義

タイトルをみれば、契約の対象や内容がどのようなものであるのかがわかる。そのようなタイトルのほうが適切であるが、「契約書」と記載があるだけでも管理上の問題は別として、法的に問題があるとはいえない。より具体的なタイトルを表示したほうが、管理上、タイトル名から一目で内容がわかるので、膨大な契約書を管理する企業にとっては、契約管理表の記載やファイリングが適切にできることになる。

なお、「製造委託基本契約書」「製造請負契約書」「運送委託契約書」などという標準契約書（雛形）を準備し、それを相手方に提示している会社では、それで管理をしたほうがよいので、あえてタイトルを変更する必要もない。

【記載例2】 検討すべきタイトル例と変更例

〔検討すべき例1〕　　　　　　　　　　開発委託契約書
（変更例1①）　　　　　○○コンピューターシステム開発委託契約書

(変更例1②)	○○製品に関する開発委託契約書
〔**検討すべき例2**〕	請負契約書
(変更例2①)	○○製造ライン請負契約書
(変更例2②)	○○設備設置請負契約書

(2)　タイトルと法的効果

　請負は、委託と呼ぶこともあるので、「委託契約書」や「業務委託契約書」でも問題はない。ただ、「委任契約書」とするのは誤りである。契約条項に記載のない部分についての法的効果について、請負と委任は区分されるからである。

　したがって、委任契約の場合に「委託契約書」「業務委託契約書」とするのは問題ないが、「請負契約書」とするのは誤りである。

　もっとも、委任か請負かは、各契約条項がどのように規定しているか、または実際の業務委託の状況からみて、その法的効果が判断されることになるので、タイトルが誤りであるとしても、その契約が無効になることはない。

(3)　タイトルの名称

　「契約書」という名称を使わず、「覚書」「合意書」「協定書」「協約書」「約定書」などの名称を用いることがあるが、当事者が合意した内容を書面にしたものであれば、法的にはすべて契約文書であり、法的効力はどれも同じである。「○○業務委託覚書」としても「○○業務委託契約書」としても効力において優劣はない。

　ただし、「○○業務委託契約書」を締結したのち、その内容を一部変更するため「○○業務委託覚書」とする場合があるので、注意が必要である。この変更覚書に記載してある条項は「○○業務委託契約書」に優先して適用されるので、変更覚書であることがわかるタイトルが望ましく、原契約である「○○業務委託契約書」の前にファイルしておくのがよい。

【記載例3】　検討すべきタイトル例と変更例

> 〔検討すべき例〕　　　　　　　○○業務委託覚書
> 　※「○○業務委託契約書」が締結されており、さらにその条項の一部を
> 　　変更する場合
> （変更例①）　　　　　　　○○業務委託契約書に関する覚書
> （変更例②）　　　　　　　○○業務委託契約変更覚書
> （変更例③）　　　　　　　○○業務委託契約書に関する合意書
> （変更例④）　　　　　　　○○業務委託契約変更合意書

　なお、「念書」「差入書」「誓約書」「借用書」などは、ある種の義務を負担する者が相手方から提出を要求されて一方的に差し出す文書であるが、法的にも契約書であり、差し出すほうのみが一方的に義務を負う。相手方の記名押印がなくても、法的効力はある。独立して提出される場合も多いが、契約書の条項に基づき提出される場合もある。

【記載例4】　検討すべきタイトル例と変更例

> 〔検討すべき例〕　　　　　　　　念書
> （変更例①）　　　　　　　○○業務委託契約書に関する念書
> （変更例②）　　　　　　　○○業務委託契約書第○条に関する念書
> （変更例③）　　　　　　　○○業務契約の暴排条項に関する誓約書

②　前　文

【記載例5】　基本前文

> 　X株式会社（以下、「委託者」という）とY株式会社（以下、「受託者」という）とは、委託者と受託者間の○○業務委託取引に関し、次のとおり業

務委託契約（以下、「本契約」という）を締結する。

⑴　前文の意義

契約当事者、契約の対象となる取引の内容、範囲を概括的に特定する。

⑵　取引内容・範囲の特定

相手方の信用上の問題、政策的な問題などで取引の範囲を限定しておきたいなら、前文で（別に「目的条項」や「契約内容の条項」で）制限をかけておく必要がある。

⑶　当事者の特定

契約当事者とは、法律的な委託取引当事者であり、契約上の地位が帰属する者である。契約上の地位が帰属する者は、会社の事業部や営業部ではなくあくまでも企業（法人）である。そこで、前文の当事者の表示は会社自体であり、その部局を削除しておく必要がある。

もっとも、単に○○株式会社と△△株式会社との間の契約とすると、その事業部内の委託契約だけの場合に全社的な委託取引を意味することになってしまう。そこでこのような場合は、前文にその旨を記載して対象を事業部内に限ることを明示しておく必要がある。

契約書において当事者名が記されるのはこの前文と記名捺印のための当事者表示についてであり、ほかの部分は「甲・乙」「X・Y」などの略称が用いられる。反復して当事者名が使用されると、条文が煩雑になるとともに冗長になるのを避けるためである。しかし、実際には、当事者名を記載したほうが、正確に条文の内容を理解できることも事実である。

そこで、ある条項のみを抜き出しても、当事者間の権利義務関係がわかる略称を用いるのが適切であり、本書では、業務委託契約の性質に応じ「委託者・受託者」「寄託者・受託者」「荷送人・運送人」「ユーザー・ベンダー」などの用語を使用することにしている。業務委託契約以外でも、賃貸借契約では「貸主・借主」、売買契約ならば「買主・売主」「バイヤー・サプライヤー」などの

略称の使用を薦めたい。

【記載例 6 】　前文変更例

（変更例）

　X 株式会社（以下、「委託者」という）と Y 株式会社（以下、「受託者」という）とは、委託者の〇〇事業部と受託者との間の〇〇業務委託取引に関し、次のとおり業務委託契約（以下、「本契約」という）を締結する。

⑷　代理人の場合

　委託者が A 社の代理人または受託者が B 社の代理人である場合には、前文の中に本人の社名を入れ代理人であることを明確にする。そして、本人に対する委任状の徴求と、その代理権の範囲内において契約の内容を明確にすることが必要であり、また、当事者の表示において、当事者として本人の住所、名称、代表者名を記載し、委任状のない場合においては記名捺印をしてもらう。

【記載例 7 】　前文条文例

（条文例）

　Z 株式会社の代理人である株式会社 X（以下、「委託者」という）と Y 株式会社（以下、「受託者」という）は、Z 株式会社が経営し Y 株式会社が運営業務を受託している駅構内売店およびその他の物販ならびに飲食店（以下、「店舗」という）において販売する商品（以下、「販売商品」という）の継続的な製造委託に関し、基本となる契約（以下、「本契約」という）を次のとおり締結する。

【記載例8】　前文例

例1（**販売委託契約**）　株式会社 X（以下、「委託者」という）と株式会社 Y（以下、「受託者」という）とは、委託者製造の薄板ばねの販売に関する販売特約店契約を以下のとおり締結する。

例2（**販売委託契約**）　X 株式会社（以下、「委託者」という）と Y 株式会社（以下、「受託者」という）とは、委託者の商品の販売業務（以下、「本件業務」という）を委託するにあたり、以下のとおり契約する。

例3（**加工委託契約**）　委託者・株式会社 X（以下、「委託者」という）と受託者・Y 株式会社（以下、「受託者」という）とは、次の条項により委託加工基本契約を締結する。

例4（**製造委託契約**）　委託者・株式会社 X（以下、「委託者」という）と受託者・Y 株式会社（以下、「受託者」という）とは、水晶発振器の製造委託に関し、その基本的条件を定めるため、次のとおり基本契約を締結する。

例5（**OEM 取引契約**）　株式会社 X（以下、「委託者」という）と Y 株式会社（以下、「受託者」という）とは、委託者が販売するノート型コンピュータ（詳細は別紙記載のとおり。以下、「本製品」という）の OEM 取引に関して、次のとおり契約する。

例6（**経営委託契約**）　X 株式会社（以下、「委託者」という）と Y 株式会社（以下、「受託者」という）とは、委託者の経営する第1条（経営委託）記載の本件事業の経営を委託することに関し、次のとおり経営委託契約を締結する。

例7（**運送契約**）　X 株式会社（以下、「委託者」という）は、Y 株式会社

（以下、「受託者」という）に対して、委託者の指定する物品（以下、「本件物品」という）を輸送することを委託し、乙は甲の指示に従って輸送することを受託した。

例8（寄託契約） X物流株式会社（以下、「委託者」という）と株式会社Y（以下、「受託者」という）とは、委託者が行う事業における商品の保管業務の委託に関し、次のとおり契約（以下、「本契約」という）を締結する。

例9（アドバイザリー契約） 株式会社X（以下、「委託者」という）および株式会社Y銀行（以下、「受託者」という）は、委託者の事業承継に係るM&Aのアドバイスに関して、次のとおり、契約（以下、本契約という）を締結する。

例10（PB取引契約） 株式会社X（以下、「委託者」という）と株式会社Y（以下、「受託者」という）とは委託者の企画するPB商品の製造委託取引に関し、次のとおり基本契約（以下、「本契約」という）を締結する。

例11（製造委託契約） X株式会社（以下、「委託者」という）とY株式会社（以下、「受託者」という）とは、委託者の〇〇工場内に設置する搬送装置等（以下、「本件装置」という）の製作請負取引に関し、以下のとおり契約（以下、「本契約」という）を締結する。

③ 秘密保持条項

【記載例9】 基本条文

第〇条（秘密保持）
　委託者および受託者は、互いに本件業務の遂行により知り得た個人情報および相手方が秘密として指定または表示した情報を第三者に漏えいまた

> は開示してはならない。

(1)　意　義

　スポットの売買契約とは異なり、委託者が業務を委託する業務委託契約は、特に委託者側の秘密を受託者に開示する場合も多く、秘密保持条項は欠かせない。また給与計算、社員教育、福利厚生、人事管理などの業務委託は、営業上または技術上の秘密の開示だけでなく、従業員個人がベースとなった業務であるので、個人情報の漏えいの可能性も高く、個人情報に関しても十分な対応をしておく必要がある。

　もし、会社にとって重要な秘密を開示せざるを得ない業務委託の場合は、アウトソーシングを採用するよりも、従来どおり社内業務としておくほうが賢明であろう。事業部制やカンパニー制の導入や地域ごとの製造・販売子会社の存在などで、同一機能をもつ人材や部署、設備等の分散により効率上の問題がある場合でも、まったく社外のアウトソーシング体制をとるより、社内やグループ会社の一定部署や完全子会社の設立による業務委託にとどめたほうがよい。

　また、特定の重要秘密が存在する業務委託を行う必要があるのであれば、秘密保持条項とは別に「秘密保持契約書」を取り交わして、細部にわたる規定により相手方に、厳格な情報管理を促すことも必要である（記載例14参照）。

(2)　基本条文について

　基本条文においては、「秘密として表示した情報」の文言を入れ、書類等に「㊙」などの文字が記載されていれば、第三者への漏えい・不開示を義務づけることができるようにしている。

(3)　秘密保持条項の方式

　まず、双務条項か片務条項かについて定めておく必要があり、秘密情報の開示がもっぱら一方のみである場合には片務でよいが、他方の者からも、秘密情報を供与され可能性がある場合には、双務条項とする必要がある。

　秘密保持条項の方式としては、①冒頭の基本条文のように、最初から秘密情

報の範囲を定めて「相手方が秘密として指定または表示した情報」などとする
ものと、②基本条文の変更例（前記の記載例９）のように知り得たすべての情
報を秘密情報の候補にあげて、「適用除外情報」に該当するものを除いて秘密
情報とするもの、③上記①に、さらに②の「適用除外情報」に該当するものを
除くものがある。

　委託者と受託者の両方が、秘密保持義務を負う場合には、①〜③のいずれの
方法でも構わないが、①はあらかじめ秘密情報が特定でき、開示部署や相手方
の受ける部門が特定している場合には利用しやすい方法であり、②は秘密情報
の対象が広く、多量の情報のやり取りがある場合にメリットのある方法である。
しかし、一方のみが秘密保持義務を負う場合には、相手方の情報の適正な管理
のために、①か②に絞ったほうがよい。

⑷　特定の秘密情報の対応

㈠　営業秘密

　営業秘密とは、秘密として管理されている事業活動に有用な技術上または営
業上の情報で公然として知られていないものをいう（不正競争防止法２条４項）。
したがって、営業秘密は、秘密の保有者が秘密であると考えているだけでは不
十分で、秘密だと認識できる状態、つまり「極秘」「㊙」「社外秘」などの表示
がされていたり、その秘密にアクセスする者が限定されていたり、保管の方法
が定められていたりしていることが必要となる。

　漏えいや開示をされてしまえば競争力がなくなるような営業秘密を取り扱う
ときは、上記で述べた、別に「秘密保持契約書」を取り交わす方法が必要とな
る（記載例14参照）。

㈡　インサイダー情報

　上場会社等と契約している者または締結交渉をしている者（上場会社等の契
約の相手方）が、その契約の締結・交渉または履行に関し重要事実を知ったと
きには、当該重要事実が公表されるまで、その上場会社の株式等を取引するこ
とが禁止される（金商166条１項４号）。なお、これらの者が法人である場合、
その役員等も含まれる（同かっこ書）。そして、これらの者がその上場会社の株
価に影響を及ぼすような未公開の重要事実を利用して、株式などを取引する行

為を行った場合、5年以下の懲役または（および）500万円以下の罰金が科される（金商197条の2）。また刑事罰を科すには至らない軽微な違反行為に対しては課徴金が課される（金商175条）。

この場合、上場会社側から重要事実を秘密であるといわれなくても対象となり、また重要事実を直接知った契約の相手方担当者でなくても報告を受けて知った同僚・上司も対象となる。

したがって、その内容が上場会社またはその子会社の決定事実（会社の意思決定にかかるもので、会社の業務、運営、財産に関するもの）、発生事実（会社の意思に関係なく発生するもので、会社の業務、運営、財産に関するもの）、決算情報（会社の決算情報または業績予想に関するもの）、バスケット情報（上記以外で投資者の投資判断に著しい影響を及ぼす重要事実）であれば、上場会社側から重要事実や秘密事項であると言われなくても、株式等の取引禁止をしなければならない。

インサイダー情報の占める割合が多い場合は、業務委託に関与する役員や従業員まで義務を定めておくのも方法である。義務を負う会社が上場会社やその子会社である場合は、インサイダー取引監視部門に依頼すべきであろうが、非上場会社である場合は、業務委託に関与する役員や従業員まで義務を定めておき、関与する者の誓約書まで用意する方法もある。

　㈦　**本条項の制約**

a. **監督官庁への開示**　　法令で提出が義務づけられている場合や国税調査官、公正取引委員会審査官（独禁法47条）、証券取引等監視委員会職員（金商210条ほか）に対する開示は、相手方の承諾を得ずに行っても、本条項違反にはならない。また、本業務の遂行によって知り得たとしても、相手方の公害たれ流し、脱税、談合などの反社会的情報や違法情報について、監督官庁へ開示しても、本条項違反にならないことは当然である。

また、情報公開法は、企業に関する情報であって、①公にすることにより、当該法人等の権利、競争上の地位その他正当な利益を害するものであっても、

1　最判平成13年11月27日判時1771号67頁。単に当該情報が「通常他人に知られたくない」というだけでは足りず、当該情報が開示されることによって当該法人等の競争上の地位その他正当な利益が害されることを要し、またそのことが客観的に明らかでなければならない。

②行政機関の要請を受けて、公にしないとの条件で企業が任意に提出したものであって、通例として公にしないこととされているものであっても、③その他、公にしないことが当該情報の性質、当時の状況等に照らして合理的であると認められるものであっても、人の生命、健康、生活または財産を保護するため、公にすることが必要であると認められる情報は開示される（情報公開法5条2号）。行政機関は、必ずしも必要としない情報を安易に行政指導で提出させることのないようにすべきであるが、企業としても情報公開法を念頭において、要請に応ずるか判断（相手方と協議あるいは相手方に開示の申請をするなど）するとともに、要請に応じ、かつ非公開を望む場合には、明確な意思表示（たとえば、文書上の㊙や「極秘」の押印など）と行政機関からの了承の確約が必要であろう。[2]なお、現在、ほぼすべての地方公共団体において「情報公開条例・規約」が施行されているので、注意が必要である。[3]

b. 民事訴訟法の文書提出義務　相手方から受領した文書が、技術または職業の秘密にあたるときは裁判所からの文書提出命令を拒否できる（民訴法220条4号ハ）が、それ以外の場合は、相手方から開示を受けた文書であるので、「専ら文書の所持者の利用に供するための文書」（同条4号ニ）とはいえず、原則として、提出を拒否できないことになると解される。

また、その文書が、技術または職業の秘密に該当するか否かが問題となるときは、裁判所は、文書の所持者にその提示をさせ、非公開のイン・カメラ手続（この場合においては、何人も、その提示された文書の開示を求めることができない）により、秘密が漏洩されることなく、その文書の提出義務の有無を判断する（民訴法223条6項）。

以上の手続において裁判所に提出しても、本条項違反とはならない。

c. 弁護士会からの照会　本制度は、弁護士が直接照会するのではなく、所属弁護士会の会長を通じてのみ照会できる（弁護士法23条の2）。なお、企業が照会に応じないからといって、制裁が課されるものではない。本制度の趣旨は、公益上認められたものであるので、協力すべきとは考えられるが、その際は、相手方の了承を得たうえで回答をすべきであろう。

2　宇賀克也『新・情報公開法の逐条解説〔第6版〕』92頁（有斐閣・2014年）
3　東京都公開情報条例7条3号、（東京都）港区情報公開条例5条2号など

【記載例10】　秘密保持条項の方式

（基本条文の変更例）

　第○条（秘密保持）

　委託者および受託者は、互いに本件業務の遂行により知り得た個人情報および相手方の秘密情報を第三者に漏洩または開示してはならない。ただし、当該秘密情報が以下のいずれかに該当するときは、この限りではない。

　(1)　相手方から取得した時に既に公知であった情報または相手方から取得後に自らの責を負わないで公知となった情報

　(2)　第三者から秘密保持義務を負うことなく適法および正当に取得した情報

　(3)　相手方から当該情報を取得した時点で、既に自らが保有していた情報

　(4)　相手方から取得した情報を使用することなく、独自に開発、知得した情報

【記載例11】　秘密保持義務の契約終了後の継続

（基本条文の変更例①）

　第○条（秘密保持）

　委託者および受託者は、互いに本件業務の遂行により知り得た個人情報および相手方が秘密として指定または表示した情報（以下、「本件秘密情報」という）を第三者に漏えいまたは開示してはならない。

2　委託者および受託者は、本契約終了の時から、本件秘密情報を使用してはならず、漏えいまたは開示してはならない。

　（変更例②）（第1項は変更例①と同じ）

2　委託者および受託者は、本契約終了の時から○年間、本件秘密情報を使用し、漏えい洩または開示してはならない。ただし、当該秘密情報が

> 相手方の故意・過失によらないで公知になった場合はこの限りではない。

　変更例①の第2項では契約が終了しており、秘密情報は使用できないことになるので、その旨の記載してある。

　変更例②第2項の○年間は、通常2年から5年程度までであろうが、情報内容によって差があり情報量が多い場合は、一概に○年で区切るのは難しい場合がある。かといって、期限の定めがなければ、逆に情報管理がおろそかになる可能性もある。本条項の有効期間は、秘密保持が最長となるものの〔年数＋若干の予備期間〕を設けて決定する方法もある。

【記載例12】　損害賠償額の予定

> **（基本条文の変更例①）**
> 　**第○条（秘密保持）**
> 　受託者は、委託者が秘密として指定または表示した情報（以下、「本件秘密情報」という）を第三者に漏えいまたは開示してはならない。
> 2　受託者が、前項に違反することにより、第三者が本件秘密情報を使用し、または当該秘密情報が公知になった場合には、受託者は委託者に対し、損害賠償として金○○○○万円を支払う。
> 3　前項の場合、委託者の現実の損害額が前項の金額を上回るときは、委託者は受託者に対して現実の損害額を請求することができる。
> 4　委託者および受託者は、本契約終了の時から○年間、本件秘密情報を使用し、漏えいまたは開示してはならない」
> 　**（変更例②）**（変更例①の再変更例。第3項を「違約罰」に変更する）
> 2　受託者が、前項に違反することにより、第三者が本件秘密情報を使用し、または当該秘密情報が公知になった場合には、受託者は委託者に対し、損害を賠償しなければならない。
> 3　前項の場合といえども、委託者は、別に、違約罰として金○○○万円を支払わなければならない。

　変更例①のように、情報漏えいを防ぐことは難しいという前提に立って、損害賠償額を予定しておくことも必要である（損害賠償額の予定。民法420条）。債務不履行の事実さえ証明できれば、損害の発生や損害額を証明しないで、予定賠償額を請求することができる。

　秘密情報が営業秘密などのように価値を生み出しているものについて、相当する金額をあらかじめ提示することは、相手方にとって情報の大きさが目で見えることになるため、相手方の情報管理も厳格になり、漏えい防止対策としても有効である。

　なお、損害賠償額の予定は、契約違反があった場合に現実の損害額がいくらであっても当初定めた金額が損害賠償額と推定されることになる。予定した損害賠償額が現実の損害より過大または過少でも裁判所はその額を変更することができない（民法420条１項後段）[4]。したがって、現実の損害額が損害予定額よりも大きい場合は特約（変更例①の第３項）が必要となる。

　一方、違約金とは、債務不履行の場合に、債務者が債権者に支払うことを約した金銭をいう。

　違約金には、①違約罰か、②損害賠償額の予定か、の二つの目的がある。民法は、目的がいずれか不明瞭なことによるトラブルを防ぐため、420条３項において「違約金は、賠償額の予定と推定する」と規定する。

　違約罰は、賠償額の予定ではないので、それとは別に相手方に請求することができるが、反証をあげてこの推定を覆しておく必要がある。

　そこで変更例②の第３項のように、違約金が違約罰の意味であることを明記しておけば、損害賠償金とは別の違約罰とされるので、現実の損害賠償金だけでなく違約金も請求できることになる。

【記載例13】　情報管理義務

> **第〇条（秘密保持義務）**
> 　受託者は、本件業務の遂行により知り得た個人情報および委託者が秘

---

[4]　もっとも債務不履行に関し、債権者に過失があるときは、過失相殺により予定賠償額が減額されうる（通説・最判平成6年4月21日裁判集民事172号379頁）。

　密として指定または表示した情報（以下、「本件秘密情報」という）を第
　三者に漏えいまたは開示してはならない。

2　受託者は、受託者の役員、従業員に対し、本契約の目的を達するに必
　要な限度までは本件秘密情報を開示することができ、この場合、受託者
　はこれらの者に対してその在職中、退職後を問わず、本件秘密情報を保
　持するのに必要な「秘密管理規程」の作成、改定、秘密保持誓約書の徴
　収その他の措置を講じなければならない。

　秘密情報に関しては、通常、情報にアクセスできる者を制限し、アクセスで
きる情報の種類や内容も業務ごとに区別する必要があり、また、一定の情報に
アクセスした者が誰かを識別できるようにしておくべきである。物であっても
電磁的記録であっても保管場所を定め、施錠（IDやパスワード管理などを含む）
や閲覧した者の情報などをわかるようにしておく必要もある。また、廃棄管理
も重要で、廃棄方法を定め確実に廃棄ができたか検証できることも重要になる。

【記載例14】　業務委託契約書の秘密保持条項とそれに基づく秘密保持契約書

業務委託契約書（関係部分抜粋）

第〇条（秘密保持）

　受託者は、本契約に基づいて知り得た委託者に関する秘密情報および
個人情報については、一切、漏えい、開示してはならない。なお、委託
者が受託者に開示する委託者の保有する顧客情報データの秘密保持等に
ついては、別に「秘密保持契約書」において取り決める。

秘密保持契約書

甲株式会社（以下、「委託者」という）と株式会社乙研究所（以下、「受託

者」という）とは、委託者と受託者の間で締結する平成〇〇年〇月〇日付け業務委託契約（以下、「委託契約」という）に基づき、以下のとおり、秘密保持契約（以下、「本契約」という）を締結する。

第1条（開示の対象）

委託者は、受託者に対し、委託者が営業秘密として管理している別紙記載の顧客情報のデータ（以下、「本件営業秘密」という）を無償で開示する。

（営業秘密）

不正競争防止法は、「営業秘密」を「秘密と管理されている事業活動に有用な技術上または営業上の情報で公然と知られていないもの」と定義している（不正競争防止法2条6項）。

第2条（開示目的と目的外使用の禁止）

受託者は、受託者の顧客状況を分析する目的（以下、「本件目的」という）のためにのみ、本件情報データを使用することができる。

2　本件情報データには、次の各号に定めるものは除くものとする。

 (1)　受託者が本契約の締結前より既に保有し、または公知であった情報

 (2)　受託者が秘密保持義務を負うことなく第三者から適法かつ正当に入手した情報

 (3)　受託者が独自に開発した情報

 (4)　委託者が公表することを承諾した情報

 (5)　受託者の故意、過失によらないで、公知になった情報

3　受託者は、委託者の書面による事前の承認を受けないで、第1項の本件目的以外のために本件営業秘密を使用してはならず、本件営業秘密を複製、複写してはならない。

第3条（個人情報）

受託者は、委託者から開示を受ける委託者が所有する別紙記載の顧客

情報のデータに記録されている個人データ（個人情報保護法2条4項の「個人データ」をいう）について必要な安全管理措置（同20条）を講じなければならない。

第4条（第三者への開示の禁止）

受託者は、本件目的のためか否かにかかわらず、いかなる場合にも第三者に本件営業秘密を開示、漏えいしてはならない。

第5条（返還義務）

受託者は、委託者に対し、本契約が終了した日から10日以内に、本件営業秘密に係る書面、電磁的データなど一切のものを返還しなければならない。ただし、受託者は、返還が不可能な情報がある場合には、委託者の指示に従いその情報を破棄または粉砕しなければならない。

第6条（損害賠償額の予定）

受託者が、本契約に違反することにより、第三者が本件秘密情報を使用し、または当該秘密情報が公知になった場合には、受託者は委託者に対し、損害賠償として金5000万円を支払う。

2　前項の場合、委託者の現実の損害額が前項の金額を上回るときは、委託者は受託者に対して現実の損害額を請求することができる。

第7条（取決めのない事項）

本契約について定めのない事項については、委託契約に従う。

本契約書の締結を証するため、本書2通を作成し、当事者が記名押印のうえ、それぞれ1通を保有する。

平成〇〇年〇月〇日

　　　　　　　　　委託者　　東京都〇〇区〇〇１－１－１
　　　　　　　　　　　　　　甲株式会社
　　　　　　　　　　　　　　代表取締役　　〇〇〇〇　㊞

　　　　　　　　　受託者　　東京都〇〇区〇〇２－２－１
　　　　　　　　　　　　　　合同会社乙研究所
　　　　　　　　　　　　　　代表社員　　〇〇〇〇　㊞

　委託者からの情報提示をもとに受託者による企画案や見積りの提示から契約条件の交渉に進むような業務委託契約（たとえばシステム開発委託契約、経営委任契約、M&Aアドバイザリー契約、コンサルティング業務委託契約など）は、締結交渉開始時点において秘密保持契約が必要となる。

【記載例15】　業務委託契約の締結交渉開始時点での秘密保持契約

秘密保持契約書

　Ｘ株式会社（以下、「委託者」という）とＹ株式会社（以下、「受託者」という）は、〇〇に関する業務委託（以下、「本件目的」という）を進めるにあたり、委託者から開示された秘密情報の取扱いについて、以下のとおり秘密保持契約（以下、「本契約」という）を締結する。

〔受託者側の検討事項〕
　受託者も専門家としてのノウハウや他社の業務受託の情報など開示する可能性があるなら、両当事者の秘密情報を対象とすべきである。
（変更例）
　Ｘ株式会社（以下、「委託者」という）とＹ株式会社（以下、「受託者」という）は、相手方から開示された秘密情報の取扱いについて、以下のとおり秘密保持契約（以下、「本契約」という）を締結する。

※以下の各条項も、双務条項となっているかチェックしておくこと（下記の第7条の変更例も参照のこと）。

第1条（定義）

　秘密情報とは、委託者が受託者に対して開示したすべての情報（以下、「本件秘密情報」という）をいう。

〔検討事項〕

　秘密情報の対象をすべての情報とすると保護する部分は広くなるが、通常秘密とは考えられない情報までもが秘密情報の対象となってしまい、情報管理という点ではどうしても弱くなる可能性がある。そこで、開示する側の情報管理も必要となるが、情報の対象を絞って情報管理の精度を上げたほうがよい。

（変更例）

　秘密情報とは、委託者が受託者に対して開示した個人情報および委託者が秘密として指定または表示した情報（以下、「本件秘密情報」という）をいう。ただし、委託者が口頭で秘密とした情報については、当該開示後7日以内に、その旨を明示した書面を受託者に送付するものとする。

2　前項において秘密情報とされた情報であっても、次の各号に該当するものは、適用されない
(1)　委託者から開示を受ける前に、既に公知であったもの
(2)　委託者から開示を受ける前に、既に自ら保有していたことを証明できるもの
(3)　委託者から開示を受けた後、自らの責によらないで、公知となったもの
(4)　正当な権限を有する第三者から、秘密保持義務を負うことなく適法に入手したもの

(5)　委託者から開示を受けた情報によらず、独自に開発したもの

第2条（秘密保持義務）

　受託者は、本件秘密情報について、厳重に保持および管理するものとし、委託者の事前の書面による承諾なしに第三者に開示または漏えいすることはできない。

2　受託者は、本件秘密情報に関与する受託者の役員および従業員を限定するものとし、それらの者に対しても、前項の義務を課すものとする。

〔検討事項〕

　開示する情報の内容によっては、開示する前に、①秘密情報に関与する役員・従業員に秘密保持誓約書の徴求、②対象者名簿の作成と提出、③対象者名簿の作成、などが必要となる場合もある。

（変更例①）

2　受託者は、本件秘密情報に関与する受託者の役員および従業員を限定するものとし、それらの者に対しても、前項の義務を課すものとし、関与する前にその旨の誓約書を徴求するものとする。

（変更例②）（第2項に下線を追加する）

　……前項の義務を課すものとし、関与する者の名簿を作成し、委託者の要求があった場合には委託者に提出しなければならない。

第3条（秘密情報の複製）

　受託者は、本件秘密情報を複製してはならない。

〔検討事項〕

　目的を遂行する上では、秘密情報を複製することが必要となる場合もあり、①委託者の事前の書面による承諾を得る、②複製した場合にその旨の事後届出、③複製した場合に複製記録の保管と請求された場合の提出、などの定めを追加し変更する必要がある。

（変更例①）

　受託者は、<u>委託者の事前の書面による承諾を得ることなく</u>、本件秘密情報を複製してはならない。

（変更例②）

　受託者は、<u>本件目的の遂行にあたり、必要な範囲を超えて</u>、本件秘密情報を複製してはならない。

2　受託者が、本件秘密情報を複製したときは、速やかにその旨を委託者に届出なければならない。

（変更例③）（第1項は、変更例②と同じ）

2　受託者は、本件秘密情報を複製したときは、当該複製についての記録を作成し保管しなければならず、委託者が請求した場合には、当該記録を委託者に提出しなければならない。

第4条（秘密情報の管理）

　受託者は、本件秘密情報に係る書面、電磁的データなどいっさい（複製・要約を含む）の媒体を善良な管理者の注意をもって保管および管理をしなければならない。

2　委託者は、いつでも、本件秘密情報の保管および管理状況に関して、受託者の施設内に立ち入り調査することができ、これに対し受託者は、誠実に協力するものとする。

〔検討事項〕

　構内に立ち入りをされる側（この場合は受託者）としては、受託者の施設管理権や自社または第三者の秘密情報を保護しなければないので、突然の立入りは回避しなければならない。

　本条項では、委託者は、受託者の漏えいの可能性があるなど信用に疑念をもったときには、受託者に有無を言わさず、立ち入ってくることになるので注意しなければならない。このような場合は「いつでも」は当然こと「受託者に事前の通知をした上で」でも問題は多い。

　変更例①は、立入調査について受託者の承諾を必要とするものである。変更例②は、委託者に禁止事項を確認させるためのものである。

（変更例①）

2　委託者は、<u>受託者から文書による事前の承諾を得たときは、</u>本件秘密情報の保管および管理状況に関して、受託者の施設内に立ち入り調査することができ、これに対し受託者は、誠実に協力するものとする。

（変更例②）

3　<u>委託者は、前項の調査にあたり、受託者の施設管理権、または受託者または第三者の秘密保持義務を侵害しないよう配慮しなければならない。</u>

第5条（返還義務）

　受託者は、委託者に対し、本契約が終了したときは、本件秘密情報に係る書面、電磁的データなどいっさい（複製・要約を含む）の媒体を返還しなければならない。ただし、受託者は、返還が不可能な情報がある場合には、委託者の指示に従いその情報を破棄または粉砕しなければならない。

〔検討事項〕

　開示者は、本契約終了時だけでなく、契約期間中であっても特定の秘密情報の返還が必要となる場合があり、その旨の記載も必要ではないか。破棄・粉砕した場合の証明も必要となる場合がある。

（変更例）

　受託者は、委託者に対し、本契約が終了したとき、<u>または委託者から本件秘密情報の返還請求を受けたときは、</u>本件秘密情報に係る書面、電磁的データなどいっさい（複製・要約を含む）の媒体を返還しなければならない。ただし、受託者は、返還が不可能な情報がある場合には、委託者の指示に従いその情報を破棄または粉砕<u>するとともに、委託者にその事実を証明する書面を提出</u>しなければならない。

第6条（損害賠償）

　受託者は、本契約に違反して委託者に損害を与えたときは、これを賠償しなければならない。

〔検討事項〕

　委託者が開示する秘密情報の中に、価値のある営業秘密が存在する場合には、損害賠償額を予定しておくべきではないか。この条項を双務条項とした場合は、特定の営業秘密についてのみ賠償額を予定しておいたほうがよい。

　変更例②の第1項は、重要な秘密情報を特定して賠償額を予定するものである。

（変更例①）

　受託者は、本契約に違反して委託者に損害を与えたときは、<u>受託者は委託者に対し、損害賠償として金5000万円を支払う</u>。

2　前項の場合、<u>委託者の現実の損害額が前項の金額を上回るときは、委託者は受託者に対して現実の損害額を請求することができる</u>。

（変更例②）

　受託者は、本契約に違反して、<u>本件秘密情報のうち委託者の○○にかかる製造方法の一部でも第三者に開示または漏えいした場合には、金1億円を支払わなければならない</u>。

2　前項の場合、<u>委託者の現実の損害額が前項の金額を上回るときは、委託者は受託者に対して現実の損害額を請求することができる</u>。

3　<u>受託者が、本契約に違反して、第1項の規定する秘密情報以外の本件秘密情報を第三者に開示または漏えいした場合には、これを賠償しなければならない</u>。

第7条（期間）

　本契約の期間は、平成○○年○月○日から平成○○年○月○日までと

するが、終了後も第 2 条ないし第 4 条の規定は 5 年間効力を有するものとする。

〔**検討事項**〕

　個人情報は、生存する個人に関する情報で、特定の個人を識別することができるものをいう（個人情報保護法 2 条 1 項）ので、有効期間を設けることは適切ではない。また、営業秘密は、秘密として管理されている事業活動に有用な技術上または営業上の情報で公然と知られていないものをいい（不正競争防止法 2 条 6 項）、この要件を満たす限り期限はなく、期間制限を設けることは適切ではない。

（**変更例**）

　本契約の期間は、平成〇〇年〇月〇日から平成〇〇年〇月〇日までとするが、終了後も第 2 条ないし第 4 条の規定は効力を有するものとする。

　本契約書の締結を証するため、本書 2 通を作成し、委託者および受託者が記名押印の上、それぞれ 1 通を保有する。

平成〇〇年〇月〇日

　　　　　　　　　　委託者　　東京都〇〇区〇〇 1 － 1 － 1
　　　　　　　　　　　　　　　甲株式会社
　　　　　　　　　　　　　　　代表取締役　〇〇〇〇　㊞

　　　　　　　　　　受託者　　東京都〇〇区〇〇 2 － 2 － 1
　　　　　　　　　　　　　　　乙株式会社
　　　　　　　　　　　　　　　代表取締役　〇〇〇〇　㊞

【記載例16】 秘密保持条項例

例1（秘密保持）

　本契約当事者は、本契約に関連して知り得た本商品の技術面および販売面にかかる機密事項その他相手方の秘密を、本契約終了後といえども、他に漏えいしてはならない。

例2（秘密保持）

　受託者は、本契約の履行により知り得た本商品または委託者の機密事項を、本契約終了後といえども第三者に開示しないものとする。

例3（秘密保持）

　委託者および受託者は、本契約の締結および履行に関連して知り得た本商品または相手方の業務上の秘密事項を、本契約の終了後といえども、相手方の事前の書面による承諾なしに第三者に開示または漏えいしないものとする。

例4（秘密保持）

　受託者は、本件業務を履行するにあたり、委託者から開示された秘密情報ならびに本件業務に付随して知り得た秘密情報の取扱いについては、別途締結する秘密保持契約に従い、その秘密保持に万全を期すものとする。

例5（秘密保持）

　受託者は本契約に基づく個々の取引内容についてその秘密を厳守する。また、受託者は加工のために知ることができた委託者の技術上の秘密事項（委託者が出願、実施、所有する特許、実用新案、意匠、ノウハウ等を含む）についてはその秘密を守り、これらを本契約以外の目的に無断で使用したり、その権利を侵害する行為をしてはならないものとする。

例6（秘密保持）

　委託者および受託者は、本契約および個別契約の締結・履行に関連して知り得た相手方の技術上および営業上の秘密事項を厳重に保持し、相手方の事前の書面による承諾なしに、第三者に開示又は漏洩してはならない。

　ただし、次の各号のいずれかに該当するときはこの限りではない。

(1)　相手方から開示を受ける前に、既に公知であったもの

(2)　相手方から開示を受ける前に、既に自ら保有していたことを証明できるもの

(3)　相手方から開示を受けた後、自らの責によらないで、公知となったもの

(4)　正当な権限を有する第三者から、秘密保持義務を負うことなく適法に入手したもの

(5)　相手方から開示を受けた情報によらず、独自に開発したもの

例7（秘密保持）

　委託者および受託者は、本契約ならびに個別契約の遂行上知り得た相手方の技術上ならびに業務上の秘密を、本契約の有効期間中はもとより本契約終了後〇〇年間は他に漏えいしてはならない。

例8（秘密保持）

　委託者および受託者は、互いに本契約に基づき知り得た相手方が機密と指定する情報を保持しなければならない。この機密情報には、受託者が調査の段階で取得した個人情報が含まれていることを認識の上、個人情報の保護に努めるものとする。受託者が本件業務を第三者に委託し実施させる場合には、この秘密保持義務をこの第三者にも遵守させるものとする。

例9（秘密保持）

　委託者および受託者は、互いに本契約に基づき知り得た相手方が機密と指定する情報を保持しなければならない。

2　受託者が本業務を第三者に委託し実施させる場合には、この秘密保持義務をこの第三者にも遵守させるものとする。

3　次の各号の一に該当するものは、秘密保持義務の対象から除外される
　　ものとする。

　(1)　相手方から開示された、または知り得た時点で既に公知であったも
　　　の、またはその後自らの責めによらず公知になったもの

　(2)　相手方から開示された、または知り得た時点で既に自らこれを保有
　　　しており、かつ、それを保有していたことを立証できるもの

　(3)　第三者から秘密保持義務を負うことなく適法かつ正当に入手・取得
　　　したもの

　(4)　法令の定めに基づき官公庁から開示を強制されたもの

例10（秘密保持義務）

　受託者および受託者の従業員は、本契約ならびに付帯細則、各種規定、
マニュアルおよびノウハウに含有される情報等、委託者の指導内容および
〇〇〇チェーン運営に関する計画、実施、その他本契約に関連して知り得
た事項を一切第三者に開示ならびに譲渡、漏えい等してはならない。本条
に定める守秘義務は、本契約終了後も受託者を拘束するものとする。

例11（秘密保持）

1　受託者は、委託者によって開示された、または本契約ないし本契約に
　　基づく事業もしくは取引の履行を通じて受託者によって取得されたあら
　　ゆる情報を秘密として扱うものとし、委託者の事前の書面による承諾な
　　く、これらの情報を本契約の目的以外に使用し、または第三者に開示し
　　てはならない。

2　前項により受託者に課された秘密保持義務は、以下の情報については
　　適用されないものとする。

　(1)　委託者による開示または提供以前に、既に公知になっている情報

　(2)　委託者による開示または提供の時点で、既に受託者が所有していた
　　　情報

　(3)　委託者による開示または提供の後に、受託者の故意、過失等によら
　　　ずに公知となった情報

(4)　受託者が委託者からの開示または提供されたいかなる情報にもよらずに独自に開発した情報

(5)　何ら秘密保持義務を負うことなしに第三者から適法かつ正当に取得または開示された情報

3　受託者は、前 2 項によって秘密とされた情報について複製を作成しようとする場合には、委託者の事前の承諾を要する。

4　本契約が終了した場合には、それがいかなる理由に基づくものであっても、第 1 項および第 2 項によって秘密とされた情報および前項により複製された情報を委託者に返還するものとする。

5　受託者は本契約が終了した場合には、第 1 項および第 2 項によって秘密とされた情報を、使用することができない。

6　本条の秘密保持義務は、本契約終了後も継続するものとする。

例12（秘密情報の取扱い）

委託者および受託者は、本件業務遂行のため、相手方より提供を受けた業務上の情報のうち、相手方が書面により秘密である旨指定して開示した情報、または口頭により秘密である旨を示して開示した情報で開示後 5 日以内に書面により特定した情報（以下、あわせて「秘密情報」という）を第三者に漏えいしてはならない。ただし、次の各号のいずれか一つに該当する情報についてはこの限りではない。また、委託者および受託者は秘密情報のうち法令の定めに基づき開示できる情報を、当該法令の定めに基づく開示先に対し開示することができるものとする。

(1)　秘密保持義務を負うことなく既に保有している情報

(2)　秘密保持義務を負うことなく第三者から正当に入手した情報

(3)　相手方から提供を受けた情報によらず、独自に開発した情報

(4)　本契約に違反することなく、かつ、受領の前後を問わず公知となった情報

2　秘密情報の提供を受けた当事者は、当該秘密情報の管理に必要な措置を講ずるものとする。

3　委託者および受託者は、本契約の目的の範囲内でのみ使用し、目的の

範囲を超えるときは、事前に相手方の書面による承諾を受けるものとする。

4　委託者および受託者は、各自の役員、従業員に対し、本契約の目的を達するに必要な限度までは本件秘密情報を開示することができ、この場合、委託者および受託者はこれらの者に対してその在職中、退職後を問わず、本件秘密情報を保持するのに必要な「秘密管理規程」の作成、改定、秘密保持誓約書の徴収その他の措置を講じなければならない。

5　秘密情報のうち、個人情報に該当する情報については、次条の規定を優先して適用する。

6　本条の規定は、本契約終了後、5年間存続する。

例13（秘密保持）

受託者は、本件業務の実施にあたって受託者が知り得た委託者の経営上、業務上または営業上のいっさいの情報を、委託者の事前の書面による承諾なくして、第三者に開示または漏えいしないものとする。

(1)　委託者より開示を受けた時点で、受託者が既に自ら保有していた情報

(2)　委託者より開示を受けた時点で、受託者に公知になっていた情報

(3)　委託者より開示を受けた後に、受託者の責によらずに公知となった情報

(4)　委託者より開示を受けた後に、当該情報の開示につき正当な権原を有する第三者から、受託者が守秘義務を負うことなく入手した情報

(5)　法令、政令、規則（証券取引所規則その他これに類するものを含む）、関係行政機関または司法機関の判断に従い開示を要求される情報

例14（秘密保持義務および個人情報の取扱い）

1　委託者および受託者は、本件業務遂行のため相手方より提供を受けた情報につき第三者に開示または漏えいしてはならない。

2　受託者は、委託者より交付を受けた顧客データを第三者に開示もしくは漏えいしないことはもちろんのこと、本件業務の遂行の目的以外にこ

れを使用してはならず、かつ委託者の事前の書面による承諾を得ないで顧客データを複製または改変してはならない。

3　受託者は、顧客データの安全管理を図るために、個人情報保護管理責任者を定め、その氏名を委託者に通知するとともに、受託者および顧客データに関与する受託者の従業員等に個人情報にかかる秘密を保持させるものとする。

4　受託者は、事前に委託者の同意を得ないで、交付された個人情報を第三者に開示、交付、提供してはならない。

5　委託者は、本契約の終了その他の理由で、顧客データが不要となった時点において、これを返却するか、電子データの消去もしくは紙等に出力されたものを粉砕しなければならない。この場合、受託者は委託者に対して消去・破棄の証明書を提出する。

6　委託者は、個人情報保護のため、その管理体制について、受託者に報告を求めることができる。

例15（機密保持）

委託者および受託者は、この契約に関連して、業務上知り得た相手方の機密を第三者に漏らしてはならない。当該機密を公表する必要が生じた場合には、相手方に文書による許諾を得なければならない。

④　権利義務の譲渡禁止条項

【記載例17】　基本条文

第〇〇条（権利義務の譲渡禁止）

委託者および受託者は、あらかじめ書面により相手方の承諾を得なければ本契約に基づく権利を第三者に譲渡し、義務を第三者に引き受けさせることはできない。

(1)　意　義

　債権の譲渡とは、債権をその同一性を変えないで第三者が譲り受けて債権者となることである。民法に規定があり、原則認められている（民法466条以下）。

　また、義務の譲渡（債務引受）は、民法上に規定はないが、委任、寄託、請負に基づく債務で債務者自身でなければ同じ内容が給付され得ないもの（不代替的給付）を除き、認められ、金銭債務による場合が一般的である。

　債務引受のうち、併存的債務引受（従来の債務者も債務を免れない債務引受。重畳的債務引受ともいう）においては、債務の移転を債務者と引受人間でなす場合には、第三者のためにする契約になるとし有効とする。第三者のためにする契約とすると、民法537条2項により債務者の受益の意思表示は必要だが、債権者が引受人に対して請求をすれば受益の表示となる。なお、債務者の意思に反して、債権者と引受人間との契約でなし得ることも問題はない。

　免責的債務引受（債務が同一性を保ちつつ新債務者に移転し、元の債務者がそれにより債務を免れる債務引受）は、債務者と引受人との間で合意しても、債権者の同意を得なければ効力を生じない。

　権利の譲渡が、相手方の承諾なく行われると新しい権利者から請求を受けることになり、法律関係も複雑なものとなり、過誤払いの危険性が増大する。

　そこで、債権譲渡の禁止条項により、権利関係の複雑化を防ぐとともに、その特約を知っているか、または重過失により知らない第三者に対しては、債権譲渡の効果を否定することができる（民法466条）。

　債権譲渡禁止の特約があっても、裁判所が、権利濫用や信義則違反により認めない場合もある。契約中に契約上の地位等の譲渡を禁止する特約がある場合

5　大判大正6年11月1日民録23巻1715頁

6　大判大正15年3月25日民集5巻219頁

7　大判大正14年12月15日民集4巻710頁。債権者と引受人間の契約による債務引受では債務者の意思に反しない限りその同意は不要である。→債務者と引受人間の契約では債権者の同意を必要とする。

8　最判昭和48年7月19日民集27巻7号823頁。民法466条2項は債権の譲渡を禁止する特約は善意の第三者に対抗することができない旨規定し、その文言上は第三者の過失の有無を問わないかのようであるが、重大な過失は悪意と同様に取り扱うべきものであるから、譲渡禁止の特約の存在を知らずに債権を譲り受けた場合であっても、これにつき譲受人に重大な過失があるときは、悪意の譲受人と同様、譲渡によってその債権を取得しえないものと解するのを相当とする。

に、契約上の債務が民事再生法42条に基づく営業譲渡によって移転したことを理由として解除をすることは信義則に反して許されないとした例がある（東京高判平成17年 9 月29日裁判所ウェブサイト）。

　義務の譲渡（債務引受）については、相手方（債権者）の意思表示や同意がいる点で、判例や通説の内容を確認したものである。

【記載例18】　一般承継時の特則

〔検討事項〕

　基本条文により、権利義務の承継については書面により相手方の承諾が必要となるので、合併等のような一般承継（包括承継）の場合も例外ではない。しかし、このような場合まで含まれるとすると、手続が煩雑と考えるのであれば、基本条文にただし書を追加し、修正しておく。

（変更例）

　ただし、委託者または受託者が、合併および会社分割により、本契約に基づく権利または義務を一般承継させる場合はこの限りではない。

(2)　債権流動化と債権者（受託者）

　債権者（受託者）としては、委託者の弁済期前に当該金銭債権を譲渡できれば、早期に資金を獲得することができメリットがある。

　その手法として、近年、売掛債権流動化が注目されている。売掛債権流動化とは、決済期日が到来する前に企業が保有する売掛債権銀行など第三者に譲渡する、あるいは担保として融資を受け、資金調達を行うものである。

　しかし、債権譲渡禁止特約条項があると、これらの手法が利用できないことになる。

　受託者にとっての特約の削除を検討する必要がある。

【記載例19】　債権譲渡禁止特約

〔検討事項〕

　受託者の債権（主に金銭債権）は譲渡できるが、委託者の債権（成果物などの債権）は譲渡禁止特約を設ける。

（変更例①）

　委託者は、あらかじめ書面により受託者の承諾を得なければ本契約に基づく権利を第三者に譲渡し、義務を第三者に引き受けさせることはできない。

（変更例②）

　債権譲渡禁止特約条項を削除する。

【記載例20】　権利義務の譲渡禁止条項例

例1（権利の譲渡禁止等）

　委託者と受託者は、あらかじめ相手方の書面による承諾を得ないで、本契約に基づく権利、義務、または財産の全部もしくは一部を第三者に譲渡し、承継させまたは担保に供してはならない。

例2（権利義務の承継）

　本契約当事者は、相互に相手方の事前の承諾なくして、本契約に基づく権利を他に譲渡し、義務を他に引き受けさせてはならない。

例3（権利義務の譲渡禁止）

　受託者は、本契約に基づく一切の業務・義務を自ら行い、委託者の書面による事前の承認を得ないかぎり第三者に行わせたり、また第三者に本契約に基づく義務を引き受けさせたりすることができない。また、受託者は本契約に基づく権利を委託者の書面による事前の承認を得ないかぎり、第三者に譲渡できない。

例4（権利義務の譲渡禁止）

委託者および受託者は、相手方の事前の書面による承諾なしに、本契約に基づく権利を第三者に譲渡し、または本契約に基づく義務を第三者に引き受けさせてはならない。

例5（権利・義務の譲渡禁止）

委託者および受託者は、相手方の事前の書面による承諾なしに、本契約に基づく権利を第三者に譲渡し、義務を第三者に引き受けさせることができない。

例6（権利義務の譲渡等の禁止）

受託者は、委託者の書面による事前の承諾なしに本契約に基づく委託者に対する一切の権利義務を、第三者に譲渡し、担保の目的に供し、または再委託してはならないものとする。

例7（権利義務の移転禁止等）

1　受託者は、本契約に基づく権利または義務を、事前に委託者の書面による承諾を得ることなく、第三者に譲渡しまたは担保に供することはできない。

2　委託者は、第〇条（知的財産権の帰属）第〇項（委託者に対する実施権の許諾）で設定または許諾された権利を、事前に受託者の書面による承諾を得ることなく、第三者に再許諾したり、譲渡しまたは担保に供することはできない。

例8（契約上の権利譲渡）

受託者は、本契約に基づく権利または契約上の地位を、委託者の事前の書面による承諾なしに第三者に対し譲渡もしくは担保として提供してはならない。

5　任意解除条項

【記載例21】　基本条文

> **第○○条（任意解除）**
>
> 　委託者または受託者は、本契約および個別契約を解除する必要が生じたときは、○か月前までに、相手方に書面で通知することにより当該契約を解除できる。

(1)　任意解除条項の意義

　やむを得ない事由により解除せざるを得ない場合を考慮した規定である。請負において民法641条は、受託者が仕事を完成させるまでは、委託者はいつでも損害を賠償して契約を解除できるとする。委任において民法651条は、各当事者がいつでも契約を解除することができ、相手が不利な時期以外の場合は損害賠償の義務もないとする。

　そこで、民法の規定に対して、①請負契約の受託者においても公平の観点から契約解除できる旨、②請負契約の委託者、委任契約の当事者であっても、いつでも解除できるのではなく、一定期間前に書面で告知すべき旨、を規定したものである。

(2)　予告期間

　契約解除の○か月前までに解除の通知をすることができるとしているが、その予告期間をどのくらいとするのかは重要である。受託者にとってこの期間が短ければ短いほど、設備の購入、人材の手当て、仕掛品の増大、原材料の購入などで不要となるものが増え、新たな委託者を探す期間も限られることになる。

　委託者としても、突然、受託者からの解除の通知があれば、その業務委託の対応が困難となる。

　そこで委託者、受託者が相手方から解除の申出を受けた場合に、対応できる限度の期間を協議して設定すべきである。

　製造委託契約の任意解除条項において、この予告期間を「1 か月」としていた委託者があった。受託者のほとんどが下請事業者であり、よもや受託者側から解除の申出はないと考え、委託者側の有利性を持たせようと意図して設定したものであった。しかし、委託者は、受託者である下請事業者から解約の申出を受けることになった結果、わずか 1 か月の期間では、新たな受託者に委託することもできず、結局、売主の言いなりに価格を大幅に上げたうえ、残った仕掛品や在庫品や設備をすべて高値で買い取り、3 か月の猶予をもらい、やっと新たな委託先での製造が可能となった例がある。[9]

【記載例22】　任意解除条項例

例 1　（契約期間）
2　委託者または受託者は、前項にかかわらず本契約の有効期間中であっても、相手方に対して○か月前に書面で通知することにより本契約を解除することができる。

例 2　（解約）
　委託者または受託者のいずれか一方が相手方に少なくとも○か月の予告期間を設けて書面で通告することにより本契約を解約することができる。

例 3　（契約解除）
2　前項のほか、委託者または受託者は、理由のいかんを問わず、相手方に対して○か月前に書面で通知することにより、本契約を将来に向かって解除することができるものとする。

例 4　（有効期間）
2　本契約の有効期間中であっても、委託者において業務上の都合または

9　滝川宜信「契約書の一般条項の留意点」ビジネスロー・ジャーナル09年 3 月号24頁

経済事情の変動等により本契約を存続しがたい事由が生じたときは、受託者に書面で通知のうえ本契約を解除することができるものとする。

例5　（契約の解除）

2　前項の規定にかかわらず、委託者・受託者いずれかの当事者にやむを得ない特段の事情があるときは、相手方に対し、その旨を記載した書面を○か月前までに送付することで本契約を解除することができるものとする。

例6　（中途解約）

委託者および受託者は、本契約の有効期間中といえども、相手方に対し○か月前までに書面による申出をすることにより、いつでも本契約を解約することができる。

例5　（解約）

3　前項にかかわらず、委託者はいつでも、正当な事由の有無にかかわらず、書面による通知により本契約を解約することができるものとする。ただし、正当な事由なく解約する場合は、第○条第1項の報酬の半額を支払うことを要する。

4　受託者による本契約の解約は、委託者に不利にならない時期において、かつ正当な事由がある場合に限るものとする。

⑥　契約解除条項

【記載例23】　基本条文

第○○条（契約の解除）

委託者または受託者は、相手方が次の各号のいずれかに該当したときは、催告その他の手続を要しないで、直ちに本契約および個別契約の全

部または一部を解除することができる。

(1)　本契約または個別契約に違反し、相手方が相当の期間を定めて催告したにもかかわらず、当該期間内にこれを是正しないとき

(2)　資本金の額の減少または事業規模を縮小したとき

(3)　自らが振り出しまたは引き受けた手形もしくは小切手が不渡りとなったとき、または支払停止状態となったとき

(4)　関係官庁から営業の許可取消処分または停止処分を受けたとき

(5)　公租公課の滞納処分を受けたとき

(6)　差押え、仮差押え、仮処分、競売その他公権力の処分を受け、もしくは破産、民事再生法による再生、会社更生法による更生、会社法による特別清算の手続開始の申立てがあったとき、清算手続に入ったときまたは解散の決議をしたとき

(7)　関係官庁から営業の許可取消処分または停止処分を受けたとき

(8)　株主等の構成、役員の変動等により会社の実質的支配関係が変化したとき

(9)　事業の譲渡をしたときまたは他の会社との合併もしくは会社分割をしたとき

(10)　信用、資産または事業の重大な変化など、本契約または個別契約の履行が困難になる事由が認められたとき

2　委託者または受託者は、前項のほか、第〇〇条、第〇〇条により契約を解除したときでも、相手方に損害があるときは、相手方が負った損害につき賠償するものとする。

(1)　契約解除条項の意義

契約が成立した以上は、契約当事者は契約に拘束され、契約内容に従った履行をしなければならないのが原則である。

しかし、相手方に信用状態の悪化などが生じ、契約の履行が困難になるなどの事由が認められる場合までも、契約を解除できず契約内容に従った履行をしなければならないとしたら、トラブルや重大な損害を招きかねない。

　したがって、このような場合に、契約解除条項により、いつでも契約を解除できるようにしておくことが重要となる。

⑵　契約の解除とは

　「契約の解除」とは、有効に成立した契約を当事者の一方が解除権の行使により、その成立のときに遡って契約を解消させる、つまり契約を白紙に戻すことである。したがって、契約当事者は、相手方に対して原状回復義務を負うことになる。

　このように解除は、契約の効力を遡及的に消滅させるものであるが、継続的契約の解除については、契約を成立の時に遡って解消させると、それまでに行われた多くの個別契約の履行がすべて白紙に戻ることになってしまい混乱を引き起こすことになるので、将来効のみが認められている。

　一方、「解約」とは、契約の効力を将来に向かって消滅させることであるが、以上から広義の解除の中には、この解約も含まれていることになる。

⑶　法定解除の場合の解除権

　民法540条は、当事者の一方が解除権を行使できる場合として契約または法律の規定によるとして、法律で定めている場合（法定解除権）と当事者間で合意している場合（約定解除権）を定めている。

　したがって、契約解除条項を設定していなくても、一定の場合は法律により契約解除が可能となる。民法により認められている契約の解除権は、債務不履行（履行遅滞・履行不能・不完全履行）があることにより発生する。

　民法541条は、通常の履行遅滞に関して、たとえば契約で11月30日を支払期日としていたが、11月30日に支払われなかった場合、売主が買主に対して相当の期間を定めてその支払いの催告をし、その期間内に支払いがなければ、売主は契約を解除できるとする。

　また、民法543条は、たとえば建物の売買で、契約成立後に、売主の責任でその建物を焼失してしまったような場合（履行不能）には、もはや催告をしても履行はできないことは明らかなので、買主は催告をしないで直ちに契約を解除できるとする。

　しかし、債務不履行による法定解除権は、相手方に債務不履行の事実がない
と解除は不可能であり、また通常の履行遅滞があったとしても、相当の期間に
履行するよう催告しなければならず、緊急時の対策として利用することは難し
い。ここでいう相当の期間とは、債務の履行を催告し、これを履行するために
要する期間であって、債務の性質、取引界の実情、その他客観的事情によって
定まり、債務者（相手方）の病気・旅行のような主観的事情を考慮しないもの
とされる（大判大正 6 年 6 月27日民録23巻1153頁）。なお、履行期間が不相当な
催告や期間の指定をしない催告であっても、その催告自体は有効とされ、相当
の期間を経過していれば、解除できる（最判昭和31年12月 6 日民集10巻12号1527
頁、最判昭和44年 4 月15日判時560号49頁）。

　また、債務は履行されたが、瑕疵などによりその内容が契約の本旨に従わな
い場合（不完全履行）も、契約を解除できるとされる。この場合、完全な履行
ができないときは履行不能に準じ直ちに契約を解除でき、完全な履行の請求や
不完全な部分の修補請求をすれば、契約の目的を達することができるときは、
履行遅滞に準じこれらの請求をし、相手方がこれに応じないときに解除できる。

　売買契約においては売主の瑕疵担保責任（民法570条）によるもののほか、各
種の解除権が規定されている（民法561条〜568条）。

⑷　契約解除条項（約定解除）の必要性

　法定解除のみに頼ると、債務不履行などがない限り、相手方の経営状況が悪
化したことが判明した場合でも、直ちに契約を解除することができず、契約の
履行をしなければならないことになる。また、債務不履行の場合であっても、
相手方の責に帰すことができる事由がある場合を除いて、契約解除できるかは
定かではない。

　そこで、法定解除原因以外の場合でも契約解除条項を規定すること（約定解
除）により、将来、発生したら契約を継続することが難しい項目について、あ
らかじめ取り決めておくことが可能となり、かつ、法定解除原因であったとし
ても催告を要しないとすることも可能となる。解除事由や解除の方法・手続を
あらかじめ明定しておくことにより、スムーズに契約関係を終了させることが
できる。

なお、あらかじめ契約解除条項を特約しなくても、必要時に当事者間での話し合いにより、当然に解除できるが、そのような場合に相手方が合意に応ずるかどうかはわからない。

(5)　契約解除基本条文と内容

基本条文を示したが、これらについては相手方の状況により、選択するか、その状況によっては他の項目の追加を検討することも必要である。

(ア)　基本条文第1項柱書

解除権なので、各項目に該当した場合であっても、当事者は解除しないで、契約を継続することも可能である。

継続的契約では、相手方の状況もみながら、一時的な債務不履行なら該当する個別契約の解除のみを行い、会社の信用状況にも不安があるなら個別契約だけでなく本契約も含めた解除を行う。

また、継続的契約においては、将来効を明確にするため、「本契約および個別契約の全部または一部を将来に向かって解除することができる」と規定することもある。

本条項例では双務規定としたが、相手方から提示された契約書では、相手方の解除権のみしか規定されていない場合がある。

(イ)　基本条文第1項第1号の契約違反

契約文言に催告を定めずに「本契約または個別契約に違反したとき」とすることも多い。しかし、履行遅滞による契約違反の場合を考えてみると、履行遅滞は原則として履行は可能であり、たとえば売主が目的物を在庫として保有していたがたまたま納期を間違えていた場合や買主が支払期日をほんの数日間違えていた場合までも、直ちに契約を解除されてしまうのでは、該当する当事者にとって酷である。また、軽微で治癒が可能な契約違反であっても無催告解除ができるとなると、相手方が契約を解除したいと考えているときや当事者間で意見の対立などがあるときに、わずかな契約違反であっても絶好の言質を与え契約が解除されてしまう可能性もある。

(ウ)　基本条文第1項第2号の資本金の額の減少

倒産に至るほど会社の財政は破綻していないが、会社の業績が不振で経営の

建て直しを図らなければならない場合に、手段として考慮されるのが資本金の額の減少である。資本金の額は、会社財産を確保する基準となるものであり、これを減少することは、社内に留保すべき財産の減少を招き、契約の相手方にも多大な影響を及ぼす。原則、株主総会の特別決議により（会社法447条1項柱書、同309条2項9号）、かつ債権者異議手続を経なければならないので（会社法449条）、債権者である相手方は容易にこの確認ができる。この相手方は、当該債権については異議を述べれば弁済等を受けることもできる。

　下請法でいう製造委託や役務提供委託等の契約の場合、受託者の資本金の額の減少が、親事業者（委託者）の資本金の額と比較して一定の額以下になるときには、下請法の適用要件が生ずる（下請法2条）。

㈢　基本条文第1項第3号の不渡り処分・支払い停止

「不渡り処分」とは、手形・小切手の不渡りの場合になされる不渡報告への掲載および銀行取引停止処分のことをいう。1回でも不渡りがあると不渡届が提出され、手形交換所は不渡報告に掲載して参加銀行に通知する。また、銀行取引停止処分は同一人（不渡報告に掲載された者）が、6か月以内に2回目の不渡りがあったときになされる処分（東京手形交換所規則65条）であり、銀行取引停止処分のみを契約解除事由とすると、遅きに失することとなるので、1回目の不渡りが発生したとき（不渡報告へ掲載されたとき）に解除権を行使できるようにしている。

　しかし、受託者に対する取引依存度が高い場合に、機械的に1回目の不渡り処分で契約を解除し、期限の利益を喪失させるなら（「期限の利益喪失条項」、138頁参照）、受託者の行為により倒産の引き金を引きかねないので、十分な注意が必要である。

　支払停止とは、即時に支払うべき債務を一般的かつ継続的に支払えない客観的な状態（＝支払不能・破産法2条11項）である旨を外部に表示させる債務者の行為であり、支払不能を推定させる事実である（破産法15条2項）。具体的には、債務者が銀行取引停止処分の前提となる手形不渡り（＝6か月以内に2回目の手形不渡り）を発生させた場合や、債務者からの取立てを免れるために夜逃げや店じまいをした場合、多数の債権者に弁済猶予を請う旨の通知を出す場合などである。[10]

(オ)　基本条文第 1 項第 4 号の営業の取消し・停止処分

　事前規制から事後規制への流れの中で、国土交通省関東運輸局が東京の大手タクシー会社に対して一般乗用旅客自動車運送事業者としての許可取消しを行った例のほか、東証 1 部上場会社であっても、監督官庁が談合・カルテルを行った会社やその他の違法行為を行った会社に対して指名停止や営業停止処分をした例、人材派遣会社に対して事業停止命令を出した例、通販会社に対して訪問販売事業において業務停止命令を出した例などが散見される。近時、比較的必要性が高くなっている解除事由である。

(カ)　基本条文第 1 項第 6 号の差押え、仮差押え、仮処分

　これらについては「処分を受けたとき」と記載される場合も多い。ここでは「申立てがあったとき」としている。

　「処分を受けたとき」とするのは、申立てがされても裁判所により却下されることも考えられることによる。しかし、状況によっては早急な対応も必要なときがあり、「申立てがあったとき」とし、最終的には解除をする契約当事者がそれらを見極めればよい。

(キ)　基本条文第 1 項第 6 号の倒産手続の申立て

　破産等の倒産手続の場合は、自己申立てであっても第三者申立てであっても、解除できるようにする必要があり、「申立てをした」場合だけではなく「申立てを受けた」場合も記載している。

　ただし、あらかじめ契約解除事由として「倒産手続開始の申立て」の記載があっても、法律上、契約の解除ができない場合がある。

　民事再生手続や会社更生手続の場合、継続的給付の義務を負う双務契約の相手方である売主は、手続開始申立て前の給付に関する対価の未払いを理由として、手続開始後は当該給付の拒否はできないとしている（民事再生法50条 1 項、会社更生法62条 1 項）。これには電気、ガス、水道等の給付契約だけでなく、継続的な製作物供給契約、継続的な運送・清掃等の請負契約などが該当する。

10　中島弘雅『体系倒産法Ⅰ』42頁（中央経済社・2007年）。また、支払停止は、外部に表示する行為であるから、債務者が弁護士と相談し破算手続開始の申立てを決めた段階では支払停止にあたらない（最判昭和60年 2 月14日判時1149号159頁）。不渡り前後の事情等から 1 回目の手形不渡りでも支払停止とされることもある（最判平成 6 年 2 月10日集民171号445頁）。

　また、法律は、倒産手続開始時において契約当事者双方ともに債務を履行していない双務契約について解除するかまたは履行するかの選択権は、破産管財人、管財人または再生債務者（DIP）に与えられており、相手方からは契約の解除はできない（破産法53条1項、会社更生法61条1項、民事再生法49条1項）。[11]

㈥　基本条文第1項第10号

　そのほかの契約の履行が困難になる場合については、具体的に定めることは難しいので、このような条項を設けるのが一般的である。

㈦　第2項について

　民法545条3項は、契約の解除をしても、損害賠償を請求することを妨げないと定めているので、これを確認的に規定したものである（「一般損害賠償条項」、158頁参照）。

　また、委任契約については、当事者双方が契約を任意解除しても、相手方に不利な時期の解除である場合は損害賠償義務が発生する。

⑹　契約解除条項検討のポイント

　前述したが、相手方から提示された契約書は、相手方の解除権のみしか規定されていない場合がある。委託者が作成し提示する契約書では、受託者のみに義務を負担させる解除条項も多い。この場合、受託者は、法定解除権および委託者と別途合意した場合の解除権しか与えられないことになる。しかし、金銭債権を持つことになる受託者にとって解除が必要な場合も多く、双務規定とすべきである。

　また、契約を履行する場合、いちいち契約条項と照らし合わせながら業務を遂行する場合は少なく、履行状況等を厳密にチェックすると軽微なうっかりミスも存在する。このような場合でも、直ちに解約できるとするのは合理的では

11　破産管財人であるXがY社に対し、破産会社を売手、Yを買手とする売買に基づく売掛代金の支払を請求した事案において、Y社が、破産会社との間には、売手が倒産した場合には買手が売買契約を解除できる旨の合意があり、右約定に基づいて契約を解除した旨主張したが、当該解除特約の実質的内容は、破産法上は本来許されない相殺を当事者間の合意によって達成しようとするものであるから、破産手続における債権者の平等に反するものであること等から、Y社は右特約に基づく契約の解除をXに対して主張することはできないとした（東京地判平成10年12月8日金判1072号48頁）。

ない。契約の両当事者に関係することなので、契約違反については催告解除を
とる方が望ましい。したがって、基本条文第1項第1号のように「相当の期間
を定めて催告しても違反を是正しないとき」などの文言を加えるか、以下の記
載例ように一定の催告期間を記載した内容とする。

【記載例24】 催告期間の明示

> **（変更例）**
> (1)　本契約または個別契約に違反し、<u>相手方が○○日の期間を定めて催告</u>
> <u>した</u>にもかかわらず、当該期間内にこれを是正しないとき

　一般的な解除条項が規定してある場合でも、契約の相手方の信用状況によっ
ては、解除事由の内容について必ず検討を加えたい。たとえば、閉鎖会社であ
り現代表者の存在が大きい場合などでは基本条文第1項第8号を、相手方が許
認可を前提とする事業や消費者関連の事業をしているなどの場合には基本条文
第1項第4号を定めておくことも必要である。相手方が上場会社である場合に
は、「上場を廃止した場合」の追加も検討する。また、円滑な解除という点で
は、各条項をできるだけ具体的かつ明確に定めておく。
　その他、企業に対し反社会的勢力との関係遮断の取組みの強化が求められて
おり、反社会的勢力との契約は解除できる旨のいわゆる暴排条項の織り込みを
検討する必要がある（「反社会的勢力排除条項」、144頁）。

【記載例25】 契約解除条項例

> **例1　（契約解除）**
> 　受託者または委託者において第17条（期限の利益の喪失）各号の一つ
> にでも該当したときは、相手方は何らの催告なくして直ちに本契約およ
> び履行の完了してない個別売買契約を解除することができる。
> なお、この解除は損害賠償の請求を妨げない。

2　前項により委託者が個別売買契約を解除したときは、受託者は、売買
　代金を完済してない引渡済商品を委託者の指示に従い委託者の指定する
　場所で委託者または委託者の指定する者に返還するものとし、また返還
　するまでの間、善良な管理者の注意をもって本商品を保管する。

例2　（契約解除）

　受託者または委託者において、下記各号の一つにでも該当したときは、
相手方は何等催告をなさず直ちに本契約を将来に向って解除することが
できる。なお、この契約解除は損害賠償の請求を妨げない。

(1)　本契約の各条項に違反した場合であって、相手方が相当の期間を定
　めて違反状態の解消を求めたが、その期間内に違反状態が解消されな
　いとき

(2)　手形・小切手を不渡りにする等支払停止の状態に陥ったとき

(3)　仮差押え、差押え、仮処分、競売等の申立てを受けたとき

(4)　破産、民事再生、会社更生等の申立てを受けたとき、または自ら申
　立てをしたとき

(5)　廃業または解散決議をなしたとき

(6)　その他委託者または受託者の財産状態が悪化し、またはそのおそれ
　があると認められる相当の事由があるとき

(7)　受託者が委託者の信用を著しく傷つけたとき

2　受託者または委託者は、理由の如何を問わず、相手方に対し〇か月前
　に書面による通知をなすことで本契約を将来に向かって解除することが
　できる。

例3　（契約解除）

　委託者または受託者は、相手方が下記の(1)に該当した場合は、相手方
に対して相当の期間を定めて催告したにもかかわらず相手方が当該期間
内に違反事由を是正しなかったときに、また相手方が下記の(2)から(6)の
いずれか一つに該当した場合は、何らの催告なくして直ちに、本契約を
将来に向かって解除することができる。なお、この解除は損害賠償の請

求を妨げないものとする。

(1) 本契約の各条項に違反したとき

(2) 手形・小切手を不渡りにするなど支払停止または支払不能の状態に陥ったとき

(3) 第三者より差押え・仮差押え・仮処分・競売の申立てまたは公租公課の滞納処分を受けたとき

(4) 第三者より破産・民事再生・会社更生もしくは特別清算手続開始の申立てを受けたとき、または自ら申立てをしたとき

(5) 廃業または解散決議をなしたとき

(6) その他前各号に類する不信用な事実があったとき

2 前項のほか、委託者または受託者は、理由のいかんを問わず、相手方に対して〇か月前に書面で通知することにより、本契約を将来に向かって解除することができるものとする。

例4（解約）

委託者または受託者のいずれか一方が相手方に少なくとも〇か月の予告期間を設けて書面で通告することにより本基本契約を解約することができる。

2 一方の当事者に次の事由があった場合は、一方当事者が他方当事者に書面により催告したのち、〇〇日を経過しても是正されなかった場合には本基本契約および個別契約を解約することができる。

(1) 一方の当事者の故意または過失により他方の当事者に重大な損害を与えたとき

(2) 一方の当事者が正当な理由なく契約の履行を怠ったとき

(3) その他一方の当事者が本基本契約または個別契約の条項に違反したとき

3 第23条（監査の権利）に定める管理状況の聴取、報告、立入検査の結果、受託者に管理不備が認められ、委託者が受託者に書面により改善を求めた後、〇〇日を経過しても受託者に改善が認められないと委託者が判断する場合には、委託者は本基本契約、個別契約を解約することがで

きる。

4　一方の当事者に次の事由があった場合は、本基本契約、個別契約を即時に解約することができる。

差押え、仮差押え、仮処分、公売処分、租税滞納処分、その他これに準ずる処分を受け、会社更生法手続の開始、破産もしくは競売の申立てを受け、または自ら民事再生手続、会社更生手順の開始もしくは破産の申立てをしたとき。

例 5　（契約の解除）

受託者において本契約または個別委託加工契約に違反したり、手形・小切手を不渡りとしたとき、その他支払停止・不能状態に陥ったとき、差押え、仮差押え、仮処分等の申立てを受け、あるいは破産、民事再生、会社更生等の申立てがあったとき、その他の不信用な事実があったときは、委託者は直ちに本契約および個別委託加工契約を解除することができるものとする。

2　前項により本契約および個別委託加工契約が解除されたときは、受託者は直ちにその保管中の委託者所有の委託品一切を委託者の指図に従い、現状有姿のまままたは加工の上これを委託者またはその指定した者に引き渡すものとする。

例 6　（契約解除）

委託者または受託者において第27条（期限の利益の喪失）各号の一つにでも該当したときは、相手方は何らの催告なくして直ちに本契約および履行の完了していない個別契約を解除することができる。
なお、この解除は損害賠償の請求を妨げない。

例 7　（解除）

委託者または受託者に次の各号に該当する事由が生じたときは、相手方は何らの催告なくして本契約および履行の完了していない個別契約の全部または一部を解除し、かつ、それによって生じた損害の賠償を請求

することができる。

(1) 本契約または個別契約に違反し、相当の期間を定めて催告しても違反事実が訂正されないとき

(2) 手形・小切手を不渡りにする等支払停止の状態に陥ったとき

(3) 仮差押え・差押え・仮処分・競売等の申立てを受けたとき

(4) 破産・民事再生・会社更生・特別清算等の申立てを受けたとき、または自ら申立てをしたとき

(5) 監督官庁から営業停止または営業許可の取消し等の処分を受けたとき

(6) その他前各号に類する不信用な事実があったとき

例8 (契約解除)

委託者または受託者において下記各号の一つにでも該当したときは、相手方は何らの催告なくして直ちに本契約を解除することができる。

なお、この解除は損害賠償の請求を妨げない。

(1) 本契約に違反したとき

(2) 手形、小切手を不渡りにする等支払停止の状態に陥ったとき

(3) 仮差押え、差押え、仮処分、競売等の申立てを受けたとき

(4) 破産、民事再生、会社更生、特別清算等の手続の申立てを受けたとき、または自ら申立てをしたとき

(5) その他各号に類する不信用な事実があるとき

例9 (契約解除)

受託者に次の事由が生じたときは、委託者は何らの催告なくして本契約を解除することができる。

(1) 受託者が本契約に基づく委託者への支払を怠ったとき

(2) 本件事業において月間売上が、連続して〇か月間にわたり最低売上金〇〇〇万円に達せず、その回復が見込めないとき

(3) 受託者につき、破産、会社更生、または民事再生手続の申立てがなされたとき

⑷　受託者が本件事業を中止し、または本件事業を他の業種に変更した
とき

⑸　本契約の条項に違反したとき

2　以上により本契約が解除された場合、受託者は、委託者に生じた損害
賠償責任を負担する。

例10（契約解除の効果）

第13条（契約解除）により、または両社間の合意により本契約が解除さ
れたとき、あるいは本契約期間満了により終了したときは、受託者は、本
件事業を委託者に返還し、現況有姿のまま直ちに本件店舗より立ち退くも
のとする。なお、受託者は立退の際、本件店舗に付加した物（有益費）な
どにつき、買取りあるいは費用の償還請求をしないものとする。

例11（契約の解除）

委託者または受託者が、次の各号いずれかに該当する場合には、当該
委託者または受託者の一切の債務は当然に期限の利益を失い、相手方の
請求に応ずるものとし、かつ相手方はこの契約またはこの契約に基づく
各取引の全部もしくは一部を解除することができる。

⑴　仮差押え、差押え、仮処分、強制執行、競売などの申立てを受け、
または公租公課の滞納処分を受けたとき

⑵　破産、民事再生、特別清算、会社更生その他法的整理手続開始の申
立てを受け、または自らこれらの申立てをなしたとき

⑶　自ら振り出しまたは引き受けた手形もしくは小切手につき、不渡り
事故が発生したとき、または支払停止・支払不能の状態に至ったとき

⑷　合併によらないで解散したとき

2　委託者または受託者が、前項の各号いずれかに該当する場合には、相
手方からの通知または催告によって当該委託者または受託者のいっさい
の債務は期限の利益を失い、相手方の請求に応ずるものとし、かつ相手
方はこの契約またはこの契約に基づく各取引の全部もしくは一部を解除
することができる。

(1) この契約またはこれに基づく約定に違反したとき

(2) その他財産状態が悪化し、またはそのおそれがあると認められる相当の事由があるとき

(3) この商品の欠陥に起因した製造物責任事故が発生したとき

例12（契約解除と期限の利益の喪失）

受託者が前条の反社会的勢力に属すると判明した場合、委託者は直ちに契約解除等の措置をとることができる。

(1) 受託者が反社会的勢力に属すると判明した場合、委託者は、催告その他の手続を要することなく、本契約のみならず受託者との間のすべての契約を直ちに解除することができ、解除した場合には受託者は当事者間のすべての取引により生じた委託者に対するいっさいの債務（本請負業務だけではなく、委託者に対するいっさいの債務を含む）について、当然に期限の利益を喪失するものとし、受託者は当該債務を直ちに弁済しなければならない。

(2) 委託者が、前号の規定により、すべての契約を解除した場合に、委託者はこれによる受託者の損害を賠償する責を負わない。

(3) 第1号の規定により委託者がすべての契約を解除した場合、委託者から受託者に対する損害賠償請求を妨げない。

2 前項の場合を除き、委託者および受託者は、次の各号の一に該当する事由が生じた場合、相手方に対し何らの催告をすることなく、直ちに契約を解除することができる。

(1) 本契約または個別契約に違反し、相手方が相当の期間を定めて是正を催告したにもかかわらず、当該期間内にこれを是正しないとき

(2) 監督官庁より営業の取消し、停止等の処分を受けたとき

(3) 支払停止もしくは支払不能の状態に陥ったとき、または手形交換所から警告もしくは不渡り処分を受けたとき

(4) 信用・資力の著しい低下があったとき、またはこれに影響を及ぼす営業上の重要な変更があったとき

(5) 第三者より差押え、仮差押え、仮処分、その他強制執行もしくは競

売の申立て、または公租公課の滞納処分を受けたとき

(6)　破産手続開始、民事再生手続開始、会社更生手続開始、特別清算開始の申立て等の事実が生じたとき

(7)　相手方に対する詐術その他背信的行為があったとき

3　第1項の場合を除き、前項により契約を解除されたときはいつでも、相手方に対するいっさいの債務につき当然に期限の利益を喪失するものとし、債務のすべてを直ちに相手方に弁済しなければならない。

⑦　期限の利益喪失条項

【記載例26】　基本条文

第〇〇条（期限の利益の喪失）

　　委託者において、第〇〇条（契約の解除）各号の一つでも該当したときは、受託者からの通知催告がなくても、受託者は委託者に対するいっさいの債務（第三者の債権を譲り受けたときは、その債務も含む）について当然期限の利益を失い、委託者は、直ちに債務の全額を弁済しなければならない。

2　委託者において、次の各号の一つでも生じた場合には、受託者からの請求によって、受託者は委託者に対するいっさいの債務について期限の利益を失い、受託者は、直ちに債務の全額を弁済しなければならない。

(1)　本契約上の債務の一部でも履行しないとき

(2)　保証人が、第〇〇条（契約の解除）各号の一つにでも該当したとき、または本項の各号の一つにでも該当したとき

(3)　その他、債権保全を必要とする相当の事由が生じたとき

　基本条文の場合、契約解除条項で定めた契約解除事由を「期限の利益の当然喪失事由」と連繋させている。

(1) 期限の利益喪失の意義

　民法は、委託者（＝主として金銭債務）が破産手続開始決定を受けたとき、担保を滅失、損傷、減少させたとき、担保提供義務があるのに提供しないときに、受託者が意思表示により期限の利益を喪失でき、委託者に支払えと請求することできる（民法137条）。[12]

　しかし、民法の規定では、期限の利益を喪失できる場合が限定的であり、しかもその事象が発生したとしても、受託者が期限の利益の喪失を意思表示しなければならない。

　そこで、期限の利益喪失条項を設けて、起源の利益喪失の対象となる事項が発生すれば意思表示をすることなく期限の利益を喪失するできることを定めておく必要がある（当然喪失理由、記載例26第1項参照）。

　また、受託者の意思表示により期限の利益を喪失できるとするものもある（請求喪失理由、記載例26参照）。

　そのほか、受託者にも委託者から原材料などの有償支給などを受けて金銭債務が発生している場合は、「委託者および受託者」とすれば、委託者または受託者は、相手方が期限の利益を喪失したことにより、直ちに相殺をすることができる。

　なお、本条項は、債務者に不当な不利益を強いるものであったり、法律関係を不当に混乱させるものであるときは、その効力を認められない場合があるので、喪失の意思表示または弁済の請求にあたっては、十分な注意が必要である。[13]

【記載例27】　受託者の期限の利益の喪失

〔委託者の検討すべき事項〕

　委託者に金銭債務が発生するのは通常であるが、金銭債務が受託者にも発生している場合、相殺を可能にするため弁済期を確定する必要がある。そのような場合には、受託者、委託者共に、当然にまたは請求により期限の利益の喪失を可能にすべきである。

12　期限の利益喪失規定は、破産法103条3項、民事執行法88条1項にもある。
13　我妻榮『新訂民法総則』424頁（岩波書店・1971年）

（変更例）

　　委託者<u>または</u><u>受託者</u>において、第〇〇条（契約の解除）各号の一つで
も該当したときは、相手方からの通知催告がなくても、<u>相手方に対して</u>
<u>負担する</u>いっさいの債務（第三者の債権を譲り受けたときは、その債務も
含む）について当然期限の利益を失い、<u>相手方に対して</u>、直ちに債務の
全額を弁済しなければならない。

2　委託者<u>または受託者</u>において、次の各号の一つでも生じた場合には、
<u>相手方からの</u>請求によって、相手方に対するいっさいの債務について期
限の利益を失い、<u>相手方に対して</u>、直ちに債務の全額を弁済しなければ
ならない。

　　※(1)〜(3)は、基本条文第 2 項各号に同じ。

【記載例28】　期限の利益喪失の緩和等

〔**委託者の検討すべき事項①**〕

　　期限の当然喪失は委託者にとって酷であり、受託者にとっては公序良俗
違反（民法90条）の可能性もあるとして、穏やかな請求喪失にすることも
検討する。

（変更例）

　　委託者において、第〇〇条（契約の解除）各号<u>および次の各号</u>の一つ
でも該当したときは、受託者からの<u>請求によって</u>、受託者は委託者に対
する一切の債務（第三者の債権を譲り受けたときは、その債務も含む）に
ついて当然期限の利益を失い、受託者は、直ちに債務の全額を弁済しな
ければならない。<u>なお、受託者の請求に際し、委託者が、遅滞なく、理</u>
<u>由を付して期限に債務の全額を支払うことができる旨を書面にて通知し</u>
<u>た場合において、受託者が従来どおりの期限の利益を認めることができ</u>
<u>るときには、その旨を書面にて通知するものとする。ただし、期限の利</u>
<u>益を喪失したことに基づき既になされた受託者の行為については、その</u>
<u>効力を妨げない。</u>

(1)　本契約上の債務の一部でも履行しないとき

(2)　保証人が、第○○条（契約の解除）各号の一つにでも該当したとき、または本項の各号の一つにでも該当したとき

(3)その他、債権保全を必要とする相当の事由が生じたとき

〔委託者の検討すべき事項②〕

　期限の利益喪失条項は、金銭債権が発生する主に受託者を保護する規定であるので、委託者が契約書を作成する場合は記載しない、または受託者が契約書を作成してきても受託者の同意により削除することも可能である。

（変更例）

　期限の利益喪失条項を置かない。

【記載例29】　期限の利益喪失条項例

例1　（期限の利益の喪失）

　　受託者において以下の各号の一つにでも該当したときは、受託者は何らの通知を受けなくても委託者に対して負担する一切の債務について期限の利益を喪失し、直ちに債務全額を現金で委託者に支払うものとする。

(1)　本契約または個別売買契約に違反したとき

(2)　手形・小切手を不渡りにする等支払停止の状態に陥ったとき

(3)　仮差押え、差押え、仮処分、競売等の申立てを受けたとき

(4)　破産、民事再生、会社更生等の申立てを受けたとき、または自ら申立てをしたとき

(5)　廃業または解散決議をなしたとき

(6)　その他前各号に類する不信用な事実があったとき

例2　（期限の利益の喪失）

　　委託者または受託者において下記各号の一つにでも該当したときは、当該当事者は本契約および個別契約により相手方に対して負担するいっ

さいの債務について期限の利益を喪失し、直ちに債務全額を現金で相手方に支払う。

(1)　本契約または個別契約に違反したとき

(2)　手形・小切手を不渡りにする等支払停止の状態に陥ったとき

(3)　仮差押え・差押え・仮処分・競売等の申立てを受けたとき

(4)　破産・民事再生・会社更生・特別清算等の申立てを受けたとき、または自ら申立てをしたとき

(5)　監督官庁から営業停止または営業許可の取消し等の処分を受けたとき

(6)　その他前各号に類する不信用な事実があったとき

例3（期限の利益喪失）

委託者または受託者において第23条（解除）各号に掲げる事由の一に該当したときは、当該当事者は、相手方に対し負担するいっさいの債務について、当然に期限の利益を喪失するものとし、直ちに債務全額を現金で相手方に支払う。

【記載例30】　銀行取引約定書における期限の利益の喪失[14]

第5条（期限の利益の喪失）

①　甲　（＝取引先）について次の各号の事由が一つでも生じた場合には、乙（＝銀行）から通知催告等なくても、甲は乙に対するいっさいの債務について当然期限の利益を失い、直ちに債務を弁済するものとします。

1　支払の停止または破産、民事再生手続開始、会社更生手続開始もしくは特別清算開始の申立てがあったとき

2　手形交換所の取引停止処分を受けたとき

14　天野佳洋編『銀行取引約定書の解釈と実務』113頁（経済法令研究会・2014年）。なお、当該銀行取引約定書は、みずほ銀行第5条（同書253頁）、三菱UFJ銀行第5条（259頁）、三井住友銀行第5条（265頁）と基本的に同じである。

3　前2号の他、甲が債務整理に関して裁判所の関与する手続を申立てた
とき、あるいは自ら営業の廃止を表明したとき等、支払を停止したと認
められる事実が発生したとき

4　甲またはその保証人の預金その他乙に対する債権について仮差押え、
保全差押えまたは差押えの命令、通知が発送されたとき

　なお、甲の保証人の乙に対する債権の差押等については、乙の承認す
る担保を提供し、または保証人をたてる旨を甲が遅滞なく乙に書面にて
通知したことにより、乙が従来どおり期限の利益を認める場合には、乙
は書面にてその旨を甲に通知するものとします。ただし、期限の利益を
喪失したことにもとづき既になされた乙の行為については、その効力を
妨げないものとします。

5　行方不明となり、乙から甲に宛てた通知が、届出の住所に到達しなく
なったとき

②　甲について次の各号の事由が一つでも生じた場合には、乙からの請求
によって、甲は乙に対するいっさいの債務について期限の利益を失い、
直ちに債務を弁済するものとします。

　なお、乙の請求に際し、乙に対する債務を全額支払うことにつき支障
がない旨を甲が遅滞なく乙に書面にて通知したことにより、乙が従来ど
おりの期限の利益を認める場合には、乙は書面にてその旨を甲に通知す
るものとします。ただし、期限の利益を喪失したことにもとづき既にな
された乙の行為については、その効力を妨げないものとします。

1　乙に対する債務の一部でも履行を遅滞したとき

2　担保の目的物について差押え、または競売手続の開始があったとき

3　乙の請求する担保もしくは増担保の提供、あるいは保証人の追加を怠
ったとき、その他甲が乙といっさいの取引約定の一にでも違反したとき

4　甲の保証人が前項または本項の各号の一にでも該当したとき

5　前各号のほか乙の債権保全を必要とする相当の事由が生じたとき

③　前項の場合において、甲が住所変更の届け出を怠る、あるいは甲が乙
からの請求を受領しないなど甲の責めに帰すべき事由により、請求が延
着しまたは到達しなかった場合には、通常到達すべき時に期限の利益が

> 失われたものとします。

　第 1 項（①）は当然喪失事由であり、第 2 項（②）は請求喪失事由である。

　第 1 項第 4 号（4）において、「甲またはその保証人の預金その他乙に対する債権の差押等について」として「一定の差押等」と限定するのは、第三者が乙の知らないところで甲の財産に差押等をした場合、当然に期限の利益を喪失してしまうとその時点から消滅時効が進行することになるからとされる。

　さらに「通知が発送されたとき」に期限の利益を喪失するとして、差押えの効力発生は第三債務者への差押命令の送達時であるから、その直前に期限の利益を喪失するようにしている。[15]

8　反社会的勢力排除条項

【記載例31】　基本条文

> #### 第○○条（反社会的勢力の排除）
>
> 　委託者および受託者は、本契約の締結時において、自己または自己の役員等〔受託者の業務を執行する社員、取締役、執行役またはこれらに準ずる者をいい、相談役、顧問その他いかなる名称であるかを問わずこれらの者と同等以上の支配力を有する者（以上の者を含めて以下、「役員等」という）を含む〕が、暴力団、暴力団員、暴力団員でなくなった時から 5 年を経過しない者、暴力団準構成員、暴力団関係企業、総会屋、政治活動・宗教活動・社会運動標ぼうゴロ、特殊知能暴力集団等その他のこれらに準ずる者（以下、これらを「反社会的勢力」という）に該当しないこと、および次の各号のいずれにも該当しないことを表明し、かつ将来にわたって該当しないことを確約する。
>
> (1)　反社会的勢力が経営を支配していると認められる関係を有すること
> (2)　反社会的勢力が経営に実質的に関与していると認められる関係を有

15　内田貴『民法Ⅲ〔第 3 版〕債権総論・担保物権』258頁（東京大学出版会・2005年）

　　すること

(3)　受託者もしくは第三者の不正の利益を図る目的または第三者に損害を加える目的をもってするなど、不当に反社会的勢力を利用していると認められる関係を有すること

(4)　反社会的勢力に対して資金等を提供し、または便宜を供与するなどの関与をしていると認められる関係を有すること

(5)　役員等が反社会的勢力と社会的に非難されるべき関係を有すること

2　委託者および受託者は、自らまたは役員等は、第三者を利用して次の各号の一にでも該当する行為を行わないことを確約する。

(1)　暴力的な要求行為

(2)　法的な責任を超えた不当な要求行為

(3)　取引に関して、脅迫的な言動をし、または暴力を用いる行為

(4)　風説を流布し、偽計を用いまたは威力を用いて委託者の信用を毀損し、または委託者の業務を妨害する行為

(5)　その他前各号に準ずる行為

3　受託者または委託者は、相手方が反社会的勢力もしくは第1項各号の事項または前項各号の行為に該当するか否かを判定するために調査を要すると判断した場合、相手方の求めに応じその調査に協力し、このために必要であると相手方が判断する資料を提出しなければならない。

4　受託者または委託者は、相手方が反社会的勢力もしくは第1項各号の事項または第2項各号の行為に該当すると判明した場合、直ちに契約解除等の措置をとることができる。

(1)　受託者または委託者は、催告その他の手続を要することなく、本契約のみならず相手方との間のすべての契約を直ちに解除することができ、解除した場合には、すべての取引等により生じたいっさいの債務について、当然に期限の利益を喪失するものとし、相手方は当該債務を直ちに弁済しなければならない。

(2)　受託者または委託者は、前号の規定により、契約を解除した場合、相手方に発生した損害を賠償する責を負わない。

(3)　第1号の規定により受託者または委託者が契約を解除した場合、相

> 手方に対する損害賠償請求を妨げない。

(1)　意　義

　反社会的勢力の排除条項（暴排条項）とは、契約の相手方が暴力団等に該当する場合において、これを理由とする契約解除権を、他方の当事者に認める特約条項を意味する。契約締結後において、取引の相手方が暴力団やその関係者であると判明しても、相手方に契約違反等がない限り契約を解除することは困難である。したがって、事後的に契約を解除する根拠となることが本条項の意義であるが、暴排条項付契約書を相手方に提示することにより反社会的勢力との取引を発生させないという効果もある。

　反社会的勢力が契約を締結した場合、刑法上の詐欺罪にあたる可能性もあり[16]警察等からの情報提供も受けやすくなる。

　なお、地方公共団体（都道府県はすべて）において「暴力団排除条例（暴排条例）」が施行され、企業に対し、契約締結時に確認義務や暴排条項を規定する努力義務に加え、誓約書の徴求を定める府県もある。[17]

(2)　暴排条項

　継続的契約である業務委託基本契約書や重要契約書などでは、基本条文のような長文の条項が必要であろう。もっとも、別に「表明・確約書」、「誓約書」、「覚書」（後記記載例32および記載例34参照）とする方法もある。

　排除対象の属性をどのようにするかが問題である警察庁の平成23年通達（および平成25年通達）[18]において、警察から暴力団情報を得るためには、暴排条項に属性が規定されていることに鑑みると「暴力団」のほか、「暴力団員でなくなった日から 5 年を経過しない者」、「暴力団員等がその事業活動を支配するも

16　最決平成26年 3 月28日刑集68巻 3 号646頁は、ゴルフ倶楽部会員において、同伴者が暴力団関係者であることを申告せずにそのゴルフ場の施設利用を申し込み、同人に施設を利用させた行為は、入会の際の暴力団関係者を同伴しない旨制約していたなどの本件事実関係の下では、詐欺罪にあたるとした。

17　犬塚浩ほか編著『暴力団排除条例と実務対応』125頁（青林書院・2014年）

18　警察庁「暴力団排除等のための部外への情報提供」に関する通達（平成25年12月19日）

の」などを含め、属性要件を幅広く規定する方がよいとされる。[19]

　そのため全国銀行協会は、平成23年6月2日「融資取引および当座勘定取引における暴力団排除条項参考例の一部改正について」で属性要件を見直し「共生者要件」や「暴力団でなくなったときから5年を経過しない者」も排除対象とする。属性要件が見直されたのは、各都道府県の暴排条例上の義務履行の支援や社会経済の基本システムに暴力団を介入させないという観点から、これらに該当する者を排除する内容が暴排条項に規定されていれば、警察としても可能な範囲でその該当性に関する情報提供を行うことが、必要であるとされるからである。[20]

　基本条文もこれにならって、共生者要件（1項1号～5号）および「暴力団でなくなった時から5年を経過しない者」を規定している。「暴力団でなくなった時から5年を経過しない者」を定めた理由は、取引を行うため1か月前に破門されたなどの理由から相手とのトラブルを起こさないため必要であるが、実際に暴力団からの離脱をして更生をした者を排除する意味ではないので、この者との契約解除には、共助・公助の情報を十分に踏まえたうえでの判断をしなければならない。共生者においても同様、自助だけに頼らず、共助・公助の情報に基づく判断が必要となる。

　また、隠れフロント企業などでは、むしろ法人内部の役員等の属性の方が問題となりやすいため、役員等の幹部についての不該当確約・表明が重要となるので、基本条文には「役員等」として記載してある。

　なお、スポット契約でかつ少額取引の場合は、これだけの重い条項を記載するのはいかにも不体裁である。このような場合は、別に、上記条項を「反社会的勢力の排除にかかる覚書（または念書）」とするか、簡易パターンの条項にしてもよい（記載例33）。

　記載例32の誓約書はその性質から片務条項としているが、通常の契約書においては、当然、委託者側も同一の義務を負う双務条項とすべきである。

　暴排条項については、相手方から義務を軽減する変更要求などは出てくることは考えられない。相手方から変更の請求があるのは、暴排条項の双務規定化

19　犬塚ほか・前掲書（注17）128頁
20　警察庁・前掲（注18）通達前文および第2第3号参照

と、さらに厳格な内容への変更要求であろう。

(3)　排除対象者の属性

排除対象の属性を定めないと暴排条項の排除・予防的効果が弱くなること、前述したように、警察庁平成23年通達において、警察から暴力団情報を得るためには暴排条項に属性が規定されていることが前提とされ、属性要件を幅広く規定するほうがよいとされる。[21]

㈠　暴力団、暴力団員

暴力団とは、その団体の構成員（その団体の構成団体の構成員を含む）が集団的にまたは常習的に暴力的不法行為等を行うことを助長するおそれがある団体をいい（暴力団対策法 2 条 2 号）、暴力団員とは暴力団の構成員をいう（同条 6 号）。

㈡　暴力団員でなくなった時から 5 年を経過しない者

暴力団員が偽装離脱や偽装破門等により組織・活動を潜在化させることや、暴力団を離脱した者が依然として暴力団との関係を維持することが多いため、このような者も対象としている。

貸金業法、廃棄物処理法などでは、登録・許可の拒否事由として、「暴力団員でなくなった時から 5 年を経過しない者」の要件がある（貸金業法 6 条 1 項 6 号、廃棄物処理法14条 5 項 2 号、など17業法）。そのほか、各県の暴排条例（岩手県など 8 県）に属性要件として規定されている。このように 5 年要件があることにより、暴力団と関係がある元暴力団員を排除することが可能となる。[22]

なお、暴力団を離脱して 5 年経過したものであっても、上記排除条項の 1 項 1 号〜 5 号に該当すれば排除される。一方、5 年経過しなくても、離脱し暴力

21　犬塚ほか・前掲書（注17）125頁

22　大阪地判平成23年 8 月31日金法1958号118頁。ホテル運営会社が、顧客と結婚式および披露宴を行う契約を締結（平成21年 8 月 6 日）したが、弁護士照会により警察から当該顧客が暴力団員であるとの回答を得たため、暴力団排除条項に基づき、本件契約を解除した。顧客は暴力団から破門された旨（顧客主張は同年 6 月17日）主張したが、裁判所は、諸事実によれば、本件契約締結時および解除時も現役の指定暴力団員であったと推認できるから、運営会社が本件契約を解除し、本件契約上の債務を履行しなったことに違法性はなく、債務不履行および不法行為のいずれも成立しない。

団と関係のないことが認められれば、排除されない。

(ウ) 暴力団準構成員

暴力団または暴力団員の一定の統制の下にあって、暴力団の威力を背景に暴力的不法行為等を行うおそれがある者または暴力団もしくは暴力団員に対し資金、武器等の供給を行うなど暴力団の維持もしくは運営に協力する者のうち暴力団員以外のものをいう（警察庁「組織犯罪対策要綱」2012年1月18日。以下(ク)まで同じ）。

(エ) 暴力団関係企業

暴力団員が実質的にその経営に関与している企業、準構成員もしくは元暴力団員が実質的に経営する企業であって暴力団に資金提供を行うなど暴力団の維持もしくは運営に積極的に協力し、もしくは関与するものまたは業務の遂行等において積極的に暴力団を利用し暴力団の維持もしくは運営に協力している企業をいう。

(オ) 総会屋等

総会屋、会社ゴロ等企業等を対象に不正な利益を求めて暴力的不法行為等を行うおそれがあり、市民生活の安全に脅威を与える者をいう。

(カ) 社会運動標ぼうゴロ

社会運動もしくは政治活動を仮装し、または標ぼうして、不正な利益を求めて暴力的不法行為等を行うおそれがあり、市民生活の安全に脅威を与える者をいう。

(キ) 特殊知能暴力集団

(ア)から(カ)に掲げる者以外の者であって、暴力団との関係を背景に、その威力を用い、または暴力団と資金的なつながりを有し、構造的な不正の中核となっている集団または個人をいう。

(ク) 共生者類型（第1項第1号〜第5号）

近年、暴力団関係企業以外にも、暴力団に資金を提供し、または暴力団から提供を受けた資金を運用した利益を暴力団に還元するなどして、暴力団の資金獲得活動に協力し、または関与する個人やグループの存在がうかがわれる。これらの者は、表面的には暴力団との関係を隠しながら、その裏で暴力団の資金獲得活動に乗じ、または暴力団の威力、情報力、資金力等を利用することによ

って自らの利益拡大を図っており、いわば暴力団と共生する者となっている。

　こうした暴力団と共生する者は、暴力団と共に健全な経済社会に寄生し、これを侵蝕して私利私欲を満たすだけでなく、表面上は関係を隠しつつ暴力団に資金を提供するなど、最近における暴力団の資金獲得活動の不透明化の主な要因の一つとなっている。これを放置すれば、暴力団の威力を背景として、経済取引や法制度を悪用して、不当に自らの利益を最大化する行為が横行し、暴力団と共生する者の更なる増加を招くなど、我が国における公正な法秩序と健全な市場にとって重大な脅威となる（平成19年版「警察白書」より）。

　基本条文第1項第5号は、「密接交際者」と呼ばれるものである。

⑷　契約書に暴排条項が含まれていない場合の暴排条項例

　基本条文以外の暴排条項等を以下に例示する。

【記載例32】　業務委託契約書と反社会的勢力の排除にかかる誓約書

業務委託契約書

第○○条（暴力団排除等）

　受託者は、本契約の締結時までに、別紙誓約書を委託者に差し入れるものとする。

反社会的勢力の排除にかかる誓約書

　当社（○株式会社）は、貴社（□株式会社）に対し、当社〔当社の業務を執行する社員、取締役、執行役またはこれらに準ずる者をいい、相談役、顧問その他いかなる名称であるかを問わずこれらの者と同等以上の支配力を有する者（以上の者を含めて以下、「役員等」といいます）を含みます〕が、暴力団、暴力団員、暴力団員でなくなった時から5年を経過

しない者、暴力団準構成員、暴力団関係企業、総会屋、政治活動・宗教活動・社会運動標ぼうゴロ、特殊知能暴力集団等その他のこれらに準ずる者（以下、これらを「反社会的勢力」といいます）に該当しないこと、および次の各号のいずれにも該当しないことを表明し、かつ将来にわたって該当しないことを確約します。

(1) 反社会的勢力が経営を支配していると認められる関係を有すること

(2) 反社会的勢力が経営に実質的に関与していると認められる関係を有すること

(3) 当社もしくは第三者の不正の利益を図る目的または第三者に損害を加える目的をもってするなど、不当に反社会的勢力を利用していると認められる関係を有すること

(4) 反社会的勢力に対して資金等を提供し、または便宜を供与するなどの関与をしていると認められる関係を有すること

(5) 役員等が反社会的勢力と社会的に非難されるべき関係を有すること

2　当社は、自らまたは第三者を利用して次の各号の一にでも該当する行為を行わないことを確約します。

(1) 暴力的な要求行為

(2) 法的な責任を超えた不当な要求行為

(3) 取引に関して、脅迫的な言動をし、または暴力を用いる行為

(4) 風説を流布し、偽計を用いまたは威力を用いて貴社の信用を毀損し、または貴社の業務を妨害する行為

(5) その他前号に準ずる行為

3　当社は、貴社が反社会的勢力もしくは第1項各号の事項または前項の行為に該当するか否かを判定するために調査を要すると判断した場合、貴社の求めに応じその調査に協力し、これに必要と貴社が判断する資料を提出いたします。

4　当社が反社会的勢力もしくは第1項各号の事項または第2項各号の行為に該当すると判明した場合、貴社が直ちにすべての契約について解除等の措置をとることを認めます。

(1) 貴社は、催告その他の手続を要することなく、当社との間のすべて

　の契約を直ちに解除することができ、解除した場合には、当社は貴社との間におけるすべての取引等により生じた貴社に対する一切の債務について、当然に期限の利益を喪失するものとし、当社は当該債務を直ちに弁済いたします。

(2)　貴社が、前号の規定により、すべての契約を解除した場合に、貴社はこれにより当社の損害を賠償する責を負わないことを認めます。

(3)　第1号の規定により貴社がすべての契約を解除した場合、貴社から当社に対する損害賠償請求を妨げないものとします。

以上につき、誓約いたします。

平成〇〇年〇月〇日

　　　　　　　　　　　　　　　　東京都〇〇区〇〇１－１－１
　　　　　　　　　　　　　　　　〇〇産業株式会社
　　　　　　　　　　　　　　　　代表取締役　〇〇〇〇　　㊞

東京都△□区〇□２－２－１
株式会社□□□□
代表取締役　□□□□殿

【記載例33】　反社会的勢力排除条項（簡易パターン）

第〇条（反社会的勢力の排除）

　　委託者または受託者は、その相手方に対し、本契約の締結時において、受託者または委託者（その者の代表者、役員、または実質的に経営を支配する者を含む）が暴力団、暴力団員、暴力団員でなくなった時から5年を経過しない者、暴力団準構成員、暴力団関係企業、総会屋、政治活動・宗教活動・社会運動標ぼうゴロ、特殊知能暴力集団等その他のこれらに準ずる者（以下、これらを「反社会的勢力」という）に該当しないことを表明し、かつ将来にわたっても該当しないことを確約する。

2　委託者または受託者は、その相手方が前項に該当するか否かを判定するために調査を要すると判断した場合、相手方の求めに応じその調査に協力し、これに必要と相手方が判断する資料を提出しなければならない。

3　委託者または受託者が反社会的勢力に属すると判明した場合、その相手方は催告その他の手続を要することなく、いっさいの契約を即時解除することができる。

4　相手方が、前項の規定により、契約を解除した場合には、相手方はこれによる委託者または受託者の損害を賠償する責を負わない。

5　第3項の規定により相手方が契約を解除した場合、相手方から委託者または受託者に対する損害賠償請求を妨げない。

【記載例34】　反社会的勢力の排除にかかる覚書

反社会的勢力の排除にかかる覚書

株式会社〇〇〇〇（以下、「甲」という）と〇〇株式会社（以下、「乙」という）とは、反社会的勢力との関係を遮断するため、次のとおり覚書を締結する。

第1条　本覚書は、本覚書の締結前に甲乙間で締結したすべての契約（書面によるか否かを問わない。以下同じ）および本覚書の締結後に甲乙間で締結されるすべての契約に適用される。

第2条　甲および乙は、現在、自己および「自己の財務および事業の方針の決定を支配している者」が暴力団、暴力団員、暴力団員でなくなった時から5年を経過しない者、暴力団準構成員、暴力団関係企業、総会屋、政治活動・宗教活動・社会運動標ぼうゴロ、特殊知能暴力集団等その他のこれらに準ずる者または暴力、威力、脅迫的言辞もしくは詐欺的手法を用いて不当な要求を行い、経済的利益を追求する者（以下、これらを「反社会的勢力」という）に該当しないこと、および次の各号のいずれに

も該当しないことを表明し、かつ将来にわたって該当しないことを確約する。

(1) 反社会的勢力が経営を支配していると認められる関係を有すること

(2) 反社会的勢力が経営に実質的に関与していると認められる関係を有すること

(3) 自己もしくは第三者の不正の利益を図る目的または第三者に損害を加える目的をもってするなど、不当に反社会的勢力を利用していると認められる関係を有すること

(4) 反社会的勢力に対して資金等を提供し、または便宜を供与するなどの関与をしていると認められる関係を有すること

(5) 役員または経営に実質的に関与している者が反社会的勢力と社会的に非難されるべき関係を有すること

第3条　甲および乙は、相手方が前条の規定に違反した場合、催告その他何らの手続を要することなく、直ちに第1条に定めるすべての契約を解除することができる。

第4条　甲および乙は、第1条に定めるすべての契約に関連して第三者と契約（以下、「関連条約」という）を締結する場合において、関連契約の当事者が反社会的勢力または第2条各号のいずれかに該当することが判明した場合、直ちに関連契約の解除、その他の必要な措置を講じなければならない。

2　甲および乙は、相手方が前項の規定に違反した場合、第1条に定めるすべての契約を解除することができる。

第5条　甲および乙は、相手方が第2条または第4条第1項の規定に違反したことにより損害を被った場合、第3条または第4条2項に基づく契約解除にもかかわらず、当該損害の賠償を相手方に請求することができる。

本覚書締結の証として、本書2通を作成し、甲乙記名捺印の上、各1通を保有するものとする。

平成○○年○月○日

甲　　　　○○県○○市○区○○ 3－3－3

　　　　　　株式会社○○○○

　　　　　　代表取締役社長　○○○○　㊞

乙　　　　東京都○区○○ 4－4－4

　　　　　　○○株式会社

　　　　　　取締役社長　○○○○　㊞

⑨　不可抗力免責条項

【記載例35】　基本条文

> **第○条（不可抗力免責）**
>
> 　天災地変、戦争、暴動、内乱、その他の不可抗力、法令の制定・改廃、公権力による命令・処分、争議行為、輸送機関・通信回線または保管中の事故、原材料の仕入先の債務不履行、その他受託者の責に帰すことができない事由による本契約の全部または一部の履行遅滞もしくは履行不能については、受託者は責任を負わない。

⑴　意　義

　不可抗力とは、事故が予期し得たかどうか、または自然に出たか人為に出たかを問わず、外部から発生した事故で、受託者が、取引上あるいは社会通念上要求される手段を尽くしてもなお防止することが不可能なものを不可抗力という。このような事故が発生したとしても、契約の趣旨によっては、「受託者の責に帰さないかどうか」必ずしも明確でない場合もあり、受託者からすれば、このような不可抗力についての免責を明確にしておきたいと考えるのは当然である。

　本条項は、これらの事由によって受託者が、委託者に対して委託の目的を遂行できなかった場合でも、委託者から責任を追及されない旨を定めたものである。[23]

　なお、不可抗力は、金銭債務以外の一般債務について対象となるものであり、

155

金銭債務の支払いについては対象とはならない（民法419条3項）。

⑵　不可抗力事由

不可抗力事由としては、以下の項目が考えられる。

① 　天災地変（台風、地震、落雷、津波など）

② 　革命その他の無秩序状態、戦争、内乱、暴動等の社会的事変

③ 　政府の規制・法令の改廃・制定、政府等機関による命令・処分・指導などの公権力の行使

④ 　ストライキ・ロックアウト等

⑤ 　火災

⑥ 　輸送機関による輸送中の事故または倉庫業者の保管中の事故、通信業者の通信回線の事故

⑦ 　製造業者や仕入先、再委託先の債務不履行、重要機械の故障

⑧ 　通関・入港の遅延

⑨ 　その他、受託者の責に帰すことが不可能かつ支配できない状態

④のうち、受託者のストライキやロックアウト、⑤の火災のうち、受託者の重過失による火災、⑦の自社の仕入先の債務不履行や重要機械の故障などは、受託者に管理義務があり不可抗力であるとするのは微妙である。

また、「インフレーションによるコストの上昇」も不可抗力として予見されるが、これを当条項に入れると、コストの上昇の場合、債務を履行しなくてもよくなってしまうのは問題がある。「インフレーションによるコストの上昇」に関する特約が必要だとしたら、別に、「事情変更の原則」として、規定するのがよいだろう。

多くの会員制ゴルフクラブについては、「天災地変、その他不可抗力の事態が発生した場合、会社は理事会と協議して据置期間を延長することができる」などの会則が存在し、中にはバブルの崩壊を不可抗力の事態と認めたものもある[24]が、バブル経済崩壊に伴う会員権相場の暴落は、経営者として当然に考慮にいれなければならない経済事情の変動に基づくものであるから、不可抗力の事

23　滝川宜信『取引基本契約書の作成と審査の実務〔第5版〕』321頁（民事法研究会・2014年）

24　水戸地裁下妻支判平成15年2月7日金商1168号42頁

態とはいえないなどとして認めない裁判例のほうが多数である。[25]

　委託者としては、不可抗力の範囲できるだけ限定し、ストライキ・ロックアウトの内容を明確にしたり、再委託先の債務不履行については削除を求めたりする必要がある。

【記載例36】　不可効力免責対象取引の解除

> 　受託者が責任を負わないことは規定されているが、免責となった場合の本契約または個別契約をどのように処理すべきかの規定も検討する。
>
> 　基本条文に、変更例①〜③は「この場合、……」以下を、④は第2項を、変更例⑤は第2項および第3項を、それぞれ付加する。
>
> **（変更例①）**
>
> 　この場合に、当事者間において特段の合意のない限り、本契約の履行不能となった部分については消滅する。
>
> **（変更例②）**
>
> 　この場合に、当事者間において特段の合意のない限り、受託者は、解約料その他の責任を負うことなく、本契約を解除することができる。
>
> **（変更例③）**
>
> 　この場合に、当事者間において特段の合意のない限り、委託者は、解約料その他の責任を負担させることなく、本契約を解除することができる。
>
> **（変更例④）**
>
> 2　前項の事由が、○○日以上継続し義務の履行を妨げられた場合、受託者は、解約料その他の責任を負うことなく、本契約を解除することができる。
>
> **（変更例⑤）**
>
> 2　前項の事由が、○○日以上継続し義務の履行を妨げられた場合、各当

25　岐阜地判平成16年9月16日（LEX/DB25463110）、東京地判平成13年4月11日金判1129号19頁「経済情勢の変動等による経営状態の悪化は、ゴルフ場経営者にとって予見できない事態ではなく」、大阪高判平成11年2月18日金判1067号41頁「バブル経済の崩壊などによる経済情勢の激変による控訴人の経営上の都合であって、右の『天災地変、その他不可抗力の事態が生じた場合』に該当しないことは明らかである」などの裁判例がある。

> 事者は対応について協議するものとする。
>
> 3　前項の協議が〇日を経過しても成立しない場合、受託者は委託者に対して書面で契約終了の通知を提出することにより、受託者は、解約料その他の責任を負うことなく、本契約を解除することができる。

変更例①は、不可抗力により、債務の一部の履行ができなくなった場合の例である。

変更例②③は、不可抗力による場合、解除できるとするものである。②は受託者から、③は委託者から解除できるとする規定である。取引の性質上、一定の日時や期間に履行されなければ意味をなさない旨合意されている確定期取引の場合は、当然に解除されたものとみなされるとすることも可能である（商法525条参照）。

変更例④⑤は、不可抗力事由が相当期間継続した場合に、契約解除を認める条項である。

⑩　一般損害賠償条項

【記載例37】　基本条文

> **第〇〇条（損害賠償）**
>
> 　委託者および受託者は、本契約の定めに反して、相手方に損害を与えたときは、相手方が負った損害のすべてにつき賠償できるものとする。

(1)　意　義

民法416条は、第 1 項において債務不履行によって通常生ずべき損害（通常損害）の賠償をさせることが損害賠償の目的であるとし、特別の事情によって生じた損害（特別損害）でも、当事者が予見し、または予見することができたときは、債権者はその賠償を請求することができる。判例・通説は、当事者とは、「債務者」を意味するとし、また予見の履行時期は「履行期もしくは債務不履行時」とする。

しかし、本来、何が通常損害で、何が特別損害かは、一般的にいうことがで

きず、契約類型ごとに、当事者（商人か否か、売主か買主か）、目的物、契約の態様等に応じて、類型的に考察すべきものであり、債権者にその予見可能性の主張、立証を要求するのが妥当である程度のものが特別損害、当然そこまで賠償を認めるのが妥当なものが通常損害、ということにもなろう。[26]

　また、突発的に発生する不法行為について、被害者が、特別の事情の予見可能性を論じるのは困難であるので、民法416条の類推適用を否定する見解に従ってもよい。すなわち、加害行為によって引き起こされた全損害のうち、原則、公平の観念から加害者に賠償させるのが相当と認められる損害については、すべての賠償責任を認めるのが妥当であろう。[27]

　以上から契約締結段階では、どのような債務不履行や不法行為が発生するかは予見することはできないため、損害が発生したらその損害につき賠償できるとする。

【記載例38】　賠償義務の限定

（基本条文の変更例）

　委託者および受託者は、本契約の定めに反して、相手方に損害を与えたときは、相手方が負った<u>直接かつ現実に生じた損害</u>につき賠償できるものとする。

(2)　契約解除時の損害賠償

　民法545条3項は、契約の解除をしても、損害賠償を請求することを妨げないと定めているので、これを確認的に規定することも検討する。債務不履行があった場合に、これによって損害が生じていて、契約を解除するだけでは損害を塡補しきれない場合には、その賠償を認めるべきだからである。

26　星野英一『民法概論Ⅲ（債権総論）』72頁〜73頁（良書普及会・1978年）、奥田昌道『債権総論（増補版）』178頁〜179頁（悠々社・1992年）

27　最判昭和48年6月7日民集27巻6号681頁〔大隅裁判官の少数意見〕、内田貴『民法Ⅱ（債権各論）〔第3版〕』429頁（東京大学出版会・2011年）

【記載例39】　契約解除時の損害賠償

（基本条文の変更例）

　委託者および受託者は、本契約の定めに反して相手方に損害を与えたとき、<u>または相手方が第○条に基づく解除権の行使だけでは償うに足らない損害があるとき</u>は、相手方が負った損害につき賠償するものとする。

【記載例40】　損害賠償条項例

例1（損害賠償義務）

　委託者または受託者が、本契約に基づく義務を履行せず相手方に損害を与えたときは、本契約○条に基づく契約の解除の有無にかかわらず、損害賠償の請求をできる。

例2（損害賠償）

　委託者および受託者は、本契約の履行に関して、その故意または過失によって相手方に損害を与えたときは、その相手方に対していっさいの損害を賠償できるものとする。

2　受託者による本契約の履行に関連して第三者に損害が生じ、これを委託者が賠償し、その他委託者に損害（合理的な内容の弁護士費用を含む）が発生した場合には、委託者は受託者に対し、委託者に発生した損害の賠償を請求することができる。ただし、受託者が当該損害の発生につき受託者に故意および過失がないことを証明した場合にはこの限りではない。

例3（損害の補償）

　委託者または受託者が、次の各号のいずれかに該当する場合には、相手方に対し被った損害の補償を請求できる。

(1)　委託者または受託者が本契約または個別契約に違反したとき

(2)　委託者または受託者が第○条に定める契約解除を行ったとき

例4（損害賠償）

　受託者は、本件業務遂行上、委託者に損害を与えた場合には、速やかに委託者に報告するとともに、委託者に対し損害の賠償をするものとする。

11　有効期間条項

【記載例41】　基本条文

第○○条（有効期間）

　本契約の有効期間は、平成○○年○月○日から平成○○年○○月○○日とする。

(1)　意　義

　契約の有効期間の定めがなくても契約としては成り立つ。期間の定めのない契約であっても永久的に存続するわけではなく、任意の時期に当事者の一方から他方に解約を申し入れることにより終了する（民法617条、627条、651条、663条など）。その点で、相手が予期していないときに解約申入れがされると紛争に発展しやすい。そこで、有効期間が必要となる。

　契約に有効期間が定められていれば、原則、その時点で契約は終了する。

(2)　自動更新特約のない場合

　スポット契約においては、基本条文のように期間を明示するだけの場合が多い。継続的契約であっても、期間を明示するのみで自動更新条項をつけないことも多い。この場合は、さらに継続する場合は、契約の更新や新たな契約による再契約ということになる。

　更新を失念して、あるいは自動更新特約があると勘違いして年数が経過していた場合、判明時点で速やかに、空白の年数について、覚書を取り交わしておくことが必要となる。そうしないと、空白の期間に問題が発生した場合にトラブルとなる可能性もある。

【記載例42】　契約更新がなく数年経過した場合

覚　　　書

　○○株式会社（以下、「委託者」という）と株式会社○○（以下、「受託者」という）は、平成○年○月○日付けで締結された○○業務委託契約（以下、「本契約」という）に関し、平成○年○月○日（注：更新前の契約終了日の翌日）から平成○年○月○日（注：更新後の新たな契約終了日）まで当事者間で黙示の更新があったことを確認するため覚書を締結する。

⑶　自動更新特約

　長期的に継続する契約でも、通常、契約の有効期間を定めるが、その期間が終了したら、改めて契約を締結し直すことになれば手続上も煩雑であり、負荷も大きい。そこで、このような場合、契約期間が満了しても、自動的に契約が更新されるよう自動更新特約を定めておくことが多い。自動更新特約がある場合には、期間満了の○か月前までに解約の申入れをすることができ、その予告期間の○か月をどのくらいとするのかは重要である。相手方から解約の意思を示されたときに、その予告期間では委託者が新たな受託者を見つけるのが困難なことや、受託者にとってはその業務ための仕入れや手配の時期には入っていることなど、が予測される場合には、対応可能な予告期間を確保することが重要となる。（「任意解除条項」⑵、121頁参照）

【記載例43】　自動更新特約

第○○条（有効期間）

　本契約の有効期間は、平成○○年○月○日から平成○○年<u>3月31日</u>とする。<u>ただし、有効期間満了の○か月前までに委託者または受託者からの別段の意思表示がない限り、本契約の有効期間は同一条件でさらに1年間延長されるものとし、以後も同様とする。</u>

---

(4)　有効期間の終期の統一

　ひな型による継続的取引の基本契約書などで、かつ取引先数が多い場合には、期間の終了日を事業年度の終了日にそろえておくことも契約管理上有効である。このようにしておけば、対象取引先に対し同時に現行の契約を終了させて、新契約の締結を一斉に行うことが可能となる（前記記載例43参照）。

(5)　有効期間の始期の明示

　基本条文のように効力の始期を明示すべきである。理由については、契約書作成日の項を参照のこと（183頁）。

(6)　有効期間を定めない場合

　有効期間を定めない契約も有効である。受託者にとっては、将来にわたって取引を継続できるとして歓迎するかも知れない。しかし、有効期間の定めのない契約は、突然、相手方から契約の解除を申し立てられる場合もあるので、特段の債務不履行などがない場合は、訴訟等による解決の可能性が高くなる。

　もっとも期間を定めない契約であっても、裁判所は取引の事情を判断し、相当の予告期間を設けるべき旨もしくは相当期間の損失を補償させるということで、利益調整が図られる。[28]

　自動更新特約付きの有効期間条項にしたほうが、委託者・受託者共に終期が明確になるので望ましい。しかし、有効期間を置き、予告期間を置いたとしても、取引の状況によっては、長期の予告期間が必要であったと判断される場合もある（「任意解約条項」、121頁参照）。

28　東京地判平成22年 7 月30日金判1352号59頁は、 4 か月の予告期間を設けて解約をしたワインの輸入会社 Y 社は、販売会社 X 社との間で、本件販売代理店契約に係る契約書は存在しないから、継続的な取引関係が存在しただけであって、販売代理店契約が存在しないと主張したが、裁判所は、各事実から販売代理店契約は存在したとして、契約が18年もの長期にわたっており、その間に Y 社ワインの売上を伸ばしたとして、 X 社において将来にわたり Y 社ワインが継続的に供給されると信頼することは保護に値するとして、 1 年の予告期間を設けるかその期間に相当する損失補償義務を負うとした。

⑺　残存義務の明示

　契約の有効期間が終了しても、なお効力を有するものを規定したものが残存条項である。契約終了後も引き続き効力を有する権利・義務は残存条項として明確にしておく。残されるものは、合理的理由のある期間・内容に限定されるべきである。その限度を超えるものは不公正な取引方法（優越的地位の濫用、拘束条件付取引、排他条件付取引）にあたる可能性もある。[29]

【記載例44】　残存条項

> （基本条文に第２項を付加する）
> **（変更例）**
> 2　本契約の終了後といえども（終了事由は問わない）、第○条、第○条は有効に存続する。

29　共同研究開発終了後についての研究開発の制限は、基本的に必要とは認められず、参加者の研究開発活動を不当に拘束するものであるので、公正競争阻害性が強いものと考えられる。
　　ただし、共同研究開発終了後の合理的期間に限って、同一又は極めて密接に関連するテーマの第三者との研究開発を制限することは、背信行為の防止又は権利の貴族の確定のために必要と認められる場合には、原則として公正競争阻害性がないものと考えられる（公正取引委員会「共同研究開発に関する独占禁止法上の指針」平成５年４月20日・改定平成22年１月１日）。
　　ライセンサーがライセンシーに対し、ライセンサーの競争品を製造・販売すること又はライセンサーの競争者から競争技術のライセンスを受けることを制限する行為は、ライセンシーによる技術の効率的な利用や円滑な技術取引を妨げ、競争者の取引の機会を排除する効果をもつ。したがって、これらの行為は、公正競争阻害性を有する場合には、不公正な取引方法に該当する（一般指定第２項、第11項、第12項）。
　　なお、当該技術がノウハウに係るものであるため、当該制限以外に当該技術の朗詠又は流用を防止するための手段がない場合には、秘密性を保持するために必要な範囲でこのような制限を課すことは公正競争阻害性を有さないと認められることが多いと考えられる。このことは、契約終了後の制限であって短期間であれば同様である。
　　……ライセンサーがライセンシーに対して、技術に係る権利が消滅した後においても、当該技術を利用することを制限する行為、又はライセンス料の支払義務を課す行為は、一般に技術の自由な利用を阻害するものであり、公正競争阻害性を有する場合には、不公正な取引方法に該当する（一般指定第12項）（公正取引委員会「知的財産の利用に関する独占禁止法上の指針」平成19年９月28日・改定平成22年１月１日）。

　秘密保持条項の残存義務期間の考え方については、秘密保持条項の項を参照のこと（98頁）。

【記載例45】　有効期間条項例

例1（有効期間）

　本契約の有効期間は、契約締結の日より満3年間とする。

　ただし、有効期間満了日までに、委託者、受託者双方協議の上本契約を更新することができるものとする。

2　本契約の有効期間中であっても、委託者において業務上の都合または経済事情の変動等により本契約を存続しがたい事由が生じたときは、受託者に書面で通知のうえ本契約を解除することができるものとする。

例2（契約期間）

　本契約の有効期間は、平成〇〇年〇〇月〇〇日から平成〇〇年〇〇月〇〇日までとする。

例3（契約期間）

　20〇〇年〇〇月〇〇日より、20〇〇年〇〇月〇〇日までとする。ただし、受託者はこの期間中に各業務を実施し、必要なレポートおよび資料等（以下「成果物」という）を各業務実施後速やかに委託者に提出し、これをもって本契約が終了するものとする。

例4（契約期間）

　20〇〇年〇〇月〇〇日から20〇〇年〇〇月〇〇日までの期間とする。ただし、期間満了の〇〇か月前までに両者で協議合意した条件で本契約を更新することができるものとする。

例5（本開発の実施）

3　本開発の実施期間は、平成〇〇年〇〇月〇〇日から平成〇〇年〇〇月

○○日までとする。この期間は、両者協議の上、延長または短縮することができる。

例 6（本件業務の提供期間）

　平成○○年○○月○○日から平成○○年○○月○○日までの 1 年間とする。ただし、同期間満了前に本件○○○○が完了した場合には、これをもって本件業務の提供は終了する。

【記載例46】　自動更新付有効期間条項例

例 1（有効期間）

　本契約の有効期間は、本契約締結の日から満○○年間とする。ただし、期間満了の○○か月前までに両者のいずれよりも反対の意思表示がないときは、本契約はさらに満○○年間自動的に継続更新されるものとし、以後もまた同様とする。

例 2（契約期間）

　本基本契約の有効期間は、平成○○年○○月○○日から平成○○年○○月○○日までとし、委託者または受託者いずれか一方より期間満了○○か月前までに書面による解約の申し出のない限り、以後○○年ずつ自動的に更新するものとする。

例 3（有効期間）

　本契約の有効期間は平成○○年○○月○○日から平成○○年○○月○○日までとする。
　ただし、期間満了の○○か月前までに委託者・受託者のいずれからも反対の意思表示のないときは、本契約はさらに満○○年間自動的に継続更新されるものとし、以後もまた同様とする。

例4（経営委託期間）

　本件事業の委託期間は、平成○○年○○月○○日から平成○○年○○月○○日までの2年間とする。

　なお、期間満了の6か月前までにいずれの当事者からも経営委託の終了の申出がないかぎり、本経営委託契約は同一条件で自動的に1年間継続することとし、以後もまた同様とする。

例5（有効期間）

　本契約の有効期間は、本契約締結日より1年間とする。ただし期間満了の2か月前までにいずれかの当事者より書面による別段の申し出がないときは、さらに1年間延長するものとし、以後も同様とする。

　なお、期間満了の日において候補先との間で本件事業承継に関する交渉が継続中の場合は、有効期間を当該交渉が終了するまで延長するものとする。

例6（契約期間）

　　本契約の有効期間は、平成○○年○○月○○日から10年間とする。期間満了の1年前までに、委託者または受託者から書面による契約条項の変更または契約を更新しない旨の申し入れがないときは、本契約は同一条件で5年間更新されるものとし、以後の更新も同様とする。

2　受託者は、本契約の終了に関して、立退き料、営業補償、その他いっさいの補償を委託者に対して請求することができない。

12　協議解決条項

【記載例47】　基本条文

第○○条（協議解決）

　本契約に定めのない事項、または本契約に疑義が生じたときは、誠意を

　　もって委託者と受託者が協議の上解決するものとする。

(1)　意　義

　契約締結時には予想もできなかった事項や運用にあたり疑義が生じた場合、当事者の協議により解決する原則を定めたものである。こうすれば、強行規定を除いて、まず当事者間で新たな定めを協議できることになる。

(2)　本条項の必要性の有無

　本条項がなくても、契約の当事者が誠意をもって協議するのは当然のことである。

　一般に、その必要性について、契約書に「協議解決条項」がないと、法律の任意規定や商慣習法が適用されることになっても異議を申し立てられなくなるので、そうならないために本条項を設定するものと解されている。

　また、わが国では、「信義誠実の原則に基づき」「誠意もって」などという言葉を入れることにより、裁判や調停など法的な解決方法を回避できると考えられているところがある。

　しかし、契約に書いてないことの当事者間での協議は当然のことであり、相互に信頼してこそ契約の契約たる意味をなすのであり、本条項は言わずもがなという感がある。

　以上から、本条項は、契約に必須のものであるともいえないだろう。むしろ、「信義誠実をもって」「誠意をもって」などという文言を付加することにより、契約全体の格調を高め、体裁を整えることに意義があるのかもしれない。

【記載例48】　協議解決条項例

例1（紛争解決）
　本契約に規定なき事項または契約上の疑義については、両当事者間で誠意をもって協議決定ないしは解決するものとする。万が一協議の整わざる場合は、○○地方裁判所をもって、第一審の専属的合意管轄裁判所とする。

例2（協議）

　委託者および受託者は、本契約書に定めのない事項または本契約書の条項の解釈について疑義が生じた場合には、民法その他法令および慣行に従い、誠意をもって協議し、解決するものとする。

例3（協議）

　本契約に定めなき事項については、また契約の解釈につき疑義もしくは紛争が生じたときは、両社信義誠実の原則に従い協議の上解決する。万一、協議の整わないときの専属的合意管轄裁判所は、○○地方裁判所とする。

例4（双方協議）

　本契約に定めのない事項または解釈に疑義の生じた事項については、委託者と受託者が協議の上、解決するものとする。

例5（協議事項）

　委託者および受託者は、本契約に規定のない事項および本契約の条項に関して疑義が生じたときは、信義誠実の原則に則り、誠意をもって協議する。

13　完全合意条項と変更制限条項

【記載例49】　基本条文1（完全合意条項）

第○○条（完全合意）

　本契約は、本契約に含まれる事項に関する本契約の委託者と受託者間の完全な合意を構成するものであり、口頭であると書面であるとを問わず、当事者間の本契約に関する事前のすべての合意、表明および了解に優先す

るものとする。

【記載例50】　基本条文 2 （変更制限条項）

第〇〇条（契約の変更）

　本契約の内容は、本契約の当事者の書面による合意のみによって変更することができる。

(1)　完全合意条項の意義

　完全合意条項とは、契約書にはない契約書交渉過程の当事者間の合意（合意書、覚書、議事録、メモ、口頭など）は、効力を及ぼさないと規定するものである。

　国際契約においては、英米法における契約書以外の証拠を排除する「口頭証拠排除の法則（Parol Evidence Rule）」により、完全合意条項（Entire Agreement Clause）が規定される場合が多く、わが国でも規定される例が増えてきている。

(2)　完全合意条項の注意事項

　たとえば、契約交渉過程で、「相手方から条文を変更することはできないが、条文を貴社の要求のとおりに解釈し、取り扱うものとします」などのメールを受領したり、その旨の議事録について当事者同士が確認印を押印することがある。

　このような場合でも、契約に完全合意条項があれば、以前のメールや議事録は何の役割も果たさないことになってしまう。完全合意条項がある場合には、メールや議事録に沿った内容に、契約書の条文を変更してもらう交渉も必要となる。

　東京地判平成18年12月25日判時1964号106頁によると、以下のように判示がなされた。 X 社は電子機器等の製造販売をする会社であり、 Y 社は台湾に支

店があり電子機器の製造販売をする会社である。Y社は、X社責任者（担当部長）からY社の法務部長への書簡により信義則上、本件契約締結時において、最恵待遇条項の合意が成立していたとしたが、裁判所は、最恵待遇条項の合意内容が本件契約書には設けられていない上、本件契約書には完全合意条項が設けられているから、本件契約前に、X社担当部長とY社法務部長との間で最恵待遇の合意が成立していたとしても、本件契約書に明記されていない最恵待遇条項を含む契約が成立したものとは認め難いとして最恵待遇条項の合意の成立を否定した。[30]

　契約は、当事者間の交渉により合意の積み重ねにより契約意思が形成され、やがて契約締結により成立する。形成段階で合意したことのすべてが多くても数十条の契約書に反映されるわけではない。

　商法・会社法では、営業・事業に関するある種類または特定の事項の委任を受けた使用人は、その事項に関するいっさいの裁判外の行為をする権限を有し、この使用人の代理権に加えた制限は、善意の第三者に対抗することができないとする（会社法14条、商法25条）。契約交渉の相手方がこれらの使用人にあたるかどうかは、名称ではなく、営業・事業に関するある種類または特定の事項の委任を受けたかどうかによる。[31]契約交渉の相手方となった者は、契約交渉について委任を受けたと推定できると解される。

30　島田邦雄ほか「新商事判例便覧 No.578」商事法務1806号55頁。その他完全合意条項の有効性に関する裁判例として東京地判平成7年12月13日判タ938号160頁がある。

31　近藤光男『商法総則・商行為法〔第6版〕』92頁、東京地判昭和53年9月21日判タ375号99頁

32　BtoC契約（消費者契約）においては、契約締結前の合意を記載しないで契約書を作成し、完全合意条項により消費者が不利になれば、消費者契約法により当該条項が無効となると解される。消費者契約法10条には、「消費者の権利を制限し、又は消費者の義務を加重する」との文言があり、これは、「消費者と事業者との間の特約がなければ、本来の任意規定によって消費者が権利を行使できるのもかかわらず、不当な特約によってその権利を制限すること、または消費者と事業者との間の特約がなければ、本来任意規定によって消費者には本来加重されることのない義務を加重することを指す」とされ、これらの契約条項により「消費者の利益を一方的に害するものは無効」とされる。経済企画庁国民生活局編『逐条解説消費者契約法』174頁以下（商事法務研究会・2000年）。

　「消費者の利益を一方的に害する」か否かは、消費者契約法の趣旨・目的に照らし、当該条項の性質、契約が成立するに至った経緯、消費者と事業者との間に存する情報の質および量並びに交渉力の格差その他諸般の事情を総合考量して判断するものとされる（最判平成23年7月15日民集65巻5号2269頁）。

したがって、これらの事前の合意がまったく反映されないとすると、問題が多い[32]。特に、これらの事前の合意のもとで対等関係にない零細事業者との間において完全合意の特約が締結されれば、衡平を著しく損ない、信義則に反するとされる場合もあり得る。

【記載例51】　完全合意条項の検討例

変更例①は、基本条文１にただし書を追加して、必要となる合意条項は完全合意から除く旨を定めたものである。

（変更例①）

ただし、契約交渉において、当事者が契約締結後も効力を有するとして書面にて合意（一方が相手方に同様の書面を提出したときの黙示の合意も含む）した内容は除く。

（変更例②）

当該条項を削除する。

(3)　変更制限条項

通常は、基本契約を締結している場合でも、特別の取引については発注書上で変更し相手方がそれを受けることにより個別契約で変更が成立する場合も多いが、変更制限条項に「委託者および受託者それぞれが記名押印した書類のみによって」「委託者および受託者のそれぞれの代表者が記名押印によって」などとする文言があるとしたら、それも叶わず機動的な変更もできなくなる。

【記載例52】　変更制限条項の検討例

検討すべき条文例に対して、変更例①は基本条文２に変更したものであり、変更例②は特定の重要条項についてのみ変更制限条項を適用するものである。

〔検討すべき条文例〕

　本契約の内容は、本契約の当事者の代表者が記名押印をした書面による合意のみによって変更することができる。

（変更例①）

　本契約の内容は、本契約の当事者の<u>書面による合意のみ</u>によって変更することができる。

（変更例②）

　<u>第○条、第○条および第○条</u>の内容は、本契約の当事者の代表者が記名押印をした書類による合意のみによって変更することができる。

【記載例53】　完全合意条項例

例 1（完全条項）

　本契約は、本契約の締結以前の委託者と受託者間のいっさいの議論、合意、約束および契約に代わり完全な合意を構成するものであり、本契約の規定は、委託者および受託者が記名押印した書面によってのみ変更することができる。

例 2（完全合意）

　本契約は、委託者と受託者間の合意のすべてであり、本契約締結前における両当事者間のすべての明示または黙示の合意に優先する。

例 3（完全合意）

　本契約は、特段の定めがある場合を除き、本契約の対象となる事項に関する当事者間の完全な合意を定めるものである。

14　合意管轄条項

【記載例54】　基本条文

> **第○○条（紛争解決）**
>
> 　委託者および受託者は、本契約に関しいっさいの裁判上の紛争が生じた
> ときは、○○地方裁判所をもって、第一審の専属的合意管轄裁判所とする。

(1)　意　義

　当事者が管轄裁判所を定めておかないとすると、原則、被告（訴えられる側）
の所在地を管轄する裁判所となる（民訴法 4 条 1 項）ので、当事者の所在地が
離れている場合、提訴者がコストや労力や時間などの負担が大きくなってしま
う。そこで、契約に関して紛争が発生し訴訟になった場合に備えて、管轄裁判
所を定めておくことが多い。どこの裁判所で訴訟が行われるかは、当事者にと
って重要な問題であり、事前に定めておく必要があり、管轄の合意として民事
訴訟法11条に規定がある。

【民事訴訟法11条】

> **（管轄の合意）**
> **第11条**　当事者は、第一審に限り、合意により管轄裁判所を定めることが
> 　できる。
> 　2　前項の合意は、一定の法律関係に基づく訴えに関し、かつ、書面でし
> 　なければ、その効力を生じない。
> 　3　第 1 項の合意がその内容を記録した電磁的記録によってされたときは、
> 　その合意は、書面によってされたものとみなして、前項の規定を適用す
> 　る。

⑵　管轄の合意

㋐　合意管轄の要件

　民事訴訟法11条により、当事者は、①第一審に限り、②一定の法律関係に基づく訴えに関し、③書面または電磁的記録による合意、が必要となる。管轄裁判所の合意は訴訟追行の便宜や当事者の利益を考慮して設けられており、両当事者の合意による好都合な裁判所の選択を認めるのが当事者の利益に資するからである。

　①の「一審に限る」ので、簡易裁判所と第一審裁判所としての地方裁判所の管轄についてのみ認められる。

　②の「一定の法律関係に基づく訴え」なので、訴えの基本となる法律関係を特定する必要がある。「甲と乙の間の本契約に基づくいっさいの紛争」という程度に特定しておく。

　③の「書面または電磁的記録による合意」としたのは、この合意が当事者に重大な影響を及ぼすので、当事者の意思の明確性や証拠の確実性を期すためである。

　なお、特許権等に関する訴えの場合の専属管轄を除き、専属管轄については、たとえ当事者間に書面等による合意があっても合意管轄裁判所において裁判することはできない（民訴法13条１項）。専属管轄は強い公共的理由から、特定の裁判所のみに裁判を認める管轄だからである。たとえば、会社法における株式会社の組織に関する訴え（会社法835条）、責任追及の訴え（同848条）、役員解任の訴え（同856条）は、他の株主の訴訟参加を容易にするため本店所在地の地方裁判所の専属管轄である。

　この契約書上の管轄の合意は、当該契約が解除されても、管轄の合意は原則として契約解除によって生じる権利義務に関する訴訟についての合意をも含むと解されるから、契約の解除によって影響を受けない。

【記載例55】　合意管轄裁判所を簡易裁判所とする場合

第〇〇条（紛争解決）
　委託者および受託者は、本契約に関しいっさいの裁判上の紛争が生じた

　　ときは、○○簡易裁判所をもって、第一審の専属的合意管轄裁判所とする。

　事物管轄は、訴額をもって第一審に関する管轄を地方裁判所とするのか、簡易裁判所にするのか定めており、原則、訴額が140万円を超える請求は地方裁判所、140万円までなら簡易裁判所の管轄となる（裁判所法24条１号、33条１号）。では記載例のように簡易裁判所を管轄裁判所とした場合、140万円を超えれば、原告は、被告の所在地を管轄する地方裁判所に請求することになるのか。この場合、最高裁判所は、当該簡易裁判所を専属的合意管轄裁判所として認め、民事訴訟法16条２項本文を根拠に、訴状を提出した地方裁判所の合理的裁量に委ねられているとし、自ら裁判をすることを追認した（最判平成20年7月18日民集62巻７号2013頁）。したがって、第一審の専属的合意裁判所として特定の簡易裁判所を合意すれば、訴額が大きくても当該簡易裁判所の管轄となる。

　一方、基本条文のように地方裁判所の管轄を合意するケースもあるので、地方裁判所にするか、簡易裁判所にするかは当事者の合意によればよい。[33]

　　㈢　**合意管轄の制限**

【記載例56】　合意管轄条項があっても移送が認められた例

　　①　「甲（借主＝零細事業者）、乙（貸主＝全国規模で事業展開する自動車リース会社）および連帯保証人（＝甲の連帯保証人）は、この契約について訴訟の必要を生じたとき、乙の本社または乙の選択する裁判所にて解決を図るものとします。」
　　②　「手形貸付取引、証書貸付取引等の金銭消費貸借契約、手形割引等、本取引約定に基づく各取引に関して訴訟の必要性が生じた場合は、事物管轄に拘わりなく、債権者の本支店の所在地を管轄する裁判所を管轄裁判所

---

[33]　簡易裁判所には、準備書面の省略（民訴法276条）、続行期日においても陳述の擬制（同法277条）、弁護士以外の者に対する許可代理（民訴法54条ただし書）が認められている。一方、地方裁判所では第１回期日しか陳述擬制が使えず、続行期日には出頭義務があり、弁護士でなければ訴訟代理人になることができない。

とすることに異議なく同意するものとします。」

③　「甲（貸主＝全国各地に支店設置）の本社、各支店、営業所を管轄する簡易裁判所及び地方裁判所を管轄裁判所とする。」

①については、管轄の合意は、原告側において訴訟を提起する裁判所を一方的に任意に選択できる場合は、相手方の防御の機会を一方的に奪うものとして、管轄の合意は無効であり、民事訴訟法16条1項により、相手方の住所地を管轄する裁判所に移送すべきとする（東京高決平成16年2月3日判タ1152号283頁）。

②については、商工ローン会社が主債務者および連帯保証人との間で締結した同社所定の定型の契約であるが、裁判所は、債権者が全国50の本支店所在地を管轄する裁判所を一方的に選択して訴え提起できる管轄合意であり、債務者からの実質的な防御の機会を一方的に奪うとして無効と解して、民事訴訟法16条1項により、職権で債務者の住所地を管轄する裁判所に移送した（横浜地決平成15年7月7日判時1841号120頁）。

③については、裁判所は、甲のすべての支店、営業所の所在地を管轄裁判所とする趣旨ではなく、当該リース契約の締結を担当した本社、支店または営業所の所在地の裁判所を管轄裁判所とする旨の合意と解するのが相当であるとして、実際に契約締結を担当した支店を管轄する地方裁判所に旧民事訴訟法30条（現民訴法17条）により移送した（福岡高決平成6年7月4日判タ865号261頁）。

⑶　専属的合意管轄と付加的合意管轄

管轄を合意する場合に、①専属的合意管轄は、特定の裁判所のみに管轄を認めることをいい、②付加的合意管轄とは、法定管轄にプラスして特定の裁判所が認められることになる。したがって①の場合は、管轄裁判所を東京地方裁判所として合意すれば、相手方の所在地が大阪市であっても、東京地方裁判所に提訴すればよいことになる。②の場合は、東京地方裁判所だけでなくそれ以外の相手方の所在地（民訴法4条1項）や不動産の所在地（民訴法5条9号）を管轄する裁判所にも提訴できることになる。

管轄の合意が①②のいずれを定めたものであるかが明らかでない場合には、

まず当事者の意思を解釈して決すべきものであるが、意思が不明の場合には、ある特定の裁判所を指示してなされた管轄の合意は従来は、いくつか存在する場合に、法定管轄裁判所の中の一つについて合意がされたときに専属的合意がされたものと解されるが、法定管轄裁判所以外の裁判所を管轄裁判所とする場合には付加的な合意と解されてきた。近時の有力説は、これも専属的な合意と解する。[34]当事者が、書面による合意によって特定の裁判所を管轄裁判所としている点から、それも専属的と解釈すべきであろう。

　もっとも、このような微妙な場面において、他の法定管轄を排除するのは、原則として明確な意思を要求すべきであり、それがない以上は付加的合意と解するほかないとする意見もある。

　以上から、名古屋市に本店を置く会社と仙台市に本店を置く会社が、その中間にある東京地方裁判所のみを専属的合意管轄裁判所とすることも可能であるが、この場合には明確に「専属的合意管轄」とする旨の記述が必要である。

　一方、名古屋市に本店所在地を置く会社にとっては、名古屋地方裁判所で訴えを提起できればよく付加的合意管轄としても問題はないので、「付加的」「非専属的」の文字を入れるか、あえて「専属的」の文字を入れない場合も考えられる。仙台市に本店所在地を置く会社にとっても同様である。

　なお、法定管轄裁判所の中の裁判所を専属的合意管轄裁判所として合意する際でも、付加的合意管轄と解されないためには念のため、専属的である旨の記述は必要である。

【記載例57】　銀行取引約定書の合意管轄

> **第○○条（合意管轄）**
> 　本約定書に基づく諸取引に関して訴訟の必要が生じた場合には、乙（＝銀行）の本店または取引店の所在地を管轄する裁判所を管轄裁判所とします。

34　伊藤眞『民事訴訟法〔第 4 版〕』82頁（有斐閣・2011年）

銀行取引約定書の特約は、付加的合意と解されていて、法定管轄を排除するものではないことから取引先が銀行にとって都合のよい裁判所に訴訟をするとは限らないが、次の2つの実益があるとされる。[35]

① 訴訟費用の削減　銀行が訴訟を提起する際、本店所在地近隣の裁判所で訴訟手続ができる点

② 民事保全に関する手続が迅速に行える　民事保全法12条1項に「保全命令事件は、本案の管轄裁判所又は……」と定められているので、迅速性と蜜行性を要する手続を本店所在地近隣の裁判所で行える点

【記載例58】　合意管轄条項例1

〔検討すべき条文例〕

　本契約に関し、当事者間に生じた訴訟については、東京地方裁判所立川支部を管轄裁判所とする。

（**変更例①**）

　本契約に関し、当事者間に生じた訴訟については、東京地方裁判所を非専属的管轄裁判所とする。

（**変更例②**）

　本契約に関し、当事者間に生じたいっさいの訴訟については、東京地方裁判所を専属的合意管轄裁判所とする。

（**変更例③**）

　本契約に関し、当事者間に生じたいっさいの訴訟については、委託者の本店所在地を管轄する地方裁判所を専属的合意管轄裁判所とする。

（**変更例④**）

　本契約に関し、当事者間に生じたいっさいの訴訟および調停については、委託者の本店所在地を管轄する地方裁判所を専属的合意管轄裁判所とする。

（**変更例⑤**）

　本契約または個別契約に関し、当事者間に生じた、民事訴訟法6条およ

35　天野佳洋監修『銀行取引約定書の解釈と実務』（安東克正）244頁（経済法令研究会・2014年）

> び6条の2に関する訴訟については東京地方裁判所、<u>その他の訴訟につい</u>
> <u>ては鹿児島地方裁判所を専属的合意管轄裁判所とする。</u>

　検討すべき条文例は、地方裁判所の支部まで合意することはできないので明
らかに誤りである。事件を地方裁判所本庁または支部のいずれで審理するかは、
地裁内部の事務分配に関する事項であり、訴訟上の管轄ではない（最判昭和41
年3月31日判時443号31頁）。

　変更例①は、東京の委託者にとっては、合意しておけばたとえ付加的であっ
ても東京地方裁判所において提訴でき、土地管轄から東京以外の相手方は東京
地方裁判所に提訴せざるを得ないので、問題はない。

　「付加的」のほか「非専属的」「競合的」の文字をいれても、また入れなくて
問題は少ない。

　変更例②は、検討すべき条文例を訂正し、専属的合意を明確にした。

　変更例③は特定の裁判所を明示するのではなく、当事者の本店所在地を管轄
する裁判所とした。

　変更例④は、民事調停法3条1項により調停も当事者が合意で定める地方裁
判所もしくは簡易裁判所を管轄とすることができるので、その旨を明示したも
のである。

　変更例⑤は、通常の合意管轄のほか、特許権等、意匠権等の訴訟についての
合意管轄を定めたものである。

⑷　特許権に関する訴えの合意管轄

　特許権等（特許権、実用新案権、回路配置利用権またはプログラムの著作物につ
いての著作者の権利）に関する訴えについて、管轄区域を分けて東京地方裁判
所の専属管轄と大阪地方裁判所の専属管轄が規定されている（民訴法6条）。ま
た、意匠権等（意匠権、商標権、プログラム著作物以外の著作者の権利、出版権、
著作隣接権もしくは育成権）に関する訴えまたは不正競争による営業上の利益の
侵害にかかる訴えについては、管轄区域を分けて東京地裁と大阪地裁に競合管
轄が認められている（民訴法6条の2）。

　もっとも、特許権等に関する専属管轄は、本来の専属管轄とは異なり当事者

の利益重視のため大阪地裁または東京地裁とする合意管轄も認められる（民訴法13条2項、11条）。

【記載例59】合意管轄条項例2

例1（協議）

　本契約に定めなき事項または本契約の解釈に疑義が生じた事項については、両者信義誠実の原則に従い協議の上解決する。万一、協議が整わないときの管轄裁判所は〇〇地方裁判所とする。

例2（管轄裁判所）

　本基本契約または個別契約から生ずる当事者間の争いについては、〇〇地方裁判所を管轄裁判所とする。

例3（管轄裁判所）

　本契約およびこれに基づく個別委託加工契約に関して疑義または紛争が生じた場合には、両者協議して解決するものとする。万一協議が整わない場合の管轄裁判所は〇〇地方裁判所とする。

例4（紛争解決）

　本契約に規定なき事項または契約上の疑義については、両当事者間で誠意を持って協議決定ないしは解決するものとする。万が一協議の整わざる場合は、〇〇地方裁判所をもって、第一審の専属的合意管轄裁判所とする。

例5（管轄裁判所）

　本件契約から発生するいっさいの紛争の第一審の管轄裁判所を、委託者の住所地を管轄する地方裁判所とする。

例6（紛争解決）

　委託者および受託者は、本契約に関し裁判上の紛争が生じたときは、〇

〇地方裁判所をもって、第一審の専属的合意管轄裁判所とする。

例7（合意管轄）

委託者および受託者は、本契約または個別契約より生じる紛争については、委託者の本店所在地を管轄する地方裁判所を第一審の専属的合意管轄裁判所とする。

例8（合意管轄）

本契約における権利義務につき、紛争が生じた場合には、委託者の住所地を管轄する地方裁判所を第一審の専属的合意管轄裁判所とすることに双方合意する。

例9（管轄）

本契約に関して、当事者間に生じるいっさいの紛争は、〇〇地方裁判所を専属の管轄裁判所とする。

例10（裁判管轄）

委託者および受託者は、本契約に関するいっさいの紛争に関しては、委託者の本店所在地を管轄する簡易裁判所または地方裁判所を第一審の専属管轄裁判所とすることに合意する。

例11（合意管轄）

本契約または個別契約に関連して、当事者間に生じるすべての紛争は、〇〇地方裁判所を第一審の専属的合意管轄裁判所とする。

例12（仲裁条項）

本契約からまたは本契約に関連して、当事者間に生ずることがあるすべての紛争、論争または意見の相違は、一般社団法人日本商事仲裁協会の商事仲裁規則に従って、東京において仲裁により最終的に解決されるものと

する。

15　契約書作成日

(1)　意　義

　契約書に記載する日は、契約の全当事者が契約書に調印した日であると解され、契約書の中で契約の有効期間の始期（効力発生日）を定めなかったときは、この日が契約の効力発生日として推定される。

(2)　契約締結日の決定方法

　①当事者が一同に会して調印をするのであれば、その日を記載することになるが、②そうでない場合、すなわち当事者がそれぞれ別々に押印するのであれば、後から押印した日を契約締結日とするのが一般であろう。その他、当事者の合意によりいつにするか決めてもよいが、その日が②の日から著しくずれる場合は、契約締結日の操作として問題となることがある。

(3)　契約締結日の操作

　契約の効力発生日が契約締結日と異なる場合は、期日を遅らせたり、進ませたりして操作することがよく行われている。その期日を前倒しした場合には、締結者である当時の代表取締役は退任している、商号や会社所在地を変更しているなど、実際の契約締結日時点の事実との齟齬が生じている場合が少なくない。この、差異のある期間に問題が発生した場合、効力の発生に関してトラブルが起きることも考えられる。

　実際の契約締結日は平成〇〇年6月15日であるが、契約の効力発生日を4月1日とする場合には、契約締結日を操作するのではなく、契約締結日はあくまでも6月15日として、有効期間の始期（4月1日）を挿入するべきである。

　契約締結日は契約の効力発生日とは異なる場合もあると考え、ひな型の有効期間条項に効力発生日を記載できるようにしておくべきである。

【記載例60】　効力発生後の契約の締結

〔検討すべき条文例〕

第〇〇条（有効期間）

　本契約の有効期間は、契約締結の日から平成〇〇年 3 月31日までとする。

平成〇〇年 4 月 1 日

※契約交渉が延び実際の契約締結日は 6 月15日であったが、契約書作成日
　を業務委託の開始日である 4 月 1 日としてつじつまを合わせた。

（変更例）

第〇〇条（有効期間）

　本契約の有効期間は、<u>平成〇〇年 4 月 1 日</u>から平成〇〇年 3 月31日まで
とする。

平成〇〇年 <u>6 月15日</u>

⑷　契約締結日の記載漏れ

　相手方が契約当事者印を押すときに記載してくれるだろう、いつの日を記載
したらよいか担当者では不明である、などの理由で記載漏れが散見される。ま
た、担当部署が契約交渉を行うのが遅れたなどの問題がある場合にも発生する
可能性は高い。

　有効期間に始期を記載できるとしても、締結日の記載漏れがあると、記載例
のように覚書などを後で取り交わす場合には締結日で契約書を特定することが
あるので、その特定が困難になる。

【記載例61】　覚書前文の例

覚　　　書

　〇〇株式会社（以下、「委託者」という）と株式会社〇〇（以下、「受託者」
という）は、<u>平成〇年〇月〇日付け</u>で締結された〇〇業務委託契約に関し

覚書を締結する。

　記載漏れ対策のため、押印申請書に契約締結日を記載していない理由の記載がない場合、総務部門が、契約書に代表者印を押さないという措置をとっているところもある。

　そのほか、契約書の前文に、契約締結日を記入することも有効である（記載例62参照）。

【記載例62】　契約書前文の例

> **（変更例）**
> 　X 株式会社（以下、「委託者」という）と Y 株式会社（以下、「受託者」という）とは、委託者と受託者間の〇〇業務委託取引に関し、<u>平成〇年〇月〇日付けにて</u>、次のとおり業務委託契約（以下、「本契約」という）を締結した。

16　契約当事者の表示

【記載例63】　基本当事者表示

> 委託者　東京都〇〇区〇〇 1 － 2 － 3
> 　　　　〇〇〇〇株式会社
> 　　　　代表取締役　〇〇〇〇　㊞
> 受託者　大阪市〇区〇〇〇 3 － 2 － 1
> 　　　　〇〇株式会社
> 　　　　代表取締役　〇〇〇〇　㊞

(1)　意　義

前文で契約当事者は概括的に特定されるが、商号または名称、本店などの営業所の所在場所または締結権限者の住所、代表者などの締結権限者を定め、署名または記名押印することで、当該契約書に関し権利を行使し義務を負う当事者の主体を特定して、その者により当該契約が締結されたことを証するものである。

(2)　住　所

法人の住所について、法は、その主たる事務所の所在地にあるとする（一般社団・財団法4条、会社法4条、消費生活協同組合法6条、保険業法19条、中小企業協同組合法4条2項など）。したがって、原則、登記簿上の本店の住所とその主たる事務所の住所は同一である。しかし、営業の本拠地である実質上の本店の住所と定款で定め登記をした場所である形式上の本店の住所が異なる場合も発生する（大阪地判昭和51年9月8日判時869号99頁）。

登記簿上の住所と実際の住所が異なっている場合には、相手方に理由を確認する。

登記簿上の住所をそのままにして、実質的な営業の主体を別の場所で行っているような場合[36]、住所としてはその法人の現在の主たる事務所の場所を記入し、法人を特定するという点から、それに加えて登記簿上の本店の場所もかっこ書で本店住所として表示しておく。なお、本店を移転したが、締結日現在、移転登記が済んでいない場合も同様の取扱いをする。

【記載例64】　登記簿上の住所と実質的営業場所が異なる場合

> 委託者　東京都〇〇区〇〇1－2－3

[36] 東京高決平成10年9月11日判タ1047号289頁は、「本件仮処分の管轄裁判所を決定する際に基準となる本店所在地とは、登記簿の記載にかかわらず、実体的に営業の本拠地となっている現実の本店所在地をいうものと解すべきである」とする。また、東京高決平成11年3月24日判タ1047号292頁は、「本店移転決議の存否が争われている場合、いまだ本案についての審理を経ていないのに、同決議が存在するものとして扱うことができないから、本件において本店の所在地は本店移転決議前の旧所在地にある」とする。

（本店住所　大阪市○○区○○３－２－１）
　　○○○○株式会社
　　　代表取締役　　○○○○　　㊞

(3)　法律上の契約締結権者

　法人が契約を締結する場合には、法人自体が締結権者となるのでなく、その法人を代表する権限がある者または代理する権限がある者が締結権限を有している。

(ア)　株式会社

a.　代表取締役・代表執行役、または代表取締役を設置しない取締役会非設置会社の取締役　　取締役会は取締役の中から、株式会社を代表して業務執行を担当する代表取締役を選定し（会社法362条３項）、その氏名、住所を登記しなければならない（会社法911条３項14号）。また、委員会設置会社の取締役会は執行役の中から会社を代表する代表執行役を選定する（会社法420条１項前段）。執行役が１人のときは、その者が代表執行役に選定されたものとされる（会社法420条１項後段）。

　また、取締役会を設置しない株式会社では、定款、定款の規定による取締役の互選または株主総会決議によって、取締役の中から代表取締役を定めることができる（会社法349条３項）。この場合、他の取締役は代表権を有さない。代表取締役の定めがない場合、取締役会を設置しない会社では、取締役が複数いたとしても各自が会社を代表する（会社法349条１項本文・２項）。

　原則として、これらの者が、第一義的に契約締結者となる。

　代表権とは、代表権を有する者が第三者との間で行った行為の効果が、直接株式会社に帰属する権限を有する。そしてこれらの者の代表権は、各自、株式会社の業務に関するいっさいの裁判上または裁判外の行為に及ぶ包括的なものである（会社法349条４項、420条３項）。そして、株式会社がこの権限を制限したとしても、善意の第三者には対抗することができない（会社法349条４項、420条３項）。

　これらの者は、一般的には、代表を付けずに取締役社長や執行役社長や単に

社長と呼ばれることがあるが、代表権をもっているのが通例である。なお、万が一、取締役社長が、実際には代表権をもっていなかったとしても、表見代表取締役とされ、取引安全の観点から、会社法は、株式会社が善意の第三者に対して、代表取締役の行為と同様の責任を負うものとしている（会社法354条、表見代表執行役の場合は421条）。

　b.　支配人　　支配人とは、使用人の中から、会社（株式会社に限らない）の本店または支店の事業の主任者として選任された者をいう（会社法10条）。支配人は、会社に代わってその事業に関するいっさいの裁判上または裁判外の権利を有する者であり、この権限に制限が加えられたとしても善意の第三者には対抗できない（会社法11条1項・3項）。なお、支配人の選任には登記を要する（会社法918条、商業登記法44条）。

　c.　a.および社外取締役を除く取締役、執行役、支店長、部長、課長　　前記 a であげた者と社外取締役以外の取締役や執行役は、対外的に代表取締役や代表執行役からの委任に基づき、代表取締役や代表執行役[37]および代理していると解するのが妥当である。

　会社法13条により、その会社の「本店または支店の事業の主任者であることを示す名称を付した使用人」は、表見支配人として、その会社（株式会社に限らない）の本店また支店の事業に関し、いっさいの裁判外の行為をする権限を有するものとみなされる。事業の主任者であることを示す名称とは、一般的には、登記のない支配人、営業部長、事業部長、支店長、営業所長などである。出張所長の名称も、支店としての実態があれば会社法13条の使用人となり得る（最判昭和39年3月10日民集18巻3号458頁）。

　なお、支店次長、支店長代理、所長代理、支店庶務課長など別に主任者の存在を示唆する名称は、事業の主任者にあたらないとされる[38]。

37　昔から代表取締役でない一般の取締役に業務執行権限の一部を移譲することを行われてきており、選定業務執行取締役（会社法363条1項2号）以外の取締役に業務執行を付与することも禁止されるわけではないが、そのような権限を付与された取締役は業務を執行すると社外取締役としての要件を満たさない（神田秀樹『会社法〔第16版〕』220頁・弘文堂・2014年）。

38　名古屋高判昭和34年9月18日判時209号25頁、最判昭和29年6月22日民集8巻6号1170頁、最判昭和30年7月15日民集9巻9号1069頁および最判昭和59年3月29日判時1135号125頁参照

　その他、会社法は、「事業に関するある種類または特定の事項の委任を受けた使用人は、その事項に関する一切の裁判外の行為をする権限を有する」とする（会社法14条1項）。ここでいう使用人は、一般に、部長、課長などの名称をもった使用人とされる。また取締役を兼務しない執行役員はあくまでも従業員（使用人）であり、代表取締役以下の取締役の監督と指揮命令下に置かれる。[39]このため、会社法上の取締役のような独自の責任は有せず、経営幹部従業員として位置づけられる。[40]会社法14条の適用範囲は、従業員（課長クラス）から取締役までの広範な範囲をカバーしており、取締役も会社法14条の使用人にあたるとされた裁判例もあり、[41]会社法に何ら規定のない執行役員についても会社法14条の使用人と解され、[42]担当範囲の契約締結についての代理権を与えられているとみるのが相当である。[43]したがって、明らかにこれらの部課長等の担当範囲に属する契約と認められる場合には、代理権を有していると解される。営業係長が、「ある種類または特定の事項の委任を受けた使用人」として会社を代理して売買契約を締結する事案で、係長を会社法14条（旧商法43条）の使用人として認めた例もあるが、[44]一般の会社の実体からすれば、課長以上と考えるべき

39　東京地判平成23年5月19日労判1034号62頁は「執行役員という地位にあったものの、その業務実態は、本件会社の指揮監督の下にその業務を遂行し、その対価として報酬を受けていたということができ、従業員としての実質を有していた者と認められるから、労災保険法（労働基準法）上の労働者に該当する」とした。

40　商事法務研究会編『執行役員制の実施事例』別冊商事法務214号75頁〔安西愈〕（商事法務研究会・平成10年）

41　名古屋高判昭和29年1月11日下民集5巻1号1頁、東京地判昭和30年6月9日判時59号25頁は、取締役であるが「経理業務を担当していたのであるから被告会社の商業使用人をも兼ねていたものということができ、その地位は商法第43条（会社法14条）にいわゆる番頭に該当するものと言うべきである」とした。

42　単なる使用人に業務執行権を付与することは許容されず、執行役員は、代表取締役や業務担当取締役の業務執行を補佐するにすぎず、会社と執行役員の関係は雇用であるとする見解として、森本滋「公開会社の経営機構改革と執行役員・監査役（2・完）」法學論叢145巻1号13頁（1999年）、江村信行「執行役員制度に関する立法論的考察」企業法学9巻100頁（2002年）がある。

43　浜辺陽一郎『執行役員制度〔第4版〕』245頁（東洋経済新報社・2008年）

44　係長に代理権ありとして認めた例には、後掲最判平成2年2月22日商事1209号49頁のほか、裁判例として東京高判昭和60年5月16日判夕565号190頁、東京高判昭和60年8月7日判夕570号70頁、大阪高判昭和60年12月24日判時1196号154頁などがある。一方、代理権を認めなかった裁判例として東京地判平成4年9月30日金判925号46頁などがあるが、当該裁判例については会社の使用者責任は認めている。

である。

　最判平成 2 年 2 月22日商事1209号49頁は、X 会社（課長）から Y 会社（係長）に対する売買契約において係長に代理権を認めた事案であるが、X 社は「（Y 社の）使用人が営業主からその営業に関するある種類又は特定の事項の処理を委任された者であること及び当該行為が客観的にみて右事項の範囲内に属することを主張・立証しなければならないが、右事項につき代理権を授与されたことまでを主張・立証することを要しない」と判示している。相手方が会社ではなく係長本人の取引であるとしている場合、主張・立証が困難となる場合も考えられる。

　契約締結権者は、代表権または包括代理権を有し、かつ登記簿において確認ができる前記 a の代表取締役・代表執行役、代表取締役を設置しない取締役会非設置会社の取締役（会社法911条 3 項14号・23号ハ）、b の支配人（商業登記法44条）までとすべきであろう。

(イ)　特例有限会社

　特例有限会社の場合は、取締役が 1 名の場合はもちろんのこと、数名いるときでも原則としてその各自が法律上当然に会社代表権を取得する（会社法整備法 2 条、会社法349条）。ただし、定款の規定または社員総会の決議をもって、数人の取締役のうちから特に会社を代表する取締役を定めることができる（会社法349条）。以上から、取締役または代表取締役を定めている場合にはその者に締結権者になってもらう必要がある。

(ウ)　持分会社

　持分会社の業務執行社員は、原則、各自会社を代表する（会社法599条 1 項本文、590条 1 項）。また、定款または持分会社の社員の互選をもって業務執行社員のうち会社を代表すべき者（代表社員）を定めることができる（会社法599条 1 項ただし書・3 項）。この場合は、代表すべき者として定めた者だけが代表権をもつ。持分会社を代表する社員は、持分会社の業務に関するいっさいの裁判上または裁判外の行為をする権限がある。業務執行社員および代表社員は、登記事項である（会社法912条 5 号・6 号、913条 5 号・8 号、914条 6 号・7 号）。代表社員が法人の場合は、その職務執行者は登記事項である（会社法912条 7 号、913条 9 号、914条 8 号）。

代表社員として定められていればその社員、定められていなければ業務執行社員を契約の相手方として、締結すべきである。

(エ) 代理人

代表権のある者から契約締結について代理権を授与されている者が、会社等の代理人であることを表示して契約締結権者となることができる。この場合、契約の相手方は、委任状を徴求する必要がある。前文のところでも述べたが、当事者として本人の住所、名称、代表者名を記載し、委任状のない場合においては本人の記名押印をしてもらう。

(オ) その他

そのほかの法人や個人商店については、後記の記載例65で表示をするにとどめる。

(4) 実際の契約の締結権者

(ア) 当方

当方の場合、誰にするかは、職務権限規程などの社内手続上の問題であるが、一定以上の職制が締結権者として認められている場合には、相手方当事者の格にこだわる会社もある。たとえば、相手方の企業が、当社よりも規模も小さく社会的地位も低いとみられる会社である場合は、当方署名者を部長として、相手方署名者には代表者を要求するなどである。

このような、見下した意識がある会社と取引をするのはできるだけ避けたい。契約とは、本来、対等な関係で締結すべきものであるからである。契約締結者は、会社の格ではなく契約内容や取引金額などから決めるべきである。

相手方に代表取締役等が契約締結権者となってもらうよう依頼するためには、軽微な内容や金額の契約を除いて、当方が、基本的に代表取締役（社長）が締結権者になるとする社内慣行や規程の存在も必要となる。そうすれば、相手方に対して「当社は代表取締役社長を締結権者とするので、貴社も代表権のある方に締結権者となっていただきたい」と要求しやすい。

(イ) 相手方

前記(3)(ア)c でも述べたが、会社法14条の「ある種類または特定の事項の委任を受けた使用人」として課長までは認められると解されるが、必要な場合には

「客観的にみても当該契約がその範囲内に属すること」を確認するため職務権限表などの徴求も考慮する。

　相手方の署名者は、一般的には、代表権をもつ者→役付取締役→取締役・支配人→執行役員→部長→課長の順で、取引への信用力が減じていくと考えられるので、通常の場合（取引内容によることはもちろんであるが）、代表者を要求し、それができない場合でも部長以上は要求すべきであろう。

【記載例65】　契約当事者の表示例

例1（代理人）　　　　　　　　　〇〇県〇〇市〇〇区〇〇町1－1－1
　　　　　　　　　　　　　　　　〇〇株式会社
　　　　　　　　　　　　　　　　　代表取締役　　〇〇〇〇　㊞
　　　　　　　　　　　　　　　　〇〇株式会社代理人
　　　　　　　　　　　　　　　　　東京都〇区〇〇1－5－10
　　　　　　　　　　　　　　　　　〇〇法律事務所
　　　　　　　　　　　　　　　　　　弁護士　〇〇〇〇　㊞

例2（特例有限会社＝代表取締役非設置）
　　　　　　　　　　　　　　　　〇〇県〇〇市〇〇区〇〇町1－1－1
　　　　　　　　　　　　　　　　　有限会社〇〇
　　　　　　　　　　　　　　　　取締役　〇〇〇〇　㊞

例3（持分会社＝代表社員非設置）
　　　　　　　　　　　　　　　　大阪府〇〇市〇〇町1－1－1
　　　　　　　　　　　　　　　　　合名会社〇〇金物店
　　　　　　　　　　　　　　　　業務執行社員　〇〇〇〇　㊞

例4（持分会社＝代表者設置）
　　　　　　　　　　　　　　　　〇〇県〇〇市〇〇町3－2－1
　　　　　　　　　　　　　　　　　〇〇商事合同会社
　　　　　　　　　　　　　　　　代表社員　〇〇〇〇　㊞

例5（持分会社＝職務執行者設置）

北海道○○市○○ 1 － 2 － 3
　合同会社○○商店
　代表社員　○○株式会社
　職務執行者　○○○○　㊞

第3章

物に関する業務委託契約書

I　製造委託契約書

[1]　製作物供給契約書

━━━━━ ●想定する前提● ━━━━━

　X株式会社は、自社店舗や百貨店・テナント等で惣菜等を販売しているが、その一部の食品の生産・供給を株式会社Yに委託するものである。

　一般に「製作物供給委託」とは、受託者が自己が調達した材料で製品の製造を受託するもので、狭義の「製造委託」とは、委託者が調達した材料を使用して受託者が製造するもので、単に製造のみを受託するものである。しかし、「製造委託」については、その区分は厳密には用いられておらず、広義で使用される場合には、前者の意味を含み「製造委託」とする。

　X社は、自前で材料等を調達し、X社の委託を受けた食品を供給するので狭義での分類は「製作物供給契約」にあたる。食品を製作するとは言い難いので、「食品製造供給契約書」としたものである。

　もとよりどのような契約名とするかは自由であるので、製作物供給と製造委託の区分を厳格には考えず、本契約を「食品製造委託契約」としても何の問題もない。

- - - - - - - - - - - - - - - - - - - -

（収入印紙）[1]

食品製造供給契約書

- - - - - - - - - - - - - - - - - - - -

　X株式会社（以下、「委託者」という）は、株式会社Y食品（以下、「受託者」という）とは、商品（以下、「本製品」という）の製造供給に関し次のとおり契約（以下、「本契約」という）を締結する。

第1条（目　的）

　委託者は、受託者に対し、本製品の製造・供給を委託し、受託者はこれを受託する。

第2条（法令遵守）

　受託者は、委託者から製造・供給を受託する本製品について、関係法令（農林物資の規格化及び品質表示の適正化に関する法律〈JAS法〉、食品衛生法、不当景品類および不当表示防止法、など）並びに都道府県および市町村などの関係する条例の定めを遵守したものであることを保証する。

第3条（製品規格）

　受託者が製造・供給を受託する本製品の製造方法および製品規格は、委託者が指示し、これを別に定める。

第4条（受渡し条件）

　本製品の受渡し場所は、委託者の指定する場所とし、受渡し日時は、発注の都度、委託者が指定する。

2　本製品を受け渡す場合は、受託者は納品書を委託者に手渡し、委託者は受託者にその受領書を手渡す。

> **POINT**
>
> 食品は、特に危険負担の移転の規定を検討すべきである。

1　請負であるので、印紙税法別表第一の第2号文書（請負に関する契約書）と第7号文書（継続的取引の基本となる契約書）に該当するが、本契約には契約金額の記載がないことから第2号文書に基づく印紙税の計算はできず、第7号文書に該当することになり、4000円の収入印紙の貼付が必要となる。

　　食品は通常、受渡し後は受託者による管理が不可能なことが
多いので、受渡し時に危険負担が委託者に移転する定めが必要
である。変更例では、本条に第3項を追加する。

（変更例）

　3　本製品の危険負担は、その納品書を委託者に引き渡した時
　に、所有権は委託者がその受領書を引き渡した時に、それぞ
　れ受託者から委託者へ移転する。

第5条（買取り価額）

　委託者の受託者に対する本製品の買取り価額は、受託者から委託者に
受け渡された本製品の数量に、別に定める1個当たりの価格を乗じた金
額とする。

第6条（支払方法）

　受託者は、前条の買取り価額を毎月末日に締め切り、請求書を委託者
に提出し、委託者は翌月末日に受託者の指定する銀行口座に振り込む。
ただし、支払日が金融機関の休日にあたる場合には、その日を翌日に繰
り下げる。

POINT

　本契約書には債権保全の条項がない。受託者は委託者の経営
状況によっては、変更例のように第2項に遅延損害金の規定を
追加する。

（変更例）

　2　委託者が代金の支払いを怠ったときは、支払期日の翌日か
　ら完済に至るまで年14.6%の割合による遅延損害金を受託者
　に現金で支払うものとする。
　※日歩0.04%は年14.6%、日歩0.05%とすると年18.25%と
　なる。

第7条（販売権）

　委託者が受託者に製造を委託する本製品の販売権は、委託者に帰属し、受託者は許可なく第三者に販売してはならない。

第8条（記録等の作成）

　受託者は、本製品の日毎の製造数量および原材料、資材、半製品の受払いを正確に記録し、また本製品に関わる安全基準、製造方法等に関する仕様書および微生物検査書、成分表等の証憑書類につき、委託者の請求があったときは、速やかに提出しなければならない。

第9条（立入り調査）

　委託者は、必要があるときは、受託者の事業所、倉庫その他の本製品の保管場所に立ち入り、製造方法および製造機械設備等の確認、ならびに品質および衛生管理の状況を調査することができるものとし、受託者は正当な理由がない限りこれに応じなければならない。

> **POINT**
>
> 　第9条記載の「正当な理由」を誰が判断するのか。特に、本製品についての問題が発生している場合、委託者と受託者では、「正当な理由」についての考え方が異なってくる場合がある。たとえば、委託者は客観的な理由を対象とし、受託者は主観的理由も含むすべての理由が可能と考えるなどである。
>
> 　受託者としては、委託者が正当な理由を提示するよう、理由の提示者を転換することも考えられるが、変更例①では、根本的な解決にはならない。
>
> 　受託者が委託者と事前に詰めておくことは、相手方から突然、今から調査に行くといわれても拒否できることであり、日時を合意して調査に入るのであれば、受託者の対応の準備もできるので、変更例②のような解決方法のほうがよい。
>
> **（変更例①）**

……調査することできるものとし、<u>委託者が正当な理由を示</u>
<u>したときは、受託者は</u>これに応じなければならない。

（変更例②）

……調査することできるものとし、<u>この場合、委託者は、事</u>
<u>前に受託者と調査日時を合意しておかなければならない。</u>

第10条（品質保証）

受託者は、本製品に関し、次の事項を保証する。

(1) 原材料、品質、機能、安全性および本製品に付した表示、警告表
示に瑕疵または欠陥がなく、製品規格に適合すること。

(2) 受託者は、本製品による事故等を防止するため、適正な警告書お
よび指示書を本製品に付して安全を確保する。

第11条（担保責任）

受託者が委託者に本製品を受け渡した後、本製品の品質不良、その他
受託者の責に帰する事由によって委託者に対して損害を与えたときは、
受託者はその損害賠償の責に任じる。

POINT

第11条は、「本製品の品質不良によって損害を与えたときは、
損害賠償しなければならない」とも読める。しかし、本製品の
品質不良には、委託者または第三者による本製品の保管方法、
委託者の指示した製品規格など受託者によるものでない場合も
ある。受託者としては、文章が曖昧であるので変更例のように
明確にしておく必要ある。

（変更例）

本製品の品質不良その他のうち<u>受託者の責に帰する事由</u>によ
って委託者に対して損害を与えたときは、受託者は損害賠償の
責に任じる。

※第11条は「受託者の責に帰する事由」と明確に受託者の責任とされているので文言に問題はないが、ここが「委託者の責に帰さない事由」とする場合は第三者の帰責事由や不可抗力も対象となり受託者に不利となるので、「受託者の責に帰する事由」に変更する必要がある。

第12条（生産物賠償責任保険）

受託者は、本製品に関しては「生産物賠償責任保険」を付保するものとし、受託者は、当該保険証書の写しを委託者に提出しなければならない。

第13条（製品回収）

受託者は、本製品に関して次の各号にあたる場合は、本製品のうち該当品と同種または同時期に製造したすべてのものを回収、無償交換等の必要な処置を、自己の責任と負担において遅滞なく行うものとする。

(1) 該当品に製造物責任上のトラブルが発生したとき。

(2) 該当品に事故を引き起こすおそれのある潜在的危険があることが判明したとき。

(3) 委託者または第三者から該当品の不安全な状態についてクレームを受けたとき。

(4) 該当品が本契約第2条に定める保証を満たしていないことが判明したとき。

第14条（再委託の禁止）

受託者は、書面による委託者の承諾を得たときを除き、委託業務の全部または一部を第三者に委託することができない。ただし、委託者の承諾を得た場合においても、受託者は、本契約および本契約に基づく個別契約の履行義務を免れることはできない。

第15条（秘密保持）

　受託者は、本契約に関する製品規格、原材料およびその配合割合など、および関連して知り得た業務上の秘密を保持し、第三者に開示、漏えいしてはならない。

第16条（第三者に対する損害賠償等）

　受託者は、委託者が第三者から本製品の欠陥に起因して訴訟を提起された場合、委託者より通知を受け次第、当該訴訟の防御につき最善を尽くすものとする。委託者が当該訴訟により損害を被った場合、受託者は訴訟費用を含む委託者の一切の損害についてその賠償の責に任ずる。受託者は、本製品の欠陥に起因して第三者から委託者に対してクレームがあり、第10条に違反していることが明らかになった場合は受託者の責任と費用負担においてこれを解決するものとする。

　委託者が、すでに第三者に損害を賠償したときは、委託者は受託者に対しその損害賠償額および委託者が負担した費用のいっさいを求償することができる。

POINT ①

　受託者に起因する損害だけでなく、受託者に起因しない損害（委託者の指示した製品規格の欠陥、運送や保管上の欠陥、販売店での管理の欠陥、など）についてはいっさいの賠償責任を負う必要はない。変更例は、第2項を追加する。

（変更例）

2　前項の第三者への損害賠償および委託者に対する損害賠償について、第10条の受託者の違反のみではなく委託者または受託者以外の作為、不作為にも起因する場合は、委託者と受託者が協議して受託者の負担する額を定める。

POINT ②

　　下記の検討すべき例のように、違反していることが疑われた
り、可能性のある場合まで、受託者の責任と費用負担まで要求
するのは行き過ぎである。

〔受託者にとって検討すべき条文例〕

　　受託者は、本製品の欠陥に起因して第三者から委託者に対し
て異議申立てがあり、第10条に違反していることが明らかにな
った場合、<u>もしくは違反していることが疑われる場合</u>は受託者
の責任と費用負担においてこれを解決する。

（変更例）

　　第16条条文のように検討すべき条文例の<u>下線部分</u>を削除する。

第17条（契約の解除）

　委託者または受託者が、次の各号いずれかに該当する場合には、当該
委託者または受託者のいっさいの債務は当然に期限の利益を失い、相手
方の請求に応ずるものとし、かつ相手方は本契約または本契約に基づく
各取引の全部もしくは一部を解除することができる。

(1)　仮差押え、差押え、仮処分、強制執行、競売などの申立てを受け、
　　または公租公課の滞納処分を受けたとき

(2)　破産、民事再生、特別清算、会社更生その他法的整理手続開始の申
　　立てを受け、または自らこれらの申立てをなしたとき

(3)　自ら振り出しまたは引き受けた手形もしくは小切手につき、不渡り
　　事故が発生したとき、または支払停止・支払不能の状態に至ったとき

(4)　合併によらないで解散したとき

2　委託者または受託者が、前項の各号いずれかに該当する場合には、相
　手方からの通知または催告によって当該委託者または受託者のいっさいの
　債務は期限の利益を失い、相手方の請求に応ずるものとし、かつ相手方
　は本契約または本契約に基づく各取引の全部もしくは一部を解除するこ
　とができる。

(1)　本契約またはこれに基づく約定に違反したとき

(2)　その他財産状態が悪化し、またはそのおそれがあると認められる相
当の事由があるとき

(3)　本製品の欠陥に起因した製造物責任事故が発生したとき

第18条（合意管轄）

本契約に関わる訴訟については、東京地方裁判所を第一審の専属的合
意管轄裁判所とする。

第19条（契約終了後の措置）

本契約が終了したときは、受託者は委託者が指定した原材料、資材、
半製品、本製品の措置について、委託者と受託者が協議の上、決定する。

第20条（契約期間）

本契約の有効期間は平成○○年7月1日より1年間とし、期間満了の
3か月前までに委託者または受託者のいずれからも書面による変更また
は終了の申出がない場合は、さらに1年間延長するものとし、以後も同
様とする。

POINT

検討すべき例は実際にあった例である。解除権の行使は、相
手方に対する意思表示によってなされる単独行為である（民法
540条1項)。したがって、「協議」は必要なく「申出」のみで
よい。

〔検討すべき条文例〕

本契約の有効期間は平成○○年7月1日より1年間とし、期
間満了の3か月前までに委託者または受託者から<u>協議の申立て</u>
がない場合は、さらに1年間延長するものとし、以後も同様と
する。

（変更例）

第20条のとおり、下線部分「協議の申立て」を「終了の申

出」に変更する。

　本契約締結の証として本書 2 通を作成し、委託者および受託者は、記名押印の上、各自 1 通を保有する。

　平成○○年○月○日

委託者：東京都渋谷区○○ 1 丁目 1 番 1 号

Ｘ 株式会社

代表取締役社長　○○○○　㊞

受託者：東京都品川区○○ 2 丁目 2 番 2 号

株式会社 Ｙ 食品

代表取締役　○○○○　㊞

②　設備製作委託契約書

━━━━━●想定する前提●━━━━━

　X株式会社は、食品等の製造・販売をしているが、このたび、生産能力の向上を目的として、X社の工場内の建屋を増設し、新たに××製造ラインを設置するため、搬送装置等設備の製作・据付工事が必要となった。そこで、設備・プラントメーカーであるY株式会社に当該業務をスポット的に委託するものである。設備の製作だけでなく、据付完了までを委託するところに、本契約の特徴がある。

　Y社が材料を調達してX社から装置の製作を請け負う限りでは製作物供給契約ではあるが、据付工事がある点で建設工事請負契約も含んでいる。

（収入印紙²）

機械装置製作請負契約書

　X株式会社（以下、「委託者」という）とY株式会社（以下、「受託者」という）とは、委託者の○○工場内に設置する搬送装置・ソータ・自動包装装置・データ入力装置（以下、「本件装置」という）の製作および据付工事の請負取引に関し、以下のとおり契約（以下、「本契約」という）を締結する。

第1条（目　的）

　委託者は、本件装置の製作および据付工事を受託者に発注し、受託者は、本契約の定めるところに従い、これを請け負うものとする（以下、「本件請負」という）。

2　印紙税法別表第一第2号文書（請負に関する契約書）に該当し、第9条の請負金額の総額により税額が決まる。

第 2 条（本件装置の仕様等）

本件装置の仕様は、添付仕様書（以下、「本件仕様書」という）に記載のとおりとする。

2　本件装置の据付工事は、添付設計図書（図面、現場説明書、据付仕様書をいう。以下、「本件設計図書」という）に記載のとおりとする。

3　受託者は、本件仕様書および本件設計図書の記載の内容に疑義が生じた場合は、速やかに委託者にその旨を申し出て、委託者の指示に従うものとする。

第 3 条（仕様等の変更）

委託者は本件仕様書および本件設計図書の内容を変更する場合には、受託者に対し変更した本件仕様書および本件設計図書をもって指示するものとする。

2　前項の場合、変更に伴う契約金額の変更に関しては、委託者と受託者が協議してこれを定める。

第 4 条（工程表の作成）

受託者は、委託者の指定する期日までに、本件仕様書、本件設計図書ならびに委託者の指示する工程および第 6 条に定める引渡日に従い、詳細な工程表を別途作成の上、委託者に提出するものとする。なお、当該工程表は委託者の承認を得なければならない。

2　委託者は前項の工程表の工程および第 6 条に定める引渡日を変更することができる。

3　前項により、受託者に損害および新たな費用が発生する場合には、その損害・費用の補填について委託者と受託者が協議の上決定する。

POINT

大規模設備の製作・設置においては、製作および据付工事に関し詳細な工程表を作成する必要がある。

第 5 条（引渡日および据付・引渡場所）

　本件装置の引渡日および据付場所および引渡場所は、次のとおりとする。

(1)　引渡日　平成○○年 8 月15日

(2)　据付場所　　茨城県○○市○○ 1 － 1 － 1　 X 株式会社○○工場××製造ライン

(3)　引渡場所　　(2)に同じ

2　前項において引渡日とは、受託者による本件装置の据付、試運転、調整、取扱説明書の作成、委託者の担当者への教育を完了し、かつ、本件仕様書記載の性能で稼働可能な状態にある場合において、受託者より委託者に本件装置を引き渡すべき期日をいう。

第 6 条（引渡しの遅延）

　受託者は、第 5 条の引渡日までに据付できないことを認めたときは、直ちに文書によりその旨を委託者に通知し、委託者の指示に従うものとする。

2　前項の遅延が、受託者の責に基づく事由による場合、委託者の損害につき受託者が負担するものとする。

3　前項の場合、引渡しの遅延日数が○日を超えた場合には、受託者は工場稼働日を除く超過日数に対して 1 日につき工場稼働における予定利益相当分の金額（ 1 日あたり○百万円）を遅延損害金として支払うものとする。

第 7 条（秘密保持）

　受託者は、本契約に基づき取得した委託者の営業上または技術上の秘密については、次のものを除き、本契約中および本契約終了後も、委託者の事前の書面による承諾を得ないで第三者に開示または漏えいしてはならない。

(1)　自らの責によらずに公知になった情報

(2)　受託者が権限ある第三者から取得した情報

(3)　委託者から開示される前から合法的に保有している情報

(4)　独自に開発した情報

(5)　裁判所または権限のある行政機関から提出を命じられた情報

(6)　法令等の定めるところにより開示された情報

第8条（再委託）

　受託者は、本契約に基づく委託業務の一部を第三者に再委託することができる。ただし、重要な部分および委託者の製造工程および製造方法に関わる部分の本件装置および据付工事の再委託については、あらかじめ受託者の書面による承諾を得なければならない。

2　受託者は本契約で定めたものと同様の機密保持その他の義務を当該第三者に負わせるものとし、受託者は、本契約で負う責任を免れることはできない。

POINT

　再委託をしなければ、委託者が望む設備が完成・据付が不可能になるとすれば、重要な部分についての再委託の委託者による承諾は必要である。

　本件再委託により、委託者の製造ノウハウである機械設備や製造工程、製造方法が漏えいする可能性もあり、十分な注意を払って条文を作成する必要がある。

第9条（支払い）

　本件請負の代金額は総額で金〇〇〇〇〇万円（ただし、消費税は別途とし、各装置等の金額、据付工事費は、見積書のとおりとする）とし、以下の各号に分割して委託者の指定する銀行口座に振込みの方法で支払うものとする。

(1)　契約締結時に金〇〇〇万円を前渡金として支払う。

(2)　第16条第1項に定める検収時の翌月末日に残金〇〇〇〇万円を支払

う。

第10条（現場代理人の選任）

受託者は、本設備の据付工事（現場内の運搬、保管、据付け、試運転、調整等すべてを含む。以下、同じ）の施工について、受託者に代わり監督その他の一切の事項を処理する権限を持つ現場代理人を工事現場に常駐させる。

2　受託者は、現場代理人を選任するときは、書面により氏名その他の事項を委託者に通知しなければならない。

3　委託者が現場代理人を不適当と判断したときは、その理由を明示して受託者に変更を請求することができる。

第11条（監理者）

委託者は、監理者を設置し、本設備の据付工事の適正・円滑かつ安全を図るため委託者に代わって立会い、確認、指示、助言等を行わせることができる。

第12条（安全管理）

受託者は、据付工事の施工にあたっては、安全に関する諸法規および委託者の指示する諸規則を遵守し、人身災害および施設事故の絶無を期するとともに、公害ならびに一般公衆に迷惑となる事態の発生を防止するため、万全の措置を講ずるものとする。

第13条（支給品、貸与機器等）

据付工事に関し、委託者より受託者に支給もしくは貸与する材料、工事用電力、工事用水、機械器具、工事用地等の範囲ならびに条件等については、別途据付仕様書をもって定める。

第14条（据付設備等）

本件装置の据付工事に必要な設備機器および建屋の設置および維持に

要する費用は、委託者の指定したものを除き、すべて受託者の負担とする。

第15条（納入前検査）

受託者は、本件装置を引き渡す前に、受託者の責任と費用負担において、法令および本契約に基づき必要とされる試験および検査を実施するものとする。

2　委託者は、前項に基づき受託者が実施する試験および検査に立ち会う権利を有するものとする。

第16条（納入時検査）

受託者は、本件装置を引き渡すにあたり委託者の受入検査を受けるものとし、当該受入検査合格をもって検収とする。

2　前項の受入検査が不合格の場合は、受託者は委託者の指定する期間内に、受託者の責任と費用負担において修補または改造等の必要な措置を講じ、受託者の検査を受けるものとする。

第17条（工事材料、据付設備等の撤去）

受託者は、前条第１項の検収後遅滞なく、不必要となった設備機器、建屋および据付工事の残材料等を撤去し、据付工事に使用した委託者の用地を原状に復さなければならない。

2　前項において、受託者が委託者の指定する期日までに撤去しない場合は、委託者は受託者の負担においてこれを撤去しまたは第三者に保管させることができる。

第18条（所有権の移転）

本件装置の所有権は、第16条第１項に定める検収をもって受託者から委託者に移転する。

第19条（性能保証）

　受託者は、本件装置の性能として、出力、効率その他の性能保証事項について、仕様書に定めるとおり保証する。

第20条（瑕疵担保責任）

　受託者は、本契約に基づき受託者の供給する機器、設備、材料およびその他本設備を構成するすべてのものについて、第16条第１項に定める検収後１年の間、設計上、材質上、製作上および据付上の瑕疵がなく、かつ使用目的に適したものであることを保証する。

2　前項で定めた期間内に隠れたる瑕疵が発見され、当該瑕疵によって本件装置または他の装置・設備が損傷を受けた場合は、受託者は当該瑕疵ならびにこれに起因する損傷について、速やかに、無償で修理または取替えを行う。

3　委託者は、前項の修理または取替えに代えて、もしくはこれとともに当該瑕疵に起因する損害の賠償を受託者に請求することができる。ただし、営業上の利益の損失等間接損害についてはこの限りでない。

> **POINT**
>
> 　民法637条１項は担保責任の期間を引渡しの時から１年以内とする。

第21条（委託者および第三者に対する損害）

　受託者が本契約を履行するうえで、または本件装置の欠陥に起因して、委託者または第三者に損害を与えたときは、受託者はその責に任じ、訴訟費用を含むいっさいの損害を賠償する。ただし、委託者の責に帰すべき事由によるときは、この限りでない。

2　前項において、委託者の従業員等および第三者の生命、身体または財産に損害を生じたときは、受託者は自己の責任と負担において、最善の努力をもってその処理解決にあたるものとする。

POINT

　本件装置は、食品製造設備に組み込まれるものであり、消費者の生命・身体に損害を発生させる可能性も考慮して、受託者の損害だけでなく、第三者責任についても定める。

第22条（危険負担）

　第16条第1項に定める検収の時までに、天災その他不可抗力により本件装置ならびに据付用設備機器等に滅失、毀損その他の損害が生じた場合は、すべて受託者の負担とする。ただし、第23条に定める損害保険の填補範囲もしくは填補限度額を超えた損害が生じたときは、その損害負担につき当事者が協議して決定する。

第23条（損害保険）

　受託者は、委託者、受託者および受託者の下請人を被保険者として、オールリスクタイプの建設工事保険および第三者損害賠償責任保険を付保するものとする。

第24条（権利義務の譲渡等）

　委託者および受託者は、あらかじめ書面により相手方の承認を受けた場合を除き、本契約によって生ずる権利もしくは義務を第三者に譲渡し、または承継させてはならない。

第25条（産業財産権の帰属）

　本件装置の製作に関し、委託者が提供した技術情報に基づき受託者が発明、考案等をなした場合は、速やかに委託者に通知し、特許権、実用新案権、意匠権および商標権を受ける権利の帰属は、当事者協議の上定めるものとする。

第26条（知的財産権の侵害）

本件装置の製作納入に関し、第三者との間に産業財産権、著作権、回路配置利用権等の知的財産権に関する紛争が生じたときは、受託者はその責任と負担において処理解決に当たるものとし、これにより委託者が損害を被ったときは、受託者はその損害を賠償する。ただし、委託者の責めに帰すべき事由によるときは、この限りでない。

第27条（契約の解除）

委託者または受託者において下記各号の一つにでも該当したときは、相手方は何らの催告なくして直ちに本契約を解除することができる。なお、この解除は損害賠償の請求を妨げない。

(1) 本契約に違反し、催告をしても是正しないとき

(2) 手形、小切手を不渡りにする等支払停止の状態に陥ったとき

(3) 仮差押え、差押え、仮処分、競売等の申立てを受けたとき

(4) 破産、民事再生、会社更生、特別清算等の手続申立てを受けたとき、または自ら申立てをしたとき

(5) その他各号に類する不信用な事実があるとき

第28条（契約解除の場合の措置）

前条において、委託者が契約を解除した場合は、次のとおりとする。

(1) 受託者は、すでに受領した代金があるときは、これを委託者に返還する。

(2) 受託者は、本件装置にかかる出来形については、委託者から引渡しの申し入れを受けたときは、これを委託者に引き渡す。

(3) 受託者は、受託者所有の機器材料、工事用諸設備等が本件装置の完成に必要な場合、これを譲渡または貸与する。

(4) 第2号および第3号の譲渡価格または貸与料およびその支払方法は、当事者が協議の上決定する。

(5) 受託者は、未使用の支給品および貸与物を直ちに委託者に返還する。

(6) 受託者は、この後、委託者が施工する工事に支障を与えないよう、

速やかに工事現場を明け渡す。

第29条（協議事項）

本契約に定めのない事項、または本契約に疑義が生じたときは、誠意をもって委託者と受託者が協議のうえ解決するものとする。

第30条（合意管轄）

委託者および受託者は、本契約に関し裁判上の紛争が生じたときは、東京地方裁判所をもって、第一審の専属的合意管轄裁判所とする。

本契約の成立を証するため、本書 2 通を作成し、委託者および受託者が記名捺印の上、各 1 通を保有する。

平成〇〇年〇月〇日

（委託者）　東京都渋谷区〇〇 1 丁目 1 番 1 号
X 株式会社
代表取締役　〇〇〇〇　㊞
（受託者）　東京都品川区〇〇 2 丁目 2 番 2 号
Y 株式会社
代表取締役　〇〇〇〇　㊞

POINT

その他の検討すべき条項には以下のものがある。

(1)　**支給品がある場合**

（追加条文例）

第〇条（支給品）

委託者は、本件装置の製作および据付工事に関し、次の各号のいずれかに該当する場合は、受託者が使用する原材料、部品、製品、建材、塗料、梱包材など（以下、「支給品」とい

う）を有償または無償で受託者に支給することができる。

(1) 本件装置（その据付を含む）の品質、機能または規格を維持するため必要な場合

(2) 受託者からの依頼に基づき、委託者が必要と認めた場合

(3) その他正当な理由がある場合

2 委託者は、支給品を受託者に支給する場合、あらかじめ品名、品番、数量、納期等を受託者に通知する。

3 受託者は、前2項に基づき支給品の供給を受けたときは、直ちに検査を行い、数量不足、欠陥その他の瑕疵がある場合は、その旨を委託者に通知し、委託者の指示を受けるものとする。

4 受託者が委託者に供給した支給品の所有権は、委託者に帰属する。受託者は善良な管理者の注意義務をもって、支給品を取り扱わなければならない。

5 受託者は、供給を受けた本件支給品を本件委託業務の目的のみに使用しなければならない。

(2) 任意解除の制限条項

民法は、請負契約の発注者（委託者）は、仕事が完成しない間は、いつでも損害を賠償して契約を解除できるとする（民法641条）。本契約に任意解除に関する条項はなく、期間制限をする内容の条項を設けておくべきである。

(追加条文例)

第〇条（任意解除）

委託者および受託者は、本契約を解除する必要が生じたときは、3か月前までに、相手方に対して書面によりその旨を申し入れなければならない。

③　OEM 取引基本契約書

========●想定する前提●========

　委託者の X 株式会社は大企業である。受託者の Y 株式会社は業務用エアコンに関してシェアも高く当該分野では国内で有数の大企業である。

　したがって、第5条（仕様）およびその追加条文例、第17条（瑕疵担保責任）、第24条（再委託）などに受託者の意向がよく現れている。

（収入印紙）[3]

OEM 取引基本契約書

> **POINT**
>
> 　OEM (Original Equipment Manufacturing または Original Equipment Manufacturer の略) とは、委託者企業の名義やブランド名で製品を生産することで、家電や自動車などの業種で利用されている。本件は、委託者の企画で、製造等を委託しており OEM 取引である。
>
> 　なお、流通業者の販売ブランドの場合は PB (Private Brand) と呼ばれる (238頁)。
>
> ※製造だけでなく企画・設計、デザインなどの段階から全面的に受託者に依存する場合には ODM (Original Design Manufacturing または Original Design Manufacturer の略) と呼ばれることがあるが、OEM と ODM の定義の差は明確ではなく、わが国では混同されて使用されることもある。

3　本 OEM 取引基本契約書は、OEM の継続的取引の基本となる契約書であり、第7号文書に該当し、4000円の収入印紙の貼付が必要となる。

X 株式会社（以下、「委託者」という）と Y 株式会社（以下、「受託者」という）とは、委託者が販売する業務用エアコンの OEM 取引（以下、「本件取引」という）の基本的事項に関し、次のとおり契約（以下、「本契約」という）を締結する。

第1条（製造および供給の委託）

委託者は、受託者に対し、本契約に定める条件のもとで、本件商品を製造し、かつ委託者に供給することを委託し、受託者はこれを引き受ける。

> **POINT**
>
> 本件 OEM 取引は、「委託」「引受け」という表現をしているが、「請負」に分類される。

2　本件商品は、委託者が指定する商標、商号、その他の表示（以下、「本商標」という）を付して受託者から委託者に供給される。

第2条（適用範囲）

本契約は、特別の定めがない限り、委託者と受託者の間で締結される本件取引に関する個別契約（以下、「個別契約」という）に共通的に適用される。

> **POINT**
>
> 委託者の注文書に特別の定めがなされ、個別契約（注文書・注文請書）の定めと本契約とが矛盾が生ずる可能性がある場合、変更例のようにただし書を追加する。
>
> 個別契約は、日常的に取り交わされるので受託者が知らないうちに内容が変更される場合もある。そして、本契約と個別契約の内容に齟齬がある場合に、特別の定めがない限り原則的には後で締結した個別契約の定めが適用されるので、変更例では

その適用を排除するものである。ただし、この場合には、当事者間で覚書などにより定めればその内容が適用されることになる。

（変更例）

　ただし、個別契約に本契約と異なる定めがあるときは、本契約の規定が優先して適用される。

第3条（取引商品）

　委託者および受託者が本件取引において取引の対象とする商品（以下、「本件商品」という）は、次のとおりとする。

　　　　　品名：業務用○○○○
　　　　　品番：1234―56789

POINT

　品名や品番が多い場合は、ここには記載できないので別表とし、また品名・品種の変更に対応できるようにしておく必要がある。

（変更例）

　委託者および受託者が本件取引において取引の対象とする商品（以下、「本件商品」という）は、添付の別表に記載のとおりとする。

2　本契約期間中、品名および品番を追加または削除するときは、その○か月前に相手方の書面による承諾を得るものとする。

第4条（個別契約）

　個別契約は、委託者が発注年月日、本件商品の品名、品番、数量、納期、納入場所、代金の額および単価等を記載した注文書を受託者に交付

し、受託者がこれを電子メールで承諾した時に成立するものとする。

2　委託者は、希望する納期の〇か月前までに注文書を受託者に交付する
ものとする。

3　委託者は、各個別契約において、本件商品を〇〇台以上発注するもの
とする。

第5条（仕　様）

　本件商品の仕様（以下、「本仕様」という）は、受託者が作成する商品
仕様書によるものとする。ただし、本件商品の外観、機能、性能、保守
内容については、受託者は委託者と事前に協議するものとする。

2　本契約の有効期間中に本仕様を変更する必要が生じた場合、受託者は
任意にこれを変更できるものとする。ただし、本仕様を変更することに
より、本件商品の外観、機能、性能、保守に重大な影響を及ぼすおそれ
のある場合、受託者はその取扱いについて事前に委託者と協議するもの
とする。なお、本仕様を変更した場合、受託者は、その内容を別途書面
にて報告するものとする。

POINT

⑴　仕様書の協議

　第1項について、単に「仕様は、委託者と受託者で協議して
定める」とすると、細部にわたって協議しなくてはならず、ま
た決定できない部分も多く出てきて、初号機製造までにすべて
の項目について協議ができない可能性もある。したがって、本
項では、仕様についての主導権は受託者にあるとし、仕様書の
特定の箇所について両者で協議するものとしている。第2項の
仕様の変更の場合も、同様の考え方である。

⑵　試作品の製作

　仕様書に基づき、受託者は試作品を製作し、試作品により委
託者に承認を求める場合がある。

（追加条文例）

第〇条（試作品の承認）

　受託者は、本件取引の開始に先立ち、委託者と受託者間で別途定める期日までに、本仕様につき委託者の承認を得るための本件商品の試作品（以下、「試作品」という）〇台を、有償（1台あたり〇〇万円）にて委託者に提供する。委託者は、試作品の受領後〇日以内に、当該試作品の承認の可否を書面にて委託者に通知する。

2　委託者は、試作品を第三者への販売に供しないものとする。

⑶　専用金型の使用

仕様書に基づき、外観デザインを変更するため専用金型を使用する場合の定めである。

（追加条文例）

第〇条（専用金型等）

　本件商品製造のためのみに使用する専用金型および治工具（以下、「専用金型等」という）は、委託者が製作および保管等の経費を負担するものとし、受託者が調達するものとする。

2　前項の専用金型等の所有権は、委託者に帰属するものとし、受託者は本件商品を製造するために、専用金型等を委託者から無償で貸与を受けるものとする。

3　委託者は、専用金型等の調達費用を一括して支払うものとし、その支払方法および経費の支払方法については、別に当事者が協議して定めるものとする。

⑷　取扱説明書、サービスマニュアルの準備

追加条文例①は、受託者にて取扱説明書を準備し本件商品に同梱する場合である。追加条文②は、委託者にて取扱説明書を準備し本件商品に同梱する場合である。

（追加条文例①）

　本件商品に同梱される取扱説明書その他当事者が協議の上定めた印刷物は、委託者が内容を確認した上で、受託者が作

成する。当該印刷物を作成する費用は、第11条に定める売渡
し価格に反映するものとし、個別には請求しないものとする。
ただし、仕様の変更等により残部がでた場合は、その措置に
つき当事者が協議するものとする。

2　委託者が、自己の顧客に本件商品を販売するにあたって、
必要なカタログ、サービスマニュアルなどは、委託者が自己
の責任と負担において作成する。受託者は委託者の要請に基
づき必要な情報を委託者に提供するが、カタログ、サービス
マニュアルなどの内容および正確性、充分性については、委
託者が責任を負う。

（追加条文例②）

本件商品に同梱される取扱説明書その他当事者が協議の上
定めた印刷物は、受託者が内容を確認した上で、委託者が作
成し、必要部数を受託者に送付する。なお、仕様の変更等に
より残部がでた場合は、その措置につき当事者が協議するも
のとする。

2　委託者が、自己の顧客に本件商品を販売するにあたって、
必要なカタログ、サービスマニュアルなどは、委託者が自己
の責任と負担において作成する。受託者は委託者の要請に基
づき必要な情報を委託者に提供するが、カタログ、サービス
マニュアルなどの内容および正確性、充分性については、委
託者が責任を負う。

第6条（本商標）

受託者は、本件商品に委託者の指示する態様および方法等に従って委
託者の本商標を付すものとし、受託者の本商標その他受託者を表示する
ものはいっさい付さないものとする。ただし、法令により義務付けられ
るものについてはこの限りではない。

2　受託者は、本契約に基づいて製造され、かつ、委託者に供給される本

件商品を除き、本商標を付したいかなる商品も、自己または第三者のために、製造、販売または譲渡してはならない。

3　受託者は、本契約の定めまたは委託者の書面による事前の承諾なしに、本商標を使用してはならず、かつ、本商標に類似する商標等を使用してはならない。

4　受託者は、委託者の書面による事前の承諾なしに、本商標等に関するいかなる国の商標権、意匠権、著作権等の登録のためにいかなる出願もしてはならない。

POINT

⑴　本商標の指定

第1項に関しては、委託者は、本商標の何を、本件商品のどの部分に、どの大きさで、どの色で付すかを具体的に図面等で、指定する必要がある。

⑵　本商標を付した商品の第三者への制限

第2項は、受託者に本商標を付した商品の製造、販売、譲渡を禁止する。

このほか、受託者に対して、受託者以外の企業に本商標の有無に関係なく、本件商品と同一または類似の商品の製造、販売、譲渡を禁止する条項も可能である。

しかし、そのような譲渡禁止商品を拡大した条項は、受託者が、OEM取引を主体もしくは専業としたメーカーであれば、当該条項を認容できないであろう。また、そのような制限は、独占禁止法上の拘束条件付取引として問題となる可能性もある。[4]

第7条（発注計画）

委託者は、毎月10日（以下、「発注日」という）までに発注日の翌々月1日から6か月間の発注計画を受託者に提示する。ただし、最初の発注計画は、本契約締結後10日以内に、委託者と受託者間で別途取り決めた

生産開始日から6か月間の発注計画を受託者に提示する。

> **POINT**
>
> **(1) 最低購入数量の提示**
>
> 本契約の受託者が本商品に関してシェアも高く当該分野の専門的企業であるような場合、受託者から最低購入数量の提示を要求する場合がある。
>
> 他方、委託者が交渉でコストダウンを要求する場合、最低購入数量を提示する場合がある。
>
> 追加条文例は、最低購入数量の条項である。
>
> **(追加条文例)**
>
> **第○条（最低購入数量）**
>
> 委託者は、本契約締結後以下に定める期間内に以下に定める数量以上の本件商品を受託者から購入する。
>
> 　　契約第1年度　（締結日から平成○○年3月31日まで）　300台
>
> 　　契約第2年度　（平成○○年4月1日から平成○○年3月31日まで）　500台
>
> 2　第1年度における委託者の本件商品購入台数が前項に規定する最低購入数量を超えた場合、委託者は、その超過分を第2年度の最低購入数量から控除できる。
>
> 3　各年度における委託者の本件商品購入台数が第1項に定める各年度の最低購入数量に満たない場合、受託者は委託者に対し、不足分を各年度末に買取請求することができる。
>
> **(2) 最低購入数量の変更**
>
> (1)の追加条文例に、第4項として追加するものである。

4　当事者間で製造に係る情報が共有されることで価格や供給量、販売先の調整がなされたり、一方当事者と競争関係にある事業者との間の製品・部品の購入や供給契約の締結等について他方当事者に制限を課すなどして、当該製品の販売市場における競争が減殺される場合には、不当な取引制限（独占禁止法第3条）または不公正な取引方法（一般指定13項・拘束条件付取引）として問題となるおそれがある。

　　当事者が取り決めた契約は守らなければならないのが原則であり、あくまでも契約の変更は協議できるにとどめている。

（追加条文例）

4　第1項の定めにかかわらず、市場の著しい変動がある場合には、委託者および受託者は、第1項に定める最低購入数量の調整について協議できる。

第8条（納　入）

　受託者は個別契約に従い、納期に本件商品を納入する。

2　本件商品の納入場所は、原則、〇〇県〇〇市〇〇1－2－3にある委託者の〇〇配送センターとする。ただし、委託者は、納入日〇日前までに書面により、納入場所を日本国内の他の場所に変更することができる。

3　委託者は、受託者より納入の都度、数量を確認の上、本件商品を受領するとともに、受領書を受託者に交付する。

POINT

　受託者の納入前検査について、不良品等が発生した場合の報告等を義務づける場合もある。

(1)　**受託者が高度な専門メーカーの場合**

　この場合、受託者の品質対策等の措置に主体を置くものとしている。

（追加条文例）

第〇条（納入前検査）

　受託者は、本件商品の納入前に、当事者間で別途定める検査基準および方法に基づき検査を行う。

2　前項の検査の結果、本件商品に異常または重大な品質不良が発見された場合、受託者は速やかに必要な措置をとり、その記録を作成し、保管するとともに、不良の発生状況、当該措置の内容等について委託者に報告する。委託者は、当該措

置内容等について、受託者に説明を求めることができる。

(2) 通常のOEM取引の場合

前記(1)の場合とは異なり、委託による指示および検査方法の事前確認まで定めている。

なお、委託者と受託者が同業者の場合、第3項の規定は、受託者から削除を要求される可能性もある。

(追加条文例)

第○条（納入前検査）

受託者は、本件商品の納入前に、当事者間で別途定める検査基準および方法に基づき検査を行う。

2　前項の検査の結果、本件商品に異常または重大な品質不良が発見された場合、受託者は速やかに必要な措置をとり、その記録を作成し、保管するとともに、不良の発生状況、当該措置の内容等について速やかに委託者に報告する。委託者は、受託者の措置内容等が不充分であると判断した場合、受託者に対してその改善対策を指示することができる。

3　委託者が必要と判断した場合、委託者は、受託者と協議の上、受託者の協力を得て受託者の事業所において納入前に行われる本件商品の検査が、本件商品の検査基準および検査方法に合致しているか否かについて、当事者間で確認することができる。

※各条文中の下線は(1)と(2)の異なる部分である。

第9条（受入検査）

委託者は、前条の受領後○日以内に、当事者間で別途定める検査基準および方法による受入検査（以下、「受入検査」という）を完了し、合格したもののみ受け入れる（以下、「検収」という）。

受入検査の結果、本件商品に異常または品質不良が発見されたときは、直ちに受託者に通知する。当該期限までに委託者から何らの通知がない

ときは、かかる本件商品は、検収をしたものとみなす。

2　受入検査において、本件商品が不合格になった場合、受託者は速やか
　に代替品を委託者に納入するか、または当事者協議のうえ定めた措置を
　とるものとする。なお、代替品の納入に関しては、前条および本条の規
　定を適用する。

3　委託者は、数量不足その他直ちに発見できる瑕疵について、第1項に
　定める期間内に受託者に対して通知をしない場合は、前項に定める代替
　品納入その他の措置を請求する権利を喪失する。

POINT

(1)　受入検査の軽減処置

　納入前検査を実施しているときは、受入検査を軽減できると
する変更例である。

(変更例)

　委託者は、前条の受領後〇日以内に、当事者間で別途定める
検査基準および方法による受入検査（以下、「受入検査」という）
を完了し、合格したもののみ受け入れる（以下、「検収」とい
う）。ただし、第〇条（納入前検査）第3項の検査の確認を行っ
たときは、委託者は外観および数量検査をもって受入検査とす
る。受入検査の結果、本件商品に異常または品質不良が発見さ
れたときは、直ちに受託者に通知する。当該期限までに委託者
から何らの通知がないときは、かかる本件商品は、検収をした
ものとみなす。

(2)　受託者の責任の明確化

　委託者側の確認事項として、受託者の瑕疵担保責任・製造物
責任を明確にする。第9条に第4項を新設するものである。

(変更例)

4　受託者は、本契約第17条（瑕疵担保責任）に規定する本件
　商品の瑕疵および第18条（製造物責任）に規定する本件商品
　の欠陥に起因する製造物責任について、委託者の受入検査に

よって免除されるものではないことを確認する。

第10条（所有権および危険負担の移転）

本件商品の所有権は、前条の受入検査に合格した時をもって、受託者から委託者に移転する。

2 危険負担は、第8条の本件商品が納入された時をもって、受託者から委託者に移転する。

POINT

(1) 所有権の移転

所有権は、物を全面的に支配する機能であり、法令の制限内でどのようにでも利用（使用、収益、処分）することができる権利である。一般的には、委託者が検査を行い合格した時が、商品の所有の意思を示した時であると推定できるので妥当であろう。[5]

(2) 危険負担の移転

危険負担とは当事者の責に帰さない事由により商品が滅失毀損したような場合に、委託者に対して商品の代金を請求できるかということである。したがって、商品が受託者の責に帰する事由により滅失毀損した場合は、当然、受託者の責任の問題であり、危険負担の問題ではない。[6]

第11条（価　格）

本件商品1台あたりの受託者から委託者への納入価格は、○○○，○○○円（消費税抜き価格）とする。なお、当該納入価格には、梱包および第8条に定める納入場所までの運送費を含むものとする。

---

5 滝川宜信『取引基本契約書の作成と審査の実務〔第5版〕』67頁（民事法研究会・2014年）
6 滝川・前掲書（注5）67頁

2　受託者は、委託者の承諾を得て本件商品の売渡価格を変更することができるものとする。

> **POINT**
>
> 　第 3 条の POINT で述べたように品種が多い場合、第 1 項を変更する。
>
> **（変更例）**
>
> 　本件商品の受託者から委託者への納入価格は、添付別表のとおりとする。
>
> ※本条第 1 項の「なお」以下および第 2 項に、変更はない。

第12条（支払い）

　当事者間に別段の合意がない限り、毎月の検収を完了した本件商品に関し、受託者は翌月10日までに消費税相当額を上乗せし委託者に請求するものとし、委託者は同月末日までに受託者の指定する金融機関の口座に振込みによる方法で支払うものとする。

2　委託者が有償支給品の代金その他委託者から支払いを受けるべき金銭債権を有するときは、委託者は当該金銭債権と前項で定める代金債務を対当額で相殺することができる。

第13条（許認可等の取得）

　本件商品の製造、販売に必要とされる許認可等は、適用される法令に定める当事者が自己の責任と負担において取得するものとする。ただし、委託者および受託者は、相手方の当該許認可等の取得申請に必要なデータや資料の提供について協力するものとする。

第14条（アフターサービス等）

　委託者の顧客への本件商品の販売およびアフターサービス（以下、「アフターサービス等」という）のいっさいは、委託者が自己の責任と負

担で行うものとし、委託者の顧客よりアフターサービス等に関連して申し立てられたいっさいの異議、苦情、請求は、委託者が自己の責任と負担において処理解決しなければならない。

2　受託者は、前項のアフターサービス等に必要な技術資料（サービスマニュアル類、パーツリスト等）を委託者に提供する。

3　受託者は、委託者から要請のある場合、委託者に対し委託者の顧客へのアフターサービス等に関して、受託者が必要と判断する技術指導または技術講習を行うものとする。なお、技術指導または技術講習の実施の詳細および費用負担については、当事者が別途協議する。

第15条（補修用部品の供給）

受託者は委託者のアフターサービス等において必要となる本件商品の補修用部品（以下、「本件部品」という）を、本件商品の最終納入後〇年間保有し、委託者に有償で供給するものとし、価格等については当事者が別途協議の上決定する。

2　受託者は、本件部品の製造のために使用する専用の金型、治工具等について改造、廃棄、譲渡その他処分をする場合には、あらかじめ委託者にその旨を通知し、協議の上、供給措置を決定する。

POINT

補修用部品について、一括残置生産を行う場合の条文例であり、第3項として追加する。

（変更例①）

3　本契約が期間満了または解除等により終了するときは、委託者は将来必要と自ら判断する数量の本件部品を一括して受託者に発注するものとし、価格等の取扱いについては当事者が協議の上決定する。

（変更例②）

3　受託者は、本件部品につき在庫数が減少し将来の補修義務を履行することができないときは、委託者と協議の上、一括

> 残置生産を行うものとし、委託者は当事者間で取り決めた全
> 量を引き取るものとする。

第16条（本件商品の修理）

　委託者は、第14条の規定にかかわらず、当事者間で別に定める期間中、当事者が協議して決定した基準に基づき、故障した本件商品の修理を受託者に委託することができる。なお、当該修理に係るいっさいの費用（運送費を含む）は委託者の負担とする。

2　前項に定める本件商品の修理は、受託者の〇〇センターで行うものとし、受託者が修理品を第8条第2項に定める納入場所に納入することにより完了する。この場合、第8条第3項および第9条の規定を適用する。

第17条（瑕疵担保責任）

　前条の規定にかかわらず、本件商品の検収後1年以内に、本件商品に受託者の責に帰すべき事由による隠れた瑕疵が発見された場合、受託者は自己の選択に従い、当該本件商品の無償修理、代替品との交換、もしくは修理費用の支払いのいずれかの措置を講ずるものとする。

POINT

(1)　瑕疵担保期間および措置選択者の変更

　第17条の「検収後1年以内」は、実際には、商品の特性や保証書の内容、委託者の再販先、使用者などの状況により「何年以内」にするかは個別に検討する。また、責任を負う者（受託者）の判断で措置を選択させるべきではなく、委託者に選択させるべきであり、委託者は選択者としての変更を検討する。

（変更例）

　前条の規定にかかわらず、本件商品の委託者への納入後2年以内に、本件商品に受託者の責に帰すべき事由による隠れた瑕疵が発見された場合、受託者は委託者の選択に従い、当該本件

商品の無償修理、代替品との交換、もしくは修理費用の支払い
のいずれかの措置を講ずるものとする。

(2) 損害賠償の請求

　民法634条は、本件商品に瑕疵があるときは、委託者は相当
の期間を定めて瑕疵の修補、修補に代えてまたは修補とともに
損害賠償の請求ができるとする。そこで、受託者としては、修
補、代替品の交換、修理費用だけでなく、本件商品の使用者と
の間のクレーム処理等によって被った損害も求償したい。

(変更例)

2　前項に定める補償に加え、委託者が、前項に定める期間内
　に瑕疵ある本件商品の販売に起因して損害を被った場合には、
　委託者は受託者に対し、かかる損害の賠償を請求することが
　できる。

第18条（製造物責任）

　本件商品の欠陥に起因し、委託者の顧客その他第三者の生命、身体ま
たは財産に損害が発生する場合、当該第三者に対しては、委託者が、そ
の解決にあたるものとする。

2　前項の場合に、委託者が損害賠償等の請求を受けまたは受けるおそれ
　が生じた場合には、委託者は受託者に対してその旨を通知し、受託者は
　委託者に協力（証人としての出廷、証拠資料の提出などを含む）して問題
　の解決にあたるものとする。

3　前項の場合、委託者が当該第三者に対して損害賠償等の責任を負担す
　るに至ったときには、委託者は受託者に対し、損害賠償により被った自
　己の損害（弁護士費用および調査費用を含む）を求償することができ
　る。

POINT

(1) 受託者の協力

第2項に関し、最終的に訴訟による解決が図られることも予想されるので、それに対する受託者の協力も不可欠である。

(2)　受託者の求償

第3項に関し、OEM商品であるゆえ、第三者に対しては、委託者が対応するのが原則であるが、委託者は、解決のために受託者の協力を求めること、委託者の被った損害を受託者に求償することが必要となる。

第20条（知的財産の侵害）

委託者および受託者は、本件商品につき第三者との間に知的財産権上の紛争を生じたときは、直ちに相手方にその旨を通知し、委託者および受託者のうちその責めに帰すべきものが、その責任と負担において処理解決するものとする。ただし、当該紛争が次の各号の一に該当する場合には、受託者はこれを処理解決する責を負わない。

(1)　委託者の指示する仕様・商標等に起因する場合

(2)　委託者から受託者に提供されたデータブック、説明書、マニュアルその他の資料の記載に起因する場合

(3)　受託者以外の者により本件商品になされた変更、改造、付加などに起因する場合

(4)　本件商品と他の商品、部品、回路、装置、ソフトウェアなどとの組み合わせに起因する場合

(5)　委託者が本件商品を本来の目的以外の用途に使用したことに起因する場合

POINT

本契約の場合、知的財産権の侵害の理由でクレームまたは提訴を受けたときは、受託者が自己の責任と負担において対応するのを原則としている（本契約第18条との違い）。

第21条 （知的財産権の取扱い）

本契約の履行の過程で行われた発明、創作等によって生じた特許権、著作権、その他の知的財産権（ノウハウを含む）については、その発明、創作等が委託者または受託者の単独で行われたときは、当該知的財産権はそれを行った当事者の一方に帰属し、共同で行われたときは、委託者および受託者の共有に属するものとし、その具体的取扱いについては当事者協議の上決定する。

第22条 （機密保持）

委託者および受託者は、本件商品を受託者が製造している事実、本契約および個別契約の存在ならびに内容および本件取引に関して知り得た相手方の営業上、技術上の事実・資料その他の情報を機密として保持するものとし、第三者に対して、漏えいしてはならず、相手方の書面による承諾なしに公表その他開示をしてはならない。ただし、次の各号のいずれかに該当するときはこの限りではない。

(1) 相手方から開示を受ける前に、既に公知であったもの

(2) 相手方から開示を受ける前に、既に自ら保有していたことを証明できるもの

(3) 相手方から開示を受けた後、自らの責によらないで、公知となったもの

(4) 正当な権限を有する第三者から、秘密保持義務を負うことなく適法に入手したもの

(5) 相手方から開示を受けた情報によらず、独自に開発したもの

23条 （権利・義務の譲渡禁止）

委託者および受託者は、事前の相手方の書面による承諾を得ることなく、本契約および個別契約より生じる権利を第三者に譲渡し、または義務を引き受けさせてはならない。

第24条 （再委託）

受託者は、本件商品の製造の一部を第三者に委託した場合は、自己が負う義務と同等の義務を当該第三者に負担させるものとする。

2　前項の場合といえども、受託者は本契約および個別契約に基づく義務を免れない。

3　受託者は、本件商品の全部を第三者に委託することはできない。

> **POINT**
>
> 　想定する前提（216頁）のとおり、受託者が専門メーカーの大企業であるためこのような内容となっている。
>
> 　ただし、通常は、再委託禁止を原則として、再委託する場合には事前に承諾を得るようにしたほうがよい。
>
> 　この場合、第3項は不要であり削除する。
>
> **（変更例）**
>
> 　受託者は、本件商品の製造にあたり、本件商品の製造の全部または一部を第三者に委託してはならない。ただし、あらかじめ委託者の書面による承諾を得た場合はこの限りではない。
>
> 2　前項ただし書の場合といえども、受託者は、本契約および個別契約に基づく義務を免れない。

第25条（任意解除）

委託者または受託者は、本契約および個別契約を解除する必要が生じたときは、〇か月前までに、相手方に書面で通知することにより本契約を解除できる。

> **POINT**
>
> 　受託者において製造ラインの縮小など製造のリストラを検討中の場合の条文例である。
>
> **（追加条文例）**
>
> **第〇条（生産中止）**

　受託者は、本件商品の生産を中止する旨を決定したときは、速やかに委託者に書面にて通知するものとし、委託者は、必要とする本件商品および本件部品を一括して受託者に発注する。なお、本件商品および本件部品の発注その他の詳細は、当事者が誠意をもって協議し決定する。

第26条（期限の利益喪失と契約解除）

　委託者および受託者において下記各号の一つにでも該当したときは、当該当事者は本契約および個別契約により相手方に対して負担する一切の債務について期限の利益を喪失し、直ちに債務全額を現金で相手方に支払う。

(1)　本契約または個別契約に違反し、催告しても違反を是正しないとき

(2)　手形・小切手を不渡りにする等支払停止の状態に陥ったとき

(3)　仮差押え・差押え・仮処分・競売等の申立てを受けたとき

(4)　破産・民事再生・会社更生・特別清算等の申立てを受けたとき、または自ら申立てをしたとき

(5)　監督官庁から営業停止または営業許可の取消等の処分を受けたとき

(6)　その他前各号に類する不信用な事実があったとき

2　委託者または受託者は、相手方が前項の各号の一つにでも該当したときは、催告その他の手続を要しないで、直ちに本契約および個別契約の全部または一部を解除することができる。なお、この解除は、相手方に対する損害賠償の請求を妨げない。

第27条（不可抗力免責）

　天災地変、戦争、暴動、内乱、その他の不可抗力、法令の制定・改廃、公権力による命令・処分、争議行為、輸送機関・通信回線または保管中の事故、原材料の仕入先の債務不履行、その他受託者の責に帰すことができない事由による本契約および個別契約の全部または一部の履行遅滞もしくは履行不能については、受託者は責任を負わない。

第28条（合意管轄）

委託者および受託者は、本契約および個別契約に関し裁判上の紛争が生じたときは、東京地方裁判所をもって、第一審の専属的合意管轄裁判所とする。

第29条（有効期間）

本契約の有効期間は、平成○○年○月○日から平成○○年 3 月31日とする。ただし、有効期間満了の 6 か月前までに委託者または受託者からの別段の意思表示がない限り、本契約の有効期間は同一条件でさらに 1 年間延長されるものとし、以後も同様とする。

第30条（残存条項）

委託者および受託者は、本契約の期間満了後または解除後においても、第○条については義務を負う。

第31条（協議解決）

本契約および個別契約に定めのない事項、または本契約および個別契約に疑義が生じたときは、誠意をもって委託者と受託者が協議の上解決するものとする。

本契約締結の証として本書 2 通を作成し、委託者および受託者は、記名押印の上、各自 1 通を保有する。

平成○○年○月○日

委託者：東京都品川区○○ 2 丁目 2 番 2 号

X 株式会社

代表取締役　　○○○○　　㊞

受託者：東京都渋谷区○○ 1 丁目 1 番 1 号

Y 株式会社

代表取締役社長　〇〇〇〇　㊞

④　PB商品取引基本契約書

================ ●想定する前提● ================

　X社は大規模小売業者であり、Y社は食品メーカーであり、X社が自社のブランドで販売する食品の製造委託を受けたものである。なお、当該契約書はX社で使用している「ひな型」とされるものである。

（収入印紙）[7]

PB商品製造委託基本契約書

　X株式会社（以下、「委託者」という）と株式会社Y（以下、「受託者」という）とは、委託者のプライベートブランド商品（以下、「PB商品」という）の製造委託取引に関し、次のとおり基本契約（以下、「本契約」という）を締結する。

> **POINT**
>
> 　「プライベートブランド（Private Brand）商品」とは、流通業者（小売業者・卸売業者）が企画し、独自のブランド（商標）をつけて販売する商品であり、PB商品と略される。なお、対立する用語とされる「ナショナルブランド（national brand）商品」とは、メーカーのブランドで販売する商品であり、NB商品と略される。
>
> 　また、PB商品の同義語である「OEM（original equipment manufacturing）商品」とは、他社によって作られた製品を、主にメーカーが自社ブランドとして販売する商品をいう。
>
> 　委託者は流通業者なので帳合取引[8]の可能性がある。しかし、帳合取引であっても、本契約の目的は、PB商品の製造委託で

7　本PB商品製造委託基本契約書は、継続的取引の基本となる契約書であり（第7号文書）、4000円の収入印紙の貼付が必要となる。

あり、卸売業者は当事者とはならない。

第1条（目　的）

　本契約は、委託者が企画したPB商品の製造を受託者に製造を委託し、受託者がかかる委託に基づきPB商品を製造し、受託者が委託者に供給する個々の取引（以下、「個別契約」という）に関する基本的事項および共通的事項を定めるものとする。

第2条（適用範囲）

　本契約は、委託者が決定した商品仕様書に基づき、委託者が受託者に製造を委託し、委託者のブランドを表示して販売する商品に適用する。

2　ただし、受託者からPB商品の購入、PB商品の支払い、消費者への販売は、別に定める委託者と受託者との間の商品取引契約が適用される。

> **POINT**
>
> 　帳合取引の場合は、第2項を下記のように変更する。
> **（変更例）**
> 2　ただし、受託者からPB商品の購入、PB商品の支払い、消費者への販売は、別に定める委託者と<u>帳合との間</u>の商品取引契約が適用される。
> ※「帳合」とは、一般的には帳面を照合・確認する意味だが、ここでは、委託者である小売店と卸売業者の間の取引にかかる口座を意味している。帳合取引では、卸売業者が、委託者と受託者の中間に介在するが、本契約では当事者とはなって

8　帳合取引とは、小売業者の仕入先として特定の卸業者を介した取引のことをいう。小売業者X社が、メーカーZ社の商品を仕入れたいと思うとき、これを直接Z社から仕入れるのではなく、卸業者のY社に、Z社から仕入れてもらい、X社はY社から仕入れる取引方法である。しかし、商品は、Z社から直接X社へ引き渡される。Y社は、この取引の中間に介在するが、帳面上のことだけであり、在庫は持たない。

> いない。

第3条（個別契約）

委託者は、受託者にPB商品の製造を委託する場合には、受託者に当該PB商品の商品仕様書を交付するものとし、受託者がこれを受託した時に個別契約が成立するものとする。

2　商品仕様書には、委託日、PB商品の種類・品名・名称、規格、仕様、数量、単価、製造ロット、包材ロット、納入日その他製造・販売に必要な事項を定める。

第4条（納　品）

受託者は、委託者と受託者との間の商品取引契約および個別契約に基づき、委託者の指定する日時、場所、数量で、委託者にPB商品を納品する。

2　受託者は、PB商品を個別契約に定める納期にその全部または一部を納入できないとき、およびそのおそれがあるときは、直ちに、委託者に通知するものとし、これに対する対策については委託者の指示に従うものとする。

POINT

帳合取引の場合は、第1項を下記のように変更する。

（変更例）

受託者は、委託者と帳合との間の商品取引契約および個別契約に基づき、委託者の指定する日時、場所、数量で、帳合を通じて委託者にPB商品を納品する。

第5条（所有権の移転）

PB商品の所有権は委託者の検品終了時に受託者から委託者に移転す

るものとする。

第6条（危険負担）

　受け渡し前に生じたPB商品の滅失、毀損、その他いっさいの損害は、委託者の責に帰すべきものを除き受託者の負担とし、受け渡し後に生じたこれらの損害は、受託者の責に帰すべきものを除き、委託者の負担とする。

第7条（品質保証）

　受託者は、PB商品に関し、委託者に対し以下の各号を保証するものとする。

⑴　PB商品に関するいっさいの事項について、関係法令、各自治体が定める条例および委託者の定める品質基準に適合する商品であること。

⑵　製造責任法2条2項にいう「欠陥」のない商品であること。なお、不適切な取扱説明書、指示・警告の表示などは商品の欠陥に含まれる。

⑶　知的財産権（特許権、実用新案権、意匠権、商標権、著作権、ノウハウ）等に関し、第三者の権利を侵害していないこと。また、不正競争防止法に定める不正競争によって製造された商品ではないこと。

⑷　賞味期間、販売期限などの販売時期の制約を受けるものについては、十分な販売期間を有すること。また、委託者および受託者の合意により納品日基準を定めた商品は、その基準に基づくこと。

⑸　PB商品の引渡し後、委託者および受託者の合意する期間またはPB商品の取引慣行に基づき定まる相当の期間中、品質が維持されること。

2　受託者は、前項各号について、PB商品の製造過程等を十分に確認し、PB商品の良好な品質の確保・維持に努めなければならない。

3　委託者は受託者に対し、PB商品についての各種の品質証明に関する資料、証明書等の提出を求めることができる。

4　委託者はPB商品について、委託者または委託者の委託する第三者機関による品質検査を行うことができ、委託者は当該検査が受託者の責に

　帰すべき事由により必要となった場合は、当該検査費用を受託者に請求
　できる。

5　委託者の検査、所轄官庁または第三者からの申立て等により受託者が
　第1項各号のいずれかに違反する事実が判明した場合、受託者は委託者
　の指示に従って、受託者の費用をもって処理し解決するものとする。た
　だし、違反の事実の原因が、もっぱら委託者の指示に従った結果である
　場合には、受託者はその責を負わないものとする。

POINT

　第1項第3号に関し、PB商品が国内のみ流通する場合であ
れば、取引開始時点で保証することはそれほど困難ではないか
もしれないが、PB商品が海外でも流通するおそれがある場合
には保証することは難しい。PB商品の性質等によっては、変
更例②にとどめるべきである。

（変更例①）

　(3)　委託者より商品仕様書の交付を受けた後の初回納品時点
　　　において、知的財産権（特許権、実用新案権、意匠権、商標
　　　権、著作権、ノウハウ）等に関し、日本国内における第
　　　三者の権利を侵害していないこと。また、不正競争防止
　　　法に定める不正競争によって製造された商品ではないこ
　　　と。

（変更例②）

　(3)　知的財産権（特許権、実用新案権、意匠権、商標権、著作
　　　権、ノウハウ）等に関し、第三者の権利を侵害しないこ
　　　とに万全の注意を払っていること。また、不正競争防止
　　　法に定める不正競争によって製造された商品ではないこ
　　　と。

第8条（単　価）

　PB商品の単価は、委託者と受託者が協議の上、個別契約ごとに決定する。

第9条（支払い）

　PB商品の代金その他支払いに関する定めは、第2条第2項に基づき、委託者と受託者との間の商品取引契約によるものとする。

POINT

　⑴　帳合取引による支払いの場合

（変更例）

　PB商品の代金その他支払いに関する定めは、第2条第2項に基づき、委託者と帳合との間の商品取引契約によるものとする。

　⑵　受託者が下請法に定める下請事業者に該当する場合

　なお書を追加する。

（変更例）

　なお、委託者は、受託者が納品をした日から60日以内に、受託者に支払うものとする。

※PB商品の場合、下請法上、「事業者が業として行う販売の目的物たる物品の製造を他の事業者に委託すること」に該当する（下請法2条1項）。

　この場合、下請法上の親事業者（委託者）が資本金規模3億円超の企業の場合、下請事業者（受託者）は個人または資本金規模3億円以下の企業をいい、または親事業者が資本金規模1,000万円超3億円以下の企業の場合、下請事業者は個人または資本金規模3億円以下の企業をいう（下請法2条7項1号・2号）。

　上記の下請事業者に対しては、支払期日を受領した日から起算して、60日の期間内の、できる限り短い期間内に定めな

ければならない（下請法2条の2第1項）。

　なお、(1)の帳合取引に関しては、帳合としての卸売業者が製造委託等の内容（仕様、下請事業者の選定、下請代金の額の決定等）に関与せず、単なる事務手続の代行（注文書取次ぎ・代金の請求・支払い等）をするに過ぎない場合、下請法上、当該卸売業者は下請法上の親事業者とは認められず、発注元である委託者が親事業者とされる。

第10条（再委託）

　受託者は、委託者から製造委託を受けたPB商品の全部または一部について第三者に製造を再委託する場合には、受託者はあらかじめその旨を委託者に通知し、委託者の書面による承諾を得るものとする。

第11条（瑕疵担保責任）

　受託者は、製造したPB商品の品質不良、欠陥の存在により本契約または個別契約に違反し、委託者に損害を与えた場合は、委託者に対し損害の全額を賠償するものとする。

2　委託者は、製造したPB商品の引渡しを受けた後において当該PB商品に直ちに発見できない瑕疵があった場合には、受託者に対してその旨を遅滞なく通知し、委託者の選択に従い、当該PB商品の取換え、契約解除、代金の減額および損害賠償の請求をすることができる。

POINT

　帳合取引の場合は、第2項を下記のように変更する。

（変更例）

2　委託者は、製造したPB商品の引渡しを受けた後において当該PB商品に直ちに発見できない瑕疵があった場合には、受託者に対して<u>直接または帳合を経由して</u>その旨を遅滞なく通知し、委託者の選択に従い、当該PB商品の取換え、契約

> 解除、代金の減額および損害賠償の請求をすることができる。

第12条（返　品）

委託者は、受託者より引渡しを受けた PB 商品の検品において次の各号の一でも該当し、受託者に明確な原因があるときは、当該 PB 商品を受託者に返品できる。

(1) 商品仕様書に記載された内容その他個別契約と異なる商品等が納品された場合

(2) 関係法令に抵触する商品等が納品された場合

(3) 汚損、毀損品等が納品された場合

(4) その他、瑕疵のある PB 商品が納品された場合

2 前項の場合の返品に係る費用は、受託者の負担とする。

POINT

(1)　返品の制限

受託者が、委託者からの委託により製造する PB 商品は、原則としてほかに転用することは難しく、シーズン終了時点での売れ残り分、委託者の発注ミス分、在庫分などについて返品は認められない。

したがって、第12条第 1 項各号のように返品が認められる場合（受託者の責に帰すべき事由がある場合）を記載しておく必要がある。

(2)　返品の対象

食品等の場合、安全のため、対象の商品だけでなく、それが含まれていたロットすべてを対象とする場合があり、その旨の記載も必要となる。第12条第 1 項の柱書にただし書を追加する。

（変更例）

ただし、食品等の場合において、次の各号に関し、商品仕様書の基準および JAS 法もしくは食品衛生法など食品関係法令

<u>や条例に抵触する場合には、対象 PB 商品だけでなく、その程度によりその物が含まれるロットないしその物が含まれる日の製造分を返品できる。</u>

⑶　返品の理由

次の内容（検討すべき条文例）が返品の理由として記載されている場合、当該 PB 商品についての受託者の責に帰すべき事由とは直接的に関係はなく、削除または別条項として追加を検討する。

〔検討すべき条文例〕

PB 商品以外でも受託者の製造した商品について重大な不正または瑕疵が認められ、受託者の社会的信用が著しく失墜し、受託者との信頼関係が著しく損なわれた場合

（変更例①）

返品条項の内容とすべきではないので削除する。

（変更例②）

「契約解除条項」の理由（本契約第20条第1項各号）の一つとして追加する。

⑷　下請法の「不当な返品の禁止」とは

親事業者は、下請事業者（本契約第9条の POINT ⑵参照）に責任がないにもかかわらず、納入された物品等をいったん受領した後に、返品してはならない（下請法4条1項4号）。

<u>納品検査の結果、</u>[9]「下請事業者に責任がある」として返品できるのは、ⓐ注文と異なる物品等が納入された場合、ⓑ汚損・毀損等がされた物品等が納入された場合である。通常の検査で直ちに発見できる瑕疵の場合は、発見次第速やかに返品する必

9　「受入検査を自社で行う場合」と「受入検査を自社で行わない場合でも、受入検査を下請事業者に文書で委託している場合」は瑕疵があれば、原則、返品できるが、「受入検査を省略する場合」は返品できない。なお、詳細は、「下請法に関する運用基準（平成15年12月11日公取委事務総長通達第18号）第4・4⑵」、および鈴木満『新下請法マニュアル』173頁以下（商事法務・2004年）、川井克倭＝中山武憲＝鈴木恭蔵『Q&A 下請法』154頁以下（青林書院・2004年）を参照のこと。

要がある。

第13条（包装資材）

　受託者は、PB商品に使用するパッケージデザイン等を含めた包装資材については、委託者が要求する品質、デザインの統一、均質化、商品販売計画の確実な遂行等のために、〇〇株式会社（以下、「A社」という）から仕入れるものとする。

2　受託者とA社との包装資材の売買取引契約については、別途、受託者とA社間において締結するものとする。

3　受託者は、A社から仕入れた包装資材代については、その実費相当額をPB商品の商品原価に織り込むものとする。

第14条（製造物責任）

　受託者の責に帰すべき事由によるPB商品の欠陥に起因して、第三者の生命、身体または財産に損害を生じたときは、受託者はその処理解決にあたるものとし、これにより委託者が被った損害を補償する。

> **POINT**
>
> **(1)　製造物責任の範囲**
>
> 　製造物責任については、委託者が、一般的に、製造者である受託者に製品にかかるあらゆる責任を負担させようとする傾向が強く、受託者が公平性の観点から審査する必要がある。
>
> 　検討すべき条文例のように「製造物責任等のあらゆる法的責任」とすると、委託者が作成・決定した商品仕様書に基づき製造し、または製造委託した場合までも、受託者が負担すべきことになる。
>
> 　そこで、変更例では受託者は帰責事由がある場合のみに限定し負うものとした。
>
> 〔検討すべき条文例〕

受託者は受託者が製造した、または受託者が第三者に製造委託した PB 商品に関し、製造物責任等のあらゆる法的責任を負担し、これに関連して委託者に生じた損害、損失および費用を賠償するものとする。

(変更例)

受託者は受託者が製造した、または受託者が第三者に製造委託した PB 商品に関し、<u>委託者の指示など委託者の責に帰すべき場合を除き</u>、製造物責任等の<u>受託者の責に帰すべきあらゆる法的責任</u>を負担し、これに関連して委託者に生じた損害、損失および費用を賠償するものとする。

⑵　生産物賠償責任保険の付保

受託者の企業規模に比べて大きな損害が発生する場合などに、受託者に生産物賠償責任保険の付保条項として第 2 項を追加する。

(変更例)

<u>2　受託者は、受託者の製造する PB 商品につき、自らの費用と責任において、委託者を追加被保険者とする国内生産物賠償責任保険を付保するものとする。</u>

第15条（権利義務の譲渡禁止）

委託者および受託者は、あらかじめ書面にて相手方の承諾のない限り、本契約および個別契約に定める自己の権利または義務を、第三者に譲渡しまたは担保等の権利を設定し、または承継させてはならない。

第16条（秘密の保持）

委託者および受託者は、本契約および個別契約の履行に際して知り得た相手方の営業上または技術上の秘密を保持し、あらかじめ書面にて相手方の承諾のない限り、これを第三者に開示・漏えいしてはならない。なお、その詳細について定める必要があるときは、委託者と受託者間において、別途、秘密保持契約を締結するものとする。

第17条（通知義務）

委託者および受託者は、次の各号の一つでも該当する事実が発生したときは、速やかに相手方に、書面にて通知をしなければならない。

(1) 住所、代表者、商号または重要な組織の変更

(2) 事業の譲渡、合併、会社分割、その他経営上の重要な変更

(3) 第18条第1項の虚偽申告または第20条第1項各号に掲げる事項

第18条（反社会的勢力の排除）

委託者および受託者は、相手方に対し、本契約書の締結時において、委託者および受託者（委託者および受託者の代表者、役員、または実質的に経営を支配する者を含む）が暴力団、暴力団員、暴力団員でなくなった時から5年を経過しない者、暴力団準構成員、暴力団関係企業、総会屋、政治活動・宗教活動・社会運動標ぼうゴロ、特殊知能暴力集団等その他のこれらに準ずる者（以下、これらを「反社会的勢力」という）に該当しないことを表明し、かつ将来にわたって該当しないことを確約する。

2 委託者または受託者は、相手方が前項に該当するか否かを判定するために調査を要すると判断した場合、相手方の求めに応じその調査に協力し、これに必要と相手方が判断する資料を提出しなければならない。

3 委託者または受託者が反社会的勢力に該当すると判明した場合、その相手方は催告その他の手続を要することなく、直ちに契約解除等の措置をとることができる。

(1) 相手方は、催告その他の手続を要することなく、本契約のみならず委託者または受託者との間のすべての契約を直ちに解除することができ、解除した場合には、委託者または受託者は相手方との間におけるすべての取引等により生じた相手方に対するいっさいの債務について、当然に期限の利益を喪失するものとし、委託者または受託者は当該債務を直ちに弁済しなければならない。

(2) 相手方が、前号の規定により、契約を解除した場合に、相手方はこれにより委託者または受託者の損害を賠償する責を負わない。

(3) 第1号の規定により相手方が契約を解除した場合、相手方から委託

者または受託者に対する損害賠償請求を妨げない。

第19条（任意解除）

　委託者または受託者は、本契約および個別契約を解除する必要が生じたときは、3か月前までに、相手方に書面で通知することにより当該契約を解除できる。

第20条（契約の解除）

　委託者または受託者は、相手方が次の各号のいずれかに該当したときは、催告その他の手続を要しないで、直ちに本契約または個別契約の全部または一部を解除することができる。

(1)　本契約または個別契約に違反し、相手方が相当の期間を定めて催告したにもかかわらず、当該期間内にこれを是正しないとき

(2)　資本金の額の減少または事業規模を縮小したとき

(3)　自らが振り出しまたは引き受けた手形がもしくは小切手が不渡りとなったとき、または支払停止状態となったとき

(4)　関係官庁から営業の許可取消処分または停止処分を受けたとき

(5)　公租公課の滞納処分を受けたとき

(6)　差押え、仮差押え、仮処分、競売その他公権力の処分を受け、もしくは破産、民事再生法による再生、会社更生法による更生、会社法による特別清算の手続開始の申立てがあったとき、清算手続に入ったときまたは解散の決議をしたとき

(7)　関係官庁から営業の許可取消処分または停止処分を受けたとき

(8)　株主等の構成、役員の変動等により会社の実質的支配関係が変化したとき

(9)　事業の譲渡をしたときまたは他の会社との合併もしくは会社分割をしたとき

(10)　信用、資産または事業の重大な変化など、本契約または個別契約の履行が困難になる事由が認められたとき

2　委託者または受託者は、前項に基づき本契約または個別契約の全部ま

たは一部を解除した場合は、これによって被った損害の賠償を相手方に
請求することができる。

第21条（事情の変更）

　公租公課の変動または著しい経済情勢の変化によって、本契約の条件
が著しく不合理と認められる場合、委託者または受託者は、契約条件の
変更を申し入れることができる。

第22条（合意管轄）

　委託者および受託者は、本契約に関し裁判上の紛争が生じたときは、
○○地方裁判所をもって、第一審の専属的合意管轄裁判所とする。

第23条（有効期限）

　本契約の有効期間は、平成○○年○月○日から平成○○年3月31日と
する。ただし、有効期間満了の○か月前までに委託者または受託者から
の別段の意思表示がない限り、本契約の有効期間は同一条件でさらに1
年間延長されるものとし、以後も同様とする。

　本契約締結の証として本書2通を作成し、委託者および受託者は、記名
押印の上、各自1通を保有する。

　平成○○年○月○日

　　　　　　　　　　委託者：東京都品川区○○2丁目2番2号
　　　　　　　　　　　　　X株式会社
　　　　　　　　　　　　　　代表取締役　　○○○○　㊞
　　　　　　　　　　受託者：東京都渋谷区○○1丁目1番1号
　　　　　　　　　　　　　株式会社Y
　　　　　　　　　　　　　　代表取締役社長　○○○○　㊞

II　建設工事請負契約書

1　民間工事標準請負契約約款

━━━━━━━●想定する前提●━━━━━━━

発注者の X 株式会社は、確保していた土地に新本社ビルを建設することになった。受注者 Y 建設株式会社は、中堅の建設会社である。

(「民間工事標準約款（甲）」の原文は漢数字表記だが、読みやすくするため算用数字に置き換えた)

(収入印紙)[10]

民間工事標準請負契約約款（甲）

$\begin{pmatrix} 平成 22 年 7 月 26 日 \\ 中央建設業審議会決定 \end{pmatrix}$

注[11]　この約款（甲）は、民間の比較的大きな工事を発注する者（常時工事を発注する者は、「公共工事標準請負契約約款」（昭和25年 2 月21日中央建設業審議会決定）による）と建設業者との請負契約についての標準約款である。

民 間 建 設 工 事 請 負 契 約 書

発注者　X 株式会社（代表取締役　○○○○）　と

受注者　Y 建設株式会社（代表取締役　○○○○）　とは

10　請負契約には収入印紙の貼付が必要となる。なお、建設工事の請負に関する契約書は、平成26年 4 月 1 日から平成30年 3 月31日までの間に作成される契約であれば、契約書に記載された契約金額が100万円超のものに印紙税の税率が軽減される。なお、建設工事の請負に関する契約に基づき作成される契約書であれば、当該契約書に建設工事以外の請負（たとえば建設設計の請負）に関する事項が併記されていても、全体が軽減措置の対象となる（表 5 、79頁参照）。

11　当該 **注** は、中央建設審議会による注である。

　　この契約書、民間建設工事標準請負契約約款（甲）（平成22年7月26日中央建設業審議会決定）と、設計図書（設計図　○枚、仕様書　○冊、現場説明書　○枚、質問回答書　1枚）とによって、工事請負契約を締結する。

1．工　事　名　　　Ｘ株式会社本社ビル新築工事
2．工事場所　　　　東京都渋谷区○○1丁目1番1号
3．工　　期　　　着手　　　平成○○年○月○日
　　　　　　　　　完成　　　平成○○年○月○日
　　　　　　　　　引渡　　　平成○○年○月○日
4．請負代金額　　　　　　金　○○億円
　　　（うち取引に係る消費税及び地方消費税額　○億円）
　注　（　）の部分は、受注者が課税業者である場合に使用する。

5．支　払　方　法　　　発注者は請負代金を次のように受注者に支払う。
　　　　この契約成立の時　　　　金○億円
　　　　部分払　工事着工時　　　金○億円
　　　　　　　　上　棟　時　　　金○億円
　　　　支払請求締切日
　　　　完成引渡の時　　　　金○億円
　注　○の部分には、たとえば、2、3等と記入する。
6．調停人
　注　発注者および受注者が調停人を定めない場合には、削除する。
7．その他
　注　特定住宅瑕疵担保責任の履行の確保等に関する法律（平成19年法律第66号）第2条第4項に規定する特定住宅瑕疵担保責任の履行を確保するため、同条第5項に規定する住宅建設瑕疵担保責任保険契約を締結する場合には、(1)保険法人の名称、(2)保険金額、(3)保険期間をそれぞれ記入する。なお、住宅建設瑕疵担保保証金の供託を行う場合は、受注者は、供託所の所在地及び名称、共同請負の場合のそれぞれの建

設瑕疵負担割合を記載した書面を発注者に交付し、説明しなければならない。その他建設業法（昭和24年法律第100号）第19条第1項第12号に掲げる事項があるときは、その内容を記入する。

　この工事が、建設工事に係る資材の再資源化等に関する法律（平成12年法律第104号）第9条第1項に規定する対象建設工事の場合は、(1)解体工事に要する費用、(2)再資源化等に要する費用、(3)分別解体等の方法、(4)再資源化等をする施設の名称及び所在地についてそれぞれ記入する。

　部分使用の有無、部分引渡しの有無、仲裁合意の有無について、必要に応じて記入する。

　この契約の証として本書2通を作り、発注者及び受注者並びに保証人が記名押印して発注者及び受注者が各1通を保有する。

平成〇〇年〇月〇日

　　　　　住所　　　東京都渋谷区〇〇1丁目1番1号

　　　　　　　発注者　Ｘ株式会社

　　　　　　　　代表取締役　〇〇〇〇　㊞

　　　　　住所

　　　　　　同保証人　　　　　　　　印

　　　　　（保証人を立てる場合に記載する）

　　　　　住所　　　東京都品川区〇〇2丁目2番2号

　　　　　　　受注者　Ｙ建設株式会社

　　　　　　　　代表取締役　〇〇〇〇　㊞

　　　　　住所

　　　　　　同保証人　　　　　　　　印

　　　　　（保証人を立てる場合に記載する）

　上記工事に関し、発注者との間の契約に基づいて発注者から監理業務（建築士法（昭和25年法律第202号）第2条第7項で定める工事監理並びに同法

第18条第3項及び第20条第3項で定める工事監理者の業務を含む。）を委託されていることを証するためここに記名押印する。

監　理　者　○○建築設計事務所

一級建築士○○○○　㊞

━━━━━━ ●使用する約款について● ━━━━━━

　以下では、建設業法に基づいて国交省に設置された諮問機関である中央建設審議会が決定した「民間工事標準請負契約約款（甲）」を使用する。

　なお、「民間工事標準請負契約約款（甲）」より実務上よく利用されている「民間（旧四会）連合協定工事請負契約約款」を使用しなかったのは、私的7団体の連合委員会で作成された約款全体を表示することは、著作権法上の問題の可能性もあるからである。

　しかし、両約款の各条項およびその内容については、類似しているため、「民間工事標準請負契約約款（甲）」の条項を基本として、その異同を記述している。

　なお、以下のPOINTでは「民間建設工事標準請負契約約款（甲）」を、適宜「本約款」または「民間約款（甲）」と略称する。同様に、「民間（旧四会）連合協定工事請負契約約款（平成23年5月改正）」を「民間（旧四会）約款」、「公共工事標準請負契約約款」を「公共約款」、「民間建設工事標準請負契約約款（乙）」を「民間約款（乙）」と略称する。

民間建設工事標準請負契約約款（甲）

POINT

　民間約款（甲）、民間（旧四会）約款では、工期の変更および請負代金の変更に関する規定が目につく。損害賠償も含め、金

銭等に関する規定は、当事者で協議し、変更内容は、契約書に規定して工事を開始する必要がある。

　受注者である建設業者から、民間約款（甲）では国土交通省の審議会が決定した約款である、また民間（旧四会）約款では日本建築学会、日本建築家協会、日本建設業連合会など建設の専門家が決定した約款であるとして、<u>発注者に対して説明なしに、押印を求めることはあってはならない。</u>

　必ず、受注者が説明の場をもって、そして発注者が納得がいかない部分は十分協議して、約款の該当する条項を変更して契約書を作成しておかなければならない。

（総　則）

第1条　発注者及び受注者は、各々が対等な立場において、日本国の法令を遵守して、互いに協力し、信義を守り、この約款（契約書を含む。以下同じ。）に基づき、設計図書（添付の設計図、仕様書、現場説明書及びその質問回答書をいう。以下同じ。）に従い、誠実にこの契約（この約款及び設計図書を内容とする請負契約をいい、その内容を変更した場合を含む。以下同じ。）を履行する。

2　受注者は、この契約に基づいて、工事を完成し、この契約の目的物を発注者に引き渡すものとし、発注者は、その請負代金の支払いを完了する。

3　この約款の各条項に基づく協議、承諾、通知、指示、請求等は、この約款に別に定めるもののほか、原則として、書面により行う。

4　監理者は、この契約とは別に発注者と監理者との間で締結された監理業務（建築士法第2条第7項で定める工事監理並びに同法第18条第3項及び第20条第3項で定める工事監理者の業務を含む。以下同じ。）に関する委託契約（以下「監理契約」という。）に基づいて、この契約が円滑に遂行されるように協力する。

5　発注者は、第9条第1項各号に掲げる事項その他この契約に定めのあ

る事項と異なることを監理者に委託したときは、速やかに書面をもって受注者に通知する。

6 発注者は、受注者の求め又は設計図書の作成者の求めにより、設計図書の作成者が行う設計意図を正確に伝えるための質疑応答又は説明の内容を受注者に通知する。

> **【民間（旧四会）約款との違い】** 民間（旧四会）約款第1条に該当。
> 民間約款（甲）第1条第3項を、民間（旧四会）約款第1条(6)に規定している。項の順序の変更のほか、差異なし。[12]

（工事用地の確保等）

第2条 発注者は、工事用地その他設計図書において発注者が提供するものと定められた施工上必要な用地等を、施工上必要と認められる日（設計図書に別段の定めがあるときは、その定められた日）までに確保し、受注者の使用に供する。

> **【民間（旧四会）約款との違い】** 民間（旧四会）約款第2条に該当。
> 差異なし。

（関連工事の調整）

第3条 発注者は、その発注に係る第三者の施工する他の工事で受注者の施工する工事と密接に関連するもの（以下「関連工事」という。）について、必要があるときは、それらの施工につき、調整を行うものとする。この場合において、受注者は、発注者の調整に従い、第三者の施工が円滑に進捗し、完成するよう協力しなければならない。

2 前項において、発注者が関連工事の調整を監理者又は第三者に委託し

---

12 条の表示方法、各条ごとの表示方法および見出しならびにその表示方法、文言の趣旨を変えない表示などについては、「差異なし」と記載した（以下、「本約款」において同じ）。

た場合には、発注者は、速やかに書面をもって受注者に通知する。

【民間（旧四会）約款との違い】　民間（旧四会）約款第3条に該当。
　　差異なし。

（請負代金内訳書及び工程表）

第4条　受注者は、この契約を締結した後、速やかに請負代金内訳書及び
　　工程表を監理者に提出し、請負代金内訳書については、監理者の確認を
　　受ける。

【民間（旧四会）約款との違い】　民間（旧四会）約款第4条に該当。
　　差異なし。

POINT

　請負代金内訳書および工程表を監理者が確認し、誤記等を見
つけた場合の処置の記載が必要である。ただし、受注者は建設
専門家であることから、誤記等の原因が発注者側の指示など、
発注者側の責に帰すべき場合を除き、受注者からの増額訂正を
認めることには問題がある。変更例は第2項を追加する。
（変更例）
2　監理者に提出された請負代金内訳書に誤記、違算、請負代
　　金の脱漏、重複などがあり、増額訂正となる場合は、その原
　　因が発注者にある場合を除き、受注者は請負代金額の訂正を
　　請求することができない。

（一括委任又は一括下請負の禁止）

第5条　受注者は、工事の全部若しくはその主たる部分又は他の部分から
　　独立して機能を発揮する工作物の工事を一括して第三者に委任し、又は
　　請け負わせることはできない。ただし、共同住宅の新築工事以外の工事
　　で、かつ、あらかじめ発注者の書面による承諾を得た場合は、この限り
　　ではない。

【民間（旧四会）約款との違い】　民間（旧四会）約款第5条に該当。
　　差異なし。

POINT

(1)　一括下請負承諾条項の削除

　建設業法22条1項・2項は一括下請負を禁止するが、同条3
項は、原則、受注者の書面による承諾により一括下請負が認め
られる。しかし、工事を丸投げするのであれば、当該受注者に
請け負わせる必要はなく、ただし書は、発注者にとってもとも
と不要な文言であり削除しておきたい。

(変更例)

　本条ただし書は削除する。

(2)　一括下請負以外の場合

　一括下請負以外の請負については、本約款（民間（旧四会）
約款も同じ）には、禁止規定は一切ない。ただし、発注者は不[13]
適当な下請業者を変更請求できる（本約款および民間（旧四会）
約款第12条1項、建設業法23条1項）。

　発注者は不適当な下請業者を変更請求できるとしても、受注
者は、専門工種を下請負人に一部を請け負わせるのが一般的で

13　ただし、公正取引委員会の定める「建設業の下請取引に関する不公正な取引方法の認定基準
　（改正・平成13年1月4日公正取引委員会事務総長通達第3号）」、国土交通省土地・建設産業局
　建設業課の「建設業法令遵守ガイドラインに（再改訂）―元請負人と下請負人の関係に係る留
　意点―（平成24年7月）」がある。

あるとすれば、建設業者でもない発注者は当該下請人の良否を判断することは困難なので、受託者の下請負の責任について、明確にしておく必要があり、本条に第2項および第3項を追加する。

(変更例)

　2　受注者は、工事の一部を第三者に委任または請け負わせた場合でも、受注者が負う義務と同等の義務を当該第三者に負わせるものとする。

　3　前項の場合といえども、受注者は本契約および個別契約に基づく一切の義務を免れることはできない。

(関連条文)　建設業法22条1項・2項、23条1項

(権利義務の譲渡等)

第6条　発注者及び受注者は、相手方の書面による承諾を得なければ、この契約により生ずる権利又は義務を第三者に譲渡し、又は承継させることはできない。

　注　承諾を行う場合としては、たとえば、受注者が工事に係る請負代金債権を担保として資金を借り入れようとする場合（受注者が、「下請セーフティネット債務保証事業」（平成11年1月28日建設省経振発第8号）により資金を借り入れようとする等の場合）が該当する。

　2　発注者及び受注者は、相手方の書面による承諾を得なければ、この契約の目的物並びに検査済の工事材料及び建築設備の機器（いずれも製造工場等にある製品を含む。以下同じ。）を第三者に譲渡し、若しくは貸与し、又は抵当権その他の担保の目的に供することはできない。

【民間（旧四会）約款との違い】　民間（旧四会）約款第6条に該当。差異なし。

　第6条第1項は、民法466条の特則として、一般条項化している（第2章④「権利義務の譲渡禁止条項」参照（116頁））。

　工場の建設や本社ビルの建設など、契約期間が長期にわたる場合、合併、会社分割などの一般承継の可能性もあり、変更例はただし書を付加し、第1項の定めに限定を加えている。

（変更例）

　ただし、発注者および受注者が、合併および会社分割により第三者に一般承継させる場合には、この限りではない。

（関連条文）　民法466条

（特許権等の使用）

第7条　受注者は、特許権、実用新案権、意匠権、商標権その他日本国の法令に基づき保護される第三者の権利（以下「特許権等」という。）の対象となっている工事材料、建築設備の機器、施工方法等を使用するときは、その使用に関する一切の責任を負わなければならない。ただし、発注者がその工事材料、建築設備の機器、施工方法等を指定した場合において、設計図書に特許権等の対象である旨の明示がなく、かつ、受注者がその存在を知らなかったときは、発注者は、受注者がその使用に関して要した費用を負担しなければならない。

【民間（旧四会）約款との違い】民間（旧四会）約款第7条に該当。差異なし。

（保証人）

第8条　保証人は、保証人を立てた発注者又は受注者（以下この項におい

て「主たる債務者」という。）に債務不履行があったときは、この契約から生ずる金銭債務について、主たる債務者と連帯して保証の責めを負う。

2　保証人がその義務を果たせないことが明らかになったときは、発注者又は受注者は、相手方に対してその変更を求めることができる。

3　この契約に前払金の定めをする場合においては、発注者は、受注者が債務の不履行によって生ずる損害金の支払いを保証する保証人を立てることを求めることができる。

4　前金払をする前に、受注者が前項の保証人を立てないときは、発注者はその支払いを拒むことができる。

注　保証人を立てない場合は、削除する。

【民間（旧四会）約款との違い】　民間（旧四会）約款第8条に該当。ただし、発注者が保証人を立てる条項（上記の民間約款（甲）第8条第3項・第4項）なし。

> **POINT**
>
> 　民間（旧四会）約款には、本約款第3項・第4項にあたる規定は存在しないが、発注者が必要とするときで、民間（旧四会）約款を適用する場合は、別途、契約書で両項と同様の規定を追加する。
>
> **（関連条文）**　建設業法21条

（監理者）

第9条　監理者は、監理契約に基づいて発注者の委託を受け、この契約に別段の定めのあるほか、次のことを行う。

　一　設計内容を正確に伝えるため、受注者と打ち合わせ、必要に応じ

て説明図等を作成し、受注者に交付すること。

二　受注者から提出された質疑書に関し、技術的に検討し、回答すること。

三　設計図書に基づいて設計図書の作成者により作成された詳細図（以下「詳細図」という。）等を、工程表に基づき受注者が工事を円滑に遂行するために必要な時期に、受注者に交付すること。交付できない場合には、理由を付して発注者にその旨を報告すること。

四　設計図書に定めるところにより受注者が作成し、及び提出する施工計画について、設計図書に定められた品質が確保できないおそれがあると明らかに認められる場合には、受注者に対して助言し、その旨を発注者に報告すること。

五　設計図書に定めるところにより受注者が作成する施工図（躯体図、工作図、製作図等をいう。以下同じ。）、模型見本、見本施工等が設計図書の内容に適合しているか否かを検討し、承認すること。

六　設計図書に定めるところにより、施工について指示し、施工に立ち会い、又は工事材料、建築設備の機器、仕上見本等を検査し、若しくは検討し、承認すること。

七　工事の内容が、設計図、説明図、詳細図、監理者によって承認された施工図（以下これらを「図面」という。）及びこの契約に合致していることを確認すること。

八　工事の内容が、図面及びこの契約に合致していないと認められるときは、直ちに、受注者にその旨を指摘し是正するよう求め、受注者がこれに従わないときは、その旨を発注者に報告すること。

九　受注者の提出する出来高払又は完成払の請求書を技術的に審査すること。

十　工事の内容、工期又は請負代金額の変更に関する書類を技術的に審査すること。

十一　工事の完成を確認し、この契約の目的物の引渡しに立ち会うこと。

2　受注者が、この契約に基づいて監理者が行う指示、検査、試験、立会

い、確認、審査、承認、意見、協議、助言、検討等を求めたときは、監理者は、速やかにこれに応ずる。

3　発注者又は受注者は、この契約に別段の定めのある事項を除き、工事について発注者と受注者との間で通知又は協議を行う場合は、原則として、通知は監理者を通じて、協議は監理者を参加させて行う。

4　発注者は、監理業務の担当者の氏名及び担当業務を書面をもって受注者に通知する。

5　監理者が発注者の承諾を得て監理業務の一部を第三者に委託するときは、発注者は、当該第三者の氏名又は名称及び住所並びに担当業務を書面をもって受注者に通知する。

6　監理者の受注者に対する指示、確認、承認等は、原則として書面による。

【民間（旧四会）約款との違い】　民間（旧四会）約款第9条に該当。差異なし。

POINT

監理者は、発注者の代理権がないと解される（札幌地判平成10年3月20日判タ1049号258頁）。

（関連条文）　建設業法23条の2、建築基準法5条の4、建築士法3条〜3条の3、24条の8

（現場代理人及び監理技術者等）

第10条　受注者は、工事現場における施工の技術上の管理をつかさどる監理技術者又は主任技術者を定め、書面をもってその氏名を発注者に通知する。また、専門技術者（建設業法（昭和24年法律第100号）第26条の2に規定する技術者をいう。以下同じ。）を定める場合、書面をもってその氏

名を発注者に通知する。

2　受注者は、現場代理人を定めたときは、書面をもってその氏名を発注者に通知する。

3　現場代理人は、この契約の履行に関し、工事現場の運営、取締りを行うほか、次の各号に定める権限を除き、この契約に基づく受注者の一切の権限を行使することができる。

　　一　請負代金額の変更

　　二　工期の変更

　　三　請負代金の請求又は受領

　　四　第12条第１項の請求の受理

　　五　工事の中止、この契約の解除及び損害賠償の請求

4　受注者は、前項の規定にかかわらず、自己の有する権限のうち現場代理人に委任せず自ら行使しようとするものがあるときは、あらかじめ、当該権限の内容を発注者に通知しなければならない。

5　現場代理人、監理技術者又は主任技術者及び専門技術者は、これを兼ねることができる。

【民間（旧四会）約款との違い】　民間（旧四会）約款第10条に該当。差異なし。

（関連条文）　建設業法26条、26条の２。

（履行報告）

第11条　受注者は、この契約の履行報告につき、設計図書に定めがあるときは、その定めるところにより発注者に報告しなければならない。

【民間（旧四会）約款との違い】　民間（旧四会）約款第11条に該当。差異なし。

（工事関係者についての異議）

第12条　発注者は、監理者の意見に基づいて、受注者の現場代理人、監理技術者又は主任技術者、専門技術者及び従業員並びに下請負者及びその作業員のうちに、工事の施工又は管理について著しく適当でないと認めた者があるときは、受注者に対して、その理由を明示した書面をもって、必要な措置をとることを求めることができる。

2　受注者は、第9条第4項で定められた担当者又は同条第5項で委託された第三者の処置が著しく適当でないと認めたときは、発注者に対して、その理由を明示した書面をもって、必要な措置をとることを求めることができる。

3　受注者は、監理者の処置が著しく適当でないと認められるときは、発注者に対して異議を申し立てることができる。

【民間（旧四会）約款との違い】　民間（旧四会）約款第12条に該当。差異なし。

（関連条文）　建設業法19条の2、23条、28条1項

（工事材料及び建築設備の機器等）

第13条　受注者は、設計図書において監理者の検査を受けて使用すべきものと指定された工事材料又は建築設備の機器については、当該検査に合格したものを用いるものとし、設計図書において試験を受けて使用すべきものと指定された工事材料又は建築設備の機器については、当該試験に合格したものを使用する。

2　前項の検査又は試験に直接必要な費用は、受注者の負担とする。ただし、設計図書に別段の定めのない検査又は試験が必要と認められる場合に、これらを行うときは、当該検査又は試験に要する費用及び特別に要する費用は、発注者の負担とする。

3　検査又は試験に合格しなかった工事材料又は建築設備の機器は、受注

者の責任においてこれを引き取る。

4　工事材料又は建築設備の機器の品質については、設計図書に定めるところによる。設計図書にその品質が明示されていないものがあるときは、中等の品質のものとする。

5　受注者は、工事現場に搬入した工事材料又は建築設備の機器を工事現場外に持ち出すときは、監理者の承認を受ける。

6　監理者は、施工用機器について明らかに適当でないと認められるものがあるときは、受注者に対してその交換を求めることができる。

【民間（旧四会）約款との違い】　民間（旧四会）約款第13条に該当。差異なし。

（支給材料及び貸与品）

第14条　発注者が支給する工事材料若しくは建築設備の機器（以下これらを「支給材料」という。）又は貸与品は、発注者の負担と責任であらかじめ行う検査又は試験に合格したものとする。

2　受注者は、前項の検査又は試験の結果について疑義があるときは、発注者に対して、その理由を付してその再検査又は再試験を求めることができる。

3　受注者は、支給材料又は貸与品の引渡しを受けた後、前2項の検査又は試験により発見することが困難であった隠れた瑕疵等が明らかになるなど、これを使用することが適当でないと認められる理由があるときは、直ちにその旨を発注者（発注者が前2項の検査又は試験を監理者に委託した場合は、監理者）に通知し、その指示を求める。

4　支給材料又は貸与品の受渡期日は工程表によるものとし、その受渡場所は、設計図書に別段の定めのないときは工事現場とする。

5　受注者は、支給材料又は貸与品について、善良な管理者としての注意をもって保管し、使用する。

6　支給材料の使用方法について、設計図書に別段の定めのないときは、

　監理者の指示による。

7　不用となった支給材料（残材を含み、有償支給材料を除く。）又は使用
　済の貸与品の返還場所は、設計図書に別段の定めのないときは工事現場
　とする。

【民間（旧四会）約款との違い】　民間（旧四会）約款第14条に該当。
差異なし。

（関連条文）　建設業法19条 1 項 9 号

（監理者の立会い及び工事記録の整備）

第15条　受注者は、設計図書に監理者の立会いの上施工することが定めら
　れた工事を施工するときは、監理者に通知する。

2　受注者は、監理者の指示があったときは、前項の規定にかかわらず、
　監理者の立会いなく施工することができる。この場合、受注者は、工事
　写真等の記録を整備して監理者に提出する。

【民間（旧四会）約款との違い】　民間（旧四会）約款第15条に該当。
差異なし。

（設計、施工条件の疑義、相違等）

第16条　受注者は、次の各号のいずれかに該当することを発見したときは、
　直ちに書面をもって監理者に通知する。

　一　図面若しくは仕様書の表示が明確でないこと又は図面と仕様書に
　　矛盾、誤謬又は脱漏があること。

　二　工事現場の状態、地質、湧水、施工上の制約等について、設計図
　　書に示された施工条件が実際と相違すること。

　三　工事現場において、土壌汚染、地中障害物の発見、埋蔵文化財の

発掘その他施工の支障となる予期することのできない事態が発生したこと。

2　受注者は、図面若しくは仕様書又は監理者の指示によって施工することが適当でないと認めたときは、直ちに書面をもって監理者に通知する。

3　監理者は、前2項の通知を受けたとき又は自ら第1項各号のいずれかに該当することを発見したときは、直ちに書面をもって受注者に対して指示する。

4　前項の場合、工事の内容、工期又は請負代金額を変更する必要があると認められるときは、発注者、受注者及び監理者が協議して定める。

【民間（旧四会）約款との違い】民間（旧四会）約款第16条に該当。差異なし。

POINT

設計図書・仕様書の矛盾、誤謬、脱漏などについて、発注者の負担とすることは不公平であり、発注者自身に費用負担を求めることはできない。本条第4項〔民間（旧四会）約款第16条(4)〕に、ただし書を追加する。

（変更例）

ただし、請負代金の増額は、受注者に予期できない特段の事情がなければ、請負代金の増額を発注者に負担させることはできない。

（図面及び仕様書に適合しない施工）

第17条　施工について、図面及び仕様書のとおりに実施されていない部分があると認められたときは、監理者の指示によって、受注者は、その費用を負担して速やかにこれを修補し、又は改造する。このために受注者

は、工期の延長を求めることはできない。

2　監理者は、図面及び仕様書のとおりに実施されていない疑いのある施工について、必要と認められる相当の理由があるときは、その理由を受注者に通知の上、発注者の書面による同意を得て、必要な範囲で破壊してその部分を検査することができる。

3　前項の破壊検査の結果、図面及び仕様書のとおりに実施されていないと認められる場合は、破壊検査に要する費用は受注者の負担とする。

　　また、図面及び仕様書のとおりに実施されていると認められる場合は、破壊検査及びその復旧に要する費用は発注者の負担とし、受注者は、発注者に対して、その理由を明示して、必要と認められる工期の延長を請求することができる。

4　次の各号のいずれかの場合に生じた図面及び仕様書のとおりに実施されていないと認められる施工については、受注者は、その責任を負わない。

　　一　発注者又は監理者の指示によるとき。

　　二　支給材料、貸与品、図面及び仕様書に指定された工事材料若しくは建築設備の機器の性質又は図面及び仕様書に指定された施工方法によるとき。

　　三　第13条第1項又は第14条第1項の検査又は試験に合格した工事材料又は建築設備の機器によるとき。

　　四　その他施工について発注者又は監理者の責めに帰すべき事由によるとき。

5　前項の規定にかかわらず、施工について受注者の故意又は重大な過失によるとき又は受注者がその適当でないことを知りながらあらかじめ発注者又は監理者に通知しなかったときは、受注者は、その責任を免れない。ただし、受注者がその適当でないことを通知したにもかかわらず、発注者又は監理者が適切な指示をしなかったときは、この限りでない。

6　受注者は、監理者から工事を設計図書のとおりに実施するよう求められた場合において、これに従わない理由があるときは、直ちにその理由を書面で発注者に報告しなければならない。

【民間（旧四会）約款との違い】　民間（旧四会）約款第17条に該当。差異なし。

　ただし、民間約款（甲）第17条第3項を民間（旧四会）約款第17条は(3)(4)に分けている。本条第3項前段を、民間（旧四会）約款では(3)とし、本条第3項後段（「また」以下）を(4)とする。

POINT

(1)　破壊検査の原因が第15条違反の場合の費用負担

　本条第3項後段〔民間（旧四会）約款第17条(4)〕に関して、検査の原因が監理者の立会いを通知せず、監理者の承諾を得ないで（第15条違反）、図面・仕様書のとおりに実施されていない疑いがある施工をした場合に、結果的に図面および仕様書のとおりに実施されていると認められる場合であっても、違反をもとに破壊検査が実施されたのであるから、発注者の負担とすべきではない。第3項にただし書を付加する。

（変更例）

　ただし、図面および仕様書のとおり実施されている場合であっても、受注者が第15条に違反したときに、前項の破壊検査をした場合は、破壊検査費用等は受注者の負担とする。

(2)　管理者の責に帰すべき事由の場合の費用負担

　本条第4項第1号および第4号〔民間（旧四会）約款第17条(4) a および d〕に関して、監理者の指示および監理者の責に帰すべき事由によるときは、最終的には監理者に責任を負担させるべきものである。別途、監理者と発注者との間の監理業務委託契約で明確にしておきたい。

(3)　受注者の通知

　本条第5項ただし書〔民間（旧四会）約款第17条(6)ただし書〕に関し、不適当の要因が建設の専門家である受注者にある

場合であっても、受注者がその不適当を通知すれば、受注者が免責されるとするのは問題がある。

(変更例)

ただし書を削除する

⑷　受注者が監理者の指示に従わない理由がある場合

本条第6項〔民間（旧四会）約款第17条(7)〕は、建設業法23条の2の規定を受けて定められたものだが、発注者に報告しても、発注者自身では判断できない場合もあるのではないか。

発注者および監理者に報告すべきである。

(関連条文)　民法636条、建設業法23条の2

(損害の防止)

第18条　受注者は、工事の完成引渡しまで、自己の費用で、この契約の目的物、工事材料、建築設備の機器又は近接する工作物若しくは第三者に対する損害の防止のため、設計図書及び関係法令に基づき、工事と環境に相応した必要な処置をする。

2　この契約の目的物に近接する工作物の保護又はこれに関連する処置で、発注者、受注者及び監理者が協議して、前項の処置の範囲を超え、請負代金額に含むことが適当でないと認めたものの費用は発注者の負担とする。

3　受注者は、災害防止などのため特に必要と認めたときは、あらかじめ監理者の意見を求めて臨機の処置を取る。ただし、急を要するときは、処置をした後、監理者に通知する。

4　発注者又は監理者が必要と認めて臨機の処置を求めたときは、受注者は、直ちにこれに応ずる。

5　前2項の処置に要した費用の負担については、発注者、受注者及び監理者が協議して、請負代金額に含むことが適当でないと認めたものの費用は発注者の負担とする。

【民間（旧四会）約款との違い】民間（旧四会）約款第18条に該当。差異なし。

POINT

　本条第2項〔民間（旧四会）第18条(2)〕に関し、受注者は建設工事の専門家であり、必要な措置は原則、受注者の責務である。しかし、予期できなかった損害の防止処置が、第1項の処置の範囲を超えた場合に、当事者が協議した内容を書面化した上で、特段の事情がない場合に限り発注者の負担とすべきである。なお、特段の事情が存在することについては、発注者が主張・立証しなければならない。

(変更例)

2　この契約の目的物に近接する工作物の保護又はこれに関連する処置で、発注者、受注者及び監理者が協議し、その内容を書面化するものとし、その際、前項の処置の範囲を超え、請負代金額に含むことが適当でないと認めたものの費用は、特段の事情のない限り発注者の負担とする。なお、特段の事情の存在は、発注者が主張立証しなければならない。

※住宅建築工事請負契約約款（日弁連）18条参照[14]

（第三者に及ぼした損害）

第19条　施工のため第三者に損害を及ぼしたときは、受注者がその損害を賠償する。ただし、その損害のうち発注者の責めに帰すべき事由により生じたものについては、発注者の負担とする。

14　日弁連消費者問題対策委員会編『消費者のための家づくりモデル約款の解説〔第2版〕』64頁以下（民事法研究会・2011年）

2　前項の規定にかかわらず、施工について受注者が善良な管理者として
の注意を払っても避けることができない騒音、振動、地盤沈下、地下水
の断絶等の事由により第三者に与えた損害を補償するときは、発注者が
これを負担する。

3　前2項の場合その他施工について第三者との間に紛争が生じた場合は、
受注者がその処理解決に当たる。ただし、受注者だけで解決し難いとき
は、発注者は、受注者に協力する。

4　この契約の目的物に基づく日照阻害、風害、電波障害その他発注者の
責めに帰すべき事由により、第三者との間に紛争が生じたとき又は損害
を第三者に与えたときは、発注者がその処理解決に当たり、必要がある
ときは、受注者は、発注者に協力する。この場合において、第三者に与
えた損害を補償するときは、発注者がこれを負担する。

5　第1項ただし書又は前3項の場合において、受注者は、発注者に対し
てその理由を明示して必要と認められる工期の延長を請求することがで
きる。

【民間（旧四会）約款との違い】　民間（旧四会）約款第19条に該当。
差異なし。

（関連条文）　建設業法19条1項8号

（施工一般の損害）
第20条　工事の完成引渡しまでに、この契約の目的物、工事材料、建築設
備の機器、支給材料、貸与品その他施工一般について生じた損害は、受
注者の負担とし、工期は延長しない。

2　前項の損害のうち、次の各号のいずれかの場合に生じたものは、発注
者の負担とし、受注者は、発注者に対してその理由を明示して必要と認
められる工期の延長を求めることができる。

一　発注者の都合によって、受注者が着手期日までに工事に着手でき

274

なかったとき又は発注者が工事を繰延べ若しくは中止したとき。

二　支給材料又は貸与品の受渡しが遅れたため、受注者が工事の手待
又は中止をしたとき。

三　前払又は部分払が遅れたため、受注者が工事に着手せず、又は工
事を中止したとき。

四　その他発注者又は監理者の責めに帰すべき事由によるとき。

【民間（旧四会）約款との違い】　民間（旧四会）約款第20条に該当。
差異なし。

> **POINT**
>
> 　監理者は発注者の代理権を有しないとする裁判例もある（前
> 掲第9条 POINT 参照）。
> 　したがって、本条第2項〔民間（旧四会）約款第20条(2)〕に
> ついては、監理者の責に帰すべき事由による損害は監理者の負
> 担とすべきである。
> 　発注者は、監理者との監理業務委託契約において、直接負担
> すべき旨を定めておく。

（不可抗力による損害）

第21条　天災その他自然的又は人為的な事象であって、発注者又は受注者
のいずれにもその責めを帰することのできない事由（以下「不可抗力」
という。）によって、工事の出来形部分、工事仮設物、工事現場に搬入
した工事材料、建築設備の機器（有償支給材料を含む。）又は施工用機器
について損害が生じたときは、受注者は、事実発生後速やかにその状況
を発注者に通知する。

2　前項の損害について、発注者、受注者及び監理者が協議して重大なも

のと認め、かつ、受注者が善良な管理者としての注意をしたと認められ
るものは、発注者がこれを負担する。

3　火災保険、建設工事保険その他損害をてん補するものがあるときは、
それらの額を前項の発注者の負担額から控除する。

【民間（旧四会）約款との違い】民間（旧四会）約款第21条に該当。差
異なし。

POINT

　請負契約については、民法534条の適用はなく、完成引渡し
前に、地震で建設中の建物が崩壊した場合、民法536条 1 項が
適用され、受注者は請負工事代金を失うことになる（大判明治
35年12月18日民録 8 輯11巻100頁）。

　再築の場合、本条第 2 項〔民間（旧四会）約款第21条(2)〕の
ように不可抗力による重大な損害は、受注者が善管注意をした
場合、すべて発注者が負担するとするのも理由がない。原則は、
受注者が発注者に対して負うのは仕事完成義務であるので、増
加費用を請求することはできない。

　そうだとしても、不可抗力であり、発注者は一定の負担はす
べきであろう。

　公共約款第29条は、受注者から損害費用負担の請求があった
ときは、当該損害の額および当該損害の取片付けに要する費用
の額の合計額のうち、請負代金額の100分の 1 を超える額を負
担しなければならないとする。負担額の最低ラインが請負代金
額の 1 ％超なので、数10％にはならないと解される。

　さらに、民間約款（乙）第14条は、(A)として発注者負担、(B)
として当事者協議、(C)として受注者負担を規定し、(A)(B)(C)を選
択して使用するとしている。

しかし、これら以外も考えられ、変更例として3例を以下に記す。変更例①は、不可抗力であれば、発注者・受注者共に責任はないので、両者が一定割合を分担すべきとするもの、変更例②は、本約款第21条を基本にして、「損害が重大なもの」を具体的に規定するもの、変更例③は、変更例①と②を合わせたものである。

（変更例①）

2　前項の損害について、発注者、受注者及び監理者が協議して重大なものと認め、かつ、受注者が善良な管理者としての注意をしたと認められるものは、発注者が<u>損害額の○○%（ただし、請負代金額の○○%を上限とする。）</u>を負担する。

（変更例②）

2　前項の損害について、発注者、受注者及び監理者が協議して重大なものと認め、かつ、受注者が善良な管理者としての注意をしたと認められるものは、発注者がこれを負担する。<u>なお、「重大なもの」とは、請負代金額の○○%を超える場合をいう。</u>

（変更例③）

2　前項の損害について、発注者、受注者及び監理者が協議して<u>損害額が請負代金額の○○%超の場合に</u>重大なものと認め、かつ、受注者が善良な管理者としての注意をしたと認められるものは、発注者が<u>請負代金額の○○%を上限として</u>負担する。

（関連条文）　建設業法19条1項6号

（損害保険）

第22条　受注者は、工事中、工事の出来形部分及び工事現場に搬入した工事材料、建築設備の機器等に火災保険又は建設工事保険を付し、それら

の証券の写しを発注者に提出する。設計図書に定められたその他の損害保険についても、同様とする。

2　受注者は、この契約の目的物又は工事材料、建築設備の機器等に前項の規定による保険以外の保険を付したときは、速やかにその旨を発注者に通知する。

【民間（旧四会）約款との違い】　民間（旧四会）約款第22条に該当。差異なし。

> **POINT**
>
> 　火災保険または建設工事保険のほかは、本条に付保の明示がない。
>
> 　本条第2項では、その他の保険を付保したときの通知を規定する。その他の保険について発注者が付保を求めた場合は、請負代金に上乗せする可能性がある。しかし、地震保険などの場合は、受注者にメリットがある場合も多く、受注者との協議により負担等を決定すべきである。なお、前条 POINT の大審院判例参照のこと。
>
> **（関連条文）**　建設業法19条1項12号

（完成及び検査）

第23条　受注者は、工事を完了したときは、設計図書のとおりに実施されていることを確認して、監理者に検査を求め、監理者は、速やかにこれに応じて受注者の立会いのもとに検査を行う。

2　検査に合格しないときは、受注者は、工期内又は監理者の指定する期間内に、修補し、又は改造して監理者の検査を受ける。

3　受注者は、工期内又は監理者の指定する期間内に、仮設物の取払い、後片付け等の処置を行う。ただし、処置の方法について監理者の指示があるときは、当該指示に従って処置する。

4　前項の処置が遅れている場合において、催告しても正当な理由がなくなお行われないときは、発注者は、代わってこれを行い、その費用を受注者に請求することができる。

【民間（旧四会）約款との違い】民間（旧四会）約款第23条に該当。差異なし。

（関連条文）　建設業法19条1項10号

（法定検査）

第24条　前条の規定にかかわらず、受注者は、法定検査（建築基準法（昭和25年法律第201号）第7条から第7条の4までに規定する検査その他設計図書に定める法令上必要とされる関係機関による検査のうち、発注者が申請者となっているものをいう。以下同じ。）に先立つ適切な時期に、工事の内容が設計図書のとおりに実施されていることを確認して、監理者に通知し、監理者は、速やかに受注者の立会いのもとに検査を行う。

2　前項の検査に合格しないときは、受注者は、工期内又は監理者の指定する期間内に、修補し、又は改造して監理者の検査を受ける。

3　発注者（発注者が検査立会いを監理者に委託したときは、監理者）及び受注者は、法定検査に立ち会う。この場合において、受注者は、必要な協力をする。

4　法定検査に合格しないときは、受注者は、修補、改造その他必要な処置を行い、その後については、前3項の規定を準用する。

5　第2項及び前項の規定にかかわらず、所定の検査に合格しなかった原因が受注者の責めに帰すことのできない事由によるときは、必要な処置内容につき、発注者、受注者及び監理者が協議して定める。

6　受注者は、発注者に対し、前項の協議で定められた処置の内容に応じて、その理由を明示して必要と認められる工期の延長又は請負代金額の変更を求めることができる。

【民間（旧四会）約款との違い】　民間（旧四会）約款第23条の2に該当。差異なし。

POINT

　法定検査に合格しない原因は、通常、受注者または監理者にあると推定される。したがって、次のように変更したい。

　変更例①は、本条第5項〔民間（旧四会）約款第23条の3(5)〕に、受注者の責任も明確にするためただし書を追加する。変更例②は、受注者の責に帰さない場合は、監理者の責に帰す場合もあるので、本条第6項〔民間（旧四会）約款第23条の3(6)〕にただし書を追加する。

　以上の場合、別に定める発注者・監理者間の監理委託契約において、発注者からの求償および受注者から、直接、損害賠償を受けることができる旨を規定しておく必要がある。

（変更例①）

　ただし、検査不合格の原因が、監理者または発注者の責めによるものであるときは、責任を負う者が、工期の遅れにより発生した費用および請負代金額の増加部分を負うものとする。

（変更例②）

　ただし、監理者の責に帰すべき事由によるときは、受注者は、工期の延長は発注者に対して求めることができ、請負代金額の増額に代わる損害賠償を監理者に対して求めることができる。

> （関連条文）　建設業法19条1項10号、建築基準法7条〜7条の
> 4

（その他の検査）

第25条　受注者は、前2条に定めるほか、設計図書に発注者又は監理者の検査を受けることが定められているときは、当該検査に先立って、工事の内容が設計図書のとおりに実施されていることを確認して、発注者又は監理者に通知し、発注者又は監理者は、速やかに受注者の立会いのもとに検査を行う。

2　前項の検査に合格しないときは、受注者は、速やかに修補し、又は改造し、発注者又は監理者の検査を受ける。

> 【民間（旧四会）約款との違い】民間（旧四会）約款第23条の3に該当。差異なし。
>
> （関連条文）　建設業法19条1項10号

（部分使用）

第26条　工事中におけるこの契約の目的物の一部の発注者による使用（以下「部分使用」という。）については、契約書及び設計図書の定めるところによる。契約書及び設計図書に別段の定めのない場合、発注者は、部分使用に関する監理者の技術的審査を受けた後、工期の変更及び請負代金額の変更に関する受注者との事前協議を経た上、受注者の書面による同意を得なければならない。

2　発注者は、部分使用をする場合は、受注者の指示に従って使用しなければならない。

3　発注者は、前項の指示に違反し、受注者に損害を及ぼしたときは、その損害を賠償しなければならない。

4　部分使用につき、法令に基づいて必要となる手続き（以下この項において「手続き」という。）は、発注者（発注者が手続きを監理者に委託した場合は、監理者）が行い、受注者は、これに協力する。また、手続きに要する費用は、発注者の負担とする。

【**民間（旧四会）約款との違い**】　民間（旧四会）約款第24条に該当。差異なし。

（**関連条文**）　建築基準法7条の6第1項ただし書・第2項

（部分引渡し）

第27条　工事の完成に先立つこの契約の目的物の一部の発注者への引渡し（以下「部分引渡し」という。）については、契約書及び設計図書の定めるところによる。契約書及び設計図書に別段の定めのない場合、発注者は、部分引渡しに関する監理者の技術的審査を受けた後、部分引渡しを受ける部分（以下「引渡し部分」という。）に相当する請負代金額（以下「引渡し部分相当額」という。）の確定に関する受注者との事前協議を経た上、受注者の書面による同意を得なければならない。

2　受注者は、引渡し部分の工事が完了したときは、設計図書のとおりに実施していることを確認し、監理者に検査を求め、監理者は、速やかにこれに応じ、受注者の立会いのもとに検査を行う。

3　前項の検査に合格しないときは、受注者は、監理者の指定する期間内に、監理者の指示に従って修補し、又は改造して監理者の検査を受ける。

4　引渡し部分の工事が前2項の検査に合格したときは、発注者は、引渡し部分相当額全額の支払いを完了すると同時に、その引渡しを受けることができる。

5　部分引渡しにつき、法令に基づいて必要となる手続き（以下この項において「手続き」という。）は、発注者（発注者が手続きを監理者に委託した場合は、監理者）が行い、受注者は、これに協力する。また、手続き

に要する費用は、発注者の負担とする。

【民間（旧四会）約款との違い】 民間（旧四会）約款第25条に該当。
差異なし。

（請求及び支払い）

第28条 第23条第1項又は第2項の検査に合格したときは、契約書に別段
の定めのある場合を除き、受注者は、発注者にこの契約の目的物を引き
渡し、同時に、発注者は、受注者に請負金の支払いを完了する。

2 受注者は、契約書に定めるところにより、工事の完成前に部分払を請
求することができる。この場合、出来高払によるときは、受注者の請求
額は契約書に別段の定めのある場合を除き、監理者の検査に合格した工
事の出来形部分並びに検査済の工事材料及び建築設備の機器に対する請
負代金相当額の10分の9に相当する額とする。

3 受注者が前項の出来高払の支払いを求めるときは、その額について監
理者の審査を経た上、支払請求締切日までに発注者に請求する。

4 前払を受けているときは、第2項の出来高払の請求額は、次の式によ
って算出する。

   請求額≒第2項による金額×〔(請負代金額－前払金額)／請負代金額〕

【民間（旧四会）約款との違い】民間（旧四会）約款第26条に該当。差
異なし。

POINT

　本条第2項〔民間（旧四会）約款第26条(2)〕について、工事
が完成しているわけではないので、「10分の9」ではなく、当
事者協議によりできるだけ発注者負担を軽減する。

　　〔日弁連〕住宅建築工事請負契約約款第24条第5項は、「5分の
　　4」とする。

　　（関連条文）　民法633条、建設業法19条1項11号・4号

（瑕疵の担保）

第29条　この契約の目的物に施工上の瑕疵[15]があるときは、発注者は、受注
　　者に対して、相当の期間を定めて、その瑕疵の修補を求め、又は修補に
　　代え若しくは修補とともに損害の賠償を求めることができる。ただし、
　　瑕疵が重要でなく、かつ、その修補に過分の費用を要するときは、発注
　　者は修補を求めることができない。

2　前項による瑕疵担保期間は、前2条の引渡しの日から、木造の建物に
　　ついては1年間、石造、金属造、コンクリート造及びこれらに類する建
　　物その他土地の工作物又は地盤については2年間とする。ただし、その
　　瑕疵が受注者の故意又は重大な過失によって生じたものであるときは、
　　1年を5年とし、2年を10年とする。

3　建築設備の機器、室内装飾、家具等の瑕疵については、引渡しの時、
　　監理者が検査して直ちにその修補又は取替を求めなければ、受注者は、
　　その責任を負わない。ただし、隠れた瑕疵については、引渡しの日から
　　1年間担保の責任を負う。

4　発注者は、この契約の目的物の引渡しの時に、第1項の瑕疵があるこ
　　とを知ったときは、遅滞なく書面をもってその旨を受注者に通知しなけ
　　れば、同項の規定にかかわらず、当該瑕疵の修補又は損害の賠償を求め
　　ることができない。ただし、受注者がその瑕疵があることを知っていた

15　施工の瑕疵か否かは、構造計算上問題はなくても、あくまでも契約内容から判断される。判例
　　は、マンションの建設で発注者Yが断面寸法300mm×300mmの太い鉄骨を使用することを建
　　設業者Xと約定したが、Xは構造計算上安全であることを理由に同250mm×250mmの細い鉄
　　骨を使用した事案で、最高裁は、「約定に違反して、同250mm×250mmの鉄骨を使用して施工
　　された南棟の主柱の工事には、瑕疵がある」と判示した（最判平成15年10月10日判時1840号18
　　頁）。

ときは、この限りでない。

5　第1項の瑕疵によるこの契約の目的物の滅失又はき損については、発注者は、第2項に定める期間内で、かつ、その滅失又はき損の日から6カ月以内でなければ、第1項の権利を行使することはできない。

6　前5項の規定は、第17条第4項各号のいずれかの場合に生じたこの契約の目的物の瑕疵又は滅失若しくはき損については、適用しない。ただし、同条第5項に該当するときは、この限りでない。

【民間（旧四会）約款との違い】民間（旧四会）約款第27条に該当。差異なし。

POINT

(1)　瑕疵担保責任の解除に関する制限

　民法635条ただし書は、土地の工作物が瑕疵によって契約の目的を達することができない場合でも契約を解除することはできないと規定する。このような制限を加えた理由は、原状回復が受注者にとって大きな負担となり、社会経済上の損失も大きいからとされる。

　しかし、建設された建物に重大な欠陥があり建替えを必要とする場合に、最高裁は「そのような建物を建て替えてこれに要する費用を請負人に負担させることは、契約の履行責任に応じた損害賠償責任を負担させるものであって、請負人にとって過酷であるともいえない」として建物の建て替え費用相当額の損害賠償を認めている（最判平成14年9月24日判時1801号77頁）。

　品確法[16]の対象となる新築住宅の瑕疵担保については、次条で定めるので、本条はそれ以外の建設工事が対象となる。

(2)　建物本体の瑕疵担保期間

16　住宅の品質確保の促進等に関する法律

　　本条第2項〔民間（旧四会）約款第27条(2)〕に関して、民法
638条1項（請負人の担保責任の存続期間）は木造・地盤は5年、
石造、土造、コンクリート造、金属造などは10年としている。

　　民法規定に比較し、本項はあまりにも短縮しているので、伸
長を検討すべきである。もっとも、判例は、短縮する旨約した
場合、この合意は有効とする（最判昭和49年3月28日金法718号
32頁）。

　　なお、本項を削除すれば、民法規定が適用される。

(3)　建築設備の瑕疵担保期間

　　本条第3項〔民間（旧四会）約款第27条(3)〕に関して、設備
の瑕疵担保責任期間は、建物本体の期間との差異も大きいため、
期間自体を伸長するか、重要な設備は建物本体に含まれるとみ
なす規定を設けるか検討する必要がある。

（変更例①）

　　建築設備の機器、室内装飾、家具等の瑕疵については、引渡
しの日から〇年間担保の責任を負う。

（変更例②）

　　第3項を削除する。

（変更例③）

　　建築設備の機器、室内装飾、家具等については、当事者が一
覧表を作成し、当該一覧表に記載がなく、図面、仕様書に記載
されている設備については、建物本体に含まれるものとみなし
第2項を適用する。

(4)　「遅滞なく」の意味

　　本条第4項〔民間（旧四会）約款第27条(4)〕に関して、「遅
滞なく」では、当事者によりその意味が異なり、トラブルが発
生する可能性がある。「遅滞なく」とは「事情の許す限り速や
かに実行しなさい」ということを意味し、その期間の理解が発
注者と受注者では異なる場合も考えられる。そこで変更例では、
一定の期間を明定するものとした。

（変更例）

　発注者は、この契約の目的物の引渡しの時に、第１項の瑕疵があることを知ったときは、引渡しの時から６か月以内に書面をもってその旨を受注者に通知しなければ、同項の規定にかかわらず、当該瑕疵の修補又は損害の賠償を求めることができない。ただし、受注者がその瑕疵があることを知っていたときは、この限りでない。

（関連条文）　民法638条１項・２項、同634条

（新築住宅の瑕疵の担保）

第30条　この契約が住宅の品質確保の促進等に関する法律（平成11年法律第81号）第94条第１項に規定する住宅新築請負契約に該当する場合においては、前条の規定にかかわらず、次項から第５項までの規定に定めるところによる。

2　住宅のうち構造耐力上主要な部分又は雨水の浸水を防止する部分として住宅の品質確保の促進等に関する法律施行令（平成12年政令第64号）第５条に定めるものの瑕疵（構造耐力又は雨水の浸入に影響のないものを除く。）があるときは、発注者は、受注者に対して、相当の期間を定めて、その瑕疵の修補を求め、又は修補に代え若しくは修補とともに損害の賠償を求めることができる。ただし、瑕疵が重要でなく、かつ、その修補に過分の費用を要するときは、発注者は、修補を求めることができない。

3　前項による瑕疵担保期間は、第27条又は第28条の引渡しの日から10年間とする。

4　第２項の瑕疵によるこの契約の目的物の減失又はき損については、発注者は、前項に定める期間内で、かつ、その減失又はき損の日から６カ月以内でなければ、第２項の権利を行使することができない。

5　前３項の規定は、第17条第４項各号（第３号を除く。）のいずれかの場

合に生じたこの契約の目的物の瑕疵又は滅失若しくはき損については、適用しない。ただし、同条第 5 項に該当するときは、この限りでない。

6　第 2 項に定める瑕疵以外のこの契約の目的物の瑕疵については、前条の規定を適用する。

【民間（旧四会）約款との違い】 民間（旧四会）約款第27条の 2 に該当。差異なし。

（関連条文） 住宅の品質確保の促進等に関する法律94条、95条

（工事又は工期の変更等）

第31条　発注者は、必要があると認めるときは、工事を追加し、又は変更することができる。

2　発注者は、必要があると認めるときは、受注者に工期の変更を求めることができる。

3　受注者は、発注者に対して、工事内容の変更及び当該変更に伴う請負代金の増減額を提案することができる。この場合、受注者は、発注者及び監理者と協議の上、発注者の書面による承諾を得た場合には、工事の内容を変更することができる。

4　第 1 項又は第 2 項により、発注者が受注者に損害を及ぼしたときは、受注者は、発注者に対してその補償を求めることができる。

5　受注者は、この契約に別段の定めのあるほか、工事の追加又は変更、不可抗力、関連工事の調整、近隣住民との紛争その他正当な理由があるときは、発注者に対して、その理由を明示して、必要と認められる工期の延長を請求することができる。

【民間（旧四会）約款との違い】 民間（旧四会）約款第28条に該当。差異なし。

　ただし、民間（旧四会）約款は、民間約款（甲）第 3 項にあたる(3)

を「……。この場合、発注者は、その書面による承諾により、工事内容を変更することができる。」とし、主語を発注者としている。

（**関連条文**）　建設業法19条 5 項・6 項

（請負代金額の変更）

第32条　発注者又は受注者は、次の各号のいずれかに該当するときは、相手方に対して、その理由を明示して必要と認められる請負代金額の変更を求めることができる。

　　一　工事の追加又は変更があったとき。

　　二　工期の変更があったとき。

　　三　第 3 条の規定に基づき関連工事の調整に従ったために増加費用が生じたとき。

　　四　支給材料又は貸与品について、品目、数量、受渡時期、受渡場所又は返還場所の変更があったとき。

　　五　契約期間内に予期することのできない法令の制定若しくは改廃又は経済事情の激変等によって、請負代金額が明らかに適当でないと認められるとき。

　　六　長期にわたる契約で、法令の制定若しくは改廃又は物価、賃金等の変動によって、この契約を締結した時から 1 年を経過した後の工事部分に対する請負代金相当額が適当でないと認められるとき。

　　七　中止した工事又は災害を受けた工事を続行する場合において、請負代金額が明らかに適当でないと認められるとき。

2　請負代金額を変更するときは、原則として、工事の減少部分については監理者の確認を受けた請負代金内訳書の単価により、増加部分については時価による。

【**民間（旧四会）約款との違い**】民間（旧四会）約款第29条に該当。差異なし。

ただし、民間（旧四会）約款は、民間約款（甲）第 2 項にあたる(2)の時価を「変更時の時価」と明確化している。

POINT

「契約は守らなければならない」が大前提であり、請負代金額を簡単に増額することは許されない。

契約締結後に、契約の前提となった事情が著しく変更して当初の内容どおりの契約を実現するには、当事者の一方が著しく不公平になる場合について、契約内容の変更・解除を正当化できるとする考え方があり、これを「事情変更の原則[17]」という。

事情変更の原則は、①当事者が予見できないような著しい事情の変更、②事情変更が当事者の責に帰さない事由に基づくこと、③契約どおりの内容を認めることが信義則に反することが要件とされる[18]。ただし、これらの要件は、戦争やオイルショックによる著しいインフレ、バブル絡みの著しい地価の乱高下など社会的・経済的動乱が発生した下でのみ適用されると解される[19]。

建設請負工事であっても例外ではない。下級審では「事情変更の原則」を認める裁判例もみられる[20]。最高裁では、この原則は承認してはいるが、現実に適用した例はなく、要件（予見可能性）について厳格な立場が貫かれている[21]。

契約の成立から目的物の引渡しまで比較的長期間を要する建設工事においては、事情変更の特約事項が本条第 1 項の各号に設けられている。

17　滝川宜信「下請法と事情変更に留意した取引契約条項の作成実務」ビジネス法務 8 巻12号23頁

18　五十嵐清『新版注釈民法（13）』69頁以下（有斐閣・2006年）

19　内田貴『民法Ⅱ債権各論〔第 3 版〕』75頁以下（東京大学出版会・2011年）

20　神戸地判昭和57年 7 月 9 日判タ483号109頁

21　最判平成 9 年 7 月 1 日民集51巻 6 号2452頁

　本条第1項は、当事者が相手方に対して、工事代金の変更を求めることが<u>できるだけ</u>であり、あくまでもどうするかの決定は当事者の協議によることとなる。

　第2項は、代金変更額が規定されており、変更を認めたなら、受注者の仕入値（時価）が100％発注者にかかってくることになる。

　しかし、時価増額分の〇〇％は発注者が負担するが、受注者も〇〇％は負担するという方法もあり得る。

　もちろん、工事開始より短期間、受注者において予見可能であった、などの状況であれば、請負代金額の増加はしないとの決定もあり得ることなので、その点を明確にしておく必要がある。

（変更例）

2　請負代金を変更するときは、原則として工事の減少部分については監理者の確認を受けた請負代金内訳書の単価、<u>増加部分については時価を基準として当事者が協議をし、決定する</u>。

　<u>ただし、協議により、増額の請負代金額の変更が決定したときは、受注者は発注者の書面による承諾を得るものとする。</u>

（関連条文）　建設業法19条1項5号〜7号

（履行遅滞及び違約金）

第33条　受注者の責めに帰すべき事由により、契約期間内にこの契約の目的物を引き渡すことができないときは、契約書に別段の定めのない限り、発注者は、受注者に対し、延滞日数に応じて、請負代金額に対し年10パーセントの割合で計算した額の違約金を請求することができる。

ただし、工期内に、部分引渡しのあったときは、請負代金額から部分引渡しを受けた部分に相応する請負代金額を控除した額について違約金を

算出する。

2　発注者が第27条第4項又は第28条の請負代金の支払いを完了しないときは、受注者は、発注者に対し、延滞日数に応じて、支払遅滞額に対し年10パーセントの割合で計算した額の違約金を請求することができる。

3　発注者が前払又は部分払を遅滞しているときは、前項の規定を準用する。

4　発注者が第2項の遅滞にあるときは、受注者は、この契約の目的物の引渡しを拒むことができる。この場合において、受注者が自己のものと同一の注意をもって管理したにもかかわらずこの契約の目的物に生じた損害及び受注者が管理のために特に要した費用は、発注者の負担とする。

【民間（旧四会）約款との違い】民間（旧四会）約款第30条に該当。差異なし。

POINT

⑴　実質損害額が違約金額を超える場合

　本条第1項本文に関し、違約金の額は一日あたりに換算するとわずかな額になる。しかし、明確に引渡期日が決定しており、発注者が若干の余裕をみて事業を開始する日を公表し、予約をとっているような場合（たとえばホテルなどの場合）、たとえ数日の遅延であっても損害額が違約金額を上回る場合もある。変更例は、第1項本文のみを変更したものである。

（変更例）

　受注者の責に帰すべき事由により、契約期間内にこの契約の目的物を引き渡すことができないときは、発注者は、受注者に対し、延滞日数に応じて、請負代金額に対し年10パーセントの割合で計算した額の違約金を請求することができ、また、発注者の損害額が当該違約金の額を上回るときは、その差額についても損害賠償を請求することができる。

(2) 遅滞額が少額の場合

　本条第4項については、わずかな額の遅滞があるときでも引渡しを拒むのか。特に瑕疵の補修をしないまま完成した場合、未払い代金と補修費用は相殺できるが、この場合でも受注者は、引渡しを拒否するおそれがある。

　そこで第5項を付加し、わずかな額（たとえば、請求代金額の10分の1を下回る場合[23]）の遅滞については引渡しの拒否はできないものとする。

(変更例)

<u>5　前項の場合、発注者に第2項の遅滞があるときであっても、支払遅滞額が請負代金額の〇〇分の〇を下回る場合には、受注者は目的物の引渡しを拒むことができない。</u>

(3) 違約金率

　本条第1項および第2項に関して、当該各項の請負代金額に対する違約金の率は、1日につき1／1,000（年利36.5％）から4／10,000（年利14.6％）に改定され、現在では年利10％[24]と、さらに低率に再改定されている。

　この率は、当事者の合意により変更することもできるので、ほんの数日の引渡しの遅延でも大きな損害が発生するような場合は、本条第1項を、当初の1日につき1／1,000（年利36.5％）に戻すなど適当な利率にすることを検討する必要がある。

(変更例)

　受注者の責めに帰すべき事由により、契約期間内にこの契約の目的物を引き渡すことができないときは、発注者は、受注者に対し、延滞日数に応じて、請負代金額に対し年<u>20</u>パーセント

22　年率10％で1か月（30日間）工事が遅延したとすると、違約金は、請負代金額2000万円の一般住宅の場合は16.4万円、請負代金額1億円の小規模建物の場合82.2万円、請負代金額100億円の大規模建物の場合4109.6万円となる（民間（旧四会）連合協定工事請負契約約款平成23年5月改正の概要・要点解説版〈http://www.gcccc.jp/contract/23-5/explain1-16.pdf〉）。

23　日弁連消費者問題対策委員会・前掲書（注14）90頁以下

24　民間約款（甲）は平成22年7月改正、民間（旧四会）約款は平成23年5月改正

の割合で計算した額の違約金を請求することができる。

（関連条文）　建設業法19条1項13号

（発注者の中止権及び解除権）

第34条　発注者は、必要があると認めるときは、書面をもって受注者に通知して工事を中止し、又はこの契約を解除することができる。この場合、発注者は、これによって生じる受注者の損害を賠償する。

2　次の各号のいずれかに該当するときは、発注者は、書面をもって受注者に通知して工事を中止し、又はこの契約を解除することができる。この場合において、第1号から第5号まで及び第7号のいずれかに該当するときは、発注者は、受注者に損害の賠償を請求することができる。

　　一　受注者が正当な理由なく、着手期日を過ぎても工事に着手しないとき。

　　二　工事が正当な理由なく工程表より著しく遅れ、工期内又は期限後相当期間内に、受注者が工事を完成する見込がないと認められるとき。

　　三　受注者が第5条又は第17条第1項の規定に違反したとき。

　　四　前3号のほか、受注者がこの契約に違反し、その違反によってこの契約の目的を達することができないと認められるとき。

　　五　受注者が建設業の許可を取り消されたとき又はその許可が効力を失ったとき。

　　六　資金不足による手形又は小切手の不渡りを出す等受注者が支払いを停止する等により、受注者が工事を続行できないおそれがあると認められるとき。

　　七　受注者が次条第4項各号のいずれかに規定する理由がないにもかかわらず、この契約の解除を申し出たとき。

3　発注者は、書面をもって受注者に通知して、前2項で中止された工事を再開させることができる。

4　第1項により中止された工事が再開された場合、受注者は、発注者に対して、その理由を明示して、必要と認められる工期の延長を請求することができる。

5　第1項から第3項までに規定するいずれかの手続がとられた場合、発注者は書面をもって監理者に通知し、前項の請求が行われた場合、受注者は書面をもって監理者に通知する。

【民間（旧四会）約款との違い】　民間（旧四会）約款第31条に該当。差異あり。

　民間（旧四会）約款第31条(2)は、民間約款（甲）の本条第2項第7号の次に第8号にあたる、hを新設し、下記の「暴力団排除条項」を規定する。そのほかの項、号には差異なし。

h　受注者が以下の一にあたるとき。

イ　役員等（受注者が個人である場合にはその者を、受注者が法人である場合にはその役員またはその支店もしくは常時建設工事の請負契約を締結する事務所の代表者をいう。以下この号において同じ。）が暴力団員による不当な行為の防止等に関する法律第2条第6号に規定する暴力団員（以下この号において「暴力団員」という。）であると認められるとき。

ロ　暴力団（暴力団員による不当な行為の防止等に関する法律第2条第2号に規定する暴力団をいう。以下この号において同じ。）または暴力団員が経営に実質的に関与していると認められるとき。

ハ　役員等が暴力団または暴力団員と社会的に非難されるべき関係を有していると認められるとき。

POINT

　建設工事における反社会的勢力との関係遮断という目的から、本条第2項に民間（旧四会）約款と同様の暴力団排除条項〔本

条の「民間（旧四会）約款との違い」参照〕を規定すべきである。次条（受注者の中止権及び解除権）についても同様である。

（**関連条文**）　民法641条、635条、545条、建設業法19条 1 項 5 号

（受注者の中止権及び解除権）

第35条　次の各号のいずれかに該当する場合において、受注者は、発注者に対し、書面をもって、相当の期間を定めて催告してもなお当該事由が解消されないときは、工事を中止することができる。

　　一　発注者が前払又は部分払を遅滞したとき。

　　二　発注者が正当な理由なく第16条第 4 項による協議に応じないとき。

　　三　発注者が第 2 条の工事用地等を受注者の使用に供することができないため又は不可抗力等のため、受注者が施工できないとき。

　　四　前 3 号のほか、発注者の責めに帰すべき事由により工事が著しく遅延したとき。

2　前項各号に掲げる中止事由が解消したときは、受注者は、工事を再開する。

3　前項により工事が再開された場合、受注者は、発注者に対して、その理由を明示して、必要と認められる工期の延長を請求することができる。

4　次の各号のいずれかに該当するときは、受注者は、書面をもって発注者に通知してこの契約を解除することができる。

　　一　第 1 項による工事の遅延又は中止期間が、工期の 4 分の 1 以上になったとき又は 2 カ月以上になったとき。

　　二　発注者が工事を著しく減少したため、請負代金額が 3 分の 2 以上減少したとき。

　　三　発注者がこの契約に違反し、その違反によってこの契約の履行ができなくなったと認められるとき。

5　資金不足による手形又は小切手の不渡りを出す等発注者が支払いを停

止する等により、発注者が請負代金の支払い能力を欠くと認められるとき（以下この項において「本件事由」という。）は、受注者は、書面をもって発注者に通知して工事を中止し、又はこの契約を解除することができる。受注者が工事を中止した場合において、本件事由が解消したときは、第2項及び第3項を適用する。

6　第1項又は第4項の場合には、受注者は、発注者に損害の賠償を請求することができる。

7　第1項から第5項までに規定するいずれかの手続がとられた場合、受注者は、監理者に書面をもって通知する。

【民間（旧四会）約款との違い】　民間（旧四会）約款第32条に該当。差異あり。以下以外の項、号には差異はない。

① 民間（旧四会）約款第32条(4)は、民間約款（甲）第35条第4項第3号の次に第4号にあたるdを新設し、下記の「暴力団排除条項」を規定する。

d　発注者が以下の一にあたるとき。

イ　役員等（発注者が個人である場合にはその者を、発注者が法人である場合にはその役員またはその支店もしくは営業所等の代表者をいう。以下、この号において同じ。）が暴力団員による不当な行為の防止等に関する法律第2条第6号に規定する暴力団員（以下この号において「暴力団員」という。）であると認められるとき。

ロ　暴力団（暴力団員による不当な行為の防止等に関する法律第2条第2号に規定する暴力団をいう。以下この号において同じ。）または暴力団員が経営に実質的に関与していると認められるとき。

ハ　役員等が暴力団または暴力団員と社会的に非難されるべき関係を有していると認められるとき。

② 民間（旧四会）約款は、民間約款（甲）第35条第5項にあたる第32条(5)において「……発注者が請負代金の支払い能力を欠くおそれがあると認められるとき……」として、明確な場合だけでなく「欠くおそれがある場合」についても対象の範囲を広げている。

（**関連条文**）　建設業法19条 1 項 5 号

（**解除に伴う措置**）

第36条　この契約を解除したときは、発注者が工事の出来形部分並びに検
　　査済の工事材料及び建築設備の機器（有償支給材料を含む。）を引き受け
　　るものとして、発注者、受注者及び監理者が協議して清算する。

 2　発注者が第34条第 2 項によってこの契約を解除し、清算の結果過払い
　　があるときは、受注者は、過払額について、その支払いを受けた日から
　　法定利率による利息を付けて発注者に返還する。

 3　この契約を解除したときは、発注者、受注者及び監理者が協議して発
　　注者又は受注者に属する物件について、期間を定めてその引取り、後片
　　付け等の処置を行う。

 4　前項の処置が遅れている場合において、催告しても正当な理由なくな
　　お行われないときは、相手方は、代わってこれを行い、その費用を請求
　　することができる。

【**民間（旧四会）約款との違い**】　民間（旧四会）約款第33条に該当。
差異なし。

> **POINT**
>
> 　本条第 1 項〔民間（旧四会）約款第33条(1)〕に関し、建設の
> 専門家ではない発注者が検査済み材料（木材・セメントなど）
> や建築設備（足場組など）をすべて引き受けなければならない
> とすると、処分に困り発注者にとって酷であり、その有効利用
> も不可能になる。変更例は〔日弁連〕住宅建築工事請負契約約
> 款第30条第 1 項にならった。[25]

---

[25]　日弁連消費者問題対策委員会・前掲書（注14）98頁以下

（変更例）

　この契約を解除したときは、発注者が工事の<u>出来形部分を引</u><u>き受けるものとして</u>、発注者、受注者及び監理者が協議して清算するとともに、出来形部分および工事材料・建築設備の機器等（有償支給材料を含む。）の処理については、発注者、受注者及び監理者が協議して定める。

（関連条文） 商法514条

（紛争の解決）

第37条(A)　この契約について発注者と受注者との間に紛争が生じたときは、契約書記載の調停人にその解決を依頼するか、又は建設業法による建設工事紛争審査会（以下この条において「審査会」という。）のあっせん又は調停によってその解決を図る。この場合において、審査会の管轄について発注者と受注者との間で特別の合意がないときは、同法第25条の9第1項又は第2項に定める審査会を管轄審査会とする。

2　発注者又は受注者が前項により紛争を解決する見込みがないと認めたとき、又は審査会があっせん若しくは調停をしないものとしたとき、又は打ち切ったときは、発注者又は受注者は、仲裁合意書に基づいて審査会の仲裁に付することができる。

3　発注者又は受注者は、申し出により、この約款の各条項の規定により行う発注者と受注者との間の協議に第1項の調停人を立ち会わせ、当該協議が円滑に整うよう必要な助言又は意見を求めることができる。

4　前項の規定により調停人の立会いのもとで行われた協議が整わなかったときに発注者が定めたものに受注者が不服がある場合で、発注者又は受注者の一方又は双方が第1項の調停人のあっせん又は調停により紛争を解決する見込みがないと認めたときは、同項の規定にかかわらず、発注者及び受注者は、審査会のあっせん又は調停によりその解決を図る。

注　第3項及び第4項は、調停人を協議に参加させない場合には、削除

する

第37条(B)　この契約について発注者と受注者との間に紛争が生じたときは、建設業法による建設工事紛争審査会（以下この条において「審査会」という。）のあっせん又は調停によってその解決を図る。この場合において、審査会の管轄について発注者と受注者との間で特別の合意がないときは、同法第25条の9第1項又は第2項に定める審査会を管轄審査会とする。

2　発注者又は受注者が前項により紛争を解決する見込みがないと認めたとき、又は審査会があっせん若しくは調停をしないものとしたとき、又は打ち切ったときは、発注者又は受注者は、仲裁合意書に基づいて審査会の仲裁に付することができる。

注　(B)は、あらかじめ調停人を選任せず、建設業法による建設工事紛争審査会により紛争の解決を図る場合に使用する。

【民間（旧四会）約款との違い】 民間（旧四会）約款第34条に該当。差異あり。以下以外の項、号には差異はない。

① 民間（旧四会）約款第34条は、民間約款（甲）の第37条(B)第3項にあたる(3)を新設し、以下の「直接、裁判所へ訴え提起できる旨」を規定する。

(3) 本条(1)および(2)の定めにかかわらず、この契約について発注者と受注者との間に紛争が生じたときは、発注者または受注者は、仲裁合意書により仲裁合意した場合を除き、裁判所に訴えを提起することによって解決を図ることができる。

② また、民間約款（甲）の第37条(B)第1項後段の「この場合において……とする」は、民間（旧四会）約款第34条(1)では削除されている。

POINT

　最判昭和47年10月12日判時686号36頁は、発注者は、受注者より仲裁手続を申し立てられ、弁護士から仲裁手続につき説明を受けてその意味を理解したうえ、期日に出頭し、仲裁人の面前で、仲裁契約の不存在を主張することなく本案の陳述をしたのであり、受注者と発注者らとの間に、仲裁契約が黙示的に成立したと認めた。

　このことから、約款に「仲裁合意書に基づき」と規定し、仲裁合意の成立を証明するため「仲裁合意書」に基づき仲裁契約を締結することになった（民間（旧四会）約款の昭和56年9月改正など）。

　その後、「仲裁合意書」により仲裁契約の成立を認める裁判例（たとえば大阪高判昭和62年6月26日金判795号24頁など）が多く存在する。

　しかし、本条項では、建設工事紛争審査会によるあっせん、調停、仲裁合意に基づく仲裁により解決を図るとしか規定されていない。したがって、当事者間に紛争が発生した場合、その解決を裁判所による訴訟では解決を図ることができないなどの疑義が生じていた。

　そこで民間（旧四会）約款では、平成23年の改正で、第34条(3)を設け、建設工事紛争審査会を経ることなく直接に、または同審査会であっせん、調停で解決に至らなかった場合に、裁判所の裁判に委ねることができる旨を明確にしている[26]。

　民間約款（甲）では(A)(B)とも建設工事紛争審査会による紛争解決を規定している。しかし、建設工事紛争審査会への申立てには時効中断効がないほか、憲法上の「裁判を受ける権利」の保障との関係でも問題がある[27]。

26　民間（旧四会）連合協定工事請負契約約款委員会『民間（旧四会）連合協定工事請負契約約款【平成23年5月改正】改正の概要・要点解説版』16頁

別に定める建設工事請負契約書には、民間約款（甲）第37条(B)からの変更では変更例①または変更例②、民間（旧四会）約款第34条からの変更では変更例②を検討する。

変更例①は、本条(B)に第 3 号を追加するもので、民間（旧四会）約款第34条(3)と同内容である。変更例②は建設工事紛争審査会によるあっせん、調停、仲裁合意に基づく仲裁による旨の第37条(B)第 1 項および第 2 項を削除し、管轄合意を挿入する〔民間（旧四会）約款第34条(1)(2)を削除し(3)を変更する〕。

（変更例①）

3　前 2 号の定めにかかわらず、この契約について発注者と受注者との間に紛争が生じたときは、発注者または受注者は、仲裁合意書により仲裁合意をした場合を除き、〇〇地方裁判所を第一審の専属的合意管轄裁判所とする訴えの提起をすることができる。

（変更例②）

本契約に関し受注者と発注者との間で紛争が生じたときは、仲裁合意書により仲裁合意をした場合を除き、〇〇地方裁判所を第一審の専属的合意管轄裁判所とする訴えの提起をすることができる。

（関連条文）　建設業法19条 1 項14号

（情報通信の技術を利用する方法）
第38条　この約款において書面により行わなければならないこととされている通知、承諾、報告、解除等は、建設業法その他の法令に違反しない限りにおいて、電子情報処理組織を利用する方法その他の情報通信の技術を利用する方法を用いて行うことができる。ただし、当該方法は書

27　日弁連消費者問題対策委員会・前掲書（注14）102頁

面の交付に準ずるものでなければならない。

【民間（旧四会）約款との違い】　民間（旧四会）約款には該当条項な
し。

（補　則）

第39条　この契約に定めのない事項については、必要に応じて発注者及び
受注者が協議して定める。

【民間（旧四会）約款との違い】　民間（旧四会）約款第35条に該当。
差異なし。

〔別添〕

　［裏面参照の上建設工事紛争審査会の仲裁に付することに合意する場合
に使用する。］

> **POINT**
>
> 　民間約款（甲）第37条の POINT の変更例②のように、建設
> 工事紛争審査会の仲裁をとらない場合は、以下の「仲裁合意
> 書」は不要である。

仲　裁　合　意　書

工　事　名

工事場所

　　　平成　　　年　　　月　　　　　日に締結した上記建設工事の請負契約に
関する紛争については、発注者及び受注者は、建設業法に規定する下記
の建設工事紛争審査会の仲裁に付し、その仲裁判断に服する。

　　　　管轄審査会名　　　　　　　建設工事紛争審査会
　　　　〔管轄審査会名が記入されていない場合は建設業法第25条の9第1
　　　　項又は第2項に定める建設工事紛争審査会を管轄審査会とする。〕

　　　　　　　　　　　　　　　　　　　平成　　　年　　　月　　　　　日

　　　　発注者　　　　　　　　　印

　　　　受注者　　　　　　　　　印

〔裏面〕

仲裁合意書について

(一)　仲裁合意について
　　　仲裁合意とは、裁判所への訴訟に代えて、紛争の解決を仲裁人に委ね
ることを約する当事者間の契約である。
　　　仲裁手続によってなされる仲裁判断は、裁判上の確定判決と同一の効
力を有し、たとえその仲裁判断の内容に不服があっても、その内容を裁
判所で争うことはできない。
　　　ただし、消費者である発注者は、受注者との間に成立した仲裁合意を
解除することができる。また、事業者の申立てによる仲裁手続の第1回
口頭審理期日において、消費者（発注者）である当時者が出頭せず、又
は解除権を放棄する旨の意思を明示しないときは、仲裁合意を解除した
ものとみなされる。

㈡　建設工事紛争審査会について

　　建設工事紛争審査会（以下「審査会」という。）は、建設工事の請負契約に関する紛争の解決を図るため建設業法に基づいて設置されており、同法の規定により、あっせん、調停及び仲裁を行う権限を有している。また、中央建設工事紛争審査会（以下「中央審査会」という。）は、国土交通省に、都道府県建設工事紛争審査会（以下「都道府県審査会」という。）は各都道府県にそれぞれ設置されている。審査会の管轄は、原則として、受注者が国土交通大臣の許可を受けた建設業者であるときは中央審査会、都道府県知事の許可を受けた建設業者であるときは当該都道府県審査会であるが、当事者の合意によって管轄審査会を定めることもできる。

　　審査会による仲裁は、３人の仲裁委員が行い、仲裁委員は、審査会の委員又は特別委員のうちから当事者が合意によって選定した者につき、審査会の会長が指名する。また、仲裁委員のうち少なくとも１人は、弁護士法の規定により弁護士となる資格を有する者である。

　　なお、審査会における仲裁手続は、建設業法に特別の定めがある場合を除き、仲裁法の規定が適用される。

② 建設工事請負契約書

●想定する前提●

　X株式会社とY建設株式会社は、民間建設工事標準請負契約約款（甲）に基づき工事を進めることにしたが、約款の定めを変更する事項および約款には定めのない事項を特約事項として定め、本契約書を締結するものである。

建設工事請負契約書

　X株式会社（以下、「発注者」という）とY建設株式会社（以下、「受注者」という）は、受注者が発注者に対して請け負う発注者の本社ビル新築工事（以下、「本件工事」という）に関し、発注者と受注者の間で平成○○年○月○日付けで締結した民間建設工事標準請負契約約款（甲）（平成22年7月26日中央建設業審議会決定。以下、「約款」という）の特約事項として、次のとおり契約（以下、「本契約」という）を締結する。

第1条（目　的）

　本契約は、約款の適用を排除し、本契約が優先して適用する条項を以下のとおり定めることを目的とする。

第2条（請負代金内訳書及び工程表）

　約款第4条に次の内容の第2項を追加する。

　「2　監理者に提出された請負代金内訳書に誤記、違算、請負代金の脱漏、重複などがあり、増額訂正となる場合は、その原因が受注者にある場合を除き、発注者は請負代金額の訂正を請求することができない。」

第3条（設計、施工条件の疑義、相違等）

　約款第16条第4項に次の内容のただし書を追加する。

「ただし、請負代金の増額は、受注者に予期できない特段の事情がなければ、請負代金の増額を発注者に負担させることはできない。」

第4条（図面及び仕様書に適合しない事項）

約款第17条第3項に次の内容のただし書を追加する。

「ただし、図面・仕様書のとおり実施されている場合であっても、受注者が約款第15条に違反したときに、前項の破壊検査をしたときは、破壊検査費用等は受注者の負担とする。」

2　約款第17条第4項に次の内容のただし書を追加する。

「ただし、監理者の指示によるとき、または監理者の責めに帰すべき事由によるときは、監理者がその責任を負うものとする。」

3　約款第17条第5項に次の内容のただし書を追加する。

「ただし、受注者がその適当でないことを通知したにもかかわらず、発注者または監理者が適切な指示をしなかったときは、発注者または監理者は、応分の負担をするものとする。」

第5条（損害の防止）

約款第18条第2項を以下のとおり変更する。

「この契約の目的物に近接する工作物の保護又はこれに関連する処置で、発注者、受注者及び監理者が協議し、その内容を書面化するものとし、その際、前項の処置の範囲を超え、請負代金額に含むことが適当でないと認めたものの費用は、特段の事情のない限り発注者の負担とする。なお、特段の事情の存在は、発注者が主張立証しなければならない。」

第6条（施工一般の損害）

約款第20条第2項柱書を以下のとおり変更する。

「前項の損害のうち、次の各号のいずれかの場合に生じたものは、監理者の責めに帰すべき事由によるときを除き発注者の負担とし、受注者は、発注者に対してその理由を明示して必要と認められる工期の延長を求めることができる。」

第7条（不可抗力による損害）

約款第21条第2項を以下のとおり変更する。

「前項の損害について、発注者、受注者及び監理者が協議して損害額が請負代金額の〇〇％超の場合に重大なものと認め、かつ、受注者が善良な管理者としての注意をしたと認められるものは、発注者が請負代金額の〇〇％を上限として負担する。」

第8条（法定検査）

約款第24条第5項にただし書を追加する。

「ただし、検査不合格の原因が、監理者または発注者の責めによるものであるときは、責任を負う者が、工期の遅れにより発生した費用および請負代金額の増加部分を負うものとする。」

2　約款第24条第6項にただし書を追加する。

「ただし、監理者の責めに帰すべき事由によるときは、受注者は、工期の延長は発注者に対して求めることができ、請負代金額の増額に代わる損害賠償は監理者に対して求めることができる。」

第9条（瑕疵の担保）

約款第29条第2項および第3項を削除する。

2　約款第29条第4項中に、「遅滞なく」とあるのは「引渡しの時から6か月以内に」に変更する。

第10条（履行遅滞及び延滞金）

約款第33条第1項を以下のとおり変更する。

「受注者の責めに帰すべき事由により、契約期間内にこの契約の目的物を引き渡すことができないときは、発注者は、受注者に対し、延滞日数に応じて、請負代金額に対し年10パーセントの割合で計算した額の違約金を請求することができ、また、発注者の損害額が当該違約金の額を上回るときは、その差額についても損害賠償を請求することができる。ただし、工期内に、部分引渡しのあったときは、請負代金額から部分引

渡しを受けた部分に相応する請負代金額を控除した額について違約金を算出する。」

第11条（発注者の中止権及び解除権）

約款第34条第2項第7号の次に第8号を設け、以下の暴力団排除条項を追加する。

「八　受注者が以下の一にあたるとき。

イ　役員等（受注者が個人である場合にはその者を、受注者が法人である場合にはその役員またはその支店もしくは常時建設工事の請負契約を締結する事務所の代表者をいう。以下この号において同じ。）が暴力団員による不当な行為の防止等に関する法律第2条第6号に規定する暴力団員（以下この号において「暴力団員」という。）であると認められるとき。

ロ　暴力団（暴力団員による不当な行為の防止等に関する法律第2条第2号に規定する暴力団をいう。以下この号において同じ。）または暴力団員が経営に実質的に関与していると認められるとき。

ハ　役員等が暴力団または暴力団員と社会的に非難されるべき関係を有していると認められるとき。」

第12条（受注者の中止権及び解除権）

約款第35条第4項第3号の次に第4号を設け、以下の暴力団排除条項を追加する。

「四　発注者が以下の一にあたるとき。

イ　役員等（発注者が個人である場合にはその者を、発注者が法人である場合にはその役員またはその支店もしくは営業所等の代表者をいう。以下、この号において同じ。）が暴力団員による不当な行為の防止等に関する法律第2条第6号に規定する暴力団員（以下この号において「暴力団員」という。）であると認められるとき。

ロ　暴力団（暴力団員による不当な行為の防止等に関する法律第2条第2号に規定する暴力団をいう。以下この号において同じ。）または暴力団員が経営に実質的に関与していると認められるとき。

　　ハ　役員等が暴力団または暴力団員と社会的に非難されるべき関係を有
　　　していると認められるとき。」
　2　約款第35条第 5 項中の「欠く」を「欠くおそれがある」に変更する。

第13条（解除に伴う措置）

　約款第36条第 1 項を以下のとおり変更する。
　「この契約を解除したときは、発注者が工事の出来形部分を引き受け
るものとして、発注者、受注者及び監理者が協議して清算するとともに、
出来形部分および工事材料・建築設備の機器等（有償支給材料を含む。）
の処理については、発注者、受注者及び監理者が協議して定める。」

第14条（紛争の解決）

　約款第37条(B)に第 3 項を追加する。
　「3　前 2 号の定めにかかわらず、この契約について発注者と受注者
との間に紛争が生じたときは、発注者または受注者は、仲裁合意書によ
り仲裁合意をした場合を除き、○○地方裁判所を第一審の専属的合意管
轄裁判所とする訴えの提起をすることができる。」

第15条（監理等業務委託契約への反映）

　本契約第 4 条第 2 項、第 3 項、第 6 条および第 8 条第 1 項、第 2 項の
内容については、発注者が監理者との監理等業務委託契約において、反
映させるものとする。

　本契約締結の証として本書 2 通を作成し、発注者および受注者には、
記名押印の上、各自 1 通を保有する。

平成○○年○月○日

　　　　　　　　　受注者：東京都渋谷区○○ 1 丁目 1 番 1 号
　　　　　　　　　　　　　Ｘ株式会社
　　　　　　　　　　　　　代表取締役社長　　○○○○　㊞

受注者：東京都品川区○○２丁目２番２号

　　　　Ｙ建設株式会社

　　　　　代表取締役　　○○○○　　㊞

監理業務を委託されている監理者

　　　　○○建築設計事務所

　　　　　一級建築士　　○○○○　　㊞

III　物品運送契約書

1　標準貨物自動車運送約款

━━━━━━━ ●想定する前提● ━━━━━━━

　X 株式会社は、自社の商品を支店・営業所・工場に配送するにあたり、Y 運送株式会社に継続的に運送を委託することになり、Y 社から提示されたものが、「標準貨物自動車運送約款」（以下、「運送約款」という）であった。X 社としては、内容を審査し、改訂すべきところは別に「物品運送委託基本契約書」を締結することになった。

（「標準貨物自動車運送約款」の原文は漢数字表記だが、読みやすくするため、算用数字に置き換えた。）

標準貨物自動車運送約款（平成 2 年国土交通省告示第575号）

※最終改正平成26年国土交通省告示第49号

第 1 章　総則

（事業の種類）

第 1 条　当店は、一般貨物自動車運送事業を行います。

2　当店は、前項の事業に附帯する事業を行います。

3　当店は、特別積合せ運送を行います。

4　当店は、貨物自動車利用運送を行います。

> **POINT**
>
> 　「一般自動車運送事業」とは、他人の需要に応じ、有償で、自動車を利用して貨物を運送する事業をいう（貨物自動車運送事業法 2 条 2 項）。
>
> 　「特別積合せ運送」とは、一般貨物自動車運送事業として行

う運送のうち、営業所その他の事業場において集貨された貨物の仕分けを行い、集貨された貨物を積み合わせて他の事業場に運送し、当該他の事業場において運送された貨物の配達に必要な仕分けを行うものであって、これらの事業場の間における当該積合せ貨物の運送を定期的に行うものをいう（貨物自動車運送事業法2条6項）。

（適用範囲）

第2条　当店の経営する一般貨物自動車運送事業に関する運送契約は、この運送約款の定めるところにより、この運送約款に定めのない事項については、法令又は一般の慣習によります。

2　当店は、前項の規定にかかわらず、法令に反しない範囲で、特約の申込みに応じることがあります。

POINT

運送約款は当事者の特約を排除するものではない。特約は必ず書面または電子署名による電磁的方法にて締結することが必要であり、「覚書・契約書」と「運送約款」が競合するときは、覚書・契約書を優先する旨を規定しておく。

すなわち、覚書または特約締結後の優先順位は、①覚書または契約書、②運送約款、③商法、④商慣習、⑤民法、⑥慣習の順となる。

第2章　運送業務
第1節　通則

（受付日時）

第3条　当店は、受付日時を定め、店頭に提示します。

2　前項の受付日時を変更する場合には、あらかじめ店頭に提示します。

（運送の順序）

第4条　当店は、運送の申込みを受けた順序により貨物の運送を行います。ただし、腐敗又は変質しやすい貨物を運送する場合その他正当な事由がある場合は、この限りではありません。

（引渡期間）

第5条　当店の貨物の引渡期間は、次の日数を合算した期間とします。

一　発送期間　貨物を受け取った日を含め2日

二　輸送期間　運賃及び料金の計算の基礎となる輸送距離170キロメートルにつき1日。ただし、1日未満の端数は1日とします。

三　集配期間　集貨及び配達をする場合にあっては、各1日

2　前項の規定による引渡期間の満了後、貨物の引渡しがあったときは、これをもって延着とします。

> **POINT**
>
> 　継続的な運送取引では、物流業務として受け取った後一時保管をすることや即日配達も考えられ、当該事項は、「継続的物品運送契約」では、修正の対象となる。

第2節　引受け

（貨物の種類及び性質の確認）

第6条　当店は、貨物の運送の申込みがあったときは、その貨物の種類及び性質を明告することを申込者に求めることがあります。

2　当店は、前項の場合において、貨物の種類及び性質につき申込者が告げたことに疑いがあるときは、申込者の同意を得て、その立会いの上で、これを点検することがあります。

3　当店は、前項の規定により点検をした場合において、貨物の種類及び性質が申込者の明告したところと異ならないときは、これにより生じた損害の賠償をします。

4　当店が、第2項の規定により点検をした場合において、貨物の種類及び性質が申込者の明告したところと異なるときは、申込者に点検に要した費用を負担していただきます。

> **POINT**
>
> 　商法570条2項1号は、運送状の法定記載事項の一つとして「運送品の種類、重量または容積およびその荷造の種類、個数ならびに記号」を規定する。
> 　したがって、本条は、これらにつき明告を求めることができ、その内容に疑いがあるときの貨物の点検およびその費用負担、損害賠償について定める。

（引受拒絶）

第7条　当店は、次の各号の一に該当する場合には、運送の引受けを拒絶することがあります。

一　当該運送の申込みが、この運送約款によらないものであるとき。

二　申込者が、前条第1項の規定による明告をせず、又は同条第2項の規定による点検の同意を与えないとき。

三　当該運送に適する設備がないとき。

四　当該運送に関し、申込者から特別の負担を求められたとき。

五　当該運送が、法令の規定又は公の秩序若しくは善良の風俗に反するものであるとき。

六　天災その他やむを得ない事由があるとき。

> **POINT**
>
> 　本条第4号の「特別の負担」とは何か不明である。例示すべ

きである。深夜・早朝の運送、重大な災害罹災地への運送など
が考えられる。

（運送状等）

第 8 条　荷送人は、次の事項を記載した運送状を署名又は記名捺印の上、
　　1 口ごとに提出しなければなりません。ただし、個人（事業として又は
　　事業のために運送契約の当事者となる場合におけるものを除く。第32条第 2
　　項において同じ。）が荷送人である場合であって、当店がその必要がない
　　と認めたときは、この限りではありません。

　一　貨物の品名、品質及び重量又は容積並びにその荷造りの種類及び個
　　　数

　二　集貨先及び配達先又は発送地及び到達地（団地、アパートその他高層
　　　建築物にあっては、その名称及び電話番号を含む。）

　三　運送の扱種別

　四　運賃、料金、燃料サーチャージ、有料道路利用料、立替金その他の
　　　費用（以下「運賃、料金等」という。）の額その他その支払に関する事
　　　項

　五　荷送人及び荷受人の氏名又は商号並びに住所及び電話番号

　六　運送状の作成地及びその作成の年月日

　七　高価品については、貨物の種類及び価額

　八　品代金の取立てを委託するときは、その旨

　九　運送保険に付することを委託するときは、その旨

　十　その他その貨物の運送に関し必要な事項

　2　荷送人は、当店が前項の運送状の提出の必要がないと認めたときは、
　　当店に前項各号に掲げる事項を明告しなければなりません。

POINT

　　本条第 1 項は、商法570条 2 項柱書および各号（法定記載事
　　項）を確認、または具体化したものである。

第1号：商法570条2項1号

第2号：到達地の記載のみ・同項2号

第5号：荷受人の氏名または商号のみ記載・同項3号

第6号：同項4号

第7号：商法578条の明告を必要とする事項

　法定記載事項（商法570条2項各号）の一部を欠いても、運送状としての効力を否定されるわけではない。また、法定記載事項以外の事項（第7号から第10号）の記載も認められる。

（高価品及び貴重品）

第9条　この運送約款において高価品とは、次に掲げるものをいいます。

　一　貨幣、紙幣、銀行券、印紙、郵便切手及び公債証書、株券、債権、商品券その他の有価証券並びに金、銀、白金その他の貴金属、イリジウム、タングステンその他の稀金属、金剛石、紅玉、緑柱石、琥珀、真珠その他の宝玉石、象牙、べっ甲、珊瑚及び各その製品

　二　美術品及び骨董品

　三　容器及び荷造りを加え1キログラム当たりの価格が2万円を超える貨物（動物を除く。）

2　前項第3号の1キログラム当たりの価格の計算は、1荷造りごとに、これをします。

3　この運送約款において貴重品とは、第1項第1号及び第2号に掲げるものをいいます。

POINT

　運送約款第9条は、商法578条が、高価品を「貨幣、有価証券その他の高価品」とした例示をさらに具体化したものである。

　判例は、商法578条所定の高価品とは、容積または重量の割に著しく高価な物品をいうとする（最判昭和45年4月21日判時593号78頁）。

（運送の扱種別等不明な場合）

第10条　当店は、荷送人が運送の申込みをするに当たり、運送の扱種別その他その貨物の運送に関し必要な事項を明示しなかった場合は、荷送人にとって最も有利と認められるところにより、当該貨物の運送をします。

（荷造り）

第11条　荷送人は、貨物の性質、重量、容積、運送距離及び運送の扱種別等に応じて、運送に適するように荷造りをしなければなりません。

2　当店は、貨物の荷造りが十分でないときは、必要な荷造りを要求します。

3　当店は、荷造りが十分でない貨物であっても、他の貨物に対し損害を与えないと認め、かつ、荷送人が書面により荷造りの不備による損害を負担することを承諾したときは、その運送を引き受けることがあります。

（外装表示）

第12条　荷送人は、貨物の外装に次の事項を見やすいように表示しなければなりません。ただし、当店が必要がないと認めた事項については、この限りでありません。

一　荷送人及び荷受人の氏名又は商号及び住所

二　品名

三　個数

四　その他運送の取扱いに必要な事項

2　荷送人は、当店が認めたときは、前項各号に掲げる事項を記載した荷札をもって前項の外装表示に代えることができます。

（貨物引換証の発行）

第13条　当店は、荷送人の請求により貨物引換証を発行する場合には、貨物の全部の引渡しを受けた後、これを発行します。ただし、次の各号の貨物については、これを発行しません。

一　貴重品及び危険品

二　植木類、苗及び生花

三　動物

四　活鮮魚介類その他腐敗又は変質しやすいもの

五　流動物（酒類、酢類、醤油、清涼飲料水及び発火又は引火等の危険性の
　ない油類を除く。）

六　汚わい品

七　品代金取立ての委託を受けた貨物

八　ばら積貨物

（動物等の運送）

第14条　当店は、動物その他特殊な管理を要する貨物の運送を引き受けた
　ときは、荷送人又は荷受人に対して次に掲げることを請求することがあ
　ります。

一　当店において、集貨、持込み又は受取の日時を指定すること。

二　当該貨物の運送につき、付添人を付すること。

（危険品についての特則）

第15条　荷送人は、爆発、発火その他運送上の危険を生ずるおそれのある
　貨物については、あらかじめ、その旨を当店に明告し、かつ、これらの
　事項を当該貨物の外部の見やすい箇所に明記しなければなりません。

（連絡運輸又は利用運輸）

第16条　当店は、荷送人の利益を害しない限り、引き受けた貨物の運送を
　他の運送機関と連絡して、又は他の貨物自動車運送事業者の行う運送若
　しくは他の運送機関を利用して運送することがあります。

POINT

　下請運送事業者に再運送させる場合、「継続的な物品運送契
約」では、事前に荷送人に報告すべきであろう。

第3節　積込み又は取卸し

（積込み又は取卸し）

第17条　貨物の積込み又は取卸しは、当店の責任においてこれを行います。

2　シート、ロープ、建木、台木、充てん物その他の積付用品は、通常貨物自動車運送事業者が備えているものを除き、荷送人又は荷受人の負担とします。

第4節　貨物の受取及び引渡し

（受取及び引渡しの場所）

第18条　当店は、運送状に記載され、又は明告された集貨先又は発送地において荷送人又は荷送人の指定する者から貨物を受取り、運送状に記載され、又は明告された配達先又は到達地において荷受人又は荷受人の指定する者に貨物を引渡します。

（管理者等に対する引渡し）

第19条　当店は、次の各号に掲げる場合には、当該各号に掲げる者に対する貨物の引渡しをもって荷受人に対する引渡しとみなします。

一　荷受人が引渡先に不在の場合には、その引渡先における同居者、従業員又はこれに準ずる者

二　船舶、寄宿舎、旅館等が引渡先の場合には、その管理者又はこれに準ずる者

（留置権の行使）

第20条　当店は、貨物に関し受け取るべき運賃、料金等又は品代金等の支払を受けなければ、当該貨物の引渡しをしません。

2　商人である荷送人が、その営業のために当店と締結した運送契約について、運賃、料金等を所定期日までに支払わなかったときは、当店は、その支払を受けなければ、当該荷送人との運送契約によって当店が占有

する荷送人所有の貨物の引渡しをしないことがあります。

POINT

(1)　運送人の留置権

　商法上、運送人は運賃等に関し運送品を留置する権利を有する（商法589条、562条）。この運送人の留置権は、被担保債権と留置物の間に牽連性を要求され、また被担保債権の範囲が限定されていて損害賠償請求権にまで及ばない。この趣旨は、荷送人と運送人間の運送契約以外の法律関係に基づき運送品が留置されることにより、荷受人が不測の損害を防止することを配慮するためである。運送品が荷送人の所有物であることは関係なく、荷送人が商人であることも要しない点で商人間の留置権（商法521条）と異なり、また被担保債権が留置物と牽連関係のある債権のすべてではなく一定の債権に限定される点で民法上の留置権（民法295条）とも異なる。

(2)　運送人の商事留置権

　運送人は、商事留置権の要件を満たせば、一般の商事留置権（商法521条）も有するとされる。そこで、運送約款第20条第2項は、商事留置権の要件を記載して、商事留置権の適用のあることを明らかにしたものである。

　しかし、荷送人が商人である場合であっても、荷送人と荷受人が別人であるときは、商人間の留置権を排除する黙示の特約があったものと解すべきであり、運送人の留置権（商法589条、562条）のほかの留置権（商法521条、民法295条）を認めるべきではない。[28]

28　蓮井良憲＝森淳二郎『商法総則・商行為法〔第4版〕』258頁（野村修也）（法律文化社・2006年）、平出慶道『商行為法〔第2版〕』436頁（青林書院・1989年）。

（貨物引換証の受戻証券性）

第21条　当店は、貨物引換証を発行したとき、これと引換えでなければ、貨物の引渡しをしません。

2　貨物引換証の所持人が貨物引換証を喪失したときは、その者が公示催告の申立てをし、かつ、その貨物引換証の正当な権利者であることを示して相当の担保を提供した後でなければ、当店は当該貨物の引渡しをしません。

3　前項の担保は、除権判決の確定後、これを返還します。

（関連条文）　商法518条、584条

（指図の催告）

第22条　当店は、荷受人を確知することができない場合は、遅滞なく、荷送人に対し、相当の期間を定め貨物の処分につき指図すべきことを催告することがあります。

2　当店は、次の場合には、遅滞なく、荷受人に対し、相当の期間を定め、その貨物の受取を催告し、その期間経過の後、さらに、荷送人に対し、前項に規定する指図と同じ内容の催告をすることがあります。

一　貨物の引渡しについて争いがあるとき。

二　荷受人が、貨物の受取を怠り、若しくは拒み、又はその他の理由によりこれを受け取ることができないとき。

（関連条文）　商法585条、586条

（引渡不能の貨物の寄託）

第23条　当店は、荷受人を確知することができない場合又は前条第2項各号に掲げる場合には、荷受人の費用をもって、その貨物を倉庫営業者に寄託することがあります。

2　当店は、前項の規定により貨物の寄託をしたときは、遅滞なく、その旨を荷送人又は荷受人に対して通知します。

3　当店は、第1項の規定により貨物を寄託した場合において、倉庫証券を作らせたときは、その証券の交付をもって貨物の引渡しに代えることがあります。

4　当店は、第1項の規定により寄託をした貨物の引渡しの請求があった場合において、当該貨物について倉庫証券を作らせたときは、運賃、料金等及び寄託に要した費用の弁済を受けるまで、当該倉庫証券を留置することがあります。

（引渡不能の貨物の供託）

第24条　当店は、荷受人を確知することができない場合又は第22条第2項各号に掲げる場合には、その貨物を供託することがあります。

2　当店は、前項の規定により貨物の供託をしたときは、遅滞なく、その旨を荷送人又は荷受人に対して通知します。

（関連条文）　商法585条1項・3項、586条1項・3項、587条→524条1項

（引渡不能の貨物の競売）

第25条　当店は、第22条の規定により荷送人に対して指図すべきことを求めた場合において、荷送人が指図をしないときは、その貨物を競売することがあります。

2　当店は、前項の規定により貨物の競売をしたときは、遅滞なく、その旨を荷送人又は荷受人に対して通知します。

3　当店は、第1項の規定により競売をしたときは、その代価の全部又は一部を運賃、料金等並びに指図の請求及び競売に要した費用に充当し、不足があるときは、荷送人にその支払を請求し、余剰があるときは、これを荷送人に交付し、又は供託します。

> （関連条文）　商法585条2項・3項、586条1項・3項、587条→524条3項

（引渡不能の貨物の任意売却）

第26条　当店は、荷受人を確知することができない場合又は第22条第2項各号に掲げる場合において、その貨物が腐敗又は変質しやすいものであって、第22条の手続をとるいとまがないときは、その手続によらず、公正な第三者を立ち会わせて、これを売却することがあります。

2　前項の規定による売却には、前条第2項及び第3項の規定を準備します。

> **POINT**
>
> 　本条第1項において商法587条（商法524条を準用する）の特則として、競売手続をとるいとまがないときに任意売却できる旨が定められている。

第5節　指図

（貨物の処分権）

第27条　荷送人又は貨物引換証の所持人は、当店に対し、貨物の運送の中止、返送、転送その他の処分につき指図をすることができます。

2　前項に規定する荷送人の権利は、貨物が到達地に達した後荷受人がその引渡しを請求したときは、消滅します。

3　第1項の指図をする場合において、当店が要求したときは、指図書を提出しなければなりません。

4　貨物引換証の所持人は、第1項の指図をしようとする場合は、当該貨物引換証を提示しなければなりません。

（**関連条文**）　商法582条、573条

（指図に応じない場合）

第28条　当店は、運送上の支障が生ずるおそれがあると認める場合には、前条第1項の規定による指図に応じないことがあります。

2　前項の規定により、指図に応じないときは、遅滞なく、その旨を荷送人又は貨物引換証の所持人に通知します。

> **POINT**
>
> 　原則、運送品が到達地に達する以前は荷送人または貨物引換証の所持人は運送品の処分を求めることができ、運送人はその指図に従わなければならない。しかし、指図は運送契約の範囲内で行われることを要し、運送人の引き受けた義務を本質的に変更するものであってはならない。たとえば、運送品を発送地に返送すること、到達地の延長などはこれに含まれず新たな契約が必要となる。
>
> 　このような場合、運送人は、指図に応じないことができる。
>
> 　その他、運送人の判断で荷送人等の指図を拒否することができる。
>
> 　また、前条の指図に従った場合であっても、第36条で追加料金を請求することができる。

第6節　事故

（事故の際の措置）

第29条　当店は、次の場合には、遅滞なく、荷送人又は貨物引換証の所持人に対し、相当の期間を定め、その貨物の処分につき指図を求めます。

　一　貨物の著しい滅失、き損その他の損害を発見したとき。

　二　当初の運送経路又は運送方法によることができなくなったとき。

　三　相当の期間、当該運送を中断せざるを得ないとき。

2　当店は、前項各号の場合において、指図をまついとまがないとき又は当店の定めた期間内に前項の指図がないときは、荷送人又は貨物引換証の所持人の利益のために、当店の裁量によって、当該貨物の運送の中止若しくは返送又は運送経路若しくは運送方法の変更その他の適切な処分をすることがあります。

3　第1項の規定による指図には、前条の規定を準用します。

POINT

　延着するおそれがある場合も遅滞なく荷送人等に指図を求めることが必要となる。変更例は、第1項に第4号を付加する。

（変更例）

　四　貨物が著しく延着するおそれのあるとき。

（危険品等の処分）

第30条　当店は、第15条の規定による明告及び明記をしなかった爆発、発火その他運送上の危険を生ずるおそれのある貨物については、必要に応じ、いつでもその取卸し、破棄その他運送上の危険を除去するための処分をすることができます。同条の規定による明告及び明記をした場合において、当該貨物が他に損害を及ぼすおそれが生じたときも同様とします。

2　前項前段の処分に要した費用は、すべて荷送人の負担とします。

3　当店は、第1項の規定による処分をしたときは、遅滞なくその旨を荷送人に通知します。

（事故証明書の発行）

第31条　当店は、荷物の全部滅失に関し証明の請求があったときは、その

貨物の引渡期間の満了の日から、1月以内に限り、事故証明書を発行します。

2　当店は、貨物の一部滅失、き損又は延着に関し、その数量、状態又は引渡しの日時につき証明の請求があったときは、当該貨物の引渡しの日に限り、事故証明書を発行します。ただし、特別な事情がある場合は、当該貨物の引渡しの日以降においても、発行することがあります。

> **POINT**
>
> 　事故証明書は、荷送人等が、独自に保険を掛けていたときなどに請求することになる。

第7節　運賃及び料金

（運賃及び料金）

第32条　運賃及び料金並びにその適用方法は、当店が別に定める運賃料金表によります。

2　個人を対象とした運賃及び料金並びにその適用方法は、営業所その他の事業の店頭に掲示します。

> **POINT**
>
> 　荷送人等が事業者の場合、継続的な運送にかかる運賃・料金等は別途、契約により定めることになる。

（運賃、料金等の収受方法）

第33条　当店は、貨物を受け取るときまでに、荷送人から運賃、料金等を収受します。

2　前項の場合において、運賃、料金等の額が確定しないときは、その概算額の前渡しを受け、運賃、料金等の確定後荷送人に対し、その過不足

を払い戻し、又は追徴します。

3　当店は、第1項の規定にかかわらず、貨物を引き渡すときまでに、運賃、料金等を荷受人から収受することを認めることがあります。

> **POINT**
>
> 　民法633条によれば、運賃等を請求できるのは運送を完了した時であるが、本条第1項は特則で前払いとしている。
> 　もっとも運送人との間で、合意により自由に支払時期を決定でき、定期ごとに締め切って、支払うことも可能である。特に、企業間の継続的な運送取引の場合には、後払いが通常であるので、「運送契約書」に「運賃等は毎月末日に締め切り、翌月末日に支払う」などの支払い条件を定めておくことが必要である。

（車両留置料）

第33条の2　当店は、車両が貨物の発地又は着地に到着後、荷送人又は荷受人の責により留置された時間（貨物の積込み又は取卸しの時間を含む。）に応じて、当店が別に定める車両留置料を収受します。

（延滞料）

第34条　当店は、貨物を引き渡したときまでに、荷送人又は荷受人が運賃、料金等を支払わなかったときは、貨物を引き渡した日の翌日から運賃、料金等の支払を受けた日までの期間に対し、年利14.5パーセントの割合で、延滞料の支払いを請求することがあります。

（運賃請求権）

第35条　当店は、貨物の全部又は一部が天災その他やむを得ない事由又は当店が責任を負う事由により滅失したときは、その運賃、料金等を請求しません。この場合において、当店は既に運賃、料金等の全部又は一部を収受しているときは、これを払い戻します。

2　当店は、貨物の全部又は一部がその性質若しくは欠陥又は荷送人の責任による事由によって滅失したときは、運賃、料金等の全額を収受します。

> **POINT**
>
> 　本条第1項は、商法576条1項の「不可抗力」について「天災その他やむを得ない事由又は当店が責任を負う事由」として明確化を図っている。

（事故等と運賃、料金）

第36条　当店は、第27条及び第29条の規定により処分をしたときは、その処分に応じて、又は既に行った運送の割合に応じて、運賃、料金等を収受します。ただし、既にその貨物について運賃、料金等の全部又は一部を収受している場合には、不足があるときには、荷送人又は荷受人にその支払を請求し、余剰があるときは、これを荷送人又は荷受人に払い戻します。

> **POINT**
>
> 　本条ただし書は商法582条1項に関し、すでに運賃等を収受しているときの処置についての明確化を図っている。

（中止手数料）

第37条　当店は、運送の中止の指図に応じた場合には、荷送人又は貨物引換証の所持人が責任を負わない事由によるときを除いて、中止手数料を請求することがあります。ただし、荷送人又は貨物引換証の所持人が、貨物の積込みの行われるべきであった日の前日までに運送の中止をしたときは、この限りではありません。

2　前項の中止手数料は、次の各号のとおりとします。

　　一　積合せ貨物の運送にあっては、1運送契約につき500円

　　二　貸切り貨物の運送にあっては、使用予定車両が普通車である場合は
　　　　1両につき3500円、小型車である場合は1両につき2500円

第 8 節　責任

（責任の始期）

第38条　当店の貨物の滅失、き損についての責任は、貨物を荷送人から受
　　　け取った時に始まります。

（責任と挙証）

第39条　当店は、自己又は使用人その他運送のために使用した者が貨物の
　　　受取、引渡し、保管及び運送に関し注意を怠らなかったことを証明しな
　　　い限り、貨物の滅失、き損又は延着について損害賠償の責任を負います。

> **POINT**
>
> 　本条は商法577条の定めを確認する条項である。
> 　運送人が免責されるためには、自己および履行補助者の無過
> 失を立証しなければならず、たとえば、履行補助者が運送品を
> 毀損した場合には、運送人は単に履行補助者の選任監督につい
> て無過失を立証しただけでは責めを免れることはできない（大
> 判昭和 5 年 9 月13日新聞3182号14頁）。

（コンテナ貨物の責任）

第40条　前条の規定にかかわらず、コンテナに詰められた貨物であって当
　　　該貨物の積卸しの方法等が次に掲げる場合に該当するものの滅失又はき
　　　損について、当店に対し損害賠償の請求をしようとする者は、その損害
　　　が当店又はその使用人その他運送のために使用した者の故意又は過失に
　　　よるものであることを証明しなければなりません。

一　荷送人が貨物を詰めたものであること。

二　コンテナの封印に異常がない状態で到着していること。

> **POINT**
>
> 　トレーラーで海上コンテナを運ぶ場合、現行法下では輸送途中にコンテナの封印を開封して中身を確認することはできないため、本約款第39条・商法577条の特則として、本条により荷送人が運送人の故意・過失を立証するものとして、挙証責任が転換されている。

第41条　当店は、動物その他特殊な管理を要する貨物の運送について、第14条第2号の規定に基づき付添人が付された場合には、当該貨物の特殊な管理について責任を負いません。

（荷送人の申告等の責任）

第42条　当店は、貨物の内容を容易に知ることができないものについて、運送状の記載又は荷送人の申請により運送受託書、貨物発送通知書等に品名、品質、重量、容積又は価額を記載したときは、その記載について責任を負いません。

（運送状等の記載の不完全等の責任）

第43条　当店は、運送状若しくは外装表示等の記載又は荷送人の申告が不実又は不備であったために生じた損害については、その責任を負いません。

2　前項の場合において、当店が損害を被ったときは、荷送人はその損害を賠償しなければなりません。

（免　責）

第44条　当店は、次の事由による貨物の滅失、き損、延着その他の損害に

ついては、損害賠償の責任を負いません。

一　当該貨物の欠陥、自然の消耗、虫害又は鼠害

二　当該貨物の性質による発火、爆発、むれ、かび、腐敗、変色、さび
　　その他これに類似する事由

三　同盟罷業、同盟怠業、社会的騒擾その他の事変又は強盗

四　不可抗力による火災

五　地震、津波、高潮、大水、暴風雨、地すべり、山崩れ等その他の天
　　災

六　法令又は公権力の発動による運送の差止め、開封、没収、差押え又
　　は第三者のへの引渡し

七　荷送人又は荷受人の故意又は過失

> **POINT**
>
> 　本条第 3 号の同盟罷業（ストライキ）、同盟怠業（サボタージ
> ュ）は、運送人自体のものではなく第三者のものである。
> 　第 6 号に関し、運送人に対する営業停止処分は、ここに該当
> しないことは当然である。
> 　なお、運送の途中で運送品が不可抗力により滅失したときは、
> 運送人は運送賃を請求できず、すでに受け取った運送賃は返還
> しなければならない（商法576条 1 項）。

（高価品に対する特則）

第45条　高価品については、荷送人が申込みをするにあたり、その種類及
　　び価額を明告しなければ、当店は損害賠償の責任を負いません。

> **POINT ①**
>
> 　本条は、商法578条の定めを確認したものである。
> 　法文上から運送品の種類および価額の明告は運送を委託する
> にあたってすべきこととされているので、その旨を確認してい

る。通説によると運送人は、原則として、明告価額を限度として損害賠償責任を負うと解する。

　荷送人の明告した価額は、必ずしも運送人の損害賠償額を拘束するものではなく、運送人は、運送品の価額が明告価額を下回ることを立証すれば、その範囲に賠償額を減ずることができる。ただし、反対に運送品の価額が明告価額を上回る場合には、一般に価額の明告は運送人の損害賠償額の最高限度を予知させるものと解されることから、価額の明告が概算価格の申告を意味するといった特別な商習慣がない限り、荷送人等が実際の損害額を立証したとしても、その超過額につき損害賠償を請求できないと解されている。[29]

POINT ②

　本約款の第40条から第45条までは免責条項であるが、運送人に故意・重過失がある場合まで約款の免責条項が適用されるものではない（最判平成15年2月28日判時1829号151頁）。

（責任の特別消滅事由）

第46条　当店の貨物の一部滅失又はき損についての責任は、荷受人が留保しないで貨物を受け取ったときは、滅失します。ただし、貨物に直ちに発見することのできないき損又は一部滅失があった場合において、貨物の引渡しの日から2週間以内に当店に対してその通知を発したときは、この限りではありません。

2　前項の規定は、当店に悪意があった場合には、これを適用しません。

POINT

　本条は、商法588条と同趣旨のものである。商法588条の立法

29　蓮井＝森・前掲書（注28）252頁

趣旨は、多数の物品運送を引き受け、また場所的移動を伴うため運送品の毀損発生が不可避であるという運送業の性質から、運送終了後かなりの時間が経過後、損害賠償請求されるとすると、証拠保全も困難となることなどから運送人を保護するため一定の合理性があるとされる。[30]

　本条第1項では、商法588条1項が規定するもう一つの要件である「留保なく……かつ運送賃等を支払ったとき」が定められておらず、荷受人払いの場合には、さらに荷受人にとって厳格なものとなっている。

　本条第1項において、決定的なのは「荷受人の留保」ということであり、その留保は運送品に毀損または一部滅失があることおよびその概要を通知するものとされるので（通説）、[31]荷受人には厳しいものとなっている。特に運送契約の当事者は企業であるが、荷受人が消費者であるなど企業ではない場合にはかなりの負担となる。[32]

　商法588条は強行規定ではないから、異なる特約は有効であり、別途定める運送契約の中で本条の変更を検討する必要がある。なお、荷受人の困難を強い、運送人の保護のみに傾く特約は無効とされる。

　本条第2項の「悪意」の意味について、判例（最判昭和41年12月20日民集20巻10号2106頁）は、運送人が運送品の毀損または一部滅失のあることを知って引き渡した場合をいうとする。[33]

30　小林量「運送人の責任」『田邊光政先生還暦記念・現代企業取引法』90頁（税務経理協会・1998年）

31　大判昭和13年5月24日民集17巻1063頁

32　小林・前掲書（注30）90頁

33　商法588条2項の「悪意」の意味について、①故意に運送品を滅失毀損せしめ、または特に運送品の滅失毀損を隠蔽する行為を意味すると解する説（多数説）、②判例（最判昭和41年12月20日民集20巻10号2106頁）と同様と解する説があるが、運送人が毀損・一部滅失を知っているならば、荷受人から損害賠償の請求を受けることを予想すべきであり、証拠を保全すべきことは当然であり、そこで本項でいう悪意とは、②説の「運送品の毀損・一部滅失を知って引き渡した」ことと解するべきである（坂口光男『商法（総則・商行為）判例百選〔第4版〕』179頁、小島孝『商法の争点Ⅱ』251頁）。

（損害賠償の額）

第47条　貨物に全部滅失があった場合の損害賠償の額は、その貨物の引渡すべきであった日の到達地の価額によって、これを定めます。

2　貨物に一部滅失又はき損があった場合の損害賠償の額は、その引渡しのあった日における引き渡された貨物と一部滅失又はき損がなかったときの貨物との到達地の価額の差額によってこれを定めます。

3　第35条第1項の規定により、貨物の滅失のため荷送人又は荷受人が支払うことを要しない運賃、料金等は、前2項の賠償額によりこれを控除します。

4　第1項及び第2項の場合において、貨物の到達地の価額又は損害額について争いがあるときは、公平な第三者の鑑定又は評価によりその額を決定します。

5　貨物が延着した場合の損害賠償の額は、運賃、料金等の総額を限度とします。

POINT

　本条第1項～第3項は、商法580条の確認条項である。

　本条第4項は、商法580条を具体化したものである。

　本条第5項は、損害賠償額の特則としてシーリングを設けている。商法には、延着の場合の損害賠償額の基準はなく（商法580条2項ただし書）、民法の一般原則（民法416条）に戻るとされ、目的物の価格を基準とする滅失・毀損の場合（同条1項・2項本文）と均衡を失するとの批判もあるところであり、約款として、どのようなケースにも対応するためには、やむを得ないと考えられる。

　ただし、特定の委託者との間の運送で、同じ物品を定期的に同じ場所に運ぶ場合などは、損害賠償額が予見できるので、委託者は、このような制限をはずすことも考えたい。

　なお、悪意・重過失による延着の場合は、運送人に一切の損害賠償責任がある（商法581条）。

> 　たとえば、自動車部品メーカーが自動車メーカーの工場へジ
> ャスト・イン・タイムによる多回納入制度により、指示された
> 時間までに指示された量を運送するような場合、自動車メーカ
> ーより部品メーカーに対し延着による損害賠償を請求される場
> 合があり、その場合、部品メーカーと自動車メーカー間は別の
> 契約（製作物供給契約など）によっており、本条第5項ような
> 制限をはずすか、部品メーカー・自動車メーカー間の契約条項[34]
> に合わすべきである。

第48条　当店は、前条の規定にかかわらず、当店の悪意又は重大な過失に
　　　よって貨物の滅失、き損又は延着を生じたときは、それにより生じた一
　　　切の損害を賠償します。

> **POINT**
>
> 本条は商法581条の確認条項である。

（時　効）

第49条　当店の責任は、荷受人が貨物を受け取った日から1年を経過した
　　　ときは、時効によって消滅します。

2　前項の期間は、貨物の全部滅失の場合においては、その貨物の引渡す
　　べきであった日からこれを起算します。

3　前2項の規定は、当店に悪意があった場合には、これを適用しません。

> **POINT**
>
> 本条は商法589条が準用する同法566条の確認条項である。

34　ある自動車メーカーの当該条項は「サプライヤー（部品メーカー）」は、納入の不履行または遅延
　により、自動車メーカーに損害が生じたときは、自動車メーカーが合理的に算出した金額を、損
　害賠償として自動車メーカーに支払うものとする」としている。

（利用運送の際の責任）

第50条　当店が他の貨物自動車運送事業者の行う運送又は他の運送機関を
　　利用して運送を行う場合においても、運送上の責任は、この運送約款に
　　より当店が負います。

> **POINT**
>
> 　利用運送については前記15頁注24参照。荷送人に対し、利用
> 運送人が運送上の責任を負うのは当然である。

（賠償に基づく権利取得）

第51条　当店が貨物の全部の価額を賠償したときは、当店は、当該貨物に
　　関する一切の権利を取得します。

> **POINT**
>
> 　本条は民法422条の確認条項である。

第9節　連絡運輸

（通し運送状等）

第52条　連絡運輸に係る貨物の運送を当店が引き受け、かつ、最初の運送
　　を行う場合（以下この節において「連絡運輸の場合」という。）において、
　　当店が運送状を請求したときは、荷送人は、全運送についての運送状を
　　提出しなければなりません。

　2　連絡運輸の場合において、当店は、荷送人から貨物引換証の請求があ
　　った場合には、当店は全運送についての貨物引換証を発行します。

> **POINT**
>
> 　「連絡運輸」とは本書でいう、狭義の相次運送を意味し「連

帯運送」と同義である（前記19頁参照）。

（運賃、料金等の収受）

第53条　当店は、連絡運輸の場合には、貨物を受け取るときまでに、全運送についての運賃、料金等を収受します。

2　当店は、前項の規定にかかわらず、全運送についての運賃、料金等を、最後の運送を行った運送事業者が貨物を引き渡すときまでに、荷受人から収受することを認めることがあります。

3　第1項の場合において、運賃、料金等の額が確定しないときは、第33条第2項の規定を準用します。

（中間運送人の権利）

第54条　連絡運輸の場合には、当店より後の運送事業者は、当店に代わってその権利を行使します。

> **POINT**
>
> 本条は商法589条が準用する同法563条1項の確認条項である。

（責任の原則）

第55条　当店は、連絡運輸の場合には、貨物の滅失、き損又は延着について、他の運送事業者と連帯して損害賠償の責任を負います。

> **POINT**
>
> 本条は商法579条の確認条項である。

（運送約款等の適用）

第56条　連絡運輸の場合には、他の運送事業者の行う運送については、そ

の事業者の運送約款又は運送に関する規定の定めるところによります。ただし、貨物の滅失、き損又は延着による損害が生じた場合であって、かつ、その損害を与えた事業者が明らかでない場合の損害賠償の請求については、この運送約款の定めるところによります。

> ## POINT
>
> 　本条は商法579条の特則である。
> 　荷送人は、複数の運送約款等を事前に確認しなければならないのは、中間運送事業者が多くなればなるほど大変になる。
> 　この場合、荷送人の方から、契約書を提示して、一律の内容としておくべきである。

（引渡期間）

第57条　連絡運輸の場合の引渡期間は、各運送事業者ごとに、その運送約款又は運送に関する規定により計算した引渡期間又はそれに相当するものを合算した期間に、一運送機関ごとに１日を加算したものとします。

（損害賠償事務の処理）

第58条　連絡運輸の場合には、貨物の滅失、き損又は延着についての損害賠償は、その請求を受けた運送事業者が損害の程度を調査し、損害賠償の額を決定してその支払いをします。

（損害賠償請求権の留保）

第59条　連絡運輸の場合における第46条第１項の留保又は通知は、その運送を行った運送事業者のいずれに対しても行うことができます。

第３章　附帯業務

（附帯業務）

第60条　当店は、品代金の取立て、荷掛金の立替え、貨物の荷造り、仕分、保管、検収及び検品その他貨物自動車運送事業に附帯して一定の時間、技能、機器等を必要とする業務（以下「附帯業務」という。）を引き受けた場合には、当店が別に定める料金又は実際に要した費用を収受します。

2　附帯業務については、別段の定めがある場合を除き、性質の許す限り、第2章の規定を準用します。

（品代金の取立て）

第61条　品代金の取立ての追付又は変更は、その貨物の発送前に限り、これに応じます。

2　当店は、品代金の取立ての委託を受けた貨物を発送した後、荷送人が、当該品代金の取立ての委託を取り消した場合又は荷送人若しくは荷受人が責任を負う事由により当該品代金の取立てが不能となった場合は、当該品代金の取立料の払戻しはしません。

（付　保）

第62条　運送の申込みに際し、当店の申出により荷送人が承諾したときは、当店は、荷送人の費用によって運送保険の締結を引き受けます。

2　保険料率その他運送保険に関する事項は、店頭に掲示します。

POINT

　以上の各条項のほか別に定める運送契約書において、運送人に対する秘密保持条項も必要となる。

---

②　物品運送基本契約書

━━━━━━●想定する事実●━━━━━━

　X 株式会社は、Y 運送株式会社との間の継続的な商品その他の運送について、標準貨物自動車運送約款を原則適用するが、当該約款の定めを改正する事項、当該約款に規定のない事項について特約事項として定めた「物品運送委託基本契約書」を締結することになった。

（収入印紙）[35]

物品運送委託基本契約書

　X 株式会社（以下、「委託者」という）と Y 運輸株式会社（以下、「受託者」という）とは、運送業務の委託に関し、次のとおり契約（以下、「本契約」という）を締結する。

第 1 条（目　的）

　委託者は受託者に対し、委託者の指定する物品（以下、「本件物品」という）の運送業務を受託者に委託し、受託者は委託者の指示に従って、本件物品を運送することを受託した。

第 2 条（基本原則）

　委託者および受託者は、本契約において標準貨物自動車運送約款（最終改正平成26年国土交通省告示第49号。以下、「運送約款」という）が、本件物品の運送業務の委託に適用されることを確認する。

2　委託者および受託者は、前項にかかわらず、本契約に特段の定めがある場合は、運送約款の適用は排除されることを確認する。

35　運送であるので印紙税法別表第一第 1 号の 4 文書（運送に関する契約書）および第 7 号文書（継続的取引の基本となる契約書）に該当する。複数の取引を継続して行う契約書であり、契約金額の記載はなく第 7 号文書として取り扱われ、4000円の収入印紙の貼付が必要となる。

341

> **POINT**
>
> 　運送業者は、運送約款を定め、国土交通大臣の認可が必要とされるが（貨物自動車運送事業法10条 1 項）、国土交通大臣が公示した「標準運送約款」と同一の内容を定める場合には、認可を受けたものとみなされる（貨物自動車運送事業法10条 3 項）。
>
> 　本条第 2 項は、「運送約款」を巡るトラブルの発生を防止するための条項である。したがって、委託者は、「運送約款」の内容を精査して、変更すべき点は、当該契約書において修正しておかなければならない。また、「運送約款」は単発的な運送を基本に作成されているので、B to B 取引にあっては内容を継続的な運送委託契約に変更する必要がある。
>
> 　運送業者が「運送約款」の認可を受けたとみなされれば、排除の特約をしない限り、同約款が適用されてしまう。

第 3 条（運送料の支払い）

　委託者が、本契約に基づき受託者が遂行する運送の対価として、別途委託者と受託者が協議して定める料金表の運賃および料金（以下、「運送料」という）を支払う。

2　受託者は、前月26日から当月25日までに発生する運送料を当月25日に締切り集計し、当該運送料の請求書を委託者に交付する。

3　受託者は、前項の請求書において、運送料に対して法令で定められた消費税の料率を乗じた額（円未満の端数は四捨五入）を加算して請求する。

4　委託者は、当該請求書に記載された金額を、第 2 項の締切日の翌月末日までに受託者が指定する銀行口座に振り込む方法により支払う。

> **POINT**
>
> **(1)　対価の設定および支払いの方法の定め**
> 運送約款第32条は、運賃および料金は「当店（受託者）が別

に定める」となっているが、本条は「当事者が協議して定める」としている。

運送約款第33条は、原則、「貨物を受け取るときまでに運送料を収受する」とするが、本条は「後払い」としている。そして、本条は後払いのため、運送料の支払方法を詳細に規定する（本契約第 7 条の POINT 345頁参照）。

(2) 受託者が下請事業者である場合の支払条件

受託者が委託者の下請法上の下請事業者（第 1 章Ⅱ②請負(7)㋡23頁）であれば、運送をした日から起算して60日以内の期間内で支払日を定めなければならない（下請法 2 条の 2 第 1 項）。したがって、本条第 2 項について、支払日を、運送した日から60日以内に変更しなければならない（本条の内容では、1 月26日に運送をすれば、支払日は 3 月末日となり60日超となってしまう）。また、第 4 項は当事者の確認のため定めたものである。

(変更例)

2　受託者は、<u>毎月 1 日から毎月末日</u>までに発生する運送料を<u>毎月末日</u>に締切り集計し、当該運送料の請求書を委託者に交付する。

4　委託者は、当該請求書に記載された金額を、第 2 項の締切日の翌月末日までに受託者が指定する銀行口座に振り込む方法により支払う。なお、<u>振込手数料は委託者の負担とし、翌月末日が銀行休業日にあたる場合は直前の銀行営業日までに支払うものとする。</u>

※変更例の第 2 項の場合、「60日」は 2 か月と読み替えてもよいとされ、大の月が続く場合（たとえば12月～ 1 月）でも問題にされることはない。

※ただし、振込手数料は、受託者が下請事業者の場合、書面での合意があれば、実費の範囲内で当該手数料を差し引いて代金を支払うことも決められる。

※ただし、銀行の休業日の場合、順延する期間が 2 日以内であ

る場合で、当事者間で書面での合意があれば、結果として60日（2か月）を超えても問題とならない。

第4条（運送料の変更）

　前条の運送料は、その算出根拠または経済情勢等により不相当となった場合は、委託者と受託者が協議して、料金を改定することができる。

POINT

　本契約は継続的契約であるので、運送契約第32条および第33条の特約として運送料の変更規定を追加している。

第5条（連絡運輸または利用運送の使用）

　受託者は、委託者の利益を害さない限り、他の運送機関と連絡して行う運送（以下、「連絡運輸」という）、または他の貨物自動車運送事業者の行う運送もしくは他の運送機関を利用して行う運送（以下、「利用運送」という）を使用することができ、その旨を委託者に事前に書面で報告しなければならない。

POINT

　運送約款第16条は、利用運送・連絡運送について単に使用できる旨を定めるが、本条は、その場合に書面報告を義務づけている。

　運送約款第50条は利用運送の場合の責任を規定し、第55条は連絡運送の場合の責任を規定し、運送約款の内容で問題もないので、本契約では規定しない。

第6条（受渡場所）

　委託者は、本件物品を別紙に記載する委託者の事業所において、委託者および受託者の担当者が確認のもと引き渡すものとする。

> **POINT**
>
> 　運送約款は、当店にて受け渡しが前提となっている（運送約款第3条・第4条参照）。本条では受託者が委託者の指定する場所へ引き取りに行くものとしている。

第7条（個別契約等）

　受託者は、本件物品を受領したときは、直ちに運送業務を開始すると共に、委託者所定の運送引受書を委託者に交付する。

2　委託者は、荷受人に対して物品の引渡しをしたときは、委託者所定の引渡報告書を委託者に対して提出する。

> **POINT**
>
> 　国土交通省は、平成26年1月に「トラック運送業における書面化推進ガイドライン」を作成し、書面化の徹底を図っている。当ガイドラインによると、運送状は、運送約款第8条に定められているが、書面化されている事業者は全体の4割にも満たないとし、書面化されないことに伴うトラブルについて、以下の項目をあげている。
>
> 　①　口頭による運送依頼の取引慣行化により、「運賃」「支払期日」「支払方法」等基本事項が不明確になっている。
>
> 　②　契約書がないので、責任の範囲が曖昧な状況となっている。
>
> 　③　契約が書面化されても基本契約に関するものが中心となり、運賃等重要な契約事項は書面化されていない事例が多い。

345

④　口頭契約先の荷主の仕事では、手待ち時間の発生、附帯作業の要求が多い。

⑤　個建て方式の契約で、1個の荷物の大きさを決めてなかったため、5個の荷物を1個に束ね1個分の荷物の運賃に減額された。

⑥　体裁だけ整えただけの契約書が多く、詳細な条件が明記されていない。

以上から、本契約第3条で、運賃、支払期日、支払方法等を定め、さらに本条で受託者に引受書、報告書の交付義務を課している。

なお、受託者が委託者の下請法上の下請事業者（第1章II②請負(7)(イ)24頁）であれば、親事業者である委託者は3条書面の交付が必要となる（請負(7)(ウ)26頁参照）。

第8条（事故対応）

受託者は、運送中の本件物品について、滅失、毀損、汚損、延着（延着のおそれを含む）その他の事故が発生したときは、直ちに委託者に対して連絡をし、委託者の指示を受けるとともに、本件物品について最善の措置をとらなければならない。

POINT

運送約款第29条に事故の際の措置の規定があるが、緊急時なので「直ちに」にするとともに、「延着またはそのおそれ」についても明定している（運送約款第29条のPOINT 326頁参照）。

第14条（運送保険の付保）

受託者は、委託者の反対の意思表示がない限り、委託者のために本件物品に受託者が適当とする保険者の運送保険を付ける。

2　受託者が前項により、付保する運送保険の保険料は、委託者が負担する。

> **POINT**
>
> 本条は運送約款第62条に対する特約である。

第 9 条（秘密保持）

委託者および受託者は、互いに本件業務の遂行により知り得る個人情報および相手方が秘密として指定または表示した情報を第三者に漏えいまたは開示してはならない。

> **POINT**
>
> 秘密保持条項は、運送約款にはないため、本条で追加する。

第10条（解約）

委託者および受託者は、契約期間満了前に本契約を解約しようとするときは、その 3 か月前までに相手方に対して書面により解約を申し入れなければならない。

> **POINT**
>
> 任意解除条項は、運送約款にはないため、本条で追加する。

第11条（契約の解除）

委託者または受託者は、相手方が次の各号のいずれかに該当したときは、催告その他の手続を要しないで、直ちに本契約または個別契約の全部または一部を解除することができる。

(1)　本契約または個別契約に違反し、相手方が相当の期間を定めて催告したにもかかわらず、当該期間内にこれを是正しないとき

(2)　資本金の額の減少または事業規模を縮小したとき

(3)　自らが振り出しまたは引き受けた手形がもしくは小切手が不渡りとなったとき、または支払停止状態となったとき

(4)　関係官庁から営業の許可取消処分または停止処分を受けたとき

(5)　公租公課の滞納処分を受けたとき

(6)　差押え、仮差押え、仮処分、競売その他公権力の処分を受け、もしくは破産、民事再生法による再生、会社更生法による更生、会社法による特別清算の手続開始の申立てがあったとき、清算手続に入ったときまたは解散の決議をしたとき

(7)　関係官庁から営業の許可取消処分または停止処分を受けたとき

(8)　株主等の構成、役員の変動等により会社の実質的支配関係が変化したとき

(9)　事業の譲渡をしたときまたは他の会社との合併もしくは会社分割をしたとき

(10)　信用、資産または事業の重大な変化など、本契約または個別契約の履行が困難になる事由が認められたとき

2　委託者または受託者は、前項に基づき本契約または個別契約の全部または一部を解除した場合は、これにより被った損害の賠償を相手方に請求することができる。

> **POINT**
>
> 　契約解除条項は、運送約款にはないため、本条で追加する。

第12条（期限の利益の喪失）

　前条第 1 項により契約を解除されたときはいつでも、相手方に対するいっさいの債務につき当然に期限の利益を喪失するものとし、債務のすべてを直ちに相手方に弁済しなければならない。

第13条（反社会的勢力の排除）

　受託者は、委託者に対し、本契約書の締結時において、受託者（受託者の代表者、役員、または実質的に経営を支配する者を含む）が暴力団、暴力団員、暴力団員でなくなった時から５年を経過しない者、暴力団準構成員、暴力団関係企業、総会屋、政治活動・宗教活動・社会運動標ぼうゴロ、特殊知能暴力集団等その他のこれらに準ずる者（以下、これらを「反社会的勢力」という）に該当しないことを表明し、かつ将来にわたって該当しないことを確約する。

2　受託者は、委託者が前項に該当するか否かを判定するために調査を要すると判断した場合、委託者の求めに応じその調査に協力し、これに必要と委託者が判断する資料を提出しなければならない。

3　受託者が反社会的勢力に該当すると判明した場合、委託者は直ちに契約解除等の措置をとることができる。

(1)　委託者は、催告その他の手続を要することなく、本契約のみならず受託者との間のすべての契約を直ちに解除することができ、解除した場合には、受託者は委託者との間におけるすべての取引等により生じた委託者に対するいっさいの債務について、当然に期限の利益を喪失するものとし、受託者は当該債務を直ちに弁済しなければならない。

(2)　委託者が、前号の規定により、契約を解除した場合に、委託者はこれにより受託者の損害を賠償する責を負わない。

(3)　第１号の規定により委託者が契約を解除した場合、委託者から受託者に対する損害賠償請求を妨げない。

> **POINT**
>
> 暴力団排除条項は、運送約款にはないため、本条で追加する。

第14条（有効期間）

　本契約の有効期間は、平成〇〇年〇月１日から１年間とする。ただし、期間満了の〇か月前までに委託者または受託者のいずれよりも反対の意思表示がないときは、本契約はさらに１年間自動的に更新されるものと

し、以後も同様とする。

> **POINT**
>
> 有効期間条項は、運送約款にはないため、本条で追加する。

第15条（協　議）

本契約に定めのない事項、または本契約に疑義が生じたときは、誠意をもって委託者と受託者が協議のうえ解決するものとする。

> **POINT**
>
> 協議条項は、運送約款にはないため、本条で追加する。
>
> なお、本契約第１条により、運送約款も本契約も含まれる。

第16条（合意管轄）

委託者および受託者は、本契約または本契約に関連して裁判上の紛争が生じたときは、○○地方裁判所をもって、第一審の専属的合意管轄裁判所とする。

> **POINT**
>
> 合意管轄条項は、運送約款にはないため、本条で追加する。

本契約の成立を証するため、本書２通を作成し、委託者および受託者が記名押印の上、各１通を保有する。

平成○○年○月○日

　　　　　　委託者　東京都渋谷区○○１丁目１番１号

　　　　　　　　　　X 株式会社

　　　　　　　　　　代表取締役社長　　○○○○　㊞

受託者　東京都品川区○○ 2 丁目 2 番 2 号
　　　　Y 運輸株式会社
　　　　　　代表取締役　○○○○　㊞

Ⅳ　倉庫寄託契約書

1　標準倉庫寄託約款

========●想定する事実●========

　X株式会社は、Y倉庫株式会社と、継続的な倉庫寄託契約を締結するにあたり、Y倉庫から提示された「標準倉庫寄託約款（甲）」（以下、「寄託約款」という）について、本約款の定めを改定すべき条項および約款に規定のない事項について、別途「倉庫寄託契約」を締結することで合意した。

標準倉庫寄託約款（甲）[36]

$$\left(\begin{array}{l} 昭和34年12月14日港倉第181号 \\ 改正昭和56年3月4日港倉第11号 \end{array} \right)$$

> **POINT**
>
> #### (1)　寄託約款を修正する寄託契約の必要性
>
> 　倉庫業者は、倉庫寄託約款を定めて、その実施前に国土交通大臣に届け出なければならないとされているが（倉庫業法8条1項）、国土交通大臣が公示した標準倉庫寄託約款（本約款）と同一の倉庫寄託約款を定めた場合（または現に定めている倉庫寄託約款を標準倉庫寄託約款と同一のものに変更したとき）は、国土交通大臣への届出をしたものとみなされ、届出が不要となる。
>
> 　したがって、倉庫業者寄りの公平性を欠く当該寄託約款をすべての倉庫業者が使用している可能性が高い。
>
> 　本約款は従来から学説の強い批判がある。すなわち倉庫業者

---

[36]　標準倉庫寄託約款のうち発券倉庫業者用のものを「甲」とし、非発券倉庫業者用のものを「乙」とする。他に標準冷蔵倉庫寄託約款（甲）（乙）および標準トランクルームサービス約款がある。

は寄託者等によって倉庫業者やその使用人の故意または重過失が証明された場合に限り責任を負うとするものであり（本約款第38条参照）、これに対しては寄託者等の権利を不当に制約するのではないかとする指摘が少なくない。[37]

　そのため、受寄者が、倉庫寄託約款を定め、国土交通大臣に届け出た場合または届け出たとみなされる場合（倉庫業法8条1項・3項）、当該寄託約款とは別に、寄託会社と倉庫業者が取り交わす「倉庫寄託契約書」（以下、「寄託契約」または「本契約」という）に本契約の優先適用を明確にして、必要条項を定めなければならない。

（記載例）

倉庫寄託契約書

第〇条（優先適用）

　本契約と受寄者の倉庫寄託約款の定めと重複する事項は、本契約の定めが優先して適用される。

2　本契約に定めがない事項は、倉庫寄託約款の定めが適用される。

37　来栖三郎『契約法』593頁（有斐閣・1974年）、西原寛一『商行為法』359頁註(5)（有斐閣・1960年）、平出慶道『商行為法〔第二版〕』585頁～586頁（青林書院・1989年）など、本約款に強い批判がある。
　小塚荘一郎「倉庫業者と運送ターミナルオペレーターの責任」『落合誠一先生還暦記念・商事法への提言』668頁以下（商事法務・2004年）で、約款の内容が一方当事者に偏しているか否かは契約上の権利・義務のバランスを全体として観察しなければ評価できないとして、米国・フランス・ドイツの法制・約款と比較し軽過失を一切免責とし、故意・重過失の証明責任を寄託者に負担させている点は異例であるとするが、責任限度額が定められておらず、火災保険が倉庫業者の負担である点から従来の批判はあたらないとする。
　しかし、損害賠償の範囲は時価を超えることはなく（本約款第42条、民法416条2項参照）賠償範囲を限定すればおのずと賠償金額は制限されることになるから必要ないとされていること（塩田澄夫『倉庫寄託約款の解説』247頁以下〔交通出版社・1961年〕）、また、火災保険付保は、倉庫業法14条で定められており、倉庫業法の制定時（昭和31年）に当然、民法および商法の規定を前提とした検討がなされているはずであることから、責任限度額の非設定および火災保険の倉庫業者負担を理由として批判にあたらないとするのは難しいのではないかと考える。

⑵　**寄託約款における変更例の位置づけ**

寄託約款の POINT に掲載した変更例は、国交省に届け出た「寄託約款」を修正するものでなく、別に定める寄託契約の条文等の参考とするものである。

第 1 章　総則

（本約款の適用）

第 1 条　当会社の締結する寄託、寄託の予約及びこれらに関連する契約については、この約款に定めるところによる。

2　この約款に規定していない事項については、法令及び慣習による。

> **POINT**
>
> 寄託約款（以下の POINT では、「本約款」または「寄託約款」という）第 1 条第 1 項で、「寄託、寄託の予約」として、要物契約を前提とする。
>
> しかし、要物性は必ずしも必要ではない。[38]

（営業時間及び休業日）

第 2 条　当会社の営業時間は、午前○時から午後○時までとする。

2　当会社の休業日は、国民の祝日、日曜日及び営業地慣行の休日とする。

3　前 2 項の営業時間及び休業日は、臨時に変更することがある。

> **POINT**
>
> 本条は、商法520条（取引時間）、同616条（寄託物に関する権

---

[38]　「民法（債権関係）の改正に関する要綱仮案」（平成26年 8 月26日決定、以下「改正要綱仮案」という）は、要物性を見直し、民法657条の規律を次のように改めるものとする（第38寄託 1 ⑴）。

「寄託は、当事者の一方が相手方のためにある物を保管することを約し、相手方がこれを承諾することによって、その効力を生ずる。」

利）の具体化である。

（庫入、庫出その他の作業）

第3条　貨物の庫入及び庫出その他の作業は、すべて当会社が行う。ただ
し、当会社が特に承認したときは、この限りでない。

> **POINT**
>
> 　本条ただし書は、倉庫業者の都合で寄託者もしくは証券所持
> 人が庫入れまたは庫出しの作業をすることを認める場合もある
> ので、この点をただし書で明らかにしたとされるが、それなら
> ば明確な記述が必要である。別に契約する「寄託契約」におい
> てただし書の内容を変更する。
>
> **（変更例）**
>
> 　ただし、当会社が特に寄託者又は証券所持人が該当作業を行
> う旨を承認したときは、この限りでない。

（書面による意思表示）

第4条　当会社は、寄託者又は証券所持人が当会社に対して通知、指図そ
の他意思表示を行なうときは、書面によることを要求することができる。

（通知、催告）

第5条　寄託者は、その住所又は氏名若しくは名称を変更したときは、遅
滞なく当会社に通知しなければならない。

2　当会社の寄託者又は証券所持人に対する通知又は催告は、当該寄託者
若しくは証券所持人を知ることができないとき又はその所在を知ること
ができないときは、民法第97条の2に定める方法により行なうことがで
きる。

39　塩田・前掲書（注37）21頁

> **POINT**
>
> 　寄託約款の原文の第 5 条第 2 項では「民法第97条の 2 」となっているが、平成16年の民法改正により条番号が「98条」に変更されている。
>
> 　民法98条は、意思表示をすべき相手方が不明であったり、相手方の所在が不明の場合に、公示の方法で意思表示ができるものとしている。

（業務上受領する金銭の利息）

第 6 条　当会社は、業務上受け取った金銭に対しては、利息を付けない。

第 2 章　寄託の引受及び受寄物の入庫

（寄託引受の制限）

第 7 条　当会社は、次の場合には、寄託の引受をしないことができる。

(1)　当該寄託の申込がこの約款によらないとき。

(2)　当該貨物が危険貨物、変質又は損傷しやすい貨物、荷造の不完全な貨物その他保管に適しない貨物と認められるとき。

(3)　当該貨物の保管に適する設備がないとき。

(4)　当該貨物の保管に関し特別の負担を求められたとき。

(5)　当該貨物の保管が法令の規定又は公序良俗に違反するとき。

(6)　その他やむを得ない事由があるとき。

（寄託申込書）

第 8 条　寄託者は、貨物の寄託に際し、当該貨物に関して次の事項を記載した寄託申込書を提出しなければならない。

(1)　貨物の種類、品質、数量及び荷造の種類、個数並びに記号

(2)　寄託者の住所及び氏名又は名称

(3)　保管場所及び保管期間を定めたときは、その旨

(4)　貨物の寄託申込当時の価額

(5)　貨物の保管又は荷役上特別の注意を要するときは、その旨

(6)　その他必要な事項

2　当会社が寄託申込前に貨物の送致を受けた場合において、当該貨物の寄託を引き受けたときは、寄託者は、当会社が送致を受けた日の日付により寄託申込書を提出しなければならない。この場合においては、寄託契約は、送致の日から効力を生じたものとみなす。

3　当会社は、寄託者が寄託申込書を提出しないため、寄託申込書に記載すべき事項を記載しないため又は寄託申込書に記載した事項が事実と相違するため生じた損害については、責任を負わない。

POINT

本条第1項による寄託申込書の提出は、寄託物の数量などの間違いを防止し、また多数取引の処理を合理化する必要のためであって、これによって倉庫寄託契約が寄託申込書の交付を成立要件とする要式契約になるわけではない。ただし、第3項で賠償責任を負わないから、間接的には要式契約性が強要されているとみることができる。[40]

（寄託価額）

第9条　受寄物の価額が明示されないとき又は寄託の申込に際して明示された受寄物の価額を当会社が不相当と認めるときは、当会社は、貨物の引渡を受けた後遅滞なく相当と認められる額をその価額と定め、寄託者に対してその旨を通知する。

40　北川善太郎編『現代契約法入門』（保坂昭一）144頁（有斐閣・1974年）。なお、前掲（注38）参照

> ### POINT
>
> 　本条に関し、そもそも受寄物の価額が不相当か否か、寄託物に対して専門的知識を有しない倉庫業者が判断できるのであろうか。
>
> 　少なくも、受寄物の価額がよくわからないとき、当会社が考える価額と大きな差（著しく不相当）があるとき、当会社が価額を定めるにあたっては、当該寄託物に関する専門家の意見をもとにすべきではないか。変更例をもとに、別に定める寄託契約において検討する。
>
> **(変更例)**
>
> 　受寄物の価額が明示されないとき又は寄託の申込に際して明示された受寄物の価額を当会社が、<u>疑義がある</u>と認めるときは、当会社は、貨物の引渡を受けた後遅滞なく、<u>寄託者に対して価額の再提出またはその価額を正当とする理由の提示を求めなければならない。</u>

(貨物の引渡)

第10条　当会社が寄託の申込を承諾したときは、寄託申込者は、約定の日時に約定の場所で貨物を引き渡さなければならない。

2　当会社は、貨物の引渡を受けたときは、寄託者の請求により、貨物受取書又は入庫通知書を交付する。

(寄託引渡の取消及び寄託契約の解除)

第11条　当会社が寄託の申込を承諾し又は寄託の申込を承諾した貨物の引渡を受けた後でも、次の事由があるときは、承諾を取り消し又は契約を解除することができる。

(1)　第7条各号の一に該当することが明らかになったとき。

(2)　前条第1項による貨物の引渡がなされなかったとき。

(3)　当該貨物の価額がその保管料その他の費用に満たなくなったとき。

(4)　寄託者が正当な事由がなく受寄物の検査を拒絶したとき。

2　寄託者が当会社に貨物を引き渡した後、当会社が前項により契約を解除したときは、寄託者は、遅滞なく保管料、荷役料、立替金その他の費用を支払い、当会社が指定する期間内に貨物を引き取らなければならない。

3　当会社は、第1項により承諾の取消又は契約の解除をしたことによる損害については、責任を負わない。

4　当会社は、第2項の期間の経過した後は、貨物について生じた損害について責任を負わない。

POINT

(1)　指定期間内の引取り

本条第2項に関し、寄託者に対し、「直ちに」と指定されても困るので、「指定する相当期間内」とすべきである。別に定める寄託契約において検討する。

(変更例)

2　寄託者が当会社に貨物を引き渡した後、当会社が前項により契約を解除したときは、寄託者は、遅滞なく保管料、荷役料、立替金その他の費用を支払い、当会社が指定する<u>相当期間内</u>に貨物を引き取らなければならない。

(2)　契約解除時の費用の支払い

本条第2項の寄託者の費用の支払いについて、民法665条は、寄託について民法648条3項を準用するので、受任者の責に帰すことができない事由によって履行が中途で終了したときは、既履行の割合に応じて報酬を請求できるとする。

(3)　寄託者の損害賠償

本条第3項に対し、本約款第45条、第46条で倉庫業者の損害についての定めがある。

> （関連条文）　民法662条、民法665条、648条3項、民法540条、商法619条

（受寄物の検査）

第12条　当会社は、入庫に当り又は受寄の後に、寄託者の承諾を得て、寄託者の費用において受寄物の全部又は一部についてその内容を検査することができる。ただし、承諾を求めるいとまのないときは、この限りでない。

> **POINT**
>
> 　本条は、検査費用を寄託者負担として検査をできるとするので、任意に検査をしないこともできる。
> 　しかし、倉庫業者が任意に検査をしなければ免責（本約款第41条）となるのは、有利すぎる。
> 　「容易に検査できないときを除き、検査しなければならない。」としないと本約款第41条との整合性がとれない。
> **（変更例）**
> 　当会社は、入庫に当り又は受寄の後に、寄託者の承諾を得て、寄託者の費用において受寄物の全部又は一部についてその内容を検査しなければならない。ただし、容易に検査をすることができないとき、または寄託者の承諾が得られないときは、この限りでない。

第3章　証券、証書及び通帳

（倉荷証券の交付）

第13条　当会社は、受寄物に対して、寄託者の請求があったときは、倉荷証券（以下「証券」という。）を交付する。

> **POINT**
>
> 　実務上、預証券および質入証券は使用されておらず、倉荷証券が使用される。
>
> **（関連条文）**　商法627条、商法598条

（証書又は通帳の交付）

第14条　当会社は、証券が発行されていない受寄物に対して、寄託者の請求があったときは、貨物保管証書（以下「証書」という。）又は保管貨物通帳（以下「通帳」という。）を交付することがある。

2　前項の証書及び通帳は、譲渡したり又は担保に供することができない。

（発券受寄物の分割）

第15条　同一の種類及び品質で同一の荷口に属する受寄物に対して、証券を2枚以上に分割して発行するときは、各証券所持人に引き渡すべき貨物の分割については、当会社の決定にゆだねるものとする。

> **（関連条文）**　商法601条、商法627条

（証券を喪失した場合の貨物の出庫又は証券の再交付）

第16条　証券所持人が証券を盗取され又は紛失若しくは滅失したときは、公示催告の申立をした後、当会社が相当と認める担保を提供して、寄託物の出庫又は証券の再交付を求めることができる。この場合において、証券所持人が当会社に提出した担保物件は、当該証券について除権判決が確定した後でなければ返還しない。

> **POINT**
>
> 　商法605条は、倉荷証券が滅失した場合に、証券所持人が相

当の担保を供して証券の再発行を請求することができるとする。これに対して本条は、公示催告の申立て後という要件を定め、証券所持人の義務を加重している。

　現在では、「除権判決」ではなく、正しくは「除権決定」である（非訟事件手続法106条1項）。

（関連条文）　商法605条、商法518条、非訟事件手続法99条以下

第 4 章　受寄物の保管

（保管方法）

第17条　当会社は、受寄物を入庫当時の荷姿のまま当会社が定めた方法により保管する。

2　当会社は、寄託者又は証券所持人の承諾を得ずに、受寄物の入庫当時の保管箇所又は保管設備の変更、受寄物の積換、他の貨物との混置その他保管方法の変更をすることができる。ただし、特約がある場合は、この限りでない。

POINT

　本条による倉庫業者の受寄物の保管の権限は、倉庫業者が善管注意義務を負っていることが前提となっている。

　しかし、寄託者等の承認を得て、保管方法の変更ができるとすべきである。

　たとえば、本条第2項によると、寄託者等は、屋内保管から野積保管へ変更されても異議を唱えることはできないことになる。

　さらに問題は、本約款第38条がそのまま置かれている場合、倉庫業者が寄託者の承諾を得ずして損害が発生したとしても、挙証責任が寄託者等に転換されており、しかも故意・重過失の場合しか損害賠償を請求できないことになってしまうことであ

る（本約款第38条参照）。変更例は承諾を得なければ保管方法を
変更できないものとする。

（変更例）

2　当会社は、寄託者又は証券所持人の承諾を得て、受寄物の
入庫当時の保管箇所又は保管設備の変更、受寄物の積換、他
の貨物との混置その他保管方法の変更をすることができる。
ただし、特約がある場合は、この限りでない。

※なお、上記変更例のただし書は、本条第2項ただし書とは正
反対の表現、すなわち特約がある場合は得なくても変更する
ことができるとなる。変更例において、ただし書は、外して
も構わない。

（再寄託）

第18条　当会社は、やむを得ない事由があるときは、寄託者又は証券所持
人の承諾を得ないで、当会社の費用で他の倉庫業者に受寄物を再寄託す
ることができる。

> **POINT**
>
> 本条は、民法658条の特約であり、やむを得ない事由がある[41]
> ときは承諾を得ないで再寄託できる。やむを得ない事由とは、
> 自己の倉庫の満庫などの場合である。やむを得ない事由がない[42]
> ときに承諾を得ないで損害が発生した場合の責任は、元請倉庫
> 業者にある。
>
> 　しかし、やむを得ない事情があるとしても、寄託者としては、

41　「改正要綱仮案（平成26年8月26日決定）」は、民法658条1項の規律を次のように改めるものと
する（第38寄託2(1)）。
　「ア　受寄者は、寄託者の承諾を得なければ、寄託物を使用することができない。
　イ　受寄者は、寄託者の承諾を得たとき、又はやむを得ない事由があるときでなければ、寄託
物を第三者に保管させることができない。」

42　塩田・前掲書（注37）21頁

通知だけはしてもらいたい。

　東京地判平成25年2月21日判例集未登載（LEX/DB25511348）は、海産物販売業者Xが倉庫業者の釜石市に所在する冷蔵倉庫Yに寄託した冷凍魚について、Xに無断でYが再委託した倉庫で被災消失したとして訴えた事案で、Yが再委託する際、承諾または通知をしたことをうかがわせる証拠はなく、黙示の承諾も認めることはできず、承諾を得ることは可能でありやむを得ない事由があったと認めることができないとして、再寄託した冷凍魚が不可抗力によって喪失した場合であっても、Yが損害賠償を免れることはできないとした。

※なお、上記裁判例は冷凍倉庫の例であるが、標準冷凍倉庫寄託約款15条は本約款18条と同じである。

　変更例①は、現行民法658条に沿って、やむを得ない事由かどうかに関係なく承諾を必要とするものである。

　変更例②は、緊急時のようなやむを得ない場合は承諾は要しないが、通知だけは必要とするものである。

（変更例①）

　当会社は、あらかじめ寄託者または証券所持人に書面による承諾を得た場合は、当会社の費用で他の倉庫業者に受寄物を再委託することができる。

（変更例②）

　当会社は、寄託者または証券所持人に対し、書面による承諾を得て、またはやむを得ない事由があるときは通知をして、当会社の費用で他の倉庫業者に受寄物を再委託することができる。

（関連条文）　民法658条、商法617条

（混合保管）

第19条　当会社は、関係寄託者の承諾を得て、一つの倉庫又は同一の保管

場所若しくは保管地における多数の倉庫において、種類及び品質の同一な受寄物を混合保管することができる。

2　当会社は、一人の寄託者又は証券所持人に対し、他の寄託者又は証券所持人の同意なくして、混合保管した受寄物の中から当該寄託者又は証券所持人の寄託に係るものと同一数量のものを返還することができる。

3　前項の規定は、寄託者又は証券所持人の一人が自己の寄託に係る数量の受寄物を特定保管に転換するときに準用する。

> **POINT**
>
> 「混合保管」とは「混蔵寄託」「混合寄託」ともよばれ、数人の寄託者の寄託物を混合して保管する方法であり倉庫営業に含まれると解されるが、商法上に規定はない[43]。そのため、本条項が置かれている。

（保管期間）

第20条　受寄物の保管期間は、３か月とし、受寄物を入庫した日から起算する。

2　前項の保管期間は、当会社の承認を得て更新することができる。この場合において、寄託者又は証券所持人は、保管期間満了の日までの保管料、荷役料、その他の費用、立替金及び延滞金を支払わなければならない

43　「改正要綱仮案（平成26年８月26日決定）」は、混合寄託について次のような規律を設けるものとする（第38寄託６）。

　「(1)　複数の者が寄託した物の種類及び品質が同一である場合には、受寄者は、各寄託者の承諾を得たときに限り、これらを混合して保管することができる。

　(2)　(1)の規定に基づき受寄者が複数の寄託者からの寄託物を混合して保管したときは、寄託者は、その寄託した数量の物の返還を請求することができる。

　(3)　(1)の規定に基づき受寄者が複数の寄託者からの寄託物を混合して保管した場合において、寄託物の一部が滅失したときは、寄託者は、その寄託した物の数量の割合に応じた物の返還を請求することができる。」

3　第1項の保管期間は、特約により、別に定めることができる。

POINT

(1)　**保管期間**

　商法619条の「6か月」は、民法663条1項の例外を定めたものであり、寄託者の利益を保護した規定である。倉庫業者は6か月を経過しないとその返還をすることができない。

　しかし、本条第1項は、保管期間について原則を3か月とするので、この期間が経過すれば倉庫営業者は受寄物の引取りを請求できることになり、寄託者にとって不利となる。

(変更例)

　商法619条に合わせて、原則を<u>6か月</u>とする。

(2)　**保管料等の支払い**

　企業間で継続的に寄託取引を行っている場合は、取り決められた支払条件により保管料等を支払うのが通常である。

(関連条文)　商法619条

(寄託価額の変更)

第21条　寄託者又は証券所持人は、寄託物の価格に著しい変動があったときは、遅滞なく寄託価額の変更を申し出なければならない。この場合、証券、証書又は通帳の発行された寄託物については、同時にこれを提出するものとする。

2　当会社は、受寄物の寄託価額が不相当と認められるに至ったときは、寄託者又は証券所持人と協議のうえ、相当と認められる価額に変更することができる。

(保管不適貨物の処置)

第22条　当会社は、受寄物が次の事由に該当するときは、寄託者又は証券

所持人に対して、相当の期間を定めて適宜の処置をするように催告する
ことができる。この場合、寄託者又は証券所持人は、遅滞なく処置をし
なければならない。

(1)　受寄物が保管に適しなくなったと認められるとき。

(2)　受寄物が倉庫又は他の受寄物に損害を与えるおそれがあるとき。

(3)　その他やむを得ない事由により受寄物の保管を継続することができ
なくなったとき。

2　寄託者若しくは証券所持人が当会社の定めた期間内に前項の催告に応
じないとき又は催告をするいとまがないときは、当会社は、受寄物の廃
棄その他の適宜の処置をとることができる。

3　前2項の処置によって生じた損害及びそれに要した費用は、当会社の
責に帰すべき事由に基づく場合でない限り、寄託者又は証券所持人の負
担とする。

POINT

　倉庫業者の責に帰すべき事由の場合は倉庫業者の負担、寄託
者または証券所持人の責に帰すべき事由の場合は寄託者または
証券所持人の負担、その他は協議により決定するものとしたい。
負担すべき場合を明確にして、寄託者に理由のない負担がない
ようにすべきである。

（変更例）

3　前2項の処置によって生じた損害及びそれに要した費用は、
当会社の責に帰すべき事由に基づく場合は当会社の負担とし、
寄託者又は証券所持人の責に帰すべき事由に基づく場合は寄
託者又は証券所持人の負担とするものとし、当事者の責に帰
さない事由に基づく場合は、当事者間の協議により負担を決
定するものとする。

（見本の摘出、寄託物の点検、保存）

第23条　寄託者又は証券所持人が見本の摘出、寄託物の点検又は保存に必要な処置をしようとするときは、証券その他寄託を証する書類を当会社に提出しなければならない。

2　見本の摘出、寄託物の点検又は保存に必要な処置により荷造をき損し又は価格に影響を及ぼすものと認めるときは、当会社は、証券その他必要な書類にその旨を記載する。

3　見本の摘出、寄託物の点検又は保存に必要な処置であっても、やむを得ない場合には、これを拒絶することができる。

POINT

　本条は、商法616条の具体化である。

　寄託者または証券所持人は、寄託物の権利者として、いつでも寄託物を点検し、見本を摘出し、または保存に必要な行為を認められなくてはならない。倉庫業者には積極的な相当の協力義務があるとされる。

　本条第3項は、当会社の保管状況の悪さを隠ぺいする場合に使われる可能性もあり、やむを得ないとする正当な理由の開示が必要となろう。また、やむを得ない正当な理由がなくなったときは、拒絶することができないことは当然である。

（関連条文）　商法616条

第5章　受寄物の出庫

（出庫手続）

第24条　証券又は証書により寄託物を出庫しようとする者は、証券又は証書に指定された事項を記入して、記名押印のうえ、当会社に提出しなければならない。

2　証券又は証書の発行されていない寄託物を出庫しようとする者は、貨

物受取証を当会社に提出しなければならない。この場合において、通帳
の発行されているときは、あわせて通帳も提出するものとする。

3　当会社は、寄託者又は証券所持人が寄託物を第三者に対して債権の担
保に供したときは、出庫の請求に関し、その第三者と前2項の規定と異
なる特約をすることができる。

（**関連条文**）　商法620条、商法627条、民法487条

（出庫の拒絶）

第25条　当会社は、保管料、荷役料、その他の費用、立替金及び延滞金の
支払を受けない間は、出庫の請求に応じないことができる。この場合、
出庫の請求に応じないことによる損害については、当会社は、その責任
を負わない。

2　前項の場合において、留置期間中の保管料、荷役料、その他の費用、
立替金及び延滞金は、寄託者又は証券所持人の負担とする。

（**関連条文**）　民法295条以下、商法521条

（一部の出庫の拒絶）

第26条　当会社が必要と認めたときは、受寄物の一部の出庫を拒絶するこ
とができる。

POINT

本条は、民法662条の特約である。寄託者には、原則、一部
出庫は認められる必要がある。したがって、拒絶を必要と認め
るに足りる事情の存在とその開示が必要となろう。

（変更例）

当会社が必要と認めたときは、その理由を示して受寄物の一

部の出庫を拒絶することができる。

（関連条文）　民法662条、商法622条、同628条

（出庫手続済寄託物の引取と出庫書類の流通禁止）

第27条　寄託物につき出庫の手続をした寄託者又は証券所持人は、遅滞なくその貨物を引き取らなければならない。

2　当会社の出庫指図書、出庫伝票、出庫依頼書その他の出庫に関する書類は、譲渡したり又は担保に供することができない。

第6章　引取のない受寄物の処置

（引取の請求）

第28条　当会社は、保管期間満了の後に、寄託者又は証券所持人に対し、受寄物の引取を請求することができる。

2　前項の請求は、一定の日までに引取がなされないときは引取を拒絶したものとみなす旨を付記してすることができる。

（供　託）

第29条　寄託者若しくは証券所持人が寄託物を受け取ることを拒み若しくは受け取ることができないとき又は当会社の過失なくして寄託者若しくは証券所持人を確知することができないときは、当会社は、その受寄物を供託することができる。

2　前項の規定により受寄物を供託したときは、遅滞なくその旨を寄託者又は証券所持人に通知する。ただし、寄託者又は証券所持人を確知できないときは、この限りでない。

POINT

金銭または有価証券以外の物品は、法務局に供託することは

できず、法務大臣の指定する倉庫業者または銀行が供託所となる（供託法１条、５条）。

（関連条文）　民法494条以下、供託法１条、５条

（競　売）

第30条　当会社は、前条第１項の場合において、寄託者又は証券所持人に対して期限を定めて受寄物の引取の催告をしたにもかかわらず、その期限内に引取がなされないときは、その受寄物を民事執行法に定める手続により競売することができる。

2　前項の規定により受寄物を競売したときは、遅滞なくその旨を寄託者又は証券所持人に通知する。ただし、寄託者又は証券所持人を確知できないときは、この限りでない。

（関連条文）　民法497条、商法624条、商法627条、商法524条１項および２項

（任意売却）

第31条　当会社は、第29条第１項の場合において、寄託者又は証券所持人に対して期限を定めて受寄物の引取の催告をしたにもかかわらず、その期限内に引取がなされず、かつ、次の事由が発生したときは、競売に代えて寄託者又は証券所持人の危険及び費用で任意に受寄物を売却することができる。この場合には、当会社は、知れたる寄託者又は証券所持人に対して、あらかじめその旨及び売却の期日を予告する。

(1)　受寄物の価格が保管料その他の費用及び競売費用を加えた額に満たないとき。

(2)　受寄物が損敗するおそれがあるとき。

2　当会社は、前項により任意売却した受寄物の代価から保管料、荷役料、

その他の費用、立替金、延滞金及び任意売却のために要した費用を控除した後、その残額を寄託者又は証券所持人に支払う。

第7章　受寄物の損害保険

（火災保険の付保）

第32条　当会社は、反対の意思表示がない限り、寄託者又は証券所持人のために、受寄物を当会社が適当とする保険者の火災保険に付ける。ただし、他の倉庫業者に再寄託した受寄物については、その再寄託を受けた倉庫業者がその適当とする保険者の火災保険に付けるものとする。

2　受寄物の火災保険に関する事項は、すべて当会社（再寄託をした受寄物については、その再寄託を受けた倉庫業者をいう。以下第34条まで同じ。）と保険者との特約による。

3　当会社は、寄託者又は証券所持人に告知しないで、保険者を変更することができる。

> **POINT**
>
> 　倉庫物件用火災保険普通保険約款では、雨漏り、窃盗、紛失等は担保されない。

（火災保険金額及び一部出庫による減額）

第33条　当会社が前条第1項により受寄物について締結する火災保険契約の保険金額は、受寄物の寄託価額とする。

2　火災保険に付けた受寄物の一部を出庫したときは、その割合に応じて保険金額を減額する。

（損害てん補額の決定）

第34条　寄託者又は証券所持人は、寄託物がり災した場合に、り災当時の価格及び損害の程度並びに損害てん補額を保険者と決定するに際しては、

それぞれの金額について当会社の承認を得なければならない。

2　前項の決定をするにあたって、寄託者又は証券所持人に異議があって保険者と協議が整わないときは、当会社は、保険者と協議決定することができる。

POINT

　本保険契約は、第三者のためにする契約である（民法537条1項）。

　寄託物の損害額を、相対立する倉庫業者の承認を得なければならないとするのは問題がある。また、損害額を決定できないときに、倉庫業者が直接、保険者と協議し決定できるとすることは、保険法に違反する可能性が高い（保険法8条、12条）。

　なぜ、通常、寄託物に関し専門的知識を有さない倉庫業者が保険者と協議決定できるのか。

　以上に関し、本約款第40条第2号により本条で決定された損害てん補を超える損害は免責されるので、被害者（寄託者または証券所持人）を除いた倉庫業者と保険者の協議により損害額を決定できるとすると、実際の損害に対し十分な賠償がされない可能性が高い。

（関連条文）　民法537条、保険法8条、12条

（火災保険金の支払手続）

第35条　寄託者又は証券所持人は、当会社を経由して火災保険金の支払を受けなければならない。

POINT

　寄託者（または証券所持人）は、原則、保険会社に直接請求することができ、保険法上これは強行規定である（保険法12条、

8条）。

（変更例）

　寄託者又は証券所持人は、<u>火災保険金の支払を受けること</u>が
<u>できる。</u>

（関連条文）　保険法 8 条、12 条

（告知義務違反等による損害の負担）

第36条　寄託者又は証券所持人が火災保険契約の効力に関して影響を及ぼ
　　すような事項を告知せず若しくは不実の告知をしたことによって生じた
　　損害は、寄託者又は証券所持人の負担とする。

第 8 章　受寄物の損害賠償

（責任の始期及び終期）

第37条　当会社の受寄物に関する責任は、寄託者から受寄物の引渡を受け
　　たときに始まり、受寄物を引き渡したときに終る。

2　当会社は、受寄物を引き渡した後は、当該貨物が当会社の構内に残存
　　する場合であっても、その保管の責任を負わない。

（賠償事由及び挙証責任）

第38条　寄託者又は証券所持人に対して当会社が賠償の責任を負う損害は、
　　当会社又はその使用人の故意又は重大な過失によって生じた場合に限る。

2　前項の場合に当会社に対して損害賠償を請求しようとする者は、その
　　損害が当会社又はその使用人の故意又は重大な過失によって生じたもの
　　であることを証明しなければならない。

POINT

　商法は「倉庫営業者は過失がなかったことを証明しない限

り」（商法617条）となっているのに、本条では、挙証責任の転換が図られ、しかも軽過失の場合は寄託者等がそれを証明しても損害賠償の責任を負わないことになる。

　この倉庫業者の責任軽減の部分は問題が多い。また、本条があるため、次条の再寄託の場合も、再受寄者に対しても本条が適用されることになってしまう。

　本条の責任制限の理由としては、①貨物引渡しを受けた際、内容の検査が義務付けられていない、②倉庫料金体系からみても責任の原因と賠償額を限定せざるを得ない、③明治年代から保管条件の原則が変更されていない、④顧客が倉庫取引を熟知した企業であり、しかも倉庫営業の独占性が低いこと、などの点といわれる。[44]

　しかし、寄託者の側で倉庫業者の故意重過失を立証するのは困難な場合が多く、学説はその有効性が疑問だとする。[45]

　変更例①は過失責任に戻し、挙証責任を倉庫業者に戻したものである。

　変更例②は、本条を適用しないものとして、商法617条が適用されるようにしたものである。

（変更例①）

　　寄託者または証券所持人又は証券所持人に対して当会社が賠償の責任を負う損害は、当会社又はその使用人の故意又は過失によって生じた場合に限る。

2　前項の場合に当会社は、その損害が当会社又はその使用人の故意又は過失によって生じたものでないことを証明しなければならない。

（変更例②）

44　来栖・前掲書（注37）592頁、塩田・前掲書（注37）196頁以下

45　平出・前掲書（注37）585頁、田中誠二『新版商行為法〔再全訂版〕』280頁（千倉書房・1979年）、西原寛一『商行為法』359頁（有斐閣・1960年）など

寄託約款第38条は適用しない。

※変更例①②により、商法617条に沿ったものとなる。しかし、寄託約款は存在するので、別途取り交わす寄託契約（本契約）に当該変更例等を規定しないと、寄託約款上の規定を否定することにはならないので注意が必要である。

（関連条文） 民法415条、商法617条

（再寄託物の責任）

第39条 当会社は、第18条により他の倉庫業者に受寄物を再寄託したときにおいても、この約款によって、その受寄物に関して責任を負う。

> **POINT**
>
> 　下請業者は元請業者の履行補助者となる。そこで、本条は、受寄者（当会社）に再寄託先の責任を負わせている。もっとも、損害が発生した場合、本約款第38条が適用されるので、寄託者は、再寄託を受けた第三者である倉庫業者の故意、重過失を立証しなければならない。しかし、前条の挙証の転換を商法617条のように戻さないと、寄託者が直接取引のない再寄託を受けた者の故意・重過失を立証することは極めて困難であろう。
>
> 　以上から、商法617条に沿って「過失責任および受寄者の無過失の挙証責任」に戻すことを前提に、条項を変更する。そのうえで、再委託先にも受託者と同一の義務を負わせることが必要となる。
>
> 　変更例は、別途定める寄託契約における例である。
>
> **（変更例）**
>
> 　当会社は、<u>本契約第○条</u>により他の倉庫業者に受寄物を再寄託したときにおいても、<u>本契約第△条</u>によって、その受寄物に関し責任を負う。

　2　前項の場合といえども、当会社は、再寄託者に対して、当
　会社が負う責任と同一の責任を負わせるものとする。

※本契約第〇条とは、別途取り交わす契約（寄託契約）に規定
　される本約款第18条の POINT の変更例などをいい、本契
　約△条とは、同様に寄託契約に規定される本約款第38条の
　POINT の変更例などをいう。

（関連条文）　商法617条、民法658条

（免責事項）

第40条　次の損害については、当会社は、その責任を負わない。

(1)　地震、津浪、高潮、大水、暴風雨、気候の変遷、爆発、戦争、事変、
　暴動、強盗、労働争議、そ害、虫害、貨物の性質若しくは欠かん、荷
　造の不完全、徴発、防疫その他抗拒又は回避することのできない災厄、
　事故、命令、処置又は保全行為によって直接と間接とを問わず生じた
　損害

(2)　第34条の規定により決定された損害てん補額こえる火災による損害
　及び寄託者の申出によって火災保険に付けなかった受寄物の火災によ
　る損害

(3)　寄託者又は証券所持人に対して行う引取の請求に定めた期限後にお
　いて当該受寄物について生じた損害

POINT

(1)　**本条第1号に係る免責項目**

①　天災地変は不可抗力として免責とするのは問題ない。ただ
　し、どの範囲までかである。地震、津浪、高潮、大水、暴風
　雨、気候の変遷までであろう。

②　爆発は、倉庫内の爆発を想定しているようであるが、当会
　社に責任がある場合も考えられ、にわかに不可抗力免責とは

言い難い。

③　社会的事変（事変、暴動）は不可抗力としても問題はない。

④　当会社の労働争議の場合、予見や対応は可能であり、これを免責するのは問題がある。当会社以外の労働争議で債務（保管）の履行が困難になる場合、たとえば電力会社の労働争議による停電や運送会社の労働争議による場合などに限るべきである。

⑤　政府の規制・法令の改廃等の公権力の行使に関するものについては、本約款に規制がなく、わざわざあげることもない。

⑥　食料・飼料系の倉庫の通常のそ害、虫害は、当会社の管理そのものの欠陥としてとらえるべきではないか。

なお、「そ害」とはねずみによる被害である。

⑦　貨物の性質・欠陥についても、民法661条ただし書があり、直ちに当会社を免責するとするのは問題がある。

⑧　荷造の不完全は、知っていて告げなかったときもあるし、知っていて受ける場合もある。

⑨　間接損害は、不可抗力と相当因果関係のある損害に限定しない限り問題がある。

以上から、寄託者にとっては不可抗力免責条項の範囲をできるだけ狭めておくことを検討することになろう。

(2)　**本条第 2 号の保険の損害てん補額を超える損害**

当事者間の特約としても、これらにつき、倉庫業者に重過失があった場合までも、免責されるのは問題がある。

（内容不検査貨物に関する免責）

第41条　当会社は、受寄物の内容を検査しないときには、その内容と証券に記載した種類、品質又は数量との不一致については、責任を負わない。

この場合においては、受寄物の内容を検査しない旨又はその記載が寄託者の申込による旨を証券面に表示する。

POINT

　いわゆる不知約款と呼ばれるもので、証券の文言証券性を否定する条文である。

　単に「当会社が検査をしないとき」ではなく、「検査をすることが容易でないとき」に限るべきである（最判昭和44年4月15日民集23巻4号755頁参照）。取引通念上、内容検査をしなかったという表示だけで、その免責を認めることは適当でない。[46]

（変更例）

　当会社は、荷造りの方法、受寄物の種類から見て受寄物の内容を容易に検査することができないとき、または寄託者の検査の承諾が得られないときは、その内容と証券に記載した種類、品質又は数量との不一致については、責任を負わない。この場合においては、受寄物の内容を容易に検査できない旨又はその記載が寄託者の申込による旨を証券面に表示する。

（関連条文）　商法627条、602条

（賠償額の算定）

第42条　受寄物の滅失又は損傷による損害に対する当会社の賠償金額は、損害発生当時の時価、発生の時期が不明であるときは、発見当時の時価により損害の程度に応じて算定する。ただし、時価が受寄物の火災保険金額又は寄託価額をこえる場合は、その保険金額又は寄託価額により損害の程度に応じて算定する。

47　蓮井＝森編・前掲書（注28）289頁

> ### POINT
>
> 　ただし書の条項は、保管料が適切に定められない事情のもと
> では疑問が残るとする見解もある。[47]
> 　また、倉庫業者に故意・重過失がある場合、寄託価額を超え
> る場合に超過額を寄託者が自己負担するのには問題がある。変
> 更例のように、運送における商法581条と同様の規定の追加が
> 必要であろう。
>
> **(変更例)**
>
> 2　前項の規定にかかわらず、当会社の故意または重過失によ
> 　って受寄物が滅失または損傷したときは、当会社は一切の損
> 　害を賠償するものとする。
>
> **(関連条文)**　商法580条、同581条

(損害受寄物に関する権利の取得)

第43条　当会社が損害を生じた受寄物についてその価額の全部を支払った
ときは、当会社は、寄託者又は証券所持人がその受寄物について有する一
切の権利を取得する。

> ### POINT
>
> 　本条は、民法422条の確認規定である。
> 　受寄物の価格よりも寄託者の損害の方が大きい場合は、受寄
> 物の価額の全部を支払ったとしても、損害を賠償したことにな
> らないことは、前条の解説のとおりである。
>
> **(関連条文)**　民法422条

48　近藤光男『商法総則・商行為法〔第 6 版〕』207頁（有斐閣・2013年）、最判昭和41年12月24日民
　　集20巻10号210頁

（引渡による責任の消滅）

第44条 当会社は、寄託者又は証券所持人が留保しないで寄託物を受け取った後は、その貨物の損害について責任を負わない。

POINT

　本条は商法625条（同条が準用する同法588条）の特則である。商法588条は、荷受人が留保をなさずに受け取りかつ<u>費用を支払ったときは運送人の責任は消滅する</u>とする運送人保護のための規定である。ただし、<u>直ちに発見できない損害がある場合は、2週間以内に運送人に通知すれば運送人の責任は消滅せず、また運送人悪意の場合も同様である</u>。悪意とは、運送品に一部滅失・毀損のあることを知って引き渡したことである。[48]

　しかし、本約款第44条には、商法588条に関する上記下線部分の規定がない。この場合の留保とは、寄託物に毀損・一部滅失があること、およびその概要を通知するものとされる（通説）。

（変更例）

　当会社は、寄託者又は証券所持人が留保しないで寄託物を受け取った後は、その貨物の損害について責任を負わない。<u>ただし、貨物の毀損・一部滅失が直ちに発見できないものである場合は、寄託者又は証券所持人は寄託物を受け取った日から2週間以内に当会社に通知したときは当会社の責任は消滅せず、当会社に悪意があったときも同様とする。</u>

※上記変更例に商法588条第1項のように、「かつ保管料等を支払った」を記載しなかったのは、通常の企業間取引においては、寄託者の受け取りと保管料等の支払いが異時履行（後払い）となるからである。

48　塩田・前掲書（注37）254頁

> （関連条文）　商法588条、同625条

（寄託者の賠償責任）

第45条　寄託者は、第8条第3項の場合当会社に与えた損害又は寄託物の性質若しくは欠かんにより生じた損害については、過失の有無にかかわらず、賠償の責任を負わなければならない。

> ### POINT
>
> 　民法661条ただし書は「寄託者が過失なくその性質もしくは瑕疵を知らなかったとき、または受寄者がこれを知っていたときは、賠償をする必要はない。」とするが、本条項は、寄託者が寄託物について専門知識を有することが通常であるため、そのような特則を設けたものとする。
>
> 　そのような前提があるにせよ、倉庫業者が寄託物の性質または欠陥を知っていた場合でも、寄託者が無過失責任を負うとするのは、寄託者にとって酷である。本約款第38条の倉庫業者の責任に比べ、あまりにも差が大きいのも気になる。
>
> **（変更例）**
>
> 　寄託者は、第8条第3項の場合当会社に与えた損害については、過失の有無にかかわらず、賠償の責任を負わなければならない。
>
> 2　前項の場合を除き、寄託者は、寄託者が過失なくその性質もしくは瑕疵を知らなかったとき、または当会社がこれを知っていたときは、寄託者は、賠償の責に任じない。
>
> **（関連条文）**　民法661条

（引取遅延による損害）

第46条　寄託者が第11条第2項により引き取るべき貨物の引取が遅れたために当会社が損害を受けたときは、寄託者は、その損害を賠償しなければならない。

> **POINT**
>
> 　債務不履行の一般原則に従うと、寄託者の責に帰さない事由によって引取りが遅延した場合、それを立証できたときは損害賠償責任を負わないものとされる。
>
> 　変更例②は、寄託者に帰責事由のない場合に関して、ただし書を追加する。
>
> **（変更例①）**
>
> 　寄託者が第11条第2項により引き取るべき貨物の引取が遅れたために当会社が損害を受けたときは、<u>当会社は、損害賠償を請求することができる。</u>
>
> **（変更例②）**
>
> 　<u>ただし、貨物引取の遅延が、寄託者の責に帰すことができない事由によって生じたときは、この限りでない。</u>
>
> **（関連条文）**　民法415条

（違約金）

第47条　当会社が寄託の申込を承諾した後に寄託申込者が約定の日に貨物を引き渡さなかったときは、寄託者又は寄託申込者は、その日から引渡のあった日まで又は契約の解除の日までの保管料相当額の損害金を支払わなければならない。

> **POINT**
>
> 　寄託申込者の責に帰さない事由により引き渡すことができなかったときまで保管料相当額を支払わねばならないとしたら、

継続的に行っている企業間の寄託取引は成り立たない。

　債務不履行において損害賠償が発生しない要件（民法415条参照）のうち、債務者に帰責事由のない場合に関して、ただし書に定めたものである。

（変更例）

　ただし、当該貨物引き渡しの遅延が、寄託者又は寄託申込者の責に帰すことができない事由によって生じたときは、この限りではない。

（関連条文）　民法415条、民法420条

第 9 章　保管料、荷役料、手数料等

（料金の支払）

第48条　寄託者又は証券所持人は、当会社が運輸大臣に届け出た倉庫保管料及び倉庫荷役料並びにその他の費用を当会社の定めた日までに支払わなければならない。

2　寄託者又は証券所持人は、証券、証書若しくは通帳の発行、分割又は書換を請求するときは、当会社が運輸大臣に届け出た手数料を支払わなければならない。

POINT

(1)　保管料等の費用の支払

　商法618条は出庫時に支払いを請求しなければならないとする。本条第 1 項は、商法の特則を定めたものである。なお、保管料等の料金については届出の義務はない。[50]

（変更例）

---

[50]　江頭憲治郎『商取引法〔第 7 版〕』362頁（弘文堂・2013年）、平成14年 4 月の倉庫業法改正で料金の事前届出制度は廃止された。

寄託者又は証券所持人は、当会社と協議して定めた倉庫保管料及び倉荷荷役料並びにその他の費用を当会社と協議して定めた日までに支払わなければならない。

(2)　証券等の交付請求に係る手数料の支払い

本条第2項は商法601条2項、627条を具体的に定めたものである。

(変更例)

寄託者又は証券所持人は、証券、証書若しくは通帳の発行、分割又は書換を請求するときは、当会社が定めた手数料を支払わなければならない。

(関連条文)　商法618条、601条2項、627条

(延滞金)

第49条　寄託者又は証券所持人は、当会社が定めた日までに前条の料金を支払わないときは、その日の翌日から支払のあった日までの日歩4銭の延滞金を支払わなければならない。

POINT

本条の日歩4銭は年14.6%、ちなみに日歩5銭は年18.25%である。

(関連条文)　商法514条

(料金の変更)

第50条　当会社は、届出料金を変更したときは、変更された日の属する期から、新料金により請求する。

POINT

　倉庫業法 9 条は、「国土交通省令に定めるところにより、保管料その他の料金（消費者から収受するものに限る）、倉庫寄託約款その他の事項を掲示しなければならない」とする。

　現在では、料金の事前届出制度は廃止されたが（注50参照）、単に倉庫業者が料金を変更すれば、当事者間で契約した料金が変更できるとするのは、問題がある。B to B の取引においては、料金の変更は倉庫寄託契約の変更であり当事者間の協議により決定することが必要となる。

　なお、本条の場合は、保管料に従価制が用いられている場合における寄託物の価格の著しい変更の場合とは異なる（本約款第21条参照）。

　変更例②は、本条を事情変更の場合の料金の変更規定としたものであるが、事情変更による協議のテーブルに乗せることまでしか記載できないと考える。

（変更例①）

　当条項は削除する。

（変更例②）

　当会社は、物価の急激な変動その他の事情変更により、寄託者との間で決定した料金が著しく不合理と認められる場合には、寄託者に対しその変更を求め、協議することができる。

（関連条文）　倉庫業法 9 条

（滅失受寄物の料金の負担）

第51条　当会社は、受寄物が滅失したときは、滅失したときまでの料金を寄託者又は証券所持人に請求することができる。ただし、当会社の責に帰すべき事由により滅失した場合においては、当該保管期間に係る料金

については、この限りでない。

> **POINT**
>
> 　本条ただし書の倉庫業者の責に帰すべき事由により滅失した場合に、寄託者または証券所持人に請求できないのは当然である。しかし、その他の事由については寄託者または証券所持人に請求しうるとするものであるが、折半もありうるのではないか。
>
> 　当会社の責に帰すべき事由、寄託者等の責に帰すべき事由、その他の事由に分けることも必要である。
>
> **（変更例）**
>
> 　当会社は、寄託者又は証券所持人の責に帰すべき事由により受寄物が滅失したときは、滅失したときまでの料金を寄託者又は証券所持人に請求することができる。ただし、当会社の責に帰すべき事由により滅失した場合においては、当該保管期間に係る料金については、この限りでない。また、当会社および寄託者又は証券所持人の責によらない事由により滅失したときは、当該保管期間に係る料金については、当事者の協議により決定する。
>
> **（関連条文）**　民法534条以下、商法665条、648条

（特約条項）

> **POINT**
>
> 　特約条項は、保税倉庫または保税上屋における受寄物の保管に関し、寄託約款の普通条項に対して優先して適用される特則を定めるものである。[51]

> 参考として掲載し、各条項の POINT は省略する。

　当会社は、保税を目的とする倉庫に保管される受寄物についての寄託、寄託の予約及びこれらに関連する契約に関しては、次の条項及び関税法の規定によるほか、倉庫寄託約款を適用する。

（寄託に関する提出書類）
第1条　寄託者は、外国貨物の寄託申込書には、所要の記載事項のほかに、積載船舶の名称及びその国籍並びに入庫の際における貨物の検査の要否を記載しなければならない。

（証　券）
第2条　当会社は、外国貨物に対して交付する証券には保税の旨を表示する。
2　外国貨物に対して証券が発行されている場合において、当該貨物が内国貨物となったとき又は税関に収容されたときは、証券所持人は、その証券を当会社に提出しなければならない。

（入庫、見本の摘出、内容の点検、出庫等）
第3条　寄託者又は証券所持人は、次の各号にかかげる場合には、税関長の承認書又は許可書を当会社に提出しなければならない。
　(1)　保税倉庫に外国貨物を入庫するとき。
　(2)　外国貨物の見本の摘出、内容の点検、改装、仕分その他の手入又は保存に必要な行為をするとき。
　(3)　外国貨物を保税倉庫から出庫するとき。
　(4)　日曜日、休日又はこれらの日以外の日の税関執務時間外において外国貨物の取扱を要するとき。
2　前項の規定は、輸入の許可を受けた貨物又は輸出しようとする貨物について準用する。

3　前2項において、受寄物の入庫、出庫その他の取扱について必要な手続は、寄託者又は証券所持人において行うものとする。

（保管期間）

第4条　当会社は、寄託を受けた外国貨物の保管期間が法定蔵置期間をこえる寄託者又は証券所持人の請求に対しては、これを拒絶することができる。

（輸入手続完了後の受寄物）

第5条　寄託者又は証券所持人は、外国貨物の輸入手続を完了したときは、遅滞なく寄託物を引き取らなければならない。

2　当会社は、前項により引取がなされないときは、寄託者又は証券所持人の費用で受寄物を保税を目的としない倉庫に倉移しをすることができる。

3　当会社は、第1項により引取がなされないときは、寄託者に通知して受寄物の寄託価額を変更することができる。

（収容貨物の料金）

第6条　寄託者又は証券所持人は、寄託物が収容されたときは、当該寄託物に関する保管料、荷役料、立替金、延滞金その他の費用を遅滞なく当会社に支払わなければならない。

（収容貨物の公売等）

第7条　収容された受寄物が公売又は随意売却に付された場合において、その代金が法定費用に充てられた後残金のあるときは、当会社は、その残金から保管料、荷役料、立替金その他の費用及びこれらに対する延滞金の支払を受け、なお不足があるときは、寄託者又は証券所持人に請求する。

2　前項の規定は、当会社が寄託者又は証券所持人に対し直接に債権の全額の請求をすることをさまたげない。

（収容解除手続）

第8条　寄託者又は証券所持人は、収容貨物の解除を申請しようとするときは、あらかじめ当会社の承諾を受けなければならない。

（関税の提供）

第9条　寄託物が亡失し、又は滅却されても関税の納付を要するときは、寄託者又は証券所持人は、遅滞なく当該寄託物に対する関税に相当する金額を当会社に提供しなければならない。ただし、当会社の責に帰すべき事由により受寄物が亡失し又は滅却されたときは、提供を受けた金額を返還する。

（延滞金）

第10条　寄託者又は証券所持人が前条に規定する提供を怠った場合において、当会社が寄託者又は証券所持人の負担すべき関税を納付したときは、納付の日から日歩4銭の利息を請求する。

（免責事項）

第11条　当会社は、次の損害については、責任を負わない。

(1)　税関が行なう検査、収容その他の措置により受寄物に関し生じた損害

(2)　税関の収容後、公売その他諸手続により寄託者又は証券所持人の受けることのある損害

②　倉庫寄託契約書

━━━━━●想定する前提●━━━━━

Ⅳ①標準倉庫寄託約款の「想定する前提」を参照のこと。

倉庫寄託契約書

　X 株式会社（以下、「委託者」という）と Y 倉庫株式会社（以下、「受託者」という）とは、委託者の商品の寄託等に関し、次のとおり契約（以下、「本契約」という）締結する。

第 1 条（基本原則）

　委託者および受託者は、本契約において標準倉庫寄託約款（甲）〔改正昭和56年 3 月 4 日港倉第11号〕（以下、「寄託約款」という）が、本寄託業務取引に適用されることを確認する。

2　委託者および受託者は、前項にかかわらず、本契約に特段の定めがある場合は、寄託約款の適用は排除され、当該定めが適用されることを確認する。

> **POINT**
>
> 　倉庫業者は、倉庫寄託約款は国土交通大臣に届出が必要とされるが（倉庫業法 8 条 1 項）、国土交通大臣が公示した「標準倉庫寄託約款」と同一の内容を定める場合には、届出を行ったものとみなされ、届出は不要とされる（倉庫業法 8 条 3 項）。
>
> 　本条第 2 項は、「寄託約款」と「寄託契約（本契約）」の適用を巡るトラブルの発生防止のための条項である。寄託者は「寄託約款」の内容を精査して、変更すべき点は、本契約において「寄託約款」の内容を修正しておかなければならない。
>
> 　排除の特約をしない限り、「寄託約款」の定めが適用されて

しまう。

第 2 条（契約の目的）

委託者は、委託者が行う事業において取り扱う商品（以下、「商品」という）について、受託者に継続的に寄託し、受託者はこれを受託して次の業務（以下、「保管等」という）を行う。

(1)　商品保管業務
(2)　入出荷業務
(3)　在庫管理業務
(4)　棚卸し業務

> **POINT**
>
> 　寄託約款第 1 条の特約である。商品保管以外の業務を委託するので、それらの業務を列挙している。

第 3 条（善管注意義務）

受託者は、商品の保管等を行うにつき、善良な監理者の注意義務をもって管理し、事故の防止に万全を期すものとする。

> **POINT**
>
> 　寄託約款は、倉庫業者が善管注意義務を負っているとされる[52]が、明確な規定はなく、本契約において明定したものである。

第 4 条（保管等業務の場所）

受託者は、商品を、東京都〇〇区〇〇 1 丁目 1 番 1 号所在の受託者所有の第〇号倉庫にて保管等を行うものとする。

52　塩田・前掲書（注37）68頁。

第5条（再寄託等）

　受託者は、委託者の事前の書面による承諾を得なければ、商品保管業務を第三者および受託者の前条で定める以外の場所においてすることはできない。ただし、やむを得ない事由がある場合で、かつ事前の承諾を得るいとまがないときは、第三者および受託者の前条で定める以外の場所において保管等をしている旨を、速やかに委託者に通知するものとする。

3　保管等を第三者に再寄託した場合、当該第三者に本契約の定めを遵守させなければならない。

4　前項の場合といえども、受託者は、当該第三者が本契約に違反した場合に、本契約に定める義務を免れることはできない。

> **POINT**
>
> 　寄託約款第18条の特約である。同条は、やむを得ない事由があれば委託者の承諾を得ないで受託者が第三者に委託できるとするが、本条は、やむを得ない場合であっても、受託者が、事後、速やかに通知すべき旨を規定するものである。
> ※寄託約款第18条の POINT 参照のこと（363頁）。

第6条（個別契約）

　委託者は商品の寄託にあたり、商品の寄託価額、保管または荷役上特別の注意を必要とする場合にはその旨、および寄託に際し必要なその他の事項を寄託申込書とともに書面をもって受託者に通知しなければならない。

> **POINT**
>
> 　寄託約款は、企業間の継続的な寄託契約に関するものに限定するものではなく、基本契約・個別契約の区分の概念がないため、個々の寄託契約について規定したものである。

第7条（料金および支払い条件）

　第2条各号に定める保管等の料金は、委託者、受託者間の協議により、別に定める。

2　前項で定めた料金の支払いについて、受託者は、毎月末日をもって締め切り、委託者に対し翌月第5営業日までに請求書を提出し、委託者は翌月末日までに受託者の指定口座へ振込みにて支払うものとする。

> **POINT**
>
> 　寄託約款第48条に対する特約である。

第8条（引取り請求）

　受託者は、本契約または個別契約の期間満了後、委託者に対し、5日以上の期間を定めて寄託者の引取りを請求することができる。

> **POINT**
>
> 　寄託約款第28条に対する特約である。

第9条（委託者の責任）

　委託者が、本契約および個別契約に違反し、受託者に損害を与えた場合、受託者はその損害賠償を委託者に請求できるものとする。

> **POINT**
>
> 　寄託約款第45条に対する修正である。
>
> 　なお、本契約第1条の定めにより、寄託約款の規定も本契約が適用されるので、寄託約款違反も本契約の含まれる。

第10条（受託者の損害賠償責任）

　受託者は、商品の汚損・破損・滅失（以下、これらを「事故」という）

　が入庫検品前または出庫検品後に発生した場合には、いっさい責任を負わない。

2　保管等の業務中に商品に事故が発生し、委託者が損害を被った場合は、事故発生の都度、当事者双方で商品の現物を確認し、責任の所在を確認する。

3　前項の確認の結果、受託者の責に帰すべき事由があるものについて、寄託者は受託者に損害賠償を請求できる。ただし、損害賠償額は、第6条で定める料金の事故発生月を含む過去○か月分を上限とする。

4　棚卸しの結果、帳簿上の商品の個数よりも庫内にある個数に余剰が生じた場合は、その都度、当事者協議の上、対応を決定する。不足が生じた場合は、委託者は受託者に損害賠償を請求できる。なお、損害賠償額は、第6条で定める料金のうち、直近の棚卸し日の翌日から当該棚卸し日の属する月の末日までの在庫保管業務費用相当額を上限とし、委託者は当該棚卸し日から○か月以内に損害賠償をしなければならない。

5　前各号のほか、受託者が本契約に違反し、委託者に損害を与えた場合、委託者はその損害を受託者に請求できる。ただし、損害賠償額は、直接損害に限り、当該契約違反が行われた月を含む過去○か月分の料金を上限とする。

6　受託者の故意または重大な過失により損害が発生した場合には、損害賠償額は前各号の限りではない。

7　委託者が受託者に対して損害賠償を請求した場合において、無過失であることの証明は、受託者がしなければならない。

POINT

　問題の寄託約款第38条を変更し、商法617条のとおり、過失にも適用し、挙証責任は受託者（倉庫営業者）にあることを規定する。ただし、過失の場合には、損害賠償額に上限額を設けるものとしている。

　上限額の設定の可否、上限額の金額については、当事者が協

議の上、定める。

第11条（免　責）

　委託者が次の各号のいずれかに該当する事由により損害を被った場合、受託者は、寄託者に対して一切の責任を負わないものとする。

(1)　商品が包装容器内に封入され、外部から確認できないなど、検品方法に物理的制限がある場合、および検品の過誤懈怠によるものでないことが明らかであるとき

(2)　商品の欠陥、商品の自然損耗または蒸発等

(3)　商品の性質による発火、爆発、むれ、腐敗、変色その他これに類する事項

(4)　荷造り・梱包・包装の不完全・破損、荷札の不備、第 5 条に基づく委託者の指示の不完全その他委託者の責に帰すべき事由による損害

(5)　戦争、争乱、労働争議、暴動、防疫その他事変

(6)　地震、台風、高潮、暴風雨、落雷、地滑り、山崩れ、異常気象等その他回避することができない天災地変

(7)　虫害、鼠害、または鳥獣害

(8)　不可抗力により保管等を遂行できないとき

(9)　その他受託者の責に帰すことができない事項

> **POINT**
>
> 　寄託約款第40条、第41条を、業務内容に合わせて変更したものである。

第12条（契約解除）

　寄託約款第11条の定めを適用するほか、委託者または受託者は、相手方に次の各号の事由が発生した場合は、何らの催告を要せず、本契約および個別契約を解除することができる。

(1)　本契約または個別契約に違反し、催告をしても是正しないとき

(2)　手形・小切手を不渡りにするなど、支払停止または支払不能の状態に陥ったとき

(3)　破産手続、民事再生手続、会社更生手続、特別清算の各開始の申立てがあったとき、任意整理をしたとき、または解散決議をしたとき

(4)　差押え、仮差押え、仮処分または競売の申立てがあったとき

(5)　租税公課を滞納して督促を受けたとき、または保全差押えを受けたとき

(6)　その他、本契約を継続しがたい相当な事由が発生したとき

2　委託者または受託者は、前項にかかわらず３か月の予告期間をもって、その旨を相手方に書面で通知することにより、本契約を解約することができる。

> **POINT**
>
> 寄託約款第11条の特約である。本条において寄託約款第11条は適用されるほか、一般的な契約解除条項を規定している。

第13条（期限の利益の喪失）

委託者または受託者は、寄託約款第11条第１項各号および本契約第12条第１項の各号に該当する場合、当然に期限の利益を喪失し、相手方に対し残債務全額を直ちに支払わなければならない。

> **POINT**
>
> 本条は、寄託約款の解除項目および前条の解除項目（第１号〜第６号）につき、期限の利益の喪失を定めている。

第13条（任意売却）

受託者は、前条に該当する場合、委託者に対する何らの催告または通

知を要せず、競売に代えて、委託者の費用負担で任意に寄託商品を売却
することができ、これについて委託者は異議を述べることはできない。

2　受託者は、前項により任意売却した寄託商品の代金から保管料、荷役
料、その他いっさいの費用、損害金および任意売却のために要した費用
を控除した後、その残額を委託者に支払う。

> **POINT**
>
> 　寄託約款では寄託物を受け取ることを拒むなどの場合に供託
> （寄託約款第29条）または競売（寄託約款第30条）ができ、寄託
> 物の損敗など一定の要件がある場合に任意売却（寄託約款第31
> 条）ができるが、本条は、相手方に解除事由が発生した場合も
> 競売に代えて任意売却ができる旨を規定する。

第14条（権利・義務の譲渡禁止）

　委託者および受託者は、本契約によって生ずるいっさいの権利・義務
を、相手方の書面による承諾なくして第三者に譲渡してはならない。

第15条（秘密保持）

　委託者および受託者は、互いに本件業務の遂行により知り得る個人情
報および相手方が秘密として指定または表示した情報を第三者に漏えい
または開示してはならない。

> **POINT**
>
> 　寄託約款には定めがない。発売前の新商品、取引先情報や取
> 引先名簿など委託者にかかる秘密情報についての秘密保持条項
> である。

第16条（反社会的勢力の排除）

委託者および受託者は、本契約の締結時において、自己または自己の役員等〔受託者の業務を執行する社員、取締役、執行役またはこれらに準ずる者をいい、相談役、顧問その他いかなる名称であるかを問わずこれらの者と同等以上の支配力を有する者（以上の者を含めて以下、「役員等」という）を含む〕が、暴力団、暴力団員、暴力団員でなくなった時から5年を経過しない者、暴力団準構成員、暴力団関係企業、総会屋、政治活動・宗教活動・社会運動標ぼうゴロ、特殊知能暴力集団等その他のこれらに準ずる者（以下、これらを「反社会的勢力」という）に該当しないこと、および次の各号のいずれにも該当しないことを表明し、かつ将来にわたって該当しないことを確約する。

(1) 反社会的勢力が経営を支配していると認められる関係を有すること

(2) 反社会的勢力が経営に実質的に関与していると認められる関係を有すること

(3) 受託者もしくは第三者の不正の利益を図る目的または第三者に損害を加える目的をもってするなど、不当に反社会的勢力を利用していると認められる関係を有すること

(4) 反社会的勢力に対して資金等を提供し、または便宜を供与するなどの関与をしていると認められる関係を有すること

(5) 役員等が反社会的勢力と社会的に非難されるべき関係を有すること

2 委託者および受託者は、自らまたは役員等は、第三者を利用して次の各号の一にでも該当する行為を行わないことを確約する。

(1) 暴力的な要求行為

(2) 法的な責任を超えた不当な要求行為

(3) 取引に関して、脅迫的な言動をし、または暴力を用いる行為

(4) 風説を流布し、偽計を用いまたは威力を用いて委託者の信用を毀損し、または委託者の業務を妨害する行為

(5) その他前各号に準ずる行為

3 受託者または委託者は、相手方が反社会的勢力もしくは第1項各号の事項または第2項各号の行為に該当すると判明した場合、直ちに契約解除等の措置をとることができる。

(1)　受託者または委託者は、催告その他の手続を要することなく、本契約のみならず相手方との間のすべての契約を直ちに解除することができ、解除した場合には、すべての取引等により生じた一切の債務について、当然に期限の利益を喪失するものとし、相手方は当該債務を直ちに弁済しなければならない。

(2)　受託者または委託者は、前号の規定により、契約を解除した場合、相手方に発生した損害を賠償する責を負わない。

(3)　第 1 号の規定により受託者または委託者が契約を解除した場合、相手方に対する損害賠償請求を妨げない。

> **POINT**
>
> 　寄託約款に定めのない条項である。一般的な暴排条項に従って定めている。

第17条（契約期間）

　本契約の有効期間は、平成○○年○月○日から平成○○年○月○日までとする。ただし、期間満了の○か月前までに当事者の一方から書面による契約の変更または解約の申入れがされない場合には、さらに 1 年間本契約の内容が自動的に更新されるものとし、以後も同様とする。

> **POINT**
>
> 　寄託約款に定めのない基本契約に係る契約期間を定めている。一般的な契約期間条項である。

第18条（協議事項）

　本契約および個別契約に定めのない事項または解釈に疑義の生じた事項については、甲乙協議のうえ、解決するものとする。

POINT

　寄託約款に定めのない条項である。なお、寄託約款に定めの
ない事項または解釈に疑義が生じた事項についても、本契約第
1条が適用されるので、本条の対象となる。

第19条（合意管轄）

　委託者および受託者は、本契約および個別契約に関し裁判上の紛
争が生じたときは、○○地方裁判所をもって、第一審の専属的合意
管轄裁判所とする。

POINT

　寄託約款に定めのない条項である。一般的な合意管轄条項で
ある。

　本契約の成立を証するため、本書を2通作成し、委託者および受託者が
記名捺印のうえ、各1通を保有する。

　平成○○年○月○日

　　　　　　　　　　　委託者　東京都渋谷区○○1丁目1番1号
　　　　　　　　　　　　　　　X株式会社
　　　　　　　　　　　　　　　代表取締役社長　○○○○　㊞
　　　　　　　　　　　受託者　東京都品川区○○2丁目2番2号
　　　　　　　　　　　　　　　Y倉庫株式会社
　　　　　　　　　　　　　　　　代表取締役　○○○○　㊞

Ｖ　物に関するその他の業務委託契約書

①　産業廃棄物処理委託契約書

━━━━━●想定する事実●━━━━━

　Ｘ株式会社は、電気部品を製造するメーカーである。Ｘ社では、〇〇工場の生産増強に伴い産業廃棄物が増加したため、従来から取引のある業者に加え、新たにＹ環境センターに、産業廃棄物の収集運搬・処分を委託することにした。

POINT

⑴　契約書標準様式

　公益社団法人全国産業廃棄物連合会は、「産業廃棄物処理委託契約書（ひな型）」として標準様式を作成している。

　標準様式１は収集・運搬の委託、標準様式２は処分の委託、標準様式３は収集・運搬および処分の委託の３種類があり、処理内容により、これらのうちから選択することができる。そのほか、標準形式４として記入式契約書および約款がある。以下では、「標準様式３」を「本契約」という。

⑵　三者契約の禁止

　排出事業者が、処分業者の処理能力等を確認することなく、収集運搬業者と処分業者を含めた三者間での契約を結ぶことは、いわゆる三者契約にあたり、法はこれを禁じていると解されている（廃棄物処理法12条５項、12条の２第５項）。廃棄物の処理を適正に行い、金銭の流れを透明にしてそれぞれの業者に適正な料金を支払うためにも、排出事業者は収集運搬業者と処分業者のそれぞれと個別の契約（二者契約）を結ぶ必要がある。

　ただし、収集運搬業と処分業の両方の許可を持つ業者との契約の場合には、収集運搬と処分を同一の業者が受託するので、

これを一つの契約書にまとめても差し支えない（たとえば、標準様式3の場合）。

標準様式3

（収入印紙）[53]

産業廃棄物収集・運搬及び処分委託基本契約書

排出事業者：X株式会社　　　　　　　　　　　　（以下「甲」という。）と、収集運搬及び処分業者：株式会社Y環境センター　　　　　　　　（以下「乙」という。）は、

甲の事業場：東京都○○市○○11　X社○○工場　　　　　　　から排出される産業廃棄物の収集・運搬及び処分に関して次のとおり基本契約を締結する。

> **POINT**
>
> ①　排出事業者が委託者（甲）、収集運搬および処分業者が受託者（乙）であるが、標準様式の形式を重視し、以下では、そのまま甲、乙としている。
>
> なお、以下の者が原則、排出事業者（委託者）となる。
>
> ⓐ　土木建設工事の場合、当該工事の発注者ではなく、数次の下請負があっても、元請事業者である（廃棄物処理法21条の3第1項）。
>
> ⓑ　排水槽やタンクに溜まった汚泥・スラッジの場合、その

53　産業廃棄物収集・運搬および処分契約書において、収集・運搬契約書（課税物件表の第1号の4文書に該当）と処分契約書（同第2号文書に該当）で合計契約金額のみが定めてある場合は、第1号の契約書とされ合計契約金額に対して第1号の印紙税額が適用される。

　産業廃棄物収集・運搬および処分契約書において、収集・運搬（第1号の4）の契約金額および処分（第2号）の契約金額が記載されているものは、第1号の4の契約金額≧第2号の契約金額であれば課税物件表の第1号の4文書となるが、第1号の4の契約金額＜第2号の契約金額であれば課税物件表の第2号文書となる。

　　　メンテナンス業者や清掃業者ではなく、当該排水槽やタン
　　　クを設置している事業者である。排水処理に伴って生じる
　　　汚泥の場合も、そのメンテナンス業者や清掃業者ではなく、
　　　当該排水処理設備を設置している事業者である。

　　ⓒ　梱包材・パレットなどは不要になったときの占有者であ
　　　る（ただし、納入業者と購入者の間で梱包材などを納入業者が
　　　引き取る契約をしている場合は、納入業者である）。

　　ⓓ　倉庫の受寄物が不要となった場合、倉庫会社ではなく、
　　　受寄物の所有者である。

②　標準様式は、基本契約であるので、別途、個々の委託取引
　　には、個別契約で定める。

③　産業廃棄物および特別管理産業廃棄物の処理を他人に委託
　　する場合には、産業廃棄物処理業者に委託しなければならな
　　い（廃棄物処理法12条5項および12条の2第5項）。

④　委託契約は、書面により行い、当該委託契約書には、廃棄
　　物処理法施行令に掲げる事項についての条項が含まれ、かつ
　　環境省で定める書面が添付されていることが必要である（廃
　　棄物処理法施行令6条の2第4号柱書）。

⑤　排出事業場を複数とすることもできる。

（変更例）

　甲の事業場：別紙「排出事業場一覧表」による。

第1条（法の遵守）

　甲及び乙は、処理業務の遂行にあたって廃棄物の処理及び清掃に関す
る法律その他関係法令を遵守するものとする。

第2条（委託内容）

1　（乙の事業範囲）

　乙の事業範囲は以下のとおりであり、乙はこの事業範囲を証するもの

として、許可証の写しを甲に提出し、本契約書に添付するものとし、下記に記載の許可事項に変更があったときは、乙は速やかにその旨を甲に書面をもって通知するとともに、変更後の許可証の写しを甲に提出し、本契約書に添付する。

POINT

　委託契約書には、産業廃棄物許可証等の書面を添付しなければならない（廃棄物処理法施行規則8条の4）。

◎　収集運搬に関する事業範囲

〔産廃〕

許可都道府県・政令市：東京都	許可都道府県・政令市：
許可の有効期限：平成○年○月○日	許可の有効期限：
事業範囲：添付許可証の通り	事業範囲：
許可の条件：添付許可証の通り	許可の条件：
許可番号：1234567891	許可番号：

〔特管〕

許可都道府県・政令市：	許可都道府県・政令市：
許可の有効期限：	許可の有効期限：
事業範囲：	事業範囲：
許可の条件：	許可の条件：
許可番号：	許可番号：

◎　処分に関する事業範囲

〔産廃〕　　　　　　　　　　　　　　　　　〔特管〕

許可都道府県・政令市：東京都	許可都道府県・政令市：
許可の有効期限：平成○年○月○日	許可の有効期限：
事業区分：中間処理（破砕）	事業区分：
産業廃棄物の種類：添付許可証の通り	産業廃棄物の種類：
許可の条件：添付許可証の通り	許可の条件：
許可番号：1234567891	許可番号：

POINT

　廃棄物処理法では、産業廃棄物のうち、爆発性、毒性、感染性その他の人の健康または生活環境に係る被害を生ずるおそれがある性状を有するものを「特別管理産業廃棄物（特管）」として区分

している（同法2条5項）。

　特別管理産業廃棄物は、排出の段階から処理されるまでの間、特に注意して取り扱わなければならないもので、普通の産業廃棄物とは別に処理基準が定められ、処理業の許可も区分されている（廃棄物処理法14条）。そのため、特別管理産業廃棄物収集運搬業・処分業の許可を持つ処理業者でなければ、特別管理産業廃棄物を取り扱うことはできない。

　事業範囲も必要的記載事項である（廃棄物処理法施行規則8条の4の2第3号）。

2　（委託する産業廃棄物の種類、数量及び単価）

　甲が、乙に収集・運搬及び処分を委託する産業廃棄物の種類、数量及び委託単価は、次のとおりとする。

◎　収集・運搬に関する種類、数量及び委託単価
　　種　　類：廃プラスチック　　金属屑
　　数　　量：2t／月　　　　　　2t／月
　　単　　価：○○○○円／t　　　○○○○円／t
◎　処分に関する種類、数量及び委託単価
　　種　　類：廃プラスチック　　金属屑
　　数　　量：2t／月　　　　　　2t／月
　　単　　価：○○○○円／t　　　○○○○円／t

POINT

① 　必要的記載事項として「委託する産業廃棄物の種類および数量（廃棄物処理法6条の2第4号イ）」、および「委託者が受託者に支払う料金（廃棄物処理法施行規則8条の4の2第2号）」が規定されている。

② 　廃棄物の排出量には変動があるため、見込みによる予定数量を記載する。予定数量は日、週、月などの算出単位を記載する。

③ 　単価は、委託者と受託者が協議して取り決めた価格を記載する。単価を入れることにより、契約期間中の合計予定金額を算

出し、印紙貼付額を定める（403頁注53参照）。

3　（輸入廃棄物の有・無）

　甲が、乙に委託する産業廃棄物が輸入された廃棄物である場合は、その旨を記載する。

　　輸入廃棄物：無

4　（処分の場所、方法及び処理能力）

　乙は、甲から委託された第2項の産業廃棄物を次のとおり処分する。

　　事 業 場 の 名 称：株式会社Y環境センター

　　所　　在　　地：東京都〇〇市〇〇2丁目2番2号

　　処 分 の 方 法：廃プラスチック：切断・破砕、金属屑：切断・破砕

　　施設の処理能力：50t/日

> **POINT**
>
> ①　必要的記載事項として「委託する産業廃棄物の処分・再生の場所の所在地、処分・再生の方法、処分・再生施設の処理能力（廃棄物処理法6条の2第4号ハ）」が規定されている。
>
> ②　「処理能力」欄の記載は、処分業者が責任を持って適正に処理することが十分可能であることを排出事業者に対し明らかにするためのもので、処分業の許可証で確認すれば差し支えない。なお、処分業者の処理施設を適宜、現地確認しておくことが望まれる。

【標準様式1・2との違い】　標準様式1は「運搬の最終目的地」、標準様式2は標準様式3と同じ「処分の場所、方法及び処理能力」である。

5　（最終処分の場所、方法及び処理能力）

　甲から、乙に委託された産業廃棄物の最終処分（予定）を次のとおりとする。

最終処分先の番号	事業場の名称	所在地	処分方法	施設の処理能力
第〇〇〇〇〇号（任意の番号）	Ｚ興業株式会社	〇〇県〇〇市〇〇 3-3-3	安定型埋立	〇〇万平米
第〇〇〇〇〇号（任意の番号）	〇〇金属株式会社	東京都〇〇市〇〇 2-7-7	金属売却	

POINT

①　必要的記載事項として、委託する産業廃棄物の最終処分の場所の所在地、最終処分の方法、最終処分施設の処理能力が規定されている（廃棄物処理法12条 6 項、 6 条の 2 第 4 号ホ）。

②　個々の最終処分の場所（所在地）および処理能力の情報を特定して管理するために、最終処分先の番号欄に任意の番号を記載する。

【標準様式 1 ・ 2 との違い】　標準様式 2 と 3 は同じ。

6　（収集・運搬過程における積替保管）（注：契約当事者の都合により下記の
　　①②③のいずれかを選択すること）
①　乙は、甲から委託された産業廃棄物の積替えを行わない。

②　乙は、甲から委託された産業廃棄物の積替保管を行う。積替保管
　　は法令に基づきかつ、第14条で定める契約期間内に確実に収集・運
　　搬できる範囲で行う。この場合安定型産業廃棄物は、他の安定型産
　　業廃棄物と混合することがあり得るものとする。なお、積替保管の
　　場所において選別は行わないこととする。
③　乙は、甲から委託された産業廃棄物の積替保管を行う。積替保管
　　は法令に基づきかつ、第14条で定める契約期間内に確実に収集・運
　　搬できる範囲で行う。この場合乙はこの契約に係る産業廃棄物を他
　　人の産業廃棄物と混合してはならない。なお積替保管の場所におい
　　て選別は行わないこととする。
　　　積替保管施設に搬入できる産業廃棄物の種類：＿＿＿＿＿＿ー＿＿＿＿＿＿
　　　積替保管施設の所在地：＿＿＿＿＿＿＿＿ー＿＿＿＿＿＿＿＿
　　　積替保管施設の保管上限：＿＿＿＿＿＿ー＿＿＿＿＿＿＿＿

POINT

①　運搬に係る委託契約において、積替えまたは保管を行う場
　　合には、場所の所在地、当該場所において保管できる産業廃
　　棄物の種類、積替えのための保管上限、安定型産業廃棄物で
　　あるときの保管場所において他の廃棄物との混合することの
　　許否等に関する事項は、必要的記載事項である（廃棄物処理
　　法施行規則8条の4の2第4号・5号）。
②　「積替えのための保管の上限」とは、積替えのための保管
　　場所において保管することができる産業廃棄物の数量を保管
　　場所における「平均的な搬出量の7日分」と設定している。

「平均的な搬出量」とは、処理業者の場合は毎月末までに帳簿に記載する保管場所ごとのその前月中の搬出量のことで、排出事業者の場合は前月の産業廃棄物の総搬出量を前月の総日数で除して得た数量である。なお、複数の種類の産業廃棄物を取り扱う保管の場所では、複数の種類の総搬出量の合計量を産業廃棄物の総排出量とする（厚生省生活衛生局水道環境部環境整備課長通知（衛環37号）「第7廃棄物の保管基準に関する事項」平成10年5月7日）。

③　第2条6の①を選択する場合は、第2条6の②③を削除するか、斜線で抹消する（上記記入例参照）。

【標準様式1・2との違い】　標準様式1は第6項がない（様式3の第6項が様式1の第5項になる）。標準様式2は、第6項として「搬入業者」についての記載がある。

第3条（適正処理に必要な情報の提供）

1　甲は、産業廃棄物の適正な処理のために必要な以下の情報を、あらかじめ書面をもって乙に提供しなければならない。以下の情報を具体化した「廃棄物データシート」（環境省の「廃棄物情報の提供に関するガイドライン（第2版）」を参照）の項目を参考に書面の作成を行うものとする。

　　ア　産業廃棄物の発生工程
　　イ　産業廃棄物の性状及び荷姿
　　ウ　腐敗、揮発等性状の変化に関する事項
　　エ　混合等により生ずる支障
　　オ　日本工業規格C0950号に規定する含有マークが付された廃製品の場合には、含有マーク表示に関する事項
　　カ　石綿含有産業廃棄物又は特定産業廃棄物が含まれる場合は、その

事項

キ　その他取扱いの注意事項

2　甲は、委託契約期間中、適正な処理及び事故防止並びに処理費用等の観点から、委託する産業廃棄物の性状等の変更があった場合は、乙に対し速やかに書面をもってその変更の内容及び程度の情報を通知する。

　　なお、乙の業務及び処理方法に支障を生ずるおそれのある場合の、性状等の変動幅は、製造工程又は産業廃棄物の発生工程の変更による性状の変更や腐敗等の変化、混入物の発生等の場合であり、甲は、通知する変動幅の範囲について、あらかじめ乙と協議の上、定めることとする。

3　甲は、委託する産業廃棄物の性状が書面の情報のとおりであることを確認し、乙に引き渡す容器等に表示する（環境省の「廃棄物情報の提供に関するガイドライン（第2版）」の「容器貼付用ラベル」参照）。

4　甲は、委託する産業廃棄物のマニフェストの記載事項は正確にもれなく記載し、虚偽又は記載漏れがある場合は、乙は、委託物の引き取りを一時停止し、マニフェストの記載修正を甲に求め、修正内容を確認の上、委託物を引き取ることとする。

5　甲は、次の産業廃棄物について、契約の有効期間内に以下に定めるとおり、公的検査機関又は環境計量証明事業所において「産業廃棄物に含まれる金属等の検査方法」（昭和48年2月環境庁告示第13号）による試験を行い、分析証明書を乙に提示する。

　　産 業 廃 棄 物 の 種 類：該当なし＿＿＿＿＿　＿＿＿＿＿＿　＿＿＿＿＿＿

　　提示する時期又は回数：なし＿＿＿＿＿＿＿　＿＿＿＿＿＿　＿＿＿＿＿＿

> **POINT**
>
> 　「委託者の有する委託した産業廃棄物の適正な処理のために必要な事項に関する情報」は不適正な処理や事故を防止するための必要的記載事項である（廃棄物処理法施行規則8条の4の2第6号）。
>
> 　その必要な情報の委託基準とは、性状、荷姿、性状の変化に関する事項、混合等により生ずる支障およびその他の注意事項

を記載する必要がある。

　（記載例）

　汚泥であれば「現場で脱水等の処理を行い含水率が85％以下となるので、通常のダンプトラックで運搬できる」とか、「含水率が高いためタンク車でないと運搬できない」等である。

　また、管理型最終処分であれば「溶出試験を行い有害物質の濃度が基準を超えるものは処分できない」、廃油の再生であれば、「含まれる塩素分等が再生事業者の規定する数値以下でなければならない」などである。

　廃棄物の発生工程から推定される有害物質や受入先の処理方法、廃棄物の種類、受入条件等から必要な項目等を決定する。

【標準様式1・2との違い】　差異はない。[54]

第4条（甲乙の責任範囲）

　乙は、甲から委託された産業廃棄物を、その積み込み作業の開始から処分の完了まで、法令に基づき適正に処理しなければならない。

2　乙が、前項の業務の過程において法令に違反した業務を行い、又は過失によって甲又は第三者に損害を及ぼしたときは、乙においてその損害を賠償し、甲に負担させない。

3　乙が第1項の業務の過程において、第三者に損害を及ぼした場合に、甲の指図又は甲の委託の仕方（甲の委託した産業廃棄物の種類又は性状等による原因を含む。）に原因があるときは、甲において賠償し、乙に負担させない。

4　第1項の業務の過程において乙に損害が発生した場合に、甲の指図

54　業務の違い等については、条項の趣旨を変えないような違いの場合には、「差異はない」とした。

又は甲の委託の仕方（甲の委託した産業廃棄物の種類又は性状等による原因を含む。）に原因があるときは、甲が乙にその損害を賠償する。

【標準様式1・2との違い】　差異はない。ただし、第1項は業務内容の差で若干の違いがある。

第5条（再委託の禁止）

　乙は、甲から委託された産業廃棄物の収集・運搬及び処分業務を他人に委託してはならない。ただし、甲の書面による承諾を得て法令の定める再委託の基準にしたがう場合は、この限りではない。

POINT

　再委託は廃棄物処理法で、政省令で定める内容でなければ、禁止されている（同法14条16項および14条の4第16項）。したがって、廃棄物処理以外の契約のように、委託者の書面による承諾を受けただけでは再委託はできないので注意が必要である。[55]

①　産業廃棄物の再委託基準（廃棄物処理法施行令6条の12）

　再委託者は、再受託者の氏名・名称、住所など廃棄物処理法施行規則10条の6の6[56]に定められた内容の書面による委託者の承諾の取得、再受託者との再委託契約書の締結、のほか委託契約書に記載されている委託産業廃棄物の種類・数量などの一定事項を記載した文書を再受託者に交付しなければならない。

②　産業廃棄物の再委託にかかる裁判例（さいたま地判平成19

---

[55]　東京都では、指導方針として、原則として再委託を認めていない。　他人に委託せざるを得ない事由が生じた場合とは、収集運搬業者の車両が故障し自社のみでは運搬しきれない状況が生じた場合や、処分業者の施設が故障等によって受託した産業廃棄物を受入処分できない場合等、突発緊急的な事態を想定している。

[56]　廃棄物処理法施行規則10条の6の6：①委託した産廃の種類（石綿含有の場合はその旨）および数量、②受託者の氏名・名称、住所および許可番号、③再受託者の氏名・名称、住所および許可番号

年 8 月29日判例地方自治298号61頁)

　野菜くずを粉砕したものは、廃棄物処理法にいう「産業廃棄物」にあたるとされ、産業廃棄物処分業者が、産業廃棄物である野菜くずを破砕したものの堆肥化を産業廃棄物処分業の許可を受けていない業者に委託したことは、廃棄物処理法が禁止する再委託にあたるとされた。そして、再委託の際、排出事業者から書面の承諾を受けず、また、再受託者に同法施行例に基づく文書を交付しなかったことを理由として、県知事が産業廃棄物処分業者に対してした産業廃棄物処分業の許可を取り消す旨の処分が、適法とされた。

【標準様式 1・2 との違い】　差異はない。

第 6 条（義務の譲渡等）

　乙は、本契約上の義務を第三者に譲渡し、又は承継させてはならない。

【標準様式 1・2 との違い】　差異はない。

第 7 条（委託業務終了報告）

　乙は甲から委託された産業廃棄物の業務が終了した後、直ちに業務終了報告書を作成し甲に提出する。ただし、業務終了報告書は、収集・運搬業務については、それぞれ運搬区間に応じたマニフェスト B2 票、B4 票、B6 票で、又は電子マニフェストの運搬終了報告で、処分業務についてはマニフェスト D 票、又は電子マニフェストの処分終了報告で代えることができる。

【標準様式1・2との違い】 差異はない。

第8条（業務の一時停止）

1　乙は、甲から委託された産業廃棄物の適正処理が困難となる事由が生じたときは、業務を一時停止し、直ちに甲に当該事項の内容及び、甲における影響が最小限となる措置を講ずる旨を書面により通知する。甲はその間は、新たな処理の委託は行わないこととする。

2　甲は乙から前項の通知を受けたときは、速やかに現状を把握した上で、適切な措置を講ずるものとする。

【標準様式1・2との違い】 差異はない。

第9条（報酬・消費税・支払い）

　甲は、乙に対し毎月一定の期日を定めて収集・運搬業務及び処分業務の報酬を支払う。

2　甲の委託する産業廃棄物の収集・運搬業務及び処分業務に関する報酬は、第2条第2項にて定める単価（税抜）に基づき算出する。

3　甲の委託する産業廃棄物の収集・運搬業務及び処分業務に対する報酬についての消費税は、甲が負担する。

4　報酬の額が経済情勢の変化及び第3条第2項、第8条等により不相当となったときは、甲乙協議の上、これを改定することができる。

【標準様式1・2との違い】 差異はない。

第10条（内容の変更）

　甲又は乙は、必要がある場合は委託業務の内容を変更することができ

る。この場合において、契約単価（税抜）又は契約期間を変更するとき、又は予定数量に大幅な変動が生ずるときは、甲乙協議の上、書面によりこれを定めるものとする。第3条第2項、第8条の場合も同様とする。

【標準様式1・2との違い】　差異はない。

第11条（機密保持）

甲、乙は、本契約に関連して、業務上知り得た相手方の機密を第三者に漏らしてはならない。当該機密を公表する必要が生じた場合には、相手方の書面による許諾を得なければならない。

【標準様式1・2との違い】　差異はない。

第12条（契約の解除）

甲及び乙は、相手方が本契約の各条項のいずれかに違反したときは、書面による催告の上、相互に本契約を解除することができる。

2　甲及び乙は、相手方が反社会的勢力（暴力団等）である場合又は反社会的勢力と密接な関係がある場合には、相互に催告することなく、本契約を解除することができる。

3　甲又は乙から契約を解除した場合において、本契約に基づいて甲から引き渡しを受けた産業廃棄物の処理が未だに完了していないものがあるときは、乙又は甲は、次の措置を講じなければならない。

(1)　乙の義務違反により甲が解除した場合

　イ　乙は、解除された後も、その産業廃棄物に対する本契約に基づく乙の業務を遂行する責任は免れないことを承知し、その残っている産業廃棄物についての収集・運搬及び処分の業務を自ら実行するか、又は甲の承諾を得た上で、許可を有する別の業者に自己の費用をもって行わせなければならない。

　　ロ　乙が他の業者に委託する場合に、その業者に対する報酬を支払う
　　　　資金が乙にないときは、乙はその旨を甲に通知し、資金のないこと
　　　　を明確にしなければならない。

　　ハ　上記ロの場合、甲は、当該業者に対し、差し当たり、甲の費用負
　　　　担をもって、乙のもとにある未処理の産業廃棄物の収集・運搬及び
　　　　処分を行わしめるものとし、乙に対して、甲が負担した費用の償還
　　　　を請求することができる。

(2)　甲の義務違反により乙が解除した場合

　　乙は甲に対し、甲の義務違反による損害の賠償を請求するとともに、
　乙のもとにある未処理の産業廃棄物を、甲の費用をもって当該産業廃
　棄物を引き取ることを要求し、もしくは乙の費用負担をもって甲の事
　業場に運搬した上、甲に対し当該運搬の費用を請求することができる。

【標準様式１・２との違い】　差異はない。

第13条（協　議）

　本契約に定めのない事項又は本契約の各条項に関する疑義が生じたとき
は、関係法令にしたがい、その都度甲乙が誠意をもって協議し、これを取
り決めるものとする。

【標準様式１・２との違い】　差異はない。

第14条（契約期間）

　本契約は、有効期間を平成　　年　　月　　日から平成　　年　　月
日までの　　年間とし、期間満了の　ヶ月前までに、甲乙の一方から相手
方に対する書面による解約の申し入れがない限り、同一条件で更新された
ものとし、その後も同様とする。

> **POINT**
>
> 　契約期間は必要的記載事項である（廃棄物処理法施行規則8条の4の2第1号）。
> 　また、委託契約書およびそれに添付される書類は契約終了の日から5年間保存しなければならない（廃棄物処理法施行規則8条の4の3）。

【標準様式1・2との違い】　差異はない。

　本契約の成立を証するために本書2通を作成し、甲乙は、各々記名押印の上、各1通を保有する。

　平成○○年○月○日

　　　　　　　　　　　　甲　東京都渋谷区○○1丁目1番1号
　　　　　　　　　　　　　　X株式会社
　　　　　　　　　　　　　　　代表取締役社長　○○○○　㊞
　　　　　　　　　　　　乙　東京都○○市○○2丁目2番2号
　　　　　　　　　　　　　　株式会社Y環境センター
　　　　　　　　　　　　　　　代表取締役　○○○○　㊞

第4章

物に関しない業務委託契約書

I　開発委託契約書

①　研究開発委託契約書

━━━━━●想定する事実●━━━━━

　委託者である株式会社 X が研究開発資金を負担して、受託者である Y 株式会社に X 社の定める一定の研究開発を委託するものであり、X 社は研究開発の成果を得るものである。X 社・Y 社とも民間企業である。

　研究開発委託契約の性質は、一般的には委任契約または請負契約とされるが、本契約の場合は、成果物（報告書ならびに試作品）の提出が義務づけられており請負契約である。

　研究開発委託契約は、共同研究開発契約と異なり、成果が共有または分配されることはなく業務分担の取決めが不要となり、成果の帰属の処理が簡単となる一方で、開発対象の特定や開発成果の認定、研究技術開発の工程管理、秘密保持や成果の流用規制等に注意が払われる。[1]

(収入印紙)[2]

研究開発委託契約書

　株式会社 X（以下、「委託者」という）と Y 株式会社（以下、「受託者」

1　大阪弁護士会知的財産法実務研究会『知的財産契約の理論と実務』190頁（商事法務・2007年）

という）は、第１条（研究開発の委託）に定める研究開発を委託者が受託者に委託するものとし、次のとおり契約を締結する。

POINT

研究開発委託契約においては、本契約締結前に、委託者から秘密保持契約書などが提示され締結した上で、委託の内容が提示され、本契約の締結に進む場合が多い。その場合は、当該秘密保持契約書についても言及する場合がある。

（変更例）

株式会社Ｘ（以下、「委託者」という）とＹ株式会社（以下、「受託者」という）は、平成〇〇年〇月〇日に締結した秘密保持契約に基づき、当事者間で研究開発の内容を確認した結果、第１条（研究開発の委託）に定める研究開発を委託者が受託者に委託するものとし、次のとおり契約を締結する。

第１条（研究開発の委託）

委託者は、次の各号に定める研究開発（以下、「本件開発」という）を受託者に委託し、受託者は、これを受託する。

(1) 別紙記載の性能を有する軽量・低コスト型ドライカーボンの製造方法の研究開発

(2) その他前号に定める開発に関連し、または付帯する事項の研究開発

2　委託者の担当部門は、炭素樹脂開発部〇〇課とし、受託者の担当部門は、〇〇事業部〇〇研究所〇〇部とする。

3　本開発において克服すべき課題、目的とする装置が達成すべき技術水準、開発スケジュール等については別紙「開発実施企画書」（以下、「本企画書」という）に定めるものとする。本企画書の内容は、両者協議の

2　本研究開発委託契約書は、試作品および成果報告書など提出物等の対価として委託料が支払われるものであり、当該契約書は、印紙税法別表第一の第２号に該当し、開発の対価の額に応じた収入印紙の貼付が必要となる。

上、変更することができる。

4　受託者は、本件開発の履行に際して、疑義が生じたときは、直ちに委託者の指示を求めるものとする。

> **POINT**
>
> 　委託者と受託者の間の認識のギャップを解消するためには、具体的かつ詳細な「開発実施企画書」等が必要である。

第2条（再委託）

　受託者は、委託者による事前の書面による承諾なしに、本件開発の一部でも第三者に委託してはならない。

第3条（報　告）

　受託者は、毎月の本件開発の進捗条項を、翌月5日までに、委託者に書面で報告するものとし、委託者が求めた場合は、委託者に説明しなければならない。

第4条（本件開発の成果）

　受託者は、本企画書にめるスケジュールに従い誠実に本件開発を実施し、委託者に成果物として次の各号のものを提出するものとする。

(1)　本開発にかかる軽量・低コスト型ドライカーボンの製造方法の報告書（以下、「本件報告書」という）

(2)　前号に基づき製作された軽量・低コスト型ドライカーボン試作品（以下、「本件試作品」という）

2　受託者は、平成〇〇年〇月〇日までに、本件報告書および本件試作品を、委託者が別途指定する納入場所に納入するものとする。なお、この期限は、当事者が協議の上、延長または短縮することができる。

3　本件報告書には、本件開発の経過、本件開発の過程で生じた発明、考案、意匠、ノウハウ等の技術的成果（以下、「本件技術成果」という）お

び結果を、委託者の指示する様式に従い、すべて漏れなく記載しなければならない。

第5条（提出物の検査）

　委託者は、受託者から提出された本件試作品および本件報告書を受け取り次第、検査の上、できる限り速やかに、結果を受託者に報告する。この検査において、委託者は、必要に応じて受託者の立ち会いもしくは説明を求めることができる。

2　前項の検査において委託者が本企画書と著しく異なるところ、または何らかの瑕疵を発見したときは、委託者は、書面により理由を示し、受託者に対し当該部分を補充・修補の上本件試作品または本件報告書あるいはその両方を再提出することを求めることができる。

3　本件試作品及び本件報告書が、前各項に定める検査に合格したときは、検査完了書を受託者に交付するものとし、その時点で、その所有権および危険負担は受託者から委託者に移転する。

4　検査の結果、委託者が開発未了と判断したときは、委託者はその後の対応を定めるものとする。

POINT

　研究開発の成功が、本契約の目的であるとすると、その成否が不確実な場合には、報告書等でその成否を検査し、成功した場合だけでなく成功しなかった場合についても、定めておくことの例がある。

（変更例）

　委託者は、受託者から提出された本件試作品および本件報告書を受け取り次第、検査の上、できる限り速やかに、本件開発の成否を認定しその結果を受託者に報告する。この検査において、委託者は、必要に応じて受託者の立ち会いもしくは説明を求めることができる。

2　前項の検査において委託者が本企画書と著しく異なるとこ

　　ろ又は何らかの瑕疵を発見したときは、委託者は、書面によ
　　り理由を示し、受託者に対し当該部分を補充・修補の上本件
　　試作品又は本件報告書あるいはその両方を再提出することを
　　求めることができる。委託者は、再提出した報告書等により、
　　再検査を行い、成否を認定するものとする。
　3　前2項の規定により、本件開発が成功しなかったと判断さ
　　れたときでも、委託者は支払い済みの費用の返還は請求しな
　　いものとする。
　4　検査の結果、委託者が開発未了と判断したときは、委託者
　　はその後の対応を定めるものとする。

第6条（協　力）

　委託者は、受託者に対し、提供可能な範囲において、本開発遂行のた
めに有用な情報を提供する。

第7条（開発の対価）

　委託者は、本開発に係わる一切の対価として、受託者に対して下記の
金員を支払う。この価額には、本件試作品、本件報告書、その他本契約
により委託者が受託者から譲渡あるいは設定・許諾を受けるすべての権
利の対価を含むものとする。

　開発の対価：金○○○○円也（内、本件試作品の価格：金○○○○円）

2　委託者は、前項の対価を次のとおり2分割して、それに係る消費税相
　当額と共に一括して、受託者の指定する銀行口座に振り込む方法により
　支払うものとする。

　(1)　第1回　本契約締結後30日以内：金○○○○円

　(2)　第2回　本件試作品または本件報告書、いずれか遅い方の完成日か
　　　ら10日以内：金○○○○円

3　前項に基づく対価の支払いに関して生ずる銀行振込手数料等の支払費
　用については、委託者の負担とする。

> **POINT**
>
> ①　対価の支払方法は、本契約のような分割払いのほか、一括
> 払い、開発段階ごとの支払いなどがあり、明確に規定してお
> く必要がある。
>
> ②　分割の第 2 回目を成功報酬とし、開発が成功しなかった場
> 合、支払われない措置をとることも可能である。その場合、
> 第 1 回に支払う金額は、不成功に終わっても必要とされる費
> 用が考慮されなければならない。

第 8 条（開発資材の取扱い）

　委託者は、本開発の対価より受託者が取得または製作した機器、装置
等の所有権を有し、委託者は本件開発が終了後、自己の費用によって、
当該機器、装置等を引き取ることができるものとする。ただし、委託者
が引取りを希望しないときは、当事者間で合意した価格で受託者に譲渡
することができるものとする。

第 9 条（知的財産権等）

　本契約において「知的財産権」とは、次の各号に掲げるものをいう。

(1)　特許法（昭和34年法律第121号）に規定する特許権、実用新案法（昭
　　和34年法律第123号）に規定する実用新案権、意匠法（昭和34年法律第
　　125号）に規定する意匠権、半導体集積回路の回路配置に関する法律
　　（昭和60年法律第43号）に規定する回路配置利用権、種苗法（平成10年
　　法律第83号）に規定する育成者権および外国における上記各権利に相
　　当する権利

(2)　特許法に規定する特許を受ける権利、実用新案法に規定する実用新
　　案登録を受ける権利、意匠法に規定する意匠登録を受ける権利、半導
　　体集積回路の回路配置に関する法律第 3 条第 1 項に規定する回路配置
　　利用権の設定の登録を受ける権利、種苗法第 3 条に規定する品種登録

を受ける地位および外国における上記各権利に相当する権利

(3) 著作権法（昭和45年法律第48号）に規定するプログラムの著作物およびデータベースの著作物（以下、「プログラム等」という）の著作権ならびに外国における上記各権利に相当する権利

(4) 秘匿することが可能な技術情報であって、かつ、財産的価値のあるものの中から、両者協議の上、特に指定するもの（以下、「ノウハウ」という）

2　本契約において「発明等」とは、特許権の対象となるものについては発明、実用新案権の対象となるものについては考案、意匠権、回路配置利用権およびプログラム等の著作物の対象となるものについては創作、育成者権の対象となるものについては育成ならびにノウハウの対象となるものについては案出をいう。

3　本契約において、知的財産権の「実施」とは、特許法2条3項に定める行為、実用新案法2条3項に定める行為、意匠法2条3項に定める行為、半導体集積回路の回路配置に関する法律2条3項に定める行為、種苗法2条4項に定める行為、著作権法2条1項15号および同項19号に定める行為ならびにノウハウの使用をいう。

4　本契約において「専用実施権」とは、次に掲げるものをいう。

(1) 特許法に規定する専用実施権、実用新案法に規定する専用実施権、意匠法に規定する専用実施権

(2) 半導体集積回路の回路配置に関する法律に規定する専用利用権

(3) 種苗法に規定する専用利用権

(4) 第1項第2号に規定する権利の対象となるものについて独占的に実施をする権利

(5) プログラム等の著作権に係る著作物について独占的に実施をする権利

(6) 第1項第4号に規定する権利に係るノウハウについて独占的に実施をする権利

第10条（ノウハウの指定）

　　委託者および受託者は、協議の上、本件技術成果のうちノウハウに該
　当するものについて、速やかに指定するものとする。

2　ノウハウの指定にあたっては、秘匿すべき期間を明示するものとする。

3　前項の秘匿すべき期間は、両者協議の上、決定するものとし、原則と
　して、その終期は本開発の実施期間満了の翌日から起算して5年を超え
　ない日とする。ただし、指定後において必要があるときは、両者協議の
　上、秘匿すべき期間を延長し、または短縮することができる。

第11条（知的財産権の帰属）

　　本開発の過程で生じた発明等に関する知的財産権は受託者に帰属する
　ものとする。この場合受託者は当該発明等を行った受託者の役員または
　従業員との間で特許法第35条等に基づく知的財産権の承継その他必要な
　措置を講じるものとする。

2　受託者は、プログラム等の著作権を除く前項の知的財産権について、
　委託者に対し範囲全部に関する無償の専用実施権またはそれと同等の独
　占的権利を設定する。当該独占的権利は、対象となる発明等の発生の時
　期にかかわらず、本契約締結の日から満10年後まで有効なものとし、以
　後は特許法に規定する通常実施権またはそれと同等の非独占的な権利と
　されるものとする。

3　第1項の知的財産権のうちプログラム等の著作権と本件報告書の著作
　権は、第7条（開発の対価）に定める対価支払いの完了の時をもって、
　受託者から委託者に譲渡（著作権法第27条および第28条の権利の譲渡も含
　む）されるものとする。この場合、受託者は委託者または委託者が指定
　する者に対して著作者人格権を行使しない。

4　前2項の定めにかかわらず、受託者は、前2項の知的財産権の対象発
　明等を無償で自ら実施することを妨げられるものではない。ただし、前
　項のプログラム等については常に、また、第2項の発明等については委
　託者が独占的権利を保有している間、受託者は、委託者の事前の書面に
　よる承諾を得ずに、それらの実施を第三者に許諾することはできない。

第12条（受託者の知的財産権の確認）

本契約は、受託者が独自に保有する知的財産権に何らの影響を与えるものではなく、本契約により委託者に対しその譲渡あるいは実施権の許諾をもたらすものでないことを両者は確認する。

第13条（秘密保持）

委託者及び受託者は、本開発に関連して相手方より開示を受けた技術上または営業上の情報であって、開示の際に秘密である旨が明示されたもの（以下、「秘密情報」という）を、秘密として管理するものとし、事前に相手方の書面による承諾を得ることなく、当該秘密情報を第三者に開示または漏えいしてはならず、また、本開発の遂行以外の目的に使用してはならない。

2　委託者および受託者は、口頭、その他有体物以外の形式により、秘密として管理すべき情報を開示するときは、開示の際に秘密である旨を明示し、かつ、開示後1か月以内に、当該秘密の内容を書面に取りまとめ、相手方に交付することを要する。

3　委託者および受託者は、相手方から返還の請求があったときはいつでも、また、本契約が終了したときは直ちに、有形の秘密情報（複写および複製したものを含む）を相手方に返還または廃棄する。

4　前各項の規定にかかわらず、次の各号の一に該当するものは秘密情報から除外する。

(1)　相手方から開示を受ける前に、既に自己が保有していたもの

(2)　相手方から開示を受ける前に、既に公知または公用となっていたもの

(3)　相手方から開示を受けた後に、自己の責によらずに公知または公用となったもの

(4)　正当な権限を有する第三者から、秘密保持義務を負うことなく適法に入手したもの

(5)　相手方から開示を受けた情報によらず、独自に開発したもの

5　前各項に定める秘密保持義務は、本契約の終了後もさらに〇年間存続

するものとする。

第14条（成果の発表）

　受託者は、本開発の内容および成果を、事前に委託者の書面による承諾を得ることなく、第三者に開示または発表してはならない。

2　本条は、本契約の終了後もさらに〇年間存続するものとする。

第15条（再委託・二重研究開発の禁止）

　受託者は、本開発を自ら行うものとし、事前に委託者の書面による承諾を得ることなく、本開発を第三者に行わせてはならない。

2　受託者は、事前に委託者の書面による承諾を得ることなく、本開発と同一または直接関連する業務を、第三者から受託し、または共同して行ってはならない。

> **POINT**
>
> 　本条は、当事者間の信頼関係が基礎となるため、当然の規定である。
> 　第2項に関し、「同一」または「直接関連する」だけでなく、「関連する」「類似の」「委託者と競合する別紙記載の株式会社から」などの語句が入ることが考えられるが、独占禁止法の拘束条件（一般指定12項）付取引にあたらないようにしなければならない。

第16条（権利義務の移転禁止等）

　受託者は、本契約に基づく権利または義務を、事前に委託者の書面による承諾を得ることなく、第三者に譲渡しまたは担保に供することはできない。

2　委託者は、第11条（知的財産権の帰属）第2項（委託者に対する実施権の許諾）で設定または許諾された権利を、事前に受託者の書面による承

諾を得ることなく、第三者に再許諾したり、譲渡し、または担保に供することはできない。

第17条（保　証）

受託者は、本件報告書および本開発に係るプログラム等が第三者の著作権を侵害するものではないことを保証する。

2　第5条（提出物の検査）に定める検査合格にかかわらず、当該検査合格の日から3か月以内に本件報告書または本件試作品に本企画書と著しく異なるところ、または瑕疵もしくは不具合が発見されたときは、委託者の請求に基づき、受託者は自己の費用でこれらを補充・修補するものとする。

第18条（開発中に生じた損害）

受託者が本開発の実施中において損害を被った場合であっても、委託者の責に帰すべき事由に基づき生じた場合を除き、委託者は当該損害に対するいっさいの責任を負わないものとする。

第19条（開発の中止）

委託者は、本件開発の中止をしようとするときは、その旨を受託者に通知することによりいつでも行うことができる。

第20条（解　除）

委託者または受託者において次の各号の一つにでも該当したときは、相手方は、何らの催告なくして直ちに本契約を解除することができる。なお、この解除は損害賠償の請求を妨げない。

(1)　本契約に違反し、催告しても是正されないとき

(2)　手形・小切手を不渡りにする等支払停止の状態に陥ったとき

(3)　破産、民事再生、会社更生、特別清算等の申立てを受けたときまたは自ら申立てをしたとき

(4)　その責に帰すべき事由により本開発の遂行が不可能になったとき

第21条（有効期間）

本契約の有効期間は第 5 条（提出物の検査）第 3 項に定める本開発の成果物の検査完了の時期までとする。

> **POINT**
>
> 契約の有効期間と研究開発期間を区別して規定するものもある。すなわち、開発終了後にも債務を履行すべき場合があるからである。

第22条（協　議）

本契約に定めのない事項、または本契約の定めに関し疑義が生じた場合は、両者誠意をもって協議の上解決する。

第19条（管轄合意裁判所）

本契約に関して生じたいっさいの紛争については、東京地方裁判所をもって第一審の専属的合意裁判所とする。

本契約締結の証として本書 2 通を作成し、各自記名捺印の上それぞれその 1 通を保有する。

平成〇〇年〇月〇日

　　　　　　　　　委託者：東京都品川区〇〇 2 丁目 2 番 2 号
　　　　　　　　　株式会社 X
　　　　　　　　　　　　代表取締役　〇〇〇〇　㊞
　　　　　　　　　受託者：東京都渋谷区〇〇 1 丁目 1 番 1 号
　　　　　　　　　Y 株式会社
　　　　　　　　　　　　代表取締役社長　〇〇〇〇　㊞

②　ソフトウェア開発委託契約書

> **POINT**
>
> ### (1)　ソフトウェア開発とは
>
> 　ソフトウェア開発は、即、プログラミングをすることではない。ソフトウェア開発には独自の開発工程があり、プログラミングはその開発工程の一つにすぎない。前開発工程に占めるプログラミングの割合は、30%程度に過ぎない。またソフトウェアが大きくなればなるほど、プログラミングが全体に占める割合は小さくなる。ソフトウェア開発契約においては、設計（現状分析を含めたシステム設計段階）、開発（プログラミングなどの製作段階）、運用の準備（テスト・移行段階）のプロセスに分けて考える必要がある。そして、各プロセスごとの完成度の関心を払うことにより、ソフトウェアは予定どおりに完成し、トラブルの発生予防に繋がることになる。
>
> ### (2)　ソフトウェア開発委託契約の法的性格
>
> **㋐　委任契約**
>
>　ソフトウェア開発業務は法律行為ではなく、事実行為であるため、正確には準委任（民法656条）であるが、準委任と委任を分けることに特別の利益はない。
>
> ①　ソフトウェア開発委任契約の受託者の業務
>
>　委託者が主体となって、自らの責任で、設計、開発、運用の準備作業を実施し、受託者は、これらの作業に関して、技術的アドバイスの提供、評価の実施等技術的な支援サービスを行う。
>
>　受託者は、善良な管理者の注意をもって委任業務を処理する義務を負うが、仕事の完成は要件ではない。
>
>　したがって、委託者は受託者に対し、委託者が実施する設計、開発、運用の準備等の作業を支援するという事務の処理の委託をするサービスである。

②　ソフトウェア開発委任契約の特色

確定期日までにソフトウェアの開発を実施する、もしくは成果物を納入するという義務はなく（受託者のリスクが少ない）、委託者から見れば、自社開発をするのと同じ結果になるため、報酬もそれに見合ったものしか支払われない。

③　ソフトウェア開発委任契約の問題点

委託者が、自社の社員だけでは完成できないため、仕事の完成を期待して、受託者に委託するという場合があるので、受託者の業務内容を明確に規定しておく必要がある。

(イ)　請負契約

受託者があるソフトウェアの開発（完成）を約し、委託者がその開発の結果に対して報酬を支払うことを約すことによって成立する（民法632条）。

①　ソフトウェア開発請負契約の受託者の業務

> 受託者が主体となって、自らの責任で設計、開発、運用の準備等の作成作業を実施し、委託者は、受託者のこれらの作業に関して、基本契約および個別契約により定めた役割分担に基づいて必要な協力を行う。

受託者は、納期までに契約で定められた仕様のソフトウェアを完成させる契約上の義務を負い、委託者は、ソフトウェアの完成に対して定められた対価を払う契約上の義務を負う。

したがって、受託者の責任は、ソフトウェアを完成させることにあるが、満足度の高いソフトウェアを作成させるためには、委託者としても受託者の作業に協力することが必要である。

②　ソフトウェア開発請負契約の特色

受託者は、委託者に対して仕事を完成させる義務を負う。ただし、ソフトウェア開発における請負契約は、契約締結時に請負対象が詳細には特定されておらず、契約後に話合いで特定し

ていくという点で、民法が想定する請負契約とは若干異なるが、このようなソフトウェア開発の特質は、「請負契約」であることとは矛盾するものではない。

たとえば、典型的な請負といわれる建物の注文建築であっても、詳細な設計変更は、建築の進度に合わせて、注文者の意見を聞いて特定していくのが通常である。

また、受託者の責任は、成果（ソフトウェアの開発）に対する責任であり、委託者は受託者に対して当該ソフトウェアに瑕疵がある場合、瑕疵修補、損害賠償、契約解除の責任追及が可能となる（民法635条、634条）。

下請法の「情報成果物作成委託」に該当する場合（下請法2条6号〜9号）、親事業者には、書面交付などの義務（下請法3条、2条の2、5条、4条の2）が課せられ、11の行為類型が禁止される（下請法4条）（26頁以下参照）。

③　ソフトウェア開発請負契約の問題点

受託者は仕様どおりのソフトウェアを開発すれば、それ以上の責任を負わないが、仕様どおりの開発に予想外の費用がかかっても、原則、対価の増額を請求できない。

また、仕様自体、すなわちソフトウェアの完成義務の範囲が明確ではなく、後日、当事者間で紛争が起こることがある。したがって、契約書作成において、この完成義務の範囲を詳細に記載し、別紙として契約書に添付する。しかし、ソフトウェア開発の過程で、徐々に仕様が固まるという特殊性もあるので、契約締結後においても、段階的に仕様が決定した部分について、合意書等を交わし、絶えず完成義務の範囲を明確にしておくことが必要である。

一定の機能を持ったソフトウェアの開発を依頼するソフトウェア開発委託契約は、全体としては「当事者の一方（受託者）が、ある仕事を完成することを約し、相手方（委託者）がその仕事の結果（開発されたソフトウェア）に対してこれに報酬を与

えることを約する」民法上の請負契約に該当する。ただし、混合契約として、委任的な部分もあり（たとえば、基本設計の前に、委託者が情報システム構想書、システム化企画書等の作成を行うに際し、受託者が委託者の必要とする支援作業を行う、など）、全体の契約の中で、どの部分が委任なのかを明確にしておくことが、トラブルを予防する上で必要である。

(3)　ソフトウェア開発委託モデル契約書

モデル契約については、経済産業省が2007年に公表した「ソフトウェア開発委託基本モデル契約」および、この経産省モデル契約をベースにした「2008年 JEITA（一般社団法人電子情報技術産業協会）ソフトウェア開発基本契約書」ならびに「平成20年 JISA（一般社団法人情報サービス産業協会）ソフトウェア開発委託基本モデル契約書」が存在する。これら三契約書は、ほぼ同一の内容である。

以上のほか、経済産業省が2008年に公表した、IT の専門知識を有しない中小・中堅企業の委託者と、業としてパッケージソフトウェアを活用し情報サービスを提供する受託者間の「パッケージソフトウェア利用コンピュータシステム構築委託モデル契約書（システム基本契約書）」がある。

前段の三契約書を、そのまま掲載するのは大部となるため、別の簡易な「システム開発委託契約書」を掲載し、特に問題となる条項については、前段の三契約書について言及しながらPOINT を記述することとした。

●想定する前提●

X 株式会社は、スポーツ用品等を扱う商社であり、取引先購買管理コンピュータシステムを新たに構築することになり、自社販売管理コンピュータシステムで構築実績のあるベンダーの Y 株式会社に依頼することになった。

Ｙ株式会社には、取引先購買管理システムの概要を示し、システム部門と数度の打合せを行って方向性について合意し、Ｘ株式会社より「システム開発委託基本契約書」としてＹ株式会社に提示したものである。

(収入印紙)[3]

システム開発委託基本契約書

Ｘ株式会社（以下、「ユーザー」という）とＹ株式会社（以下、「ベンダー」という）とは、ユーザーのベンダーに対するコンピューターシステムの開発にかかる業務の委託に関し、次のとおり基本契約（以下、「本契約」という）を締結する。

第１条（目　的）

本契約は、ユーザーが社内○○○○情報システムの設計・開発業務（以下、「本業務」という）をベンダーに委託するにあたり、当事者間にて合意した事項を明確にすることをその目的とする。

第２条（業務の範囲）

ユーザーが受託者に委託する業務（以下、「本件業務」という）は、以下の各業務の全部または一部から構成されるものとする。

（1）　企画支援業務

ユーザーの情報システム構想およびシステム化計画等の立案に関し、ユーザーが情報システム構想書、システム化企画書等（以下、「企画書等」という）の作成を行うに際し、ベンダーがユーザーの必要とする支援作業を行うこと

（2）　基本設計業務

システム要件の分析と定義およびシステム方式設計、業務詳細設計、

3　本契約は、継続的取引の基本となるシステム開発委託契約であるので、印紙税別表第一第７号文書にあたり、契約書に4000円の収入印紙を貼付することが必要となる。

処理方式設計等に関する作業を行うこと

(3)　システム構築業務

上記基本設計に基づきシステム開発を行うこと

(4)　ソフトウェア作成業務

本契約に基づくシステム上で使用するソフトウェアの詳細設計、プログラミング、単体テスト、接続テスト、総合テスト等に関する作業を行うこと

POINT

本契約第 4 条で業務ごとに個別契約を締結するとなっているが、(1)は委任契約であり、(4)は請負契約となる。(2)(3)は契約内容によりいずれとすることも可能である。

第 3 条（契約期間）

本契約の有効期間は、平成〇〇年〇〇月〇〇日から平成〇〇年〇〇月〇〇日までとし、当事者のいずれか一方より期間満了 3 か月前までに書面による解約の申し出のない限り、以後 1 年ずつ自動的に更新するものとする。

第 4 条（個別契約の締結）

ユーザーおよびベンダーは、本基本契約に基づき、各個別業務ごとに、個別契約を締結するものとする。

2　個別契約は、委託する具体的な業務（以下、「本件業務」という）の内容、成果物の仕様、委託金額（または、単価、工数）、支払条件、作業期間（または、納期）、検収条件、責任者、資料等の提供、保障期間等の必要な事項を記載するものとする。また、個別契約で本基本契約と異なる定めをした場合には、原則として個別契約が基本契約に優先するものとする。

第5条（契約の履行）

　ユーザーおよびベンダーは、本件業務遂行にあたって相互に本契約および個別契約に従い誠意をもって協力実施していくものとする。

第6条（完全合意）

　本契約は、締結日現在におけるユーザー、ベンダー両者の合意を規定したものであり、本契約以前にユーザー、ベンダー間でなされた協議内容、合意事項あるいは一方当事者から相手方に提供された各資料、申し入れ等と本契約の内容とが相違する場合は、原則として本契約が優先するものとする。

2　本契約を変更する場合は、ユーザー、ベンダー両者が協議の上、書面による合意書によるものとする。

第7条（権利義務の譲渡）

　当事者双方とも、本契約によって生ずる権利または業務を第三者に譲渡または継承させてはならない。ただし相手方の書面による事前の承諾を得た場合には、この限りではない。

第8条（業務責任者および統括責任者）

　ユーザーは本件業務を委託するにあたり、業務責任者を選任しベンダーに連絡するものとする。業務責任者はユーザーを代表してベンダーと協議する等、本件の委託業務全体を管理するものとする。

2　ベンダーは本件業務を受託するにあたり、統括責任者を選任しユーザーに届け出るものとする。統括責任者は本件業務の作業要領と作業計画につき、ユーザーを代表してベンダーと協議の上本件業務を遂行する権限を有し、かつ本件業務を担当するベンダーの技術者を統括し指揮監督するものとする。

第9条（進捗報告会）

　ユーザーおよびベンダーは、本件業務が終了するまでの間、その進捗

状況の報告、問題点の協議・解決その他本件業務が円滑に遂行できるよう必要な事項を協議するため定期的に進捗報告会を開催するものとする。なお、進捗報告会の開催の頻度については当事者にて別途協議のうえ定めるものとする。

2　進捗報告会にはユーザーの業務責任者とベンダーの統轄責任者、および当事者双方の関係者が出席するものとする。

3　ユーザーおよびベンダーは、進捗報告会の議事内容、決定事項について議事録を作成し、それぞれ 1 部保有する。

4　ユーザーおよびベンダーは、本件業務遂行に関し進捗報告会にて決定された事項について、これに従わなければならない。

第10条（委託料および支払方法）

ユーザーは、ベンダーに対し、本件業務の対価として、個別契約で定めた委託料を個別契約で定めた方式で支払うものとする。

2　本件業務の実施中に作業依頼内容の変更、または業務量の増大などにより契約締結時の諸条件が著しく変化した場合には、前項の対価を当事者協議の上書面にて合意した場合には、これを改定することができる。

第11条（検　収）

ユーザーは、ベンダーより成果物の納入がなされた日から個別契約にて定めた期間内に受入検査を行い、過誤その他瑕疵があったときは直ちにベンダーに通知し、ベンダーは速やかに無償で成果物の修補を行う。

2　過誤その他瑕疵の修補後再納品された成果物の検査についても前項と同様とする。

3　本条第 1 項に定めた期間を過ぎてもなおユーザーからベンダーに通知されないときは、ベンダーは当該成果物がユーザーの検査に合格したものとみなすことができる。

4　この検査の合格をもって、ユーザーの検収は完了したものとする。

第12条（瑕疵担保責任）

　ベンダーは、成果物が所定の仕様どおり開発されており、所定の稼働環境で使用された場合良好に稼働することを保証する。

2　本件業務の成果物について所定の仕様との不一致が発見された場合は、ユーザーおよびベンダーは当該不一致の原因について協議を行うものとし、協議の結果当該不一致がベンダーの責に帰すべき場合は、前条（検収）の検査合格の日から1年間の瑕疵担保責任を負い、無償で成果物の修補を行う。

3　納入後にユーザーが独自に成果物に対して機能追加・変更・訂正などを行った場合の瑕疵については、ベンダーはその責を免れるものとする。

第13条（法律上の責任）

ベンダーは本契約に基づく本件業務の完成について、事業主としての法律上のすべての責任を負うものとする。

第14条（再委託）

ベンダーは、ユーザーから受託した本件業務の一部または全部を、ユーザーの書面による事前承認を得ることにより、第三者（以下、「再委託先」という）に再委託を依頼することができる。

2　ベンダーは前項の承認を得る場合には、最大限の注意をもって再委託先の健全性、信頼性、技術力等を総合的に判断するものとし、再委託先が公序良俗に反する会社もしくは団体またはその会社もしくは団体と密接な関係にある会社もしくは団体と認められる場合には、再委託先とすることができない。

3　ベンダーは当該再委託先との間で、再委託に係る業務を遂行させることについて、本契約に基づきベンダーがユーザーに対して負担するのと同等の義務を、再委託先に負わせる契約を締結するものとする。

4　ベンダーは、再委託先の履行について、ユーザーに帰責事由がある場合を除き、自ら業務を遂行した場合と同等の責任を負うものとする。

> **POINT**
>
> **(1)　再委託条項について**
>
> 第14条第1項は、一般取引における再委託条項を適用する場合と同様のものであり、ユーザーがベンダーに再委託につき拒否することができる内容となっている。
>
> 一方、経済産業省の公表したソフトウェア開発委託基本モデル契約書（以下、「経産省モデル契約」という。本契約の POINT について同じ）[4] には、再委託について A 案（再委託におけるユーザーの事前承諾を求める場合）と B 案（再委託先の選定について

4　経産省情報処理振興課「情報システム・モデル取引・契約書〈第一版〉」59頁以下（平成19年4月）

原則としてベンダーの自由裁量〈ただし、ユーザーの中止請求が可能〉がある。なお、B案は、一般社団法人情報サービス協会のソフトウェア開発委託基本モデル契約書（以下、「JISA」という。本契約の他の POINT について同じ）第 7 条および一般社団法人電子情報産業技術協会のソフトウェア開発基本契約書（以下、「JEITA」という。本契約の他の POINT について同じ）第 7 条で採用されている。

⑵　再委託における経産省モデル契約 A 案

再委託においてユーザーの事前承諾を求め、拒否には合理的理由を要し、一定期間拒否通知がない場合承諾したものとみなす変更例（経産省モデル契約 A 案）である。第 1 項では、拒否には合理的理由を要するものとしてユーザーが不合理な理由で排除しないよう配慮している。条項の文面からして、ベンダーは、やむを得ないからユーザーから承諾書面をとるが、できる限り拒否して欲しくないとの意向がにじみ出ている。第 2 項のみなし承諾もしかり、合理的理由があった場合であっても第 3 項の承諾拒否の場合の納期遅れ・再選定費用もしかりである。

どちらかといえば B 案（⑶参照）よりも当該 A 案のほうが、まだしも、ユーザーにとっては妥協できる内容であろう。もっとも、ユーザーが再委託先について可否が判断できない以上、ほとんどの場合は拒否する合理的理由が見出せず承諾せざるを得ず、ユーザーは再委託されていることを知っていることだけで、ユーザーにとっても、ベンダーにとっても、安心材料を得るに過ぎないという要素が強い。

（変更例）

ベンダーは、事前にユーザーの承諾を書面で得た場合またはユーザーが指定した再委託先に再委託する場合、各個別業務の一部を第三者に再委託することができるものとする。な

5　JEITA 第 7 条 2 項において、さらにベンダーがユーザーから中止請求を受けた場合の、ユーザーに対する損害賠償および中止費用の負担を定める。

お、ユーザーが上記の承諾を拒否するには、合理的な理由を
要するものとする。

2　ベンダーが、前項の承諾に関して、ユーザーに対して再委
託開始時期の〇日前までに当該再委託先の名称および住所等
を記載した書面による再委託承諾申請を通知し、ユーザーか
ら当該通知受領後〇日以内に具体的理由を明記した書面によ
る承諾拒否の通知がない場合、ユーザーは当該再委託を承諾
したものとみなす。

3　ユーザーの承諾拒否により、ベンダーが他の再委託先を選
定することが必要になった場合は、作業期間もしくは納期ま
たは委託料等の個別契約の内容の変更について、第〇〇条
(経産省モデル契約では第33条「本契約及び個別契約内容の変⁶
更」) によるものとする。

4　ベンダーは当該再委託先との間で、再委託に係る業務を遂
行させることについて、本契約に基づいてベンダーがユーザ
ーに対して負担するのと同様の義務を、再委託先に負わせる
契約を締結するものとする。

5　ベンダーは、再委託先の履行についてユーザーに帰責事由
がある場合を除き、自ら業務を遂行した場合と同様の責任を
負うものとする。ただし、ユーザーの指定した再委託先の履
行については、ベンダーに故意または重過失がある場合を除
き、責任を負わない。

(3)　経産省モデル契約 B 案

経産省モデル契約 B 案 (JISA 第 7 条、JEITA 第 7 条) は、
再委託先の選定について原則としてベンダーの自由裁量 (ただ
し、ユーザーの中止請求が可能) とする変更例である。しかし、

6　経産省モデル契約 (本契約及び個別契約の内容の変更)
「第33条　本契約及び個別契約の内容の変更は、当該変更内容につき事前にユーザー、ベンダ
ー協議のうえ、別途、書面により変更契約を締結することによってのみこれを行うことができ
る。」

これも問題をはらんでいる。第4項は、ベンダーは再委託の履行による責任を、自ら業務を遂行したときと同様の責任限度とするものである。ただし、経産省モデル契約の損害賠償の規定は一定の限度（経産省モデル契約第53条第2項「帰責原因となった個別契約に定める○○○を限度とする」、JISA第53条第3項「帰責原因となった個別契約の委託料相当額を限度とする」）を設けるものとなっている。下線は、経産省モデル契約A案（前記(2)）に対する変更点である。

（変更例）

　　ベンダーは、ベンダーの責任において、各個別業務の一部を第三者（ユーザーが指定する再委託先も含む。）に再委託することができる。ただし、ベンダーは、ユーザーが要請した場合、再委託先の名称及び住所等をベンダーに報告するものとし、ユーザーにおいて当該第三者に再委託することが不適切となる合理的な理由が存する場合、ユーザーはベンダーに、書面により、その理由を通知することにより、当該第三者に対する再委託の中止を請求することができる。

2　前項ただし書により、ユーザーから再委託の中止の請求をベンダーが受けた場合は、作業期間若しくは納期又は委託料等の個別契約の内容の変更について、第33条（経産省モデル契約では第33条「本契約及び個別契約内容の変更」）によるものとする。

3　ベンダーは当該再委託先との間で、再委託に係る業務を遂行させることについて、本契約に基づいてベンダーがユーザーに対して負担するのと同様の義務を、再委託先に負わせる契約を締結するものとする。

4　ベンダーは、再委託先の履行についてユーザーに帰責事由がある場合を除き、自ら業務を遂行した場合と同様の責任を

7　経産省モデル契約・前掲（注6）参照

負うものとする。ただし、ユーザーの指定した再委託先の履行については、ベンダーに故意又は重過失がある場合を除き、責任を負わない。

⑷　委託先に対する厳格対応のための案

委託者が該受託者に委託するのは、委託者の開発技術力等を信頼して、当該開発を依頼することにあり、再委託者に依頼するのではない。したがって、通常ユーザーは再委託先の能力や信用を信頼してベンダーに委託しているわけではないので、再委託の場合は、委託者の許可を得るのが通常である。

民法は、委任は（第2条のPOINT参照）高度の信頼関係を基礎としているから、原則として複委任（受任者が第三者に自分の代わりに事務を処理させること）できないが、任意代理の復代理人に関する規定（民法104条）[8]が類推適用されると解されている。民法104条は「委任による代理人は、本人の許諾を得たとき、またはやむを得ない事由があるときでなければ、復代理人を選任することができない」とし、105条で復代理人を選任した代理人の責任を述べ、復代理人を選任したときは、その選任・監督について本人（＝委託者）に対して責任を負うが（民法105条1項）、本人の指名に従って復代理人を選任したときは責任が軽減されると規定する。

そうだとすれば、委託者の承諾が必要とすれば問題はなくなるのだろうか。承諾を必要としても、再委託先から先の三次委託先、四次委託先まではカバーできない。ベンダーが、以後の数次委託までどれだけコントロールできるかにかかっているし、それは、取引の相手方であるベンダーにコントロールしてもらう必要がある。

2002年8月23日、防衛庁は富士通に対し「陸上自衛隊データ通信システム」のデータ流出問題に関し、ベンダーである富士

8　民法104条「委任による代理人は、本人の許諾を得たとき、またはやむを得ない事由があるときでなければ、復代理人を選任することができない。」

通が同システムの下請企業名などの届出に不備があり契約の履行に問題があったとして指名停止処分とした事案があった。

　また、2014年7月に発生したベネッセコーポレーション個人情報漏えい問題において、ベンダーのシステムエンジニアが約3504万件にも及ぶ顧客情報を漏えいした事案も、再委託先（ベネッセグループのシンフォームの委託先のベンダー）の起こした事件である。

　このような、セキュリティにかかわるものに対しては、厳格な対応が必要となる。

　しかし、再委託先の良否の判断を、システムソフトウェア開発とは関係のない一般企業がすることは困難である。ユーザーが中小企業であればなおさらである。

　JISA編による『新しいソフトウェア開発委託取引の契約と実務』[9]では、「委託者が再委託先の情報を得ても、何を判断基準として評価するのか、きわめて疑問である。すなわち、委託者はソフトウェア開発の専門家ではないからこそ委託をするのであり、再委託先がどのようなスキルをもっているかについて、あるいはその質についての評価基準をもっていないのが通常である。さらに、どこの会社を再委託先として使っているかは、受託者の機密にあたる場合もあり、委託者に必ず通知しなければならないのは、いきすぎであろう。したがって、委託者が再委託先の選択に関与しない代わりに、受託者が再委託先の業務遂行に関して全責任、すなわち委託者に対して受託者が負う責任と同様の責任を負うとすることが妥当である」[10]とする。

　再委託が日常的に行われているのが現状であればこそ、これがベンダーの本音であり、専門的なシステム部門を保有してい

9　現在の一般社団法人情報サービス産業協会（旧社団法人情報サービス産業協会）

10　(社)情報サービス産業協会法的問題委員会契約部会編『新しいソフトウェア開発委託取引の契約と実務』171頁（商事法務・2002年）。経産省の上記モデル契約書より出版は古いが、ベンダーの本音を記述しているものと思料する。

ない一般企業に対しては、当然の理由である。

　そうだとすると、経産省モデル契約 B 案第 4 項に「ベンダーは、自ら業務を遂行した場合と同様の責任を負う」とあるが、ユーザーは第一次委託者であるベンダーを自ら選定しているが、ユーザーが再委託者を選定しているのではない。

　このことから、ベンダーはユーザーに対して通常負う責任よりも重い責任を負ってしかるべきではないのか。たとえば、上掲の経産省モデル契約第53条第 2 項には「帰責原因となった個別契約に定める○○○を限度とする」として賠償額に制限を設けているが、当該条項を適用しないとか、第53条第 2 項に規定する以上の予見されうる最大限の金額までの限度を設けて、ベンダーが自由裁量で、再委託を決定でき再委託先の選定もできるという方法もあるのではないだろうか。

　なお、経産省モデル契約の再委託の解説は、「請負契約においては、受注した仕事を受注者が第三者に再委託することは本来自由である」[11]と明記するが、請負契約については、瑕疵担保責任は、原則、無過失責任（民法636条を除く634条〜640条）とされ、ユーザーに解除権と損害賠償請求権が与えられ、その範囲は履行利益まで及ぶことに関してまでは言及がない。

　変更例は、再委託先の選定についてはベンダーの自由裁量とし、ベンダーの決定に従う以上、損害が発生してもシーリングを設定しないとするものである。下線は、経産省モデル契約 B 案に対する変更点である。

（変更例）

　　ベンダーは、ベンダーの責任において、各個別業務の一部を第三者（ユーザーが指定する再委託先を除く）に再委託することができる。

2　ベンダーは、当該開発業務に関し、再委託先がユーザーの

ノウハウが流出する危険のないこと、再委託先の情報セキュリティ確保の措置が不充分でないこと、以前に業務を委託した際に業務が適切に遂行されなかった実績がないこと、再委託先に経営権を巡る紛争のないこと、再委託先の業務内容が不健全でないこと、再委託先がユーザーにおいて制定する委託先選定基準に不適合でないこと、その他本契約におけるベンダーの義務と同様の義務に違反するおそれがないこと、を表明し、保証するとともに、再委託先がユーザーに対して損害を発生させた場合、直接、ベンダーがユーザーに賠償するものとする。

3　ベンダーは、前項の保証を履行するため、再委託先に対して同様の保証および義務を負わせる契約を締結するものとする。

4　ベンダーは、再委託先に、第2項の保証に反するもしくは反するおそれがあるときは、またはユーザーに損害を与えるもしくは与えるおそれがあるときは、直ちにユーザーに書面にて報告し、ユーザーと協議の上、ユーザーの措置に従うものとする。

5　前項の場合に、再委託先が、ユーザーに損害を与えた場合には、ベンダーは、第○○条第○項（経産省モデル契約では第53条第2項、JEITAは第53条第2項、JISAは第53条第3項、前記(3)経産省モデル契約B案の項参照）の定めにかかわらず、ユーザーの損害を賠償しなければならない。

6　ベンダーは、ユーザーの指定した再委託先に再委託することができる。この場合、ベンダーは、自己に故意又は重過失がある場合を除き、責任を負わない。

⑸　再委託先が下請事業者の場合

ベンダーが業として請け負う作成の目的たる情報成果物（ソフトウェア、プログラム）の作成の行為の全部または一部を再委託先に委託することは、①ベンダーが資本金額3億円超の事

業者であり再委託先が資本金額3億円以下の事業者もしくは個人事業者である場合、または②ベンダーが資本金額1000万円超3億円以下の事業者であり再委託先が資本金額1000万円以下の事業者もしくは個人事業者である場合には、ベンダーは親事業者として下請法の規制対象となる。親事業者としての義務および禁止事項については、433頁・26頁以下参照のこと。

第15条（秘密保持）

　ベンダーは、本件業務を履行するにあたり、ユーザーから開示された秘密情報ならびに本件業務に付随して知り得た秘密情報の取扱いについては、別途締結する秘密保持契約に従い、その秘密保持に万全を期すものとする。

POINT

　セキュリティは、システム開発における重要事項である。したがって、別に、秘密保持契約を締結すべきである。ベンダーに開示する情報が、ユーザーにおける営業秘密などの重要情報である場合には、違約金を定めておくことも必要である。
　変更例は、違約金および違約金額を超える場合の損害賠償について、本条に第2項および第3項を追加する。

(変更例)

2　ベンダーまたは再委託先の役員・従業員・アルバイト・派遣社員など本件業務に関係する者が、ユーザーが特定した秘密情報を第三者に漏えい・開示した場合には、○○○万円の違約金を支払うものとする。

3　ユーザーは、前項に掲げる者の漏えい・開示により実際に生じた損害が、前項の違約金額を超える場合における実損額の損害賠償請求を妨げない。

第16条（損害賠償）

　ユーザーは、ベンダーの本件業務遂行上、ベンダーまたはベンダーの従業員等の故意・過失によりユーザーの業務運営に著しい支障をきたした場合、またはユーザーの機器等を破損した場合、および正当な理由なくして本契約の履行を怠った場合には、損害賠償を請求できるものとし、その詳細は、別途当事者が協議し取り決めるものとする。

2　当事者双方とも、相手方の責に帰すべき事由により自らの情報が第三者に漏えいして生じた損害について、賠償を求めることができるものとし、その詳細は、別途、当事者が協議して取り決めるものとする。

POINT

　第16条は、双方に損害賠償義務ありとするが、可能性の高いのはベンダーの損害賠償義務である。また同条は、目的物に瑕疵がある場合でも、民法の規定に修正を加えるものである（民法634条2項参照）。

　第1項、第2項で、詳細は、別途当事者が協議して取り決めるとするが、必ず事前に明確に決定しておくべきである。そうしないと問題が起これば、必ずトラブルの種になる。

　なお、システム開発契約では、損害賠償額にシーリング（上限）を設けることが行われている。損害賠償額のシーリングも詳細協議の際、問題となる。ちなみにモデル契約（JISA 第53条）では、「累計損害額は帰責原因となった個別契約の委託料相当額を限度とする」などがある。

（1）　上限設定に関するベンダー側の論理

　ベンダーの上限の必要性は、プログラムを巡る損害は、金額が莫大になる可能性であるが、次のようなベンダー側の事情もある。

①　経営規模、代金額から　　ベンダーは一般的に中小企業も多く、請負代金も高くないので、責任だけを広げるとバランスを失する。仮に高額な損害を負担させれば、それによって

　　　請負代金が高騰し、プログラムの広範な利用にマイナスとなる。

②　仕様上の瑕疵は当事者の意思疎通の問題　　仕様上の瑕疵は当事者間の意思疎通が不充分な場合に生じやすく、その場合の原因の一端はユーザーにある場合も多い。

③　人的作業には瑕疵がつきもの　　人間がプログラムを作成・入力するので瑕疵がつきものであり、すべての責任をベンダーに負わせるのは酷である。

　ソフトウェア開発の場合、成果物が特殊であり、損害額が莫大になる可能性があり、たとえば委託料が100万円のソフトウェアであっても、システムに不具合によって、1億円の損害を発生する可能性もある。

　ベンダーとしては、損害額に制限を設け、取引金額までとすることが必要となってくる。

(2)　上限設定に関するユーザー側の問題

　ユーザーが大企業の場合はまだしも、中小企業の場合は、システム開発による不具合による多額の損失、営業秘密の漏えいによる損害などは、経営に致命的なダメージを与え倒産の危険さえある。

　したがって、ユーザーにおいては、想定される損害額を確認した上での損害額の交渉だけでなく、ベンダーに対して情報漏えい責任賠償保険の付保要求なども必要となってくる。

　一方、ベンダーとしても、ソフトウェア開発の専門家として、通常の商取引において合理性のある上限金額を許容すべきであるといえる。

　なお、人的損害や故意・重過失に係る損害まで責任制限はできないので、変更例のように注意事項として付加することで、双方で確認する意味がある。

(変更例)

　ベンダーがユーザーに対して負うべき損害賠償責任および本

> 契約に定めるベンダーの履行または不履行に関しユーザーが負
> った損害に対するベンダーの賠償責任は、ユーザーが現実に被
> った通常の直接損害のみを対象とし、〇円を累計の限度額とす
> る。ただし、当該限度額は、人的損害および故意・重過失に係
> る損害には適用しない。

第17条（非常時の協力義務）

　ベンダーが本件業務遂行中に、火災等の非常事態が発生したときは、ベンダーはユーザーに協力してベンダーの使用する機器、資料等の損害を最小限度にとどめるよう努力しなければならない。

第18条（不可抗力）

　ベンダーに不測の事態が発生し、本件業務の遂行が不可能になったときには、ベンダーは直ちにユーザーに報告するとともに、適切な措置を講じユーザーの業務に支障をきたさないよう努力しなければならない。

第19条（従業員等の管理）

　ベンダーは本件業務を担当する従業員等に関し、使用者として法律に規定されたすべての義務を負う。また、ベンダーはベンダーの技術者が本契約に定める事項を遵守するよう指導監督し、管理する業務を負うものとする。

第20条（ベンダーの作業場所）

　ベンダーの作業場所は、ユーザーが指定し管理する事務所、あるいはベンダーの事業所であって、別途ベンダーからユーザーに通知する場所に限定するものとする。

第21条（規則の適用）

　ベンダーは、ベンダーの技術者に対していかなる作業場所においても、

ベンダーの就業規則を適用するものとする。ただし、ベンダーの技術者がユーザーの事務所内で作業を行う場合、必要があれば当事者が協議して別途これを定めるものとする。

第22条（事務所および機器の使用）

　第20条に基づきユーザーは、ベンダーが本件業務遂行に必要な範囲で、作業場所としてユーザーの事務所ならびに機器および什器・備品資材等（以下、「機器等」という）を無償にてベンダーに使用させるものとする。ベンダーがユーザーの事務所で作業を行う場合は、これに伴う光熱費は、ユーザーが負担するものとする。

2　ベンダーは、事務所ならびに機器等の使用にあたっては、安全管理、公序良俗等に関するユーザーの諸規則を遵守するものとし、善良なる管理責任者の注意をもって使用するものとする。

3　ベンダーは、事務所ならびに機器等を本件業務遂行のためにのみ使用するものとし、本件業務終了後、またユーザーから使用中止および返却の要求があった場合には速やかに使用の中止およびユーザーへの返却を行わなければならない。

第23条（監査の権利）

　ベンダーの作業場所が、ベンダーの事務所の場合、ユーザーはベンダーの作業状況、ならびに機密保持契約書に定めた機密情報の取扱状況をベンダーの統轄責任者より聴取、または報告を求めることができるものとする。

2　ユーザーがベンダーの管理状況の聴取、報告を求める場合、ユーザーはベンダーに対して事前に実施時期を通知するものとする。ベンダーは、ユーザーより通知を受けた場合には、これに応じなければならない。

3　聴取、報告の結果、ベンダーの管理不備が認められた場合は、ユーザーはベンダーの作業場所の立入検査を実施できるものとする。また、その場合は、ベンダーは速やかに必要な処置を講じなければならない。

4　前3項にかかわらず、ユーザーは、必要と認められる場合、ベンダー

の作業場所の立入検査を行うことができるものとし、その詳細は、事前に当事者が協議するものとする。本件立入検査の結果、ベンダーの管理不備が認められた場合は、ベンダーは速やかに必要な処置を講じなければならない。

第24条（プログラム等の所有権）

　本件業務の遂行の結果得られたプログラム、設計書および仕様書の所有権は、ユーザーよりベンダーに委託料金が完済された時からユーザーに移転する。

第25条（知的財産権）

　本件業務に伴い発生した発明・考案等（以下、「発明等」という）から生じた特許権（または、特許を受ける権利）・実用新案権（以下、「特許権等」という）の帰属は、別段の定めのない限り以下の通りとする。

(1)　ユーザーが単独で行った発明等から生じた特許権等については、ユーザー単独に帰属するものとする。

(2)　ベンダーが単独で行った発明等から生じた特許権等については、ベンダー単独に帰属するものとする。

(3)　ユーザーおよびベンダーが共同で行った発明等から生じた特許権等については、当事者の共有とする。ユーザーまたはベンダーは、相手方以外の者に対して、当該特許権等にかかる発明の実施を許諾するときは、相手方の同意を得なければならない。

2　ベンダーが従前より保有する特許権等を成果物に適用した場合、および前項第2号によりベンダーに帰属する特許権等が生じ、これが成果物に適用されている場合には、ベンダーはユーザーに対し、当該特許権等について、ユーザーが自ら成果物を使用するために必要な範囲で、無償で使用許諾するものとする。

3　成果物に関する著作権の帰属については、個別契約に別段の定めのない限り、以下のとおりとする。

(1)　ユーザーまたはベンダーが従前より有していたドキュメント、プロ

　　グラムの著作権は、それぞれユーザーまたはベンダーに帰属するもの
　　とする。ただし、ベンダーの有していた著作権はユーザーに対し、ユ
　　ーザーが成果物を使用するために必要な範囲で、著作権法に基づく利
　　用を無償で許諾するものとする。
　(2)　本件業務に伴い新たに発生したドキュメント、プログラムの著作権
　　は、前条（プログラム等の所有権）に定める所有権の移転をもってベ
　　ンダーからユーザーに譲渡するものとする。

4　ベンダーは前項に基づきユーザーに著作権を譲渡し、あるいはユーザ
　ーに無償で著作権法に基づく利用が許諾された成果物に関し、著作者人
　格権（公表権、氏名表示権、同一性保持権）を行使しないものとする。

5　成果物に関し、第三者の特許権等あるいは著作権を侵害するものとし
　て、当該第三者との間で紛争が生じた場合には、ベンダーはその責任に
　おいてこれを処理解決するものとする。ただし、当該権利侵害がユーザ
　ーの責に帰すべき事由に基づき、ベンダーの責に帰すべき事由に基づか
　ない場合には、ベンダーは紛争解決の責を免れるものとする。

POINT

(1)　特許権等の帰属

　ソフトウェアの基礎となるアイデア（アルゴリズム）は、著
作権では保護されない。ビジネス特許が認められるので、特許
権の帰属も重要となってくる。

　本条第1項・第2項は、①ユーザーの単独発明等はユーザー
に帰属、②ベンダーの単独発明等はベンダーに帰属、③共同で
行った発明等は当事者の共有、④契約前よりベンダーの保有す
る特許権等が成果物に適用されている場合は、ユーザーに無償
で使用許諾するというものである。

　変更例とした経産省モデル契約第44条（JISA 第44条、JEITA
第44条）も同様である。

（変更例）

　本件業務遂行の過程で生じた発明その他の知的財産または

ノウハウ等（以下、あわせて「発明等」という）に係る特許権その他の知的財産権（特許その他の知的財産権を受ける権利を含む。ただし、著作権は除く）、ノウハウ等に関する権利（以下、特許権その他の知的財産権、ノウハウ等に関する権利を総称して「特許権等」という）は、当該発明等を行った者が属する当事者に帰属するものとする。

2　ユーザーおよびベンダーが共同で行った発明等から生じた特許権等については、当事者の共有（持分は貢献度に応じて定める）とする。この場合、ユーザーおよびベンダーは、共有に係る特許権等につき、それぞれ相手方の同意および相手方への対価の支払いなしに自ら実施し、または第三者に対し通常実施権を実施許諾することができるものとする。

3　ベンダーは、第1項に基づき特許権等を保有することとなる場合、ユーザーに対し、ユーザーが本契約および個別契約に基づき本件ソフトウェアを使用するのに必要な範囲について、当該特許権等の通常実施権を許諾するものとする。なお、本件ソフトウェアに、個別契約において一定の第三者に使用せしめる旨を個別契約の目的として特掲した上で開発されたソフトウェア（以下「特定ソフトウェア」という）が含まれている場合は、当該個別契約に従った第三者による当該ソフトウェアの使用についても同様とする。なお、かかる許諾の対価は、委託料に含まれるものとする。

4　ユーザーおよびベンダーは、第2項、第3項に基づき相手方と共有し、または相手方に通常実施権を許諾する特許権等について、必要となる職務発明の承継手続（職務発明規定の整備等の職務発明制度の適切な運用、譲渡手続など）を履践するものとする。

(2)　著作権の帰属

ソフトウェアの著作権は、プログラムを実際に作成（プログラミング、コーディング）した法人等（ベンダー）が原始的に取

得する（著作権法15条 2 項）。しかし著作権の譲渡は可能であるから、どのように対処すべきかが問題となる（著作権法61条 1 項）。

(ア)　本条項（第25条第 3 項）の著作権について

①　本条項で問題となる著作権には、次のものがある。

　ⓐ　ユーザーが従前（本契約前）より保有していたプログラム等の著作権

　ⓑ　ベンダーが従前（本契約前）より保有していたプログラム等の著作権

　ⓒ　第三者が従前（本契約前）より保有していたプログラム等の著作権

本条第 3 項ではⓒの内容が不明であるので変更例①のように規定すべきである。

（変更例①）

(1)　ユーザーまたはベンダー<u>または第三者</u>が従前より有していたドキュメント、プログラムの著作権は、それぞれユーザーまたはベンダー<u>または第三者</u>に帰属するものとする。（「ただし」以下は省略）

②　著作権法では、翻訳権・翻案権等（同法27条）および二次的著作物の利用に関する原著作者の権利（同法28条）は、著作権譲渡契約において譲渡の目的として特掲されていないときは、これらの権利は、譲渡した者に留保されたものと推定される（同法61条 2 項）。

　そこで、変更例②のように著作権の譲渡において特掲しておくべきである。

（変更例②）

(2)　本件業務に伴い新たに発生したドキュメント、プログラム

12　発注者が詳細フローチャートまで作成し、コーディングのみ発注する場合のプログラムは、詳細フローチャートの複製と見るべきで、発注者がプログラムの権利者となる。

の著作権（著作権法第27条および第28条の権利を含む。以下同じ）は、前条（プログラム等の所有権）に定める所有権の移転をもってベンダーからユーザーに譲渡するものとする。

※なお、本件業務に伴い新たに発生した再委託先のプログラム等の著作権は移転するかという問題がある。ベンダーは再委託契約で同内容の条項を締結すべきであるし、ユーザーもその旨を注意喚起をしておくべきである。

③　ソフトウェアの再利用を促進するためにはベンダーに著作権を留保しておくほうがよいという考えがある[13]（納入物の著作権に係る下記経産省モデル契約B案参照）。特に将来、他のユーザーのために同様のプログラムを開発する場合、以前譲渡したプログラムの著作権を侵害する可能性がでてくることから、汎用的な利用可能なプログラムをベンダーに留保するものである。変更例③は基本的に変更例⑤の経産省モデル契約B案と等しくなる。

（変更例③）

(2)　本件業務に伴い新たに発生したドキュメント、プログラムの著作権（著作権法第27条および第28条の権利を含む。以下、同じ）は、汎用的な利用が可能なドキュメント、プログラムの著作権を除き、前条（プログラム等の所有権）に定める所有権の移転をもってベンダーからユーザーに譲渡するものとする。

　(イ)　**経産省モデル契約の著作権条項について**

　経産省モデル契約では、著作権の帰属に関しA案（第45条）およびB案、C案が提示されている。ユーザー側にとって有利なのは、本条（第25条第3項）、B案、C案、A案の順である。
　変更例⑤は、B案（汎用的な利用が可能なプログラム等の著作権をベンダーへ、それ以外をユーザーに権利を帰属させる場合）、

13　経産省情報処理振興課・前掲（注4）92頁

変更例⑥は、C 案（汎用的な利用が可能なプログラム等の著作権をベンダーへ、それ以外を共有とする場合。経産省モデル契約第45条）である。変更例⑤⑥の下線は、変更例④の A 案との変更点である。

　変更例④は、A 案（ベンダーにすべて帰属させる場合。経産省モデル契約第45条）である。JISA 第45条および JEITA 第45条は、この A 案を採用する。

（変更例④）

第〇条（納入物の著作権）

　納入物に関する著作権（著作権法第27条及び第28条の権利を含む）は、ユーザーまたは第三者が従前から保有していた著作物の著作権を除き、ベンダーに帰属するものとする。

2　ユーザーは、納入物のうちプログラムの複製物を、著作権法第47条の2に従って自己利用に必要な範囲で、複製、翻案することができるものとする。また、本件ソフトウェアに特定ソフトウェアが含まれている場合は、本契約及び個別契約に従い第三者に対し利用を許諾することができる。ベンダーは、かかる利用について著作者人格権を行使しないものとする。

（変更例⑤）

第〇条（納入物の著作権）

　納入物に関する著作権（著作権法第27条及び第28条の権利を含む。以下同じ）は、ベンダーまたは第三者が従前から保有していた著作物の著作権および汎用的な利用が可能なプログラムの著作権を除き、ユーザーよりベンダーへ当該個別契約に係る委託料が完済されたときに、ベンダーからユーザーへ移転する。なお、かかるベンダーからユーザーへの著作権移転の対価は、委託料に含まれるものとする。

2　ユーザーは、著作権法第47条の2に従って、前項によりベンダーに著作権が留保された著作物につき、本件ソフトウェ

アを自己利用するために必要な範囲で、複製、翻案すること
ができるものとし、ベンダーは、かかる利用について著作者
人格権を行使しないものとする。また、本件ソフトウェアに
特定ソフトウェアが含まれている場合は、本契約および個別
契約に従い第三者に対し利用を許諾することができるものと
し、かかる許諾の対価は、委託料に含まれるものとする。

（変更例⑥）

第〇条（納入物の著作権）

　納入物のうち本件業務によって新たに生じたプログラムに
関する著作権（著作権法第27条及び第28条の権利を含む）は、
汎用的な利用が可能なプログラムの著作権を除き、個別契約
において定める時期（選択案1　当該個別契約に係る委託料が
完済されたとき　選択案2　納入物の検収完了時）をもって、
ユーザーおよびベンダーの共有（持分均等）とし、いずれの
当事者も相手方への支払いの義務を負うことなく、第三者へ
の利用許諾を含め、かかる共有著作権を行使することができ
るものとする。なお、ベンダーからユーザーへの著作権移転
の対価は、委託料に含まれるものとする。また、ベンダーは、
ユーザーのかかる利用について著作者人格権を行使しないも
のとする。

2　ユーザーおよびベンダーは、前項の共有に係る著作権の行
使についての法律上必要とされる共有者の合意を、あらかじ
めこの契約により与えられるものとする。

3　ユーザーおよびベンダーは、相手方の同意を得なければ、
第1項所定の著作権の共有持分を処分することはできないも
のとする。

㈡　著作者人格権について

　著作者人格権は、公表権、氏名表示権、同一性保持権をいい、
著作物の人格的な利益保護を図るため著作者に認められた権利
である。公表権は、未公表の著作物を公表するかどうか決定す

る権利、氏名表示権は、著作物に著作者名を付すかどうか、付す場合に名義をどうするか決定する権利、そして同一性保持権は、著作者の意に反して改変されない権利である。

　著作者人格権は、法人がその従業員等により職務上作成された著作物等について著作者となりうるから、法人も著作者人格権を有するとされる。[14]

　しかし、これらの権利は、著作者の一身に専属し、譲渡することができない（著作権法59条）。プログラム開発委託をベンダーに委ねる場合でも、著作権をユーザーに譲渡することは可能である（本契約第25条第 3 項、経産省モデル契約 B 案の上記変更例⑤参照）が、著作人格権をユーザーに譲渡する契約は無効とされる。

　そのため、ベンダーはユーザーに対して「著作者人格権を行使しない」旨を特約する。この特約が有効（不行使合意容認説）か、無効（不行使合意否定説）かの議論はある。不行使特約とは、包括的に事前に自らの著作者人格権を行使しない旨を合意することをいう。

　検討すべき条文例の著作者人格権放棄については、学説が大きく分かれており、また、「人格権の放棄」の用語が人格権にはそぐわないので、変更例⑦および本条（第25条第 4 項）のように「人格権の不行使」としたほうがよい。[15]

〔検討すべき条文例〕

4 　ベンダーは前項に基づきユーザーに著作権を譲渡し、ある

14　しかし、著作者の人格的利益を保護する目的からすると、議論の余地もある（茶園茂樹編『著作権法』73頁（青木大也）〔有斐閣・2014年〕）。従業者が著作者であっても、著作権は法人に譲渡されることが多く、したがって法人が著作権者になることも多いが、その場合も著作人格権は従業者に残るとする見解もある（中山信弘『ソフトウェアの法的保護』64頁〔有斐閣・1990年〕）。

15　著作者人格権のすべてを、財産権と同様な意味で放棄可能とする解釈は採り得ないであろう。他方、実務においては、必要に迫られて著作者人格権の不行使特約を締結する例も多いが、いまだ司法の確定的な判断はなく、疑心暗鬼の中で実務は進んでいる状況といえよう（中山信弘『著作権法〔第 2 版〕』474頁〔有斐閣・2014年〕）。

いはユーザーに無償で著作権法に基づく利用が許諾された成
果物に関し、著作者人格権（公表権、氏名表示権、同一性保持
権）を放棄するものとする。

（変更例⑦）

4　……、著作者人格権（公表権、氏名表示権、同一性保持権）
を行使しないものとする。

第26条（解　約）

ユーザーまたはベンダーのいずれか当事者が相手方に少なくとも3か
月の予告期間を設けて書面で通告することにより本基本契約を解約する
ことができる。

2　一方の当事者に次の事由があった場合は、他方の当事者が一方の当事
者に書面により催告した後、1か月を経過しても是正されなかった場合
には本基本契約および個別契約を解約することができる。

(1)　一方の当事者の故意または過失により他方の当事者に重大な損害を
与えたとき

(2)　一方の当事者が正当な理由なく契約の履行を怠ったとき

(3)　その他一方の当事者が本基本契約または個別契約の条項に違反した
とき

3　第23条（監査の権利）に定める管理状況の聴取、報告、立入検査の結
果、ベンダーに管理不備が認められ、ユーザーがベンダーに書面により
改善を求めた後、1か月を経過してもベンダーに改善が認められないと
ユーザーが判断する場合には、ユーザーは本契約および個別契約を解約
することができる。

4　一方の当事者に次の事由があった場合は、他方の当事者は本契約およ
び個別契約を即時に解約することができる。差押え、仮差押え、仮処分、
公売処分、租税滞納処分、その他これに準ずる処分を受け、会社更生法
手続の開始、破産もしくは競売の申立てを受け、または自ら民事再生手
続、会社更生手続の開始もしくは破産の申立てをしたとき

第27条（存続条項）

　第15条（秘密保持）、第16条（損害賠償）、第25条（知的財産権）および本条は、本契約が終了した後も、なお存続するものとする。

第28条（管轄裁判所）

　本契約または個別契約から生ずる当事者間の争いについては東京地方裁判所を第一審の専属的合意管轄裁判所とする。

第29条（規定のない事項の取扱い）

　本契約もしくは個別契約に定めなき事項および解釈の疑義については、法令の規定ならびに一般慣行に従うほか当事者が誠意をもって協議解決を図るものとする。

　以上、本契約の成立を証するため、本書を２通作成し、ユーザーとベンダーが署名または記名捺印の上、それぞれその１通を保有する。

平成○○年○月○日

　　　　　　　　（ユーザー）東京都渋谷区○○１丁目１番１号
　　　　　　　　Ｘ株式会社
　　　　　　　　　代表取締役社長　　○○○○　㊞
　　　　　　　（ベンダー）東京都新宿区○○２丁目２番２号
　　　　　　　　Ｙ株式会社
　　　　　　　　　代表取締役　　○○○○　㊞

II　コンサルティング契約書

①　販売促進コンサルタント業務委託契約書

=======●想定する前提●=======

流通小売業のX株式会社は、大規模量販店を経営するが、ある地域の特定量販店において、隣接する区域において他社が量販店を開設したため、売上げが減少している。

そこで当該量販店の差別化を目的に、Y株式会社にコンサルティングを依頼するものである。

（収入印紙）[16]

コンサルティング業務委託契約書

X株式会社（以下、「委託者」という）とY株式会社（以下、「受託者」という）とは、コンサルティング業務の委託に関し、次のとおり契約を締結する。

第1条（コンサルティング業務の委託）

委託者は、受託者に対し、以下に定めるコンサルティングサービスの提供を委託し、受託者はこれを受託する（以下、「本件業務」という）。

(1)　テーマ：「A店の近隣他社量販店との差別化」

(2)　本件業務の提供の内容：戦略策定、設計および開発に関し、提案書その他のドキュメント類（以下、「本件成果物」という）を提出する。詳細は、受託者が委託者に提出済みの企画書（以下、「企画書」という）に記載のとおりとする。

16　仕事の完成（成果物）の完成・提供が契約終了の要件であり（第3条）、「請負契約」とされるので第4条記載の契約金額に基づき印紙税が必要となる（課税物件表2〔第2号文書〕）。
　　なお、成果物の提供義務がなく「準委任契約」とされる場合は、印紙税は不要となる。

2　委託者は、その戦略案の検討およびその採用は自らの責任で行うものとし、受託者はいっさいの保証をせず、責任を負わない。

POINT

　本契約の目的は、第 1 条第 2 項に記載のとおり成果物の完成義務であり、請負契約である。

　しかし、成果物の完成義務はない場合は、委任（準委任）契約となる。この場合は、サービスの提供が目的となるので、契約期間を自動更新としてもよい。以下は、委任契約における第 1 条から第 5 条の変更例である。

(変更例)

第 1 条（コンサルティング業務の委託）

(2)　本件業務の提供の内容：戦略策定、設計および開発に関し、委託者に対し助言、指導を行うサービスを提供する。

第 3 条（契約期間）

　平成○○年○○月○○日より平成○△年○○月○○日までの 1 年間とする。

2　前項の契約期間満了の 3 か月前までに、当事者のいずれかからも書面による異議がなされないときは、本契約はさらに 1 年間自動的に延長されるものとし、以後も同様とする。

第 4 条（業務の対価）

本件業務の対価は年間○○○○○○円とする。ただし、消費税は、別途委託者の負担とする。

2　本件業務に伴って発生する交通費、宿泊費、関係資料の閲覧・謄写・購入、コピー代その他の実費は、いずれも委託者の負担とする。

第 5 条（対価の支払条件）

　支払方法は、毎年 4 月、8 月、12 月末日までに前条の金額の 3 分の 1 ずつに消費税を加算して、委託者があらかじめ指定した金融機関の口座に振り込むものとする。

第2条（善管注意義務）

　受託者は、本件業務を委託者の指示に従い、善良な管理者の注意をもって行い、委託者の信用を傷つける行為その他不信用な行為をいっさい行わない。

第3条（契約期間）

　平成〇〇年〇〇月〇〇日より平成〇△年〇〇月〇〇日までとする。ただし、受託者は、企画書に基づき、当該期間中に各業務を実施し、成果物を委託者に提出するものとし、委託者において成果物の受領後〇日以内に内容を確認し、特に異議を述べない限り、これをもって本契約は終了したものとする。

2　受託者が前項で定めた期日までに成果物を提出できないときは、事前に遅延理由等について委託者に申し出るものとし、委託者の承諾を得た場合は、期日を延長することができる。

第4条（業務の対価）

　本件業務の対価は金〇〇〇〇〇〇円とする。ただし、消費税は、別途委託者の負担とする。

2　本件業務に伴って発生する交通費、宿泊費、関係資料の閲覧・謄写・購入、コピー代その他の実費（以下、「諸経費」という）および対価の支払い、諸経費の支払いに関して発生する銀行手数料等の費用は、いずれも委託者の負担とする。

第5条（対価の支払条件）

　対価の支払いは2回の分割払とし、平成〇〇年〇〇月〇〇日までに金〇〇〇〇〇〇円（消費税は別途委託者の負担とする）、第3条に定める本契約の終了時を含む月の翌月末日までに、金〇〇〇〇〇〇円（消費税は別途委託者の負担とする）を、〇〇銀行〇〇支店の受託者名義の普通預金口座番号〇〇〇〇〇に振込みの方法で支払うものとする。

2　諸経費は受託者が委託者に請求書を送付した月の翌月末日までに、前

項の口座に振込みの方法で支払うものとする。

> **POINT**
>
> 対価の支払方法は上記に限られない。

第6条（再委託の禁止）

受託者は、本件業務の一部を第三者に委託する必要があると判断したときは、委託者に対して、書面にてその理由、再委託すべき者を通知し、その承諾を得なければならない。

> **POINT**
>
> 委託者は、受託者の専門的技術を信頼して委託したものであり、原則的には再委託は認められない。

第7条（不可抗力免責）

天災地変等の不可抗力、戦争・暴動・内乱、法令の改廃制定、公権力による命令処分、ストライキその他の労働争議、輸送機関の事故その他受託者の責に帰し得ない事由による受託業務の全部または一部の履行遅滞または履行不能ないし不完全履行を生じた場合には、受託者はその責に任じない。

第8条（秘密保持）

委託者および受託者は、互いに本件業務を遂行するに基づき知り得た相手方が機密と指定するいっさいの情報（個人情報も含む）を漏えいしてはならない。

2　受託者が本業務を第三者に再委託し実施させる場合には、この秘密保持義務をこの第三者にも遵守させるものとする。

3　次の各号の一に該当するものは、秘密保持義務の対象から除外される

ものとする。

(1)　相手方から開示された、または知り得た時点で既に公知であったもの、またはその後自らの責によらず公知になったもの

(2)　相手方から開示された、または知り得た時点で既に自らこれを保有しており、かつ、それを保有していたことを立証できるもの

(3)　第三者から秘密保持義務を負うことなく適法且つ正当に入手・取得したもの

(4)　法令の定めに基づき官公庁から開示を強制されたもの

POINT

(1)　秘密保持義務の厳格化検討

　本件業務の遂行に関して委託者の内部情報や秘密情報に関与する機会も多く、厳格な定めが必要となる。

　変更例①は第1項に関し、契約終了後の秘密保持義務を追加する。変更例②は第2項に関し、再委託先が秘密漏えいをした場合の受託者の責任を明確化する。

（変更例①）

　　委託者および受託者は、互いに本契約に基づき知り得た相手方が機密と指定するいっさいの情報（個人情報を含む）を、本契約の有効期間はもちろん、契約期間満了後も漏えいしてはならない。

（変更例②）

2　受託者が本業務を第三者に再委託し実施させる場合には、この秘密保持義務をこの第三者にも遵守させるものとし、万一、この第三者が秘密を漏えいした場合といえども、受託者はいっさいの責任を免れることはできない。

(2)　秘密保持義務違反の場合の違約金

　受託者の秘密保持義務違反による損害は、損害額を立証することは困難なので、賠償額の予定として違約金を定める場合がある（民法420条）。変更例①または②を第4項として追加する。

なお、秘密保持条項の賠償額の予定および違約罰について99頁を参照のこと。

（変更例①）

> 4　受託者が第１項に違反して漏えいした場合、損害賠償として、受託者は委託者に金〇〇〇万円を支払わなければならない。委託者の現実の損害額が前項の金額を上回るときは、委託者は受託者に対して現実の損害額を請求することができる。

（変更例②）

> 4　受託者が第１項に違反して漏えいした場合、受託者は委託者が被った損害の賠償をするほか、違約罰として金〇〇〇万円を委託者に支払わなければならない。

　⑵　競業企業等からの受託

　受託者の取引先等への委託者の内部情報や秘密情報が漏えいするリスク、成果物が漏えいするリスクなどから、本条項を置くことにより、本件業務の秘密保持を確認するとともに牽制する。

（追加条文例）

第〇条（第三者からの受託）

> 受託者は、第三者からの受託に際し、本件業務の存在および内容を漏えいしてはならず、本契約第 8 条の秘密保持条項を遵守し、業務を遂行しなければならない。

第 9 条（知的財産権の帰属）

　委託者は、本件業務の遂行課程で受託者が作成して委託者に提出するすべての成果物に対する著作権およびそれらに含まれるノウハウ、コンセプト、アイデアその他の知的財産権（以下、「著作権等」という）は受託者に帰属するものとし、委託者はこれに同意する。

2　受託者は、本契約第 8 条の秘密保持条項に違反しない限度で、著作権等を第三者に対し、本件業務と同一または類似の業務に利用することが

できる。

3　本業務で委託者向け専用に作成された成果物に関して、委託者にこれを無償で、かつ無期限に任意の方法で独占的に利用（加工を含む）することができるものとし、受託者はこれを異議なく許諾する。

4　委託者が、本業務で委託者向け専用に作成された成果物の複製またはこれらに含まれる情報を第三者に対し提供もしくは公表する場合は、本契約の有効期間後といえども、事前に受託者の承諾を得るものとする。

POINT

　知的財産について、第三者からクレームを受けるおそれがあるときは、知的財産の侵害に関し条項を設ける。

（追加条文例）

第〇条（第三者の権利侵害）

　受託者は、委託業務の実施にあたり、その成果物の作成方法について、第三者が有する特許権等の産業財産権、著作権およびその他いっさいの権利にも抵触しないよう留意するとともに、万一、抵触の問題が発生し、または発生するおそれのある場合には、直ちにその旨を委託者に通知し、自己の責任と費用負担で当該問題を解決するものとし、それにより生じた委託者の損害を賠償するものとする。ただし、当該問題が委託者の責に帰すべき事由に起因する場合は、この限りではない。

2　受託者は、成果物および本契約に基づいて委託者に開示する情報について、これが第三者が保有し、かつ開示・使用を禁じられている営業秘密に該当しないものであることを保証する。

第10条（契約解除）

　委託者または受託者において下記各号の一つにでも該当したときは、

相手方は何らの催告なくして直ちに本契約を解除することができる。

なお、この解除は損害賠償の請求を妨げない。

(1)　本契約に違反したとき

(2)　手形、小切手を不渡りにする等支払停止の状態に陥ったとき

(3)　仮差押え、差押え、仮処分、競売等の申立てを受けたとき

(4)　破産、民事再生、会社更生、特別清算等の手続の申立てを受けた とき、または自ら申立てをしたとき

(5)　その他各号に類する不信用な事実があるとき

第11条（損害賠償）

委託者および受託者は、本契約の定めに反して、相手方に損害を与え たときは、相手方が負った損害のすべてにつき賠償できるものとする。

第12条（紛争解決）

本契約に規定なき事項または契約上の疑義については、両当事者間で 誠意を持って協議決定ないしは解決するものとする。

万が一協議が調わない場合は、〇〇地方裁判所をもって、第一審の専 属的合意管轄裁判所とする。

本契約締結の証として本書 2 通を作成し、各自記名捺印の上それぞれそ の 1 通を保有する。

平成〇〇年〇月〇日

　　　　　　　　　（委託者）東京都渋谷区〇〇 1 丁目 1 番 1 号

　　　　　　　　　　　　　　X 株式会社

　　　　　　　　　　　　　　　代表取締役社長　〇〇〇〇　㊞

　　　　　　　　　（受託者）東京都港区〇〇 2 丁目 2 番 2 号

　　　　　　　　　　　　　　Y 株式会社

　　　　　　　　　　　　　　　代表取締役　〇〇〇〇　㊞

②　M&A アドバイザリー業務委託契約書

==●想定する前提●==

　株式会社 X は、非上場会社である。X では、自社の事業の維持を図り、譲渡先の選定または第三者から出資を目的とする事業承継について、株式会社 Y 銀行から案件全体の運営や交渉の進め方、企業評価等に関して専門的なアドバイスを受けることになった。

M&A アドバイザリー業務委託契約書

　X 株式会社（以下、「委託者」という）および株式会社 Y 銀行（以下、「受託者」という）は、委託者の事業承継に係る M&A のアドバイスに関して、次のとおり、契約（以下、「本契約」という）を締結する。

第1条（目　的）

　委託者は、株主からの委託者株式の譲受け、委託者の事業の第三者への譲渡ないしは第三者からの委託者への出資の実行（以下、「本件事業承継」という）に関し、第 2 条に定めるアドバイザリー業務（以下、「本件業務」という）の遂行を受託者に委託し、受託者はこれを受託する。

第2条（本件業務の範囲）

　本件業務の目的を達するための本件業務の範囲は、以下の各号のとおりとする。

(1)　必要な情報の収集・調査および資料の作成

(2)　基本スキームの立案

(3)　実務手続上の助言および打ち合わせのスケジューリング

(4)　相手先との秘密保持契約など事前手続と打ち合わせの場でも立会いおよび助言

(5)　必要時の監査法人、弁護士等の専門家の依頼および委任

(6)　必要となる契約書等のひな形の提示と助言

(7)　デューデリジェンスの立会いおよび助言

(8)　その他、進捗状況に応じた必要な専門知識や経験に基づくアドバイス

POINT

(1)　委託業務の範囲

　業務の範囲は、できるだけ明確に記載すべきであり、委託者の要望により内容が異なってくることから、ひな型などで対応せず、必要なら「別紙」または「業務マニュアル」を添付する。

(2)　業務範囲である契約書の作成検討業務と弁護士法72条

　アドバイザリー契約が、弁護士法72条（非弁護士の法律事務の取扱い等の禁止）に該当するか否かについて、裁判例（東京地判平成24年12月17日 LEX/DB25499455）は、「弁護士法72条は、弁護士または弁護士法人でない者が、『訴訟事件、非訟事件及び審査請求、異議申立て、再審査請求等の行政庁に対する不服申立事件その他一般の法律事件』に関して、『鑑定、代理、若しくは和解その他の法律実務』の取扱い等を業とすることを禁止しているところ、『その他一般の法律事件』は、『訴訟事件』等の例示を受けて規定されている以上、同例示に準ずる程度の争いや疑義のおそれの存在が必要であると解するのが相当である」として、委託者と相手先との間で法的紛議が生ずることが不可避であることをうかがわせる事実はなく、「その他一般の法律事件」に該当すると認めることはできないとして、弁護士法72条に違反しないとする。

第3条（報　酬）

　本件業務委託の報酬は、総額金○○○万円（消費税相当額を含まない）とする。

2　支払方法は、下記条件に基づくものとする。

(1)　着手金　○○○万円（消費税相当額を含まない）を本契約締結時に支払う。

(2)　中間金　○○○万円（消費税相当額を含まない）を相手方との基本合意契約締結時に支払う。

(3)　成功報酬　○○○万円（消費税相当額を含まない）を本件事業承継のクロージング時に支払う。

3　前項の報酬は、受託者の指定した銀行口座に振り込むものとする。なお、報酬支払いに際し、課される消費税その他税金および費用は委託者の負担とする。

4　委託者が支払った本条第2項第1号および第2号の報酬については、本件事業承継の成否にかかわらず返還されないものとする。

POINT

　委託者の目的は、委託者と第三者（相手方）との間の契約の成就である。それには、受託者の意図ではなく、第三者の意図が重要なファクターであり、たとえ基本合意契約を締結したとしても第三者の事情により解約という事態が発生する可能性もある。[17]したがって、第4項に記載のように報酬が返還されないとすると、第2項第1号の着手金、第2号の中間金および第3号の成功報酬の配分をどうするかが重要になってくる。

第4条（実費の負担）

　本契約の目的達成の成否にかかわらず、受託者が本件業務の遂行上必要とする実費は、受託者の請求の都度株主が前条第3項の銀行口座に振り込むものとする。なお、当該実費には本契約の目的達成のため受託者が委任した専門家に支払う費用を含むものとする。

17　住友信託銀行対旧 UFJ ホールディングス事件（最決平成16年8月30日民集58巻6号1763頁）

第 5 条 (秘密保持)

　委託者および受託者は、委託者または候補先もしくは相手方が開示した本件事業承継にかかる秘密情報を、本契約に先立ち平成〇〇年〇月〇日付けで委託者、受託者間で締結した秘密保持契約に基づき、取り扱うものとし、他の目的には一切使用してはならない。

第 6 条 (直接交渉の禁止)

　委託者は受託者の事前の同意なく、本件事業承継に関し、候補先または第三者もしくはその関係者ならびにその代理人と直接接触しまたは交渉をしてはならない。

第 7 条 (有効期間)

　本契約の有効期間は、本契約締結日より 1 年間とする。ただし期間満了の 2 か月前までにいずれかの当事者より書面による別段の申し出がないときは、さらに 1 年間延長するものとし、以後も同様とする。

　なお、期間満了の日において候補先との間で本件事業承継に関する交渉が継続中の場合は、有効期間を当該交渉が終了するまで延長するものとする。

2　前項により本契約が終了した場合といえども、第 5 条の秘密保持および次条の期間終了後の成立に定める義務は、本契約終了後 2 年間は存続するものとする。

> **POINT**
>
> 　委任契約は民法651条 1 項により、いつでも解約できることになるため、解約についての定めを置くことも検討する。[18]
>
> 　変更例は、受託者に対する任意解除権と報酬との関係について規定する。
>
> (変更例)

18　任意解除規定と成功報酬については裁判例 (東京地判平成24年12月17日 LEX ／ DB25499455) がある。

2　前項（第7条第1項）の契約期間中であっても、委託者は受託者に対して、1か月前までに書面による通知をすることにより、本契約を解除することができる。ただし、相手方との基本合意契約締結時後、本件事業承継のクロージングに至るまでに委託者が本契約を解除したときは、成功報酬は3分の1に減額して支払わなければならない（相手方からの契約解除による場合を除く）。

3　前2項により本契約が終了した場合といえども、第5条の秘密保持および次条（有効期間終了後の成立）に定める義務は、本契約終了後2年間は存続するものとする。

第8条（有効期間終了後の成立）

本契約の有効期間満了後2年以内に、受託者が紹介した候補先との間で本件事業承継が第三者の関与による場合も含め成立した場合には、本契約に基づく受託者の仲介者としての業務の成果により当該事業承継が成立したものとみなし、受託者は委託者に対し、本契約に定める成功報酬を請求することができ、委託者はこれを支払うものとする。

POINT

候補先との事業承継成立の端緒は、受託者からの紹介であるため本条が置かれている。また、委託者が報酬費用削減等のため候補者と通謀した場合には、本条のほか第6条および第10条が適用される。

第9条（免　責）

本契約締結の前後を問わず、委託者に対し受託者が提供する本件業務の遂行は委託者の参考のために提供されるものであり、委託者は自らの判断の下にその採否を決定するものとする。また、受託者ならびにその

役員および従業員は、本件業務の遂行に基づき委託者が具体的にとった行為の結果に対して責任を負わず、また本件事業承継が成就せず、本件事業承継に関する相手方との契約が締結されなかった場合も、委託者に対し何らの責任を負わないものとする。ただし、受託者の本件業務の遂行に係る故意または重大な過失により、委託者が被った直接損害（間接損害、逸失利益、保険等によりてん補された損害は含まない）についてはこの限りではなく、この場合、受託者の賠償責任の限度は、第3条第2項に基づく受託者が受領した報酬金額を超えないものとする。

第10条（契約違反）

本契約に基づき免責される場合を除き、委託者および受託者は、本契約の違反により損害を被ったときは相手方に対して、その賠償を請求できる。

第11条（権利義務の譲渡禁止）

委託者および受託者は、他方の当事者の書面による事前の承諾がない限り、第三者に対して、本契約の当事者たる地位および本契約から生ずる権利義務について、承継、譲渡、担保設定その他いっさいの処分を行ってはならない。

第12条（協　議）

本契約に定めのない事項または解釈に疑義にある事項については、委託者と受託者が誠意をもって協議し解決を図るものとする。

第13条（管轄合意裁判所）

委託者および受託者は、本契約に関し裁判上の紛争が生じたときは、東京地方裁判所をもって、第一審の専属的合意管轄裁判所とする。

本契約締結の証として本書2通を作成し、各自1通を保有するものとする。

平成○○年○月○日

　　　　　　　　　　委託者　東京都○区○○ 1−10−1

　　　　　　　　　　　　　　X 株式会社

　　　　　　　　　　　　　　　代表取締役　○○○○　㊞

　　　　　　　　　　受託者　東京都○○区○○町 1−1

　　　　　　　　　　　　　　株式会社 Y 銀行

　　　　　　　　　　　　　　　代表取締役　○○○○　㊞

③　経営委託契約書

━━━━━━━━━●想定する前提●━━━━━━━━━

　X 株式会社の代表取締役である A は、ソフトウェア関係の Z 株式会社の代表取締役を兼任するが、Z 社の経営に注力するため、X 社の経営を同様のレストラン事業を展開する Y 株式会社に X 社のレストランの全店舗（3 店舗）について経営を委託することとなった。

　X 社では、以下の経営委託契約の締結に関し○月○日に臨時株主総会を開催し決議することとしている。

　なお、本経営委託は、事業経営の損益が受託者に帰属する場合（本契約第 3 条第 1 項 1 号）であり、「狭義の経営委任」といわれるものである。

（収入印紙）[19]

経営委託契約書

　X 株式会社（以下、「委託者」という）と Y 株式会社（以下、「受託者」という）とは、次のとおり経営委託契約（以下、「本契約」という）を締結する。

第 1 条（経営委託）

　委託者は、委託者が経営する別紙目録記載の店舗（以下、「本件店舗」

---

[19] レストランの経営を委託する契約の法的性質は、委任（準委任）であるとされるので、一般的には課税文書に該当しないと考えられる。しかし、国税庁への照会の回答によると、外部の専門業者にその経営を長期にわたって委託するために作成される「食堂経営委託に関する契約書」は、食堂経営という売買に関する業務を継続的に委託するものであり、委託する業務の範囲を定めているので第 7 号文書（継続的取引の基本となる契約書）に該当する（印紙税法施行令26条 2 号）とする〈https://www.nta.go.jp/shiraberu/zeiho-kaishaku/shitsugi/inshi/15/10.htm〉。
　※印紙税法26条 2 号「代理店契約書、業務委託契約書その他名称のいかんを問わず、売買に関する業務、金融機関の業務、保険募集の業務又は株式の発行若しくは名義書換えの事務を継続して委託するため作成される契約書で、委託される業務又は事務の範囲又は対価の支払方法を定めるもの」

という）における○○○レストラン事業の経営（以下、「本件経営」という）を受託者に委託し、受託者はこれを実施することを受託した。

> **POINT**
>
> ### (1) 会社法の手続
>
> 　会社法上、事業の全部の経営の委任は、当該委任行為がその効力を生ずる日の前日までに、委託会社は、株主総会の特別決議によって経営委任契約の承認を受けなければならないとされる（会社法467条1項柱書・4号、同309条2項11号）。反対株主は、株式買取請求権を有する（会社法469条）。
>
> 　会社法上は、経営の委任には「狭義の経営委任（前掲）」と損益が委任者に帰属する「経営管理契約」[20]があるとされ、いずれも株主総会の決議が必要である。もっとも、「経営全部の委任」に限られることから、そもそも株主総会決議にかけられるかどうか不明瞭な部分もあるとされる[21]。
>
> ### (2) 事業譲渡との比較
>
> 　事業譲渡の場合と異なり、経営委任の場合は少なくとも名義の上では委託者の名義を用いて事業がなされる。したがって、経営委任契約の場合には会社法22条1項（商号を使用した場合の譲受会社の責任）の類推を認めないものとされる[22]。
>
> 　ただし、狭義の経営委任の場合は営業利益が受託者に帰属し、受託者は一定の対価を支払うことを約束するため、事業譲渡の場合に準じて、原則、委任者は、委任期間内は競業禁止義務（会社法21条）を負うものと解される[23]。

20　経営管理契約は、経営委任契約とは異なり、損益は委任者の計算において行われ、受任者は委任者から一定の報酬を受け取るものである。したがって、通常の委任契約（民法643条）の一場合である。

21　高橋美加「経営委任契約における会社法22条1項の類推適用について」『江頭憲治郎先生還暦記念・企業法の理論〔上〕』180頁（商事法務・2007年）

22　大隅健一郎『企業合同法の研究』325頁（弘文堂・1935年）、田中誠二『全訂商法総則詳論』228頁（勁草書房・1976年）など

(3)　独禁法の規定

　独禁法16条1項4号は「他の会社の事業の全部または重要部分についての経営の受任をすることにより、一定の取引分野における競争を実質的に制限することとなる場合には、当該行為をしてはならず、不公正な取引方法により当該行為をしてはならない」とする。

　ただし、事業の譲受け（同条1項1号）は、一定の場合に、届出義務があるが（同条2項）、経営の受任の場合には届出は規定されていない。

第2条（経営権の帰属）

　受託者は委託者に対し、レストランの名称である「〇〇〇」を引き継ぎ、本件経営を委託者の名で行うものとする。

2　受託者は、受託者の名で行ういっさいの事業に「〇〇〇」の名称を冠してはならず、委託者の同意を得ずに同一の市町村の区域内においてレストラン事業を行ってはならない。

3　受託者は、委託者に対し、委託者の信用保持に最大限の配慮を払わなければならない。

4　委託者は受託者に、本件経営を行うのに必要ないっさいの代理権限を付与する。ただし、以下の事項については、受託者は委託者と協議して決定した場合は、当事者間で覚書を締結するものとする。

(1)　店舗の増設および本件店舗の減少・休業、本件店舗の改装・造作などの変更

(2)　本件店舗において本件経営以外の業務を行うこと

(3)　本件経営に係る経営資金の借入れ

(4)　その他本件経営に重大な影響を及ぼす行為

23　大隅・前掲書（注22）327頁、田中・前掲書（注22）229頁、関俊彦『商法総論総則』272頁（有斐閣・2003年）など

第3条（経営責任）

　本件経営の委託後は、本件経営に関し発生する経営責任は受託者に移管する。

(1)　本件経営にかかる利益および損失のすべてが受託者に帰属する。

(2)　第8条に定める経費を除き、本件経営にかかる諸経費のいっさいは、受託者が負担する。

(3)　本件経営かかる毎月の収支計算書を、受託者は翌月5日までに委託者に提出する。

(4)　本件経営にかかる決算期は毎年9月30日および3月31日の2回とし、受託者は当該決算日から3週間以内に決算報告書を委託者に提出する。

2　受託者は、委託者が必要とするときに本件経営に関し委託者およびその指名する者の監査を受けるものとする。

3　前項の監査および第1項の決算報告書ならびに月次決算書類により発見することができなかった負債および不正は、本件経営の計算外の受託者の自己資金等で塡補しなければならない。

POINT

　⑴　**本件経営のための費用**

　委任は、委任事務を処理する場合の費用は、委託者が支払うことになっているため（民法649条、650条）、本条第1項第2号で特則（受託者負担）を定めている。

　⑵　**日次報告が必要な場合**

　変更前の第1項第3号以下を順次繰り下げ、第3号を変更例とする。

（変更例）

⑶　受託者は、毎日の売上げおよび支出について、日計表および必要な証票類を添付し、翌日、委託者に報告する。

第4条（経営委託期間）

本件事業の委託期間は、平成〇〇年4月1日から平成〇□年3月31日までの2年間とする。なお、期間満了の6か月前までにいずれの当事者からも経営委託の終了の申出がないかぎり、本契約は同一条件で自動的に1年間継続することとし、以後もまた同様とする。

第5条（従業員）

受託者が受託した本件事業に従事する受託者の従業員の採用については、受託者が自己の責任で選定することができる。ただし、その氏名等の詳細は選定後遅滞なく委託者に対して通知するものとする。

第6条（受託保証金）

受託者は、本契約に基づく本件経営受託の保証金として金〇〇〇万円を委託者に下記のとおり預託し、委託者はこれを受領することとする。委託者は、本契約終了後、受託者が本件店舗を明け渡した際に保証金を返還する。保証金には利息を付けない。

(1)　本契約締結時　金〇〇〇万円

(2)　本契約に基づく本件経営の委託者から受託者への移管時　金〇〇〇万円

2　この保証金は、本契約に基づく受託者の委託者に対する債務ならびに受託者が負担すべきその他の債務に充当するものとし、本件契約終了時に受託者が負担すべき未払い債務があるときは、委託者において保証金から差引き充当することができることとする。

POINT

本契約が建物賃貸借契約と判断されると、借地借家法28条の適用があり、建物賃貸人に正当な事由があると認められない場合は、更新拒絶の通知または解約の申入れをすることができない。

当該規定の適用を回避するため、店舗経営委託契約とする場

合がある。いずれにせよ、トラブルを発生させないためには、要件に注意を払っておく必要がある。

① 店舗経営委託契約が建物賃貸借契約に該当すると判断された裁判例（東京地判平成8年7月15日判時1596号81頁）

受託者は、長年の間、独自の経営判断と計算において営業を行ってきたこと、委託者は、本件売場部分を提供することの対価として、<u>保証金や歩合金を取得していることからすると</u>、その使用関係の終了については、受託者は借家法（現借地借家法）の規定による保護を受けるとした上で、委託者による更新拒絶に正当事由は認められないとした。

② 店舗経営委託契約が建物賃貸借契約に該当しないと判断された裁判例（大阪地判平成4年3月13日判タ812号224頁）

委託者と、業務委託を受けて飲食店を営んでいる受託者との間の契約について、<u>通常賃貸借契約に付随する権利金、敷金等の授受がまったくなく、X社の収得する金員は日々の売上金の一定割合をもって定められ賃料とは全く異なること、売場の設定、変更等についてX社の強い権限が及んでいること</u>など、さらには当事者の意思など併せ考慮すると、本件契約は、建物賃貸借契約ということはできないとした。

第7条（対価の支払い）

受託者は、本件経営の受託に伴う対価として、毎月の売上金の〇〇％相当額を委託者に、両社間で別途定める方法により支払う。

POINT

「狭義の経営委任」である経営委託契約では、受託者は委託料を委託者へ支払い、経営は受託者の計算でなされるとされる。受託料は、まったく定額のこともあれば、事業収益の一定割合を支払うこともある。委託者の経営が困難に陥っている場合、

委託者への支払いは利益が一定額以上になった場合に限定することで、受託者への委託報酬の最低額を保障しようとするケースもみられる。受託料は委任する職務内容との兼合いや委託者の関与の程度から当事者間の交渉により決定される。[24]

　変更例①は、売上基準による一定割合ではなく、毎月一定額を支払うものである。

　変更例②は、毎決算期末の経常利益の〇〇％を受託料とするものであり、利益がでなかった場合には、受託料を支払う必要は生じない。[25]

　変更例③は、委託料の支払いを利益が一定額以上になった場合に限定し委託報酬の最低額を保証するものである。[26]

　変更例④は、本条に経営委託契約の根幹をなす受託料を変更できる旨を第 2 項として追加するものである。

（変更例①）

　受託者は、本件経営の受託に伴う対価として、<u>毎月〇〇〇万円を委託者に対し、委託者の指定する金融機関の口座に振り込む方法で支払う。</u>

（変更例②）

　受託者は、本件経営の受託による対価として、<u>委託者に対し、毎決算期末の経常利益の20％を支払う。</u>[27]

（変更例③）

　受託者は、<u>委託者に対し、毎決算期末の営業利益が月額〇〇〇万円を超過した場合は、その超過額を委託報酬として支払う。</u>

（変更例④）

　<u>2　委託者または受託者は、経済情勢の変動、公租公課の増減等により受託料の改定が必要とされる場合は、相手方と協議</u>

24　高橋・前掲書（注21）179頁

25　高橋・前掲書（注21）189頁

26　高橋・前掲書（注21）179頁・190頁、東京地判平成16年 4 月14日判時1867号133頁。

27　大阪高判平成14年 6 月13日判タ1143号283頁

の上、受託料の額を増減することができる。

第8条（経営委託経費）

委託者は、本件経営の委託に際して下記の経費を負担する。

(1)　建物の固定資産税

(2)　管轄官庁に対する許可手続き費用

(3)　建物修理費用

(4)　その他委託者と受託者で協議し定めた費用

> **POINT**
>
> 　委託者の土地建物に対する費用、対外的に経営権を有する委託者の費用とすべきものを委託者が負担すべきものとした。
>
> 　結局は本件経営からでる売上・利益がその源泉となるので、その中で諸経費をどうするか具体的に費用ごとに検討すべきである。

第9条（受託者の管理責任）

受託者は、本件店舗を善良なる管理者の注意をもって管理、使用し、防災などに万全を期さねばならない。

2　本件店舗、委託者の設備または什器・備品などから発生した事故については、委託者は、委託者において故意または重大な過失のない限り責任を負わないものとする。

3　受託者が、本件店舗、委託者の設備または什器・備品を滅失・毀損した場合には受託者は責任をもって、修繕または補充をするものとする。

第10条（再委託の禁止）

受託者は、名義の如何を問わず本件事業の再委託を含め、本契約に基づく業務の執行を第三者に再委託し、あるいは第三者と共同名義による

営業をしてはならない。

> **POINT**
>
> 　委任は高度の信頼関係を基礎とするので、原則「復委任（＝再委託）」は認められない。任意代理の復代理人に関する規定（民法104条）は類推適用されると解されているが、本条はそれをも禁止するものである。したがって、再委託をすべきやむを得ない事由があるときであっても、受託者は委託者と協議することになる（本契約第17条参照）。

第11条（解　約）

　委託者および受託者は、第４条本文の期間内であっても〇か月前の予告の上、本契約を解約することができる。この場合、相手方に生じた損害を賠償しなければならない。

> **POINT**
>
> 　民法651条の特則を設けたものである。

第12条（契約解除）

　受託者に次の事由が生じたときは、委託者は何らの催告なくして本契約を解除することができる。

(1)　受託者が本契約に基づく委託者への支払いを怠ったとき

(2)　本件経営において月間売上が、連続して〇か月間にわたり最低売上金〇〇〇万円に達せず、その回復が見込めないとき

(3)　受託者につき、破産、会社更生、または民事再生手続の申立てがなされたとき

(4)　受託者が本件経営を中止し、または本件経営を他の事業に変更したとき

(5) 委託者の信用を傷つける行為をしたとき

(6) 本契約の条項に違反したとき

2 前項各号に基づき本契約が解除された場合、受託者は、委託者に生じた損害を賠償する。

第13条（契約解除の効果）

第11条および第12条により、または両社間の合意により本契約が解除されたとき、あるいは本契約期間満了により終了したときは、受託者は委託者に対し、本件経営を返還し、本件店舗および本件店舗内の諸設備ならびに備品等のいっさいを現況有姿のまま存置して引き渡すものとする。

2 受託者は、前項により、本件店舗等を引き渡すときは、本件店舗に付加した物（有益費）などにつき、買取りまたは費用の償還請求をせず、立退料・移転料その他名目のいかんを問わず金品の請求はしないものとする。

> **POINT**
>
> **(1) 保証金返還請求**
>
> 本契約第6条により、受託者は保証金返還請求権を有するが、受託者に未払債務があるときは、保証金から差し引いた額が返還されることになる。
>
> **(2) 民法650条の特則**
>
> 本契約は、第3条第1項第2号により、受託者が諸経費を負担することになっているため、費用の償還を請求できるものは第8条に定めるものを立て替えた場合に限られる。また報酬に関しても受託者が売上金から規定の金額を取ることができるため、原則、委託者への請求は発生しない。
>
> **(3) 第1項の変更例**
>
> 受託者が変更した部分の原状回復義務を定める場合。
>
> **（変更例）**

　　　第11条および第12条により、または両社間の合意により本契
　　約が解除されたとき、あるいは本契約期間満了により終了した
　　ときは、受託者は委託者に対し、本件経営を返還し、本件店舗
　　および本件店舗内の諸設備ならびに備品等のうち受託者が施し
　　たものを原状に回復し、その他は現況有姿のまま存置して引き
　　渡すものとする。

第14条（遅延損害金）

　受託者が、委託者に対する債務の支払い、その他の履行を遅滞したと
きは遅滞の日の翌日から遅滞金額に年14パーセントの割合による遅延損
害金を付加して支払う義務を負う。

第15条（連帯保証）

　保証人は、本契約から発生する受託者の一切の債務につき受託者と連
帯して履行する責任を負うこととする。

POINT

　　本契約は、委託者が経営を委託し、受託料および第8条を除
　くいっさいの経費は受託者が支払うので、連帯保証人は受託者
　の債務に関する保証をする者である。

第16条（秘密保持義務）

　受託者は、本件経営を遂行する上で知り得た委託者の秘密を第三者に
漏えいしてはならない。
2　前項の規定は、本契約の終了後も、効力を有する。

第17条（協議事項）

　委託者および受託者は、本契約に規定のない事項および本契約の条項

に関して疑義が生じたときは、信義誠実の原則に則り、誠意をもって協議する。

第18条（管轄裁判所）

　本契約から発生するいっさいの紛争の第一審の専属的合意管轄裁判所を、東京地方裁判所とする。

　本契約の成立を証するため、本契約書2通を作成し、各自記名押印し各1通を保有するものとする。

平成〇〇年〇月〇日

　　　　　（委託者）　　　東京都〇区〇〇1－1－1
　　　　　　　　　　　　　X株式会社
　　　　　　　　　　　　　　代表取締役　　〇〇〇〇　㊞
　　　　　（受託者）　　　神奈川県横浜市〇区〇〇2－2－2
　　　　　　　　　　　　　Y株式会社
　　　　　　　　　　　　　　代表取締役　　〇〇〇〇　㊞
　　　　　（連帯保証人）　東京都〇区〇〇3－3－3
　　　　　　　　　　　　　Z株式会社
　　　　　　　　　　　　　　代表取締役　　〇〇〇〇　㊞

④　監査法人との監査契約書

━━━━●想定する前提●━━━━

　委嘱者であるＸ株式会社は、最終事業年度（会社法2条24号）にかかる貸借対照表に資本金として計上された額が6億円の会社法上の大会社（会社法2条6号）であり、監査役および会計監査人を置く会社である。Ｘ社の定款には、会計監査人との責任限定契約に関する定め（会社法427条1項）がない。

　なお、Ｘ社は、金融商品取引法24条1項の規定による有価証券報告書提出会社ではなく、連結計算書類の作成義務はない（会社法444条3項）。

　受嘱者であるＹは、監査法人である。

　以上から、「監査法人用、会社法単独、指定社員制度利用なし、連結なし、責任限定契約なし」の様式（A-4様式）にならって、契約書ならびに監査約款を作成している。

（日本公認会計士協会「監査契約書及び監査約款の各様式について」2012年6月1日〈http://www.hp.jicpa.or.jp/specialized_field/no_1.html〉参照）

（収入印紙）[27]

監　査　契　約　書

　　委嘱者　Ｘ株式会社

　　受嘱者　Ｙ監査法人

　委嘱者と受嘱者とは、会社法所定の会計監査人の欠格事由のないこと、公認会計士法の業務制限に当たらないこと、及び日本公認会計士協会倫理

---

[27]　会社法は、株式会社と会計監査人との関係は委任に関する規定に従う（会社法330条）とするので、準委任（民法656条）と解される。しかし、印紙税法では会計監査契約書は請負に関する契約書（第2号文書）として取り扱われるので、本契約8の報酬の額に応じた印紙の貼付が必要となる。なお、税理士委嘱契約書も同様に印紙税法上は請負に関する契約書（第2号文書）である。

規則に基づく独立性の保持を確認し、次のとおり監査契約（以下、「本契約」という。）を締結する。

　なお、本契約書に添付の「監査約款」は本契約と一体をなすものとして、委嘱者と受嘱者とにおいて効力を有するものである。

1．監査の目的及び範囲

　受嘱者は、会社法第436条第2項第1号に基づき、独立の立場から、委嘱者の計算書類、すなわち、貸借対照表、損益計算書、株主資本等変動計算書及び個別注記表**注**並びにその附属明細書に対する意見を表明することを目的として、監査を実施する。

注　会社計算規則第57条第3項の規定に基づき、「個別注記表」と題する計算関係書類を作成しない場合は、「及び個別注記表」の箇所を「、重要な会計方針及びその他の注記」に置き換える。

> **POINT**
>
> 　X社のような会計監査人設置会社においては、計算書類（貸借対照表、損益計算書、株主資本等変動計算書および個別注記表）およびその附属明細書については、監査役および会計監査人の監査を受けなければならない（会社法436条2項1号）。そして、当該会計監査人は会計監査報告を作成しなければならない（会社法396条後段）。
>
> 　会社計算規則57条3項は、各事業年度に係る計算書類の附属明細書を除く計算関係書類を作成するにあたっては、貸借対照表、損益計算書、株主資本等変動計算書および個別注記表を構成するものごとに、一つの書面その他の資料として作成しなくてもよいと規定する。したがって、結果として計算書類という一体となったものを作成すればよい。

2．監査の対象となる事業年度

自　平成○△年 4 月 1 日

第○期

至　平成○○年 3 月31日

> **POINT**
>
> 　監査の対象となる事業年度を明確にしている（会社法435条 2 項、436条 2 項）。

3．業務執行社員の氏名

公認会計士　A（当該事業年度を含む継続関与会計期間 2 会計期間）

公認会計士　B（当該事業年度を含む継続関与会計期間 5 会計期間）

> **POINT**
>
> 　指定社員制度を採っている監査法人では、指定証明に関し、指定社員のみが代表権を有し、業務執行権を有し義務を負うことになる。そして、業務着手前に指定社員の氏名を通知すべきものとされている。この場合は、「指定社員制度あり」の様式 B1〜B4、D1〜D4、F1〜F4 を参照して欲しい〈http://www.hp.jicpa.or.jp/specialized_field/no_1.html〉。

4．業務執行社員以外の主な監査従事者の氏名及び資格

公認会計士　C

なお、監査補助者については、受嘱者が委嘱者に別途通知する。

5．監査報告書の提出時期 注

　会社計算規則第130条第 1 項第 1 号に定める提出期限内の日を委嘱者の特定取締役および特定監査役と受嘱者が協議の上定める。

注　委嘱者の特定取締役、特定監査役及び受嘱者の間で合意により定めた
日を提出期限とする場合には、当該期限を記載する。

> **POINT**
>
> (1)　特定取締役・特定監査役
>
> 　特定取締役および特定監査役は、監査報告書の通知・通知期限に関する合意をする権限を有する者である。
>
> 　特定取締役は、定められている場合はその者が、定められていない場合は監査を受けるべき計算書類の作成に関する職務にあたった取締役・執行役である。なお、会計参与が設置されている場合は、上記に加えて会計参与が含まれる（会社計算規則130条4項）。
>
> 　特定監査役は、監査役が1名の場合以外は、通知を受けるべき監査役を定めることができるが、定められていない場合は、すべての監査役が特定監査役となる（同130条5項）。
>
> (2)　会社計算規則第130条第1項第1号に定める監査報告の提出期限
>
> 　会社計算規則130条1項1号により、会計監査人は、一定の日までに、監査報告を特定監査役および特定取締役に対し通知しなければならない。一定の日とは、計算書類を受領した日から4週間、または附属明細書を受領した日から1週間、特定取締役・特定監査役・会計監査人との合意した日、のいずれか遅い日である。

6．受嘱者との連絡に当たる委嘱者の役職員の氏名及び役職名又は所属部課

経理部長　D

7．監査予定時間数並びに従事場所、時期及び日程

(1)　監査予定時間

　監査従事者の監査予定時間数については、○○時間とする。なお、監査予定時間数には、移動のための時間数及び従事場所以外で監査に関する用務に従事する時間数を含むものとする。

(2)　従事場所、時期及び日程

　従事場所、時期及び日程については、委嘱者と受嘱者が協議の上定める。

> **POINT**
>
> 　会計監査人は、法務省令（会社法計算規則110条）で定めるところにより、会計監査報告を作成しなければならない（会社法396条1項後段）。

8．報酬の額及びその支払の時期

(1)　報酬の額

　報酬の額については、前条7(1)の予定時間数を基準として算出される○○万円とする。

> **POINT**
>
> 　ただし、予定時間数をオーバーした場合には、監査約款第13条（後掲）に基づき受嘱者は、報酬の額の改定を申し入れることができる。
>
> 　なお、報酬については、監査役、監査役会、監査等委員会および監査委員会に同意権限がある（会社法399条）。会計監査人の監査を受ける立場の取締役のみの判断による報酬等の決定から、会計監査人の独立性を強化するためである。もっとも、監査人に対するアンケート調査の結果によれば、監査報酬の同意権に関して監査役が積極的に関与しているとの結果とはなっておらず、十分な情報が監査役等に伝達されていない状況で不同意とすることは困難であり、同意権では明らかに限界があるとして、監査人の報酬決定プロセスに経営者から独立した立場の

監査役等が決定者として関与することにより透明性が増し、市
場での信頼を確保することができるとする見解がある（友永道
子「監査人の選任議案・報酬の決定権に関する論点等について」平
成22年5月26日〈www.moj.go.jp/content/000047605.pdf〉）。

　一方、株主総会に提出する会計監査人の選任解任議案の内容
については、平成26年改正会社法は監査委員会のみならず、監
査役、監査役会および監査等委員会に決定権限があるとしてい
る（会社法344条、399条の2、404条）。

(2)　支払の時期

支払いの時期については、委嘱者と受嘱者が協議の上定める。

9．経費の負担

　受嘱者の監査に要した経費（交通費、旅費、宿泊費等を含む。）は、委嘱
者と受嘱者が別に協定した場合を除き、委嘱者が負担するものとする。

　ただし、主たる監査を行う場合（X株式会社本社）までの交通費は受嘱
者の負担とし、出張の宿泊料、日当は受嘱者の旅費規程によるものとする。

10　個人情報の取扱い

(1)　委嘱者は、受嘱者に対して、受嘱者に提供する委嘱者の個人情報
　　（委嘱者の顧客に係るものを含む。以下、「提供個人情報」という。）が、
　　個人情報の保護に関する法律等（諸官庁が定めるガイドライン、指針、
　　通達等を含む。以下、本条において同じ。）が要求している必要な要件・
　　手続を具備したものであることを表明するものとする。

(2)　受嘱者は、提供個人情報を、漏洩、盗用、改ざんしてはならず、か
　　つ本契約の目的以外に利用せず、法律等に従って、適正に取り扱うも
　　のとする。また、受嘱者は、提供個人情報を秘密情報に準じて取り扱
　　い、かつ善良な管理者の注意をもって管理しなければならない。

(3)　受嘱者は、委嘱者から求めがあった場合、当該個人情報の管理状況

について委嘱者に報告しなければならない。また、委嘱者は、当該個人情報の委託につき、個人情報の保護に関する法律第22条の委託先に対する監督を行うため合理的必要があると認められるときは、当該監査の対象となる個人情報の管理状況について監督するため、方法等につき受嘱者と協議の上、必要な調査を行うことができるものとする。

(4)　受嘱者は、本条に違反する事態が発生し、または発生するおそれがあることを知った場合には、速やかに委嘱者報告し、その対応に関して委嘱者と受嘱者が協議するものとする。

11.　特　約

(1)　裁判の管轄

　　委嘱者および受嘱者は、本契約に関し裁判上の紛争が生じたときは、東京地方裁判所をもって、第一審の専属的合意管轄裁判所とする。

(2)　その他

　　本契約に定めのない事項に関しては、本契約書附属の「監査約款」による。

　　本契約書は、別添の「監査約款」（後掲）を含むことを確認したものである。監査実務においては、契約書に監査約款を附属する方式がとられている（日本公認会計士協会「監査契約書及び監査約款の各様式について」2012年6月1日 〈http://www.hp.jicpa.or.jp/specialized_fild/no_1.html〉 参照）。

　　本契約締結の証として本契約書2通を作成し当事者各1通を保有する。

平成○○年○月○日

　　　　　　　　　　　　　　　委嘱者　東京都○区○○1－10－1

　　　　　　　　　　　　　　　X 株式会社

　　　　　　　　　　　　　　　代表取締役　○○○○　㊞

　　　　　　受嘱者　東京都○○区○○町1－1

　　　　　　Y監査法人

　　　　　　統括代表社員　○○○○　㊞

監　査　約　款

第1条（監査の公共性）

　委嘱者と受嘱者は、監査の公共性を認識し、互いに協力して、信義を守り誠実に本契約を履行するものとする。

第2条（受嘱者の責任）

　受嘱者は、我が国において一般に公正妥当と認められる監査の基準に準拠して監査を行う。監査の基準で求められているとおり、受嘱者は、職業倫理に関する規定を遵守し、計算書類及びその附属明細書（連結計算書類を作成する場合は、連結計算書類を含む。以下あわせて「計算関係書類」という。）に重要な虚偽表示がないかどうかについて合理的な保証を得るために、監査計画を策定し、これに基づき監査を実施する。

第3条（監査の性質及び限界）

　委嘱者は、監査について次に掲げる事項を了解する。

一　監査においては、計算関係書類の金額及び開示について監査証拠を入手するための手続を実施すること

二　監査手続は、受嘱者の判断により、不正又は誤謬による計算関係書類の重要な虚偽表示のリスクの評価に基づいて選択及び適用されること

三　受嘱者は、委嘱者が採用した会計方針及びその適用方法並びに委嘱者によって行われた見積りの評価も含め全体としての計算関係書類の表示を検討すること

2　委嘱者は、監査及び内部統制の固有の限界のため、我が国におい
て一般に公正妥当と認められる監査の基準に準拠して、適切に監査
を計画し実施しても、重要な虚偽表示が発見されないという回避で
きないリスクがあることを了解する。

3　受嘱者の行う監査の目的は、内部統制の有効性について意見表明
するためのものではないが、受嘱者は、リスク評価の実施に際して、
状況に応じた適切な監査手続を立案するために、計算関係書類の作
成と適正な表示に関連する内部統制を検討する。なお、受嘱者は、
監査の過程で識別した内部統制の重要な不備を、適時に、書面によ
り監査役若しくは監査役会又は監査委員会（以下「監査役等」とい
う）に報告するものとする。

第 4 条（委嘱者の責任）

委嘱者の経営者は、次に掲げる責任を有する。

一　我が国において一般に公正妥当と認められる企業会計の基準及
び会社計算規則に準拠して計算関係書類を作成し適正に表示する
こと

二　不正又は誤謬による重要な虚偽表示のない計算関係書類を作成
するために、経営者が必要と判断する内部統制を整備及び運用す
ること

三　受嘱者に以下を提供すること

ア　記録、文書及びその他の事項等、計算関係書類の作成に関連
すると委嘱者が認識しているすべての情報を入手する機会

イ　監査報告書日までに開催される株主総会及び取締役会の議事
録並びに重要な稟議書

ウ　受嘱者から要請のある監査のための追加的な情報

エ　監査証拠を入手するために必要であると受嘱者が判断する、
委嘱者の役員及び従業員への制限のない質問や面談の機会

2　委嘱者は、予定されている日程どおりに受嘱者が監査を完了でき
るよう、計算関係書類及びすべての関連する情報を受嘱者が適時に

利用できるようにしなければならない。

3　委嘱者は、受嘱者が効率的かつ適切に監査を実施できるよう受嘱者に全面的に協力し、関係部署（関係会社等を含む。）に対し周知を図らなければならない。

4　委嘱者の経営者は、監査報告書日の翌日から監査の対象となった計算関係書類の発行日（計算関係書類及び監査報告書が第三者に入手可能となる日をいう。）までの間に知るところとなった、計算関係書類に影響を及ぼす可能性のある事実を受嘱者に通知しなければならない。

5　委嘱者は、受嘱者が監査報告書日に、委嘱者の経営者から経営者確認書を入手することを了解する。経営者確認書には、我が国において一般に公正妥当と認められる監査の基準で要求されている確認事項及び他の監査証拠を裏付けるために必要な確認事項並びに経営者が責任を果たした旨を記載するものとする。

第5条（監査報告書の様式及び内容）

受嘱者は、日本公認会計士協会が公表した監査・保証実務委員会実務指針第85号「監査報告書の文例」（改正を含む。）に従い監査報告書を作成する。

2　委嘱者は、前項にかかわらず、受嘱者が、提出する監査報告書の意見の様式や類型及び記載内容について、監査の過程で判明した事項に基づき、状況に応じて変えることができることを了解する。

第6条（構成単位に関するコミュニケーション）

委嘱者は、委嘱者の構成単位（連結計算書類を作成する場合において、連結計算書類に含まれる財務情報の作成単位となる企業又はその他の事業単位をいう。以下同じ。）に関するコミュニケーションについて、次に掲げる事項を了解する。

一　受嘱者と構成単位の監査人との間のコミュニケーションは制約されないこと

二　構成単位の監査人と構成単位の経営者又は構成単位の監査役等
その他の統治責任者との間で、内部統制の重要な不備に関するも
のを含め、重要なコミュニケーションが行われた場合には、受嘱
者に対してもその内容が伝達されること

三　規制当局と構成単位との間で財務報告事項に関連する重要なコ
ミュニケーションが行われた場合には、受嘱者に対してもその内
容が伝達されること

四　受嘱者が必要と認めた範囲において、次の事項を実施すること
ア　構成単位の情報を入手すること、並びに構成単位の経営者、
構成単位の監査役等その他の統治責任者及び構成単位の監査人
（受嘱者が求める関連する監査調書を含む。）へ接すること

イ　構成単位の財務情報に関して作業を実施すること、又は構成
単位の監査人へ作業の実施を依頼すること

第 7 条（監査役等とのコミュニケーション）

受嘱者は、委嘱者の監査役等と連携し、有効な双方向のコミュニ
ケーションを行って監査を実施する。

2　委嘱者は、受嘱者が委嘱者の監査役等と連携し、有効な双方向の
コミュニケーションを行って監査を実施できるように、十分配慮を
行う。

第 8 条（他の公認会計士等又は外部専門家の利用）

委嘱者は、受嘱者が監査業務を行うに当たり、他の公認会計士等
（受嘱者が所属するネットワーク内におけるネットワーク・ファームを含
む。以下同じ。）を利用する場合があることを了解する。

2　受嘱者が監査を実施する過程で、外部専門家の利用が必要と判断
した場合には、外部専門家を監査に利用することができるものとす
る。

第 9 条（守秘義務）

　受嘱者は、業務上知り得た委嘱者及びその関係者の秘密を正当な理由なく他に漏らし、又は盗用してはならない。ただし、以下の情報は秘密から除くものとする。

一　委嘱者から開示された時点で、既に公知となっていたもの

二　委嘱者から開示された後で、受嘱者の責に帰すべき事由によらず公知となったもの

三　委嘱者から開示された時点で、既に受嘱者が保有していたもの

四　受嘱者が、正当な権限を有する第三者から開示されたもの

2　委嘱者は、前項の正当な理由に、次の場合を含むことを了解する。

一　受嘱者が、公認会計士法に基づく公認会計士・監査審査会の求めに対する報告又は資料の提出等を行う場合

二　受嘱者が、日本公認会計士協会の会則等に基づき同協会の質問又は調査に応じる場合

三　受嘱者が、監査業務の引継に際し、後任監査人（監査人予定者を含む。以下同じ。）からの質問及び監査調書の閲覧請求に応じる場合並びに後任監査人に計算関係書類における虚偽の表示に関わる情報又は状況を伝達する場合

四　受嘱者が、監査業務において他の公認会計士等又は外部専門家を利用する場合

五　受嘱者が、訴訟、調停又は審判等において職業上の利益の擁護のため必要な場合

第10条（資料等の帰属）

　受嘱者が監査手続遂行上入手若しくは作成した委嘱者に関する諸資料、又は質問若しくは確認に対する回答書等で委嘱者に対して返還を予定していないものについては、受嘱者の所有とする。

第11条（監査報告書の利用）

　委嘱者は、受嘱者の作成した監査報告書について、受嘱者に無断で転載等をしてはならない。転載等をする場合には、監査の対象と

なった計算関係書類と一体として利用しなければならない。

第12条（独立性の保持に関する情報提供）

　　委嘱者と受嘱者は、監査が委嘱者と独立の立場を損なう利害及び独立の立場に疑いを招く外観を有する者によってはなし得ないことを理解し、本契約締結後においても、法令の特別の利害関係等及び日本公認会計士協会倫理規則の独立性を損なう事実の有無について相互に十分な情報を提供しなければならない。

第13条（報酬の改定の申出）

　　委嘱者の内部統制の不備、経営組織の改変、監査対象取引の増加又は合併買収の実施等を原因として監査執務の時間数が予定を超えることとなった場合には、受嘱者はあらかじめ契約した報酬額の改定を申し出ることができるものとし、この場合には双方誠意をもって協議するものとする。

第14条（契約の解除・終了）

　　次の各号に該当する場合、受嘱者は委嘱者に対し、何らの催告をすることなく本契約を直ちに解除することができる。この場合において、委嘱者は、監査着手前においては既に支払った報酬の返還を要求せず、監査着手後においては契約した報酬の全額を受嘱者に支払うものとする。なお、委嘱者は、本項に基づき本契約が解除された場合、契約書本文に定められた支払の時期にかかわらず、受嘱者が請求した報酬の全額を直ちに支払うものとする。

一　委嘱者の責めに基づき本契約の履行が不可能になった場合

二　委嘱者が、法令、定款、その他の遵守すべき規則又は規程を遵守しない場合

三　委嘱者の主な株主、役員若しくは主な取引先等が反社会的勢力であると判明した場合又は委嘱者の実質的な主要株主が把握できない場合

　四　委嘱者が、その資産の保有等に関する適切な内部統制の整備又
　　は法的若しくは物理的な措置をとらない場合

　五　委嘱者の役職員が受嘱者の業務遂行に誠実に対応しない場合等、
　　受嘱者の委嘱者に対する信頼関係が著しく損なわれた場合

　六　委嘱者の破産手続開始の申立て、再生手続開始の申立て又は更
　　生手続開始の申立てがあった場合

2　受嘱者の責めに基づき本契約の履行が不可能となったときは、委
　嘱者は本契約を解除することができる。この場合において、受嘱者
　は、既に受領した報酬を委嘱者に返還するものとする。

3　委嘱者及び受嘱者の責めに帰すことができない事由等により本契
　約の履行が不可能となったときは、本契約は終了するものとし、報
　酬の取扱いについては双方協議の上決定又は解決するものとする。
　第12条に定める独立性を損なう事実が生じたことにより本契約を解
　除することになった場合も同様とする。

4　本契約の解除又は終了の場合、受嘱者は、監査人予定者の指定に
　関する通知書を入手したときは、必要と認められた事項について十
　分な引継を行う。この場合において、委嘱者は、受嘱者が引継を行
　うために要した費用を負担する。

5　本契約において裁判の管轄を定めた場合の当該裁判の管轄、第9
　条、第11条、本条、第15条及び第16条の定めは、本契約終了後もな
　お有効に存続するものとする。

POINT

(1)　意見不表明の場合の契約の解除

　委嘱者が関係帳簿等の提出を拒否した場合などで、会計記録
が不十分であったり、監査証拠が入手困難であった場合に、受
嘱者は意見を表明しないとする（意見不表明）こともできるが、
その場合であっても、本契約の債務が不可能となったものでは
なく、本条第2項に基づく解除ではない。

(2)　受嘱者に責のある場合の引継費用

　　本条第2項に関し、受嘱者に責のある場合、単に受領した報酬を委嘱者に返還するのみで足りるのではなく、次条にて損害賠償の請求ができる。なお、第4項で委嘱者は受嘱者が引継ぎに要した費用を負担するとするが、第2項の場合は監査人予定者の引継費用は受嘱者の負担となることを確認しておくべきである。

(3)　受嘱者の解除について

　　民法上、委任は各当事者がいつでも契約を解除することができる（民法651条1項）。

　　また、近時、被監査会社と会計監査人の意見不一致から会計監査人が辞任する事態が生じているため、会社法は、会計監査人の側から最初に招集される株主総会に出席し、辞任した旨およびその理由を述べることができるとする（会社法345条5項・2項）。

　　もっとも、受嘱者は会計監査の専門家であり、いずれにせよ委嘱者による安易な契約解除は避けるべきである。

第15条（損害の賠償）

　　委嘱者又は受嘱者は本契約に基づく義務の履行を怠ったときは、相手方に対し、その損害を賠償する。

第16条（その他）

　本契約に定めのない事項又はその解釈に疑義が生じた事項については、双方誠意をもって協議して解決するものとする。

2　前項の協議が整わない場合には、日本公認会計士協会紛議調停委員会に対し、文書をもって調停を請求することができる。

以上

⑤ 人材紹介基本契約書

========●想定する前提●========

委託者であるＸ株式会社は、電子機器関係のメーカーであり、技術者等の雇用に関し人材紹介会社であるＹ株式会社に、Ｘ社の望む人材の紹介を依頼し、Ｙ社が自社や同業者のデータベース等からＸ社の要望に沿う者を紹介するものである。Ｙ社はＸ社が紹介者を採用すれば成功報酬を得ることになる。

人材紹介基本契約書

> **POINT**
>
> ほかに、「人材紹介契約書」、「職業紹介契約書」、「人材コンサルティング契約書」、「人材コンサルティング・サービス契約書」などの名称をつけたものがある。
>
> 当該基本契約書には、人材紹介にあたって最も重要となる個別の候補者に関する要件などは記載しておらず、当事者間で協議等により確認することになる。

Ｘ株式会社（以下、「依頼者」という）とＹ株式会社（以下、「紹介者」という）とは、依頼者の依頼に基づき紹介者が行う人材の紹介に関して、以下のとおり契約（以下、「本契約」という）を締結する。

> **POINT**
>
> 人材紹介契約は、紹介者による依頼者と候補者間のあっせん行為を中心とした有償の準委任契約である。
>
> 紹介者である「有料職業紹介事業」を行おうとする者は厚生

505

労働大臣の許可を得なければならない（職業安定法30条１項）。許可の有効期間は新規許可の場合は３年、更新の場合は５年である（同32条の６）。

第１条（目　的）

　紹介者は、依頼者からの人材紹介の依頼に基づき、依頼者の求める人材を紹介（以下「本件紹介」という）する。

第２条（内　容）

　依頼者は、紹介者に対し、求人の依頼にあたって、職業安定法５条の３第２項に定める労働条件を明示し、紹介者はこれに基づき紹介を行う。

２　紹介者は、依頼者の依頼に基づき、適切と判断した候補者を依頼者に紹介する。

３　紹介者は、採用選考にあたっては、依頼者に必要なアドバイスなど支援を行う。

POINT

　本条第１項の労働条件の明示に関して、職業安定法５条の３第２項（および同第３項が規定する職業安定法施行規則４条の２）は、業務内容、労働契約の期間、始業・終業時刻、休憩時間・休日、賃金の額など、労働者が採用された場合の労働条件を明示しなければならないとする。

第３条（選考・採用）

　依頼者は、紹介者が前条により紹介した候補者を自ら選考のうえ、適格と認めた場合には、明示した労働条件に基づき候補者を採用する。

> **POINT**
>
> 　紹介者は、候補者を依頼者に紹介するものであり、依頼者が、その判断に基づき採用を決定する。

第4条（人材紹介料）

　依頼者は、紹介者が紹介した候補者の採用を決定した場合、労働基準法に基づく労働条件その他を明示した内定通知書を発行するものとし、それに基づき紹介者は依頼者に対して、速やかに下記の人材紹介料についての請求書を発行する。

　人材紹介料＝採用決定者の決定年収の30％相当額（消費税別途）

2　決定年収とは、内定通知書に記載される年収相当額であり、入社時期等により変動する賞与部分の減額は考慮しない。また、決定年収には、想定される残業時間または平均残業時間に対する残業手当も含む。

3　本件紹介のため紹介者が必要とする調査費、交通費等については、原則として人材紹介料に含まれるものとする。ただし、特別に必要になる費用で事前に依頼者が承認したものはこの限りではない。

> **POINT**
>
> 　人材紹介料は、厚生労働令で定める手数料を徴収するか、あらかじめ厚生労働大臣に届け出た手数料表に基づき徴収しなければならない（職業安定法32条の3第1項）。通常は、後者の届け出た手数料表による徴収が行われている。本条および第6条も同様である。

第5条（支払い方法）

　前条の人材紹介料は、採用決定者の入社日を含む月の末日に締め切り、翌月末日までに紹介者の指定する金融機関の口座に振り込む方法により

支払うものとする。なお、振込手数料は紹介者の負担とする。

第6条（早期退社時の措置）

　紹介者の紹介した候補者が、依頼者に入社した日後、候補者に起因する事由により退職または解雇となった場合は、人材紹介料の一部の額を以下の各号に基づき依頼者に返還する。なお、候補者に起因する事由による退職または解雇には、能力不足・疾病等に起因する退職または解雇および自己都合による退職を含むものとする。

(1)　候補者が退職を通知した日または候補者に対する解雇通知がされた日が、入社日から3か月以内の場合は、第4条第1項で定めた人材派遣料として受領した金額の50％に相当する金額を返還する。

(2)　候補者が退職を通知した日または候補者に対する解雇通知がされた日が、入社日から6か月以内の場合は、第4条第1項で定めた人材派遣料として受領した金額の25％に相当する金額を返還する。

2　前項の返還金は、依頼者が紹介者への当該候補者が退職した旨または解雇された旨を通知した日の翌月末日までに依頼者の指定する金融機関の口座に振り込む方法により返金するものとし、振込手数料は紹介者の負担とする。なお、第5条で定める人材紹介料の所定の支払日より前に当該候補者が退職し、または解雇されたときは、事前にその旨を通知のうえ、所定の支払日に前項各号の返還する金額を除いた額を紹介者の指定する金融機関の口座に振り込む方法より支払うことができる。なお、振込手数料は紹介者の負担とする。

第7条（秘密保持義務）

　依頼者および紹介者は、候補者等の個人情報につき、秘密保持義務を負う。依頼者および紹介者は、当該個人情報を目的の範囲内で使用するとともに、厳重に管理し、これを第三者に開示、漏えいしまたは使用させてはならない。また、個人情報を第三者が見ることができる状態においてはならない。

2　紹介者は、本件紹介に関して知り得た依頼者およびその取引先等に関

する秘密情報につき、秘密保持義務を負う。紹介者は、当該秘密情報を目的の範囲内で使用するとともに、厳重に管理し、これを第三者に開示、漏えいしまたは使用させてはならない。また、当該秘密情報を第三者が見ることができる状態においてはならない。

3　前2項の規定は、本契約が終了した後も有効とする。

> **POINT**
>
> 　第1項に関して、職業安定法4条の4は、職業紹介事業者は、「業務の目標の達成に必要な範囲内で求職者等の個人情報を収集し、並びに当該収集の目的の範囲内でこれを保管し、使用しなければならない」とし、「求職者の個人情報を適正に管理するため必要な措置を講じなければならない」とする。
>
> 　また個人情報取扱事業者（個人情報保護法2条3項）は、個人情報保護法4章第1節に規定する義務を遵守しなければならないが、職業紹介事業者は、個人情報事業者には該当しなくても、個人情報取扱事業者に準じて、個人情報の確保に努めることとされる（平成11年労働省告示141号）。
>
> 　第1項は、個人情報取扱事業者ではない依頼者に対しても同様の義務を課している。
>
> 　本条に関して、必要ならば詳細な秘密保持契約書を締結すべきである（101頁記載例14参照）。

第8条（契約の解除）

　依頼者および紹介者は、本契約に定められた事項について、相手方に重大な違反があったときは、本契約を解除することができる。ただし、事前に相手方に対して文書による催告を要するものとする。

> **POINT**
>
> 　前述したように人材紹介契約は、準委任契約である。したが

って、民法は各当事者がいつでも解除できると規定する（民法651条1項、656条）。本条は、これに対する特則を設けたものである。

　ただし、成功報酬だけ規定する人材紹介契約では、契約を存続しても依頼者に特段の費用が発生するわけではなく、契約の有効期間満了時まで待つという方法（ただし、本契約の場合は○か月前の意思表示が必要。第9条参照）もあり、それほど必要な条項でもない。

　民法651条1項は、委任は、各当事者がいつでも解除することができると規定する。委任が当事者の人的信頼関係に基づくものであり、信頼が失われると委任を継続する意味がなくなるからである。委任契約の解除は、遡及効がなく、将来効のみ生ずる（民法652条、620条＝解約告知の意味である）。

　もっとも、任意解除と異なる特約も有効であり、実際、「○か月前までに告知しないと解除できない」とすることや特定の解除事由がないと解除できないとすることも可能である。

　相手方の不利な時期の解除は、解除者はその損害を賠償しなければならないが、やむを得ない事由があればこの限りでない（民法651条2項）。

　もっとも、「一定の予告期間を定めてその期間経過後に、解除の効果が生じる」などの条項を規定（503頁のPOINT(2)参照）することは、損害賠償が発生する機会を減少させることになる。

第9条（契約期間）

　本契約の有効期間は、平成○○年○月○日から平成○○年3月31日とする。ただし、有効期間満了の○か月前までに依頼者または紹介者からの別段の意思表示がない限り、本契約の有効期間は同一条件でさらに1年間延長されるものとし、以後も同様とする。

2　有効期間中に紹介された候補者に関して、その採用決定や入社日が、前項の有効期間満了後になった場合でも、依頼者には、第4条ないし第6条に基づく人材紹介料が発生する。

第10条（協議事項）

　依頼者および紹介者は、本契約および個別契約に定めのない事項またはそれらの条項の解釈について疑義が生じた場合には、誠意をもって協議し、解決を図るものとする。

第11条（管轄裁判所）

　依頼者および紹介者は、本契約および個別契約に関し裁判上の紛争が生じたときは、東京地方裁判所をもって、第一審の専属的合意管轄裁判所とする。

　以上、本契約締結の証として本書2通を作成し、依頼者および紹介者が記名押印の上、各1通を保有する。

平成○○年○月○日

　　　　　　　　依頼者　東京都渋谷区○○1丁目1番1号
　　　　　　　　　　　　X株式会社
　　　　　　　　　　　　　代表取締役社長　　○○○○　㊞
　　　　　　　　紹介者　東京都品川区○○2丁目2番2号
　　　　　　　　　　　　Y株式会社
　　　　　　　　　　　　　　　代表取締役　　○○○○　㊞

POINT

その他の検討すべき条項には以下のものがある。

(1)　他の人材紹介業者への紹介依頼

紹介者だけでは依頼者の希望する者を募集できない場合があ

り、そのような場合に他の人材紹介業者等に紹介を依頼する場合がある。その場合に再委託（再紹介）と再紹介者に対する秘密保持義務および紹介者の責任を規定する。

（追加条文例）

第〇条（第三者に対する秘密保持）

　　紹介者は、人材紹介を目的として業務提携先である人材紹介業者等に、依頼者の企業情報を提供する場合には、紹介者は、この者に対して紹介者と同様の義務を負わせるものとする。

2　前項の場合といえども、紹介者は、紹介者が本契約上で負ういっさいの責任を免れることができない。

　⑵　**任意解除条項**

　委任契約は民法651条1項により、いつでも解約できることになるため、解約についての定めておくことも検討する。

　変更例は、本契約第9条に第3項を追加するもので、依頼者または紹介者に対する解除権と報酬との関係について規定する。

（変更例）

3　第1項（第9条第1項）の有効期間中であっても、依頼者または紹介者は相手方に対して、1か月前までに書面による通知をすることにより、本契約を解除することができる。ただし、候補者の紹介後に本契約を解除したときは、その採用決定や入社日が本契約終了後になった場合でも、依頼者には前項と同様の人材紹介料が発生する。

第5章

労働力の委託に関する契約書

I　労働者派遣契約書

1　労働者派遣基本契約書

━━━━━━━━━●想定する前提●━━━━━━━━━

　株式会社 X は、欠員補充等必要な人員を迅速に確保するため、一時的な業務量の変動や人件費のトータルコストの節約に対応するため、派遣会社である Y 株式会社との間で、労働者派遣基本契約を締結している。

　なお、派遣先である X 社が、派遣社員を受け入れる場合には、労働者派遣契約を締結すべきものとされている（労働者派遣法26条柱書）。

労働者派遣基本契約書

POINT

　労働者派遣法に基づく労働者派遣契約は、労働者派遣に関わる基本的事項および共通的事項を「基本契約」で定めておき、個別の部署・派遣業務ごとに「個別契約」を締結するという取扱いが通常であり、この場合、「個別契約」には労働者派遣法に定められている細目的事項について規定することになる。

　株式会社 X（以下、「派遣先」という）と Y 株式会社（以下、「派遣元」という）は、派遣先が派遣元（一般労働者派遣事業許可番号・般12—345678）から労働者派遣を受けることに関して、次のとおり基本契約（以下、「本契約」という）を締結する。

第1条（目　的）

　本契約は、「労働者派遣事業の適正な運用の確保及び派遣労働者の保護等に関する法律」（以下、「労働者派遣法」という）に基づき、派遣元はその雇用する労働者（以下、「派遣労働者」という）を派遣先に派遣して、派遣先の指揮命令に従って派遣先の業務に従事させることを目的とする。

> **POINT**
>
> 労働者派遣法 2 条 1 号の「労働者派遣」を定めたものである。

第2条（適用範囲）

　本契約は、派遣先と派遣元との間で締結される個別労働者派遣契約（以下、「個別契約」という）に適用する。

> **POINT**
>
> 　紹介予定派遣制度を利用する場合であれば、第 2 項を追加する。なお、職業安定法は「有料の職業紹介事業を行おうとする者は、厚生労働大臣の許可を受けなければならない」（30条）とするので、紹介予定派遣を行う場合は労働派遣事業の許可等だけでなく、別に有料紹介事業の許可が必要となり、当該許可のないものは、第 2 項に関して規定することはできない。
>
> **（変更案）**
>
> 　本契約は、紹介予定派遣契約（派遣終了後に派遣元が当該派遣労働者を派遣先に職業紹介することを予定して行う労働者派遣の契約）にも適用する。

第3条（個別契約）

　派遣先および派遣元は、派遣元が派遣先への労働者派遣に際し、労働者派遣法その他の関係法令に基づいて、派遣の実施に関し必要な細目について、個別契約を締結する。

2　派遣元は、個別契約締結後、遅滞なく、派遣労働者の氏名、性別、その他労働者派遣法および同法施行規則（以下、「労働者派遣規則」という）に定める事項を、書面の交付など所定の方法で通知する。[1]

> **POINT**
>
> 　派遣先が、派遣労働者を選定することはできず、もっぱら派遣元が自らの責任と判断で適格な派遣労働者を選定し、派遣先に通知することになる。
>
> 　なお、派遣労働者の個人情報の保護は本契約第14条を参照のこと。

第4条（就業日、就業時間、休憩時間の変更）

　派遣先は前条第1項の規定にかかわらず、就業日、就業時間、休憩時間を変更することができる。この場合、派遣先は派遣元に対し前日までに変更内容を通知する。

2　派遣先は、業務必要性から労働基準法および派遣元の定める36協定の範囲内において、個別契約および前項によって変更された就業日および就業時間外に就業を命ずることができる。

3　派遣元は36協定に変更があった場合に遅滞なく派遣先にその旨を申し出るものとする。

> **POINT**
>
> 　紹介予定派遣制度を利用する場合であれば、第4項を追加する（第2条のPOINT参照）。

1　派遣元が派遣先へ通知すべき事項は、労働者派遣法35条1項で規定された内容と派遣労働者の業務遂行能力に関する情報に限られる（労働者派遣法35条、労働者派遣規則27条の2第28条参照）。

> **（変更案）**
>
> 　<u>紹介予定派遣を行う場合には、第１項に加え、紹介予定派遣制度に必要な事項を定め、派遣労働者の同意を得なければならない。</u>

第5条（派遣料金）

　派遣料金は、派遣労働者の就業時間に個別契約において定められた時間単価を乗じた額とする。

2　派遣元は各月の派遣料金について毎月末日に締め切り、派遣先に請求書を送付し、派遣先は締切日後５営業日以内に受領したものを、締切日の翌月末日までに派遣元の指定する銀行口座に送金して支払う。なお、振込手数料は委託者の負担とする。

3　派遣先の責に帰すべき事由により派遣労働者が就労できなかったときは、派遣元は派遣先に対し当該時間分の派遣料金を請求することができる。

4　派遣労働者の欠勤等による不就労があったときは、派遣元は当該時間分の派遣料金を請求することができない。

5　経済事情の変化、諸物価の変動等により、派遣料金を改定する必要が生じたときは、派遣先と派遣元の協議により、派遣料金を改定することができる。

第6条（適正な就業条件の確保）

　派遣元は、適正な就業規則を定め、派遣労働者に対し適切な労務管理を行い、派遣先の指揮命令等に従って職場の秩序、規律、企業秘密を守り、適正に業務に従事できるよう派遣労働者を教育、指導しなければならない。

2　派遣先は、派遣労働者に対し、労働基準法等の関係法令および本契約ならびに個別契約に定める就業条件を守り、就業が円滑に行われるよう努めなければならない。

第7条（責任者の選任等）

　　派遣先および派遣元は、自己の雇用する労働者（法人の場合には役員を含む）の中からそれぞれ派遣先責任者、派遣元責任者を選任するものとする。

2　派遣先は、派遣労働者を直接指揮命令する者（以下「指揮命令者」という）を定めるものとする。指揮命令者は業務の処理について、本契約および個別契約に定める事項を遵守して派遣労働者を指揮命令し、契約外の業務に従事させることのないよう留意し、派遣労働者が安全、正確かつ適切に業務を処理できるよう、その他必要な事項を派遣労働者に周知し指導するものとする。

第8条（派遣労働者の交替等）

　　派遣元は、派遣労働者をして派遣先の業務処理方法、就業規律を遵守せしめなければならない。

2　派遣先は、派遣労働者が業務の遂行にあたり著しく不適切と認められる場合には、理由を明示してその派遣労働者の交替を派遣元に要求できるものとし、派遣元は派遣先の要求が妥当と認められる場合は、派遣労働者を交替しなければならない。

3　派遣労働者の傷病等やむを得ない理由がある場合には、派遣元は派遣先に通知をして派遣労働者を交替させることができる。

4　派遣元は、派遣労働者が欠勤する場合その他派遣労働者に欠員を生じるおそれがある場合には、直ちに派遣先にその旨を連絡し、欠員の補充等により欠員が生じることのないよう措置をとらなければならない。

第9条（労働者派遣法その他関連法令等の遵守）

　　派遣先および派遣元は、労働者派遣法ならびに労働者派遣規則、「派遣先が構ずべき措置に関する指針」および「派遣元事業主が構ずべき措置に関する指針」、労働基準法、労働安全衛生法、男女雇用機会均等法などの関係法令等に従い、各自必要な措置をとらなければならない。

2　派遣労働者から、派遣元に対し「育児休業、介護休業等育児又は家族

介護を行う労働者の福祉に関する法律（育児・介護休業法）」に基づく、時間外労働の制限、深夜業の制限、勤務時間の短縮等の措置、子の看護休暇または介護休暇の請求があった場合、派遣先および派遣元は適切な措置を講じなければならない。

第10条（苦情処理）

　派遣先または派遣元は、個別契約において苦情処理担当者として定められている者が、派遣労働者から苦情の申出を受けたときは、もっぱら自らによりその解決が即座に可能であり、かつ軽微なものである場合を除き、個別契約に定める相手方の責任者に遅滞なく連絡するものとする。

2　前項の場合、派遣先および派遣元は、互いに協力して適切かつ迅速な処理に努め、苦情処理の結果は派遣労働者に通知するものとする。

第11条（知的財産権の帰属）

　本契約および個別契約に定める業務の遂行にあたり、派遣労働者が作成した書類、プログラム、ソフトウェア、マニュアルその他すべての成果物（有形、無形を問わない）の所有権、著作権、特許権等にかかる知的財産権は、その性質上、派遣先に帰属または移転しないものを除き、すべて派遣先に単独で帰属する。

2　前項の場合、派遣先は、関係法令および派遣先の職務発明規程等に基づき派遣労働者に報奨金など相当の対価を支払うことができる。

POINT

　コンピュータ・プログラム開発の専門技能を有する労働者派遣契約書において、知的財産に関する規定のない例があった。

　設計・製図、研究開発、書籍等制作、広告デザインなど、必要と思われる業種の労働者の派遣には、トラブル回避の観点から知的財産権の帰属先の定めが必要である。

第12条（雇用の禁止）

　派遣先は、個別契約期間中は、派遣元の派遣労働者を雇用してはならない。ただし、派遣先が個別契約期間中に当該派遣労働者の雇い入れを行おうとする場合は、あらかじめ派遣元の承諾を得た上で、派遣先、派遣元および派遣労働者の三者の合意の下、当該派遣契約を解除し、新たな紹介予定派遣契約または有料職業紹介契約を締結するものとする。

> **POINT**
>
> 　派遣先と派遣元の間で、個別契約期間中の派遣先による引き抜きの禁止（雇用の禁止）条項を定めることは問題ない。しかし、個別契約期間後に、同様の引き抜きの禁止（雇用の禁止）条項を定めることはできない（労働者派遣法33条2項、憲法22条）。
>
> 　紹介予定派遣も、有料職業紹介事業である。有料紹介事業の許可のない者は、ただし書に関して規定することはできない。

第13条（秘密の保持）

　派遣元は、本契約の期間中またはその終了後においても、派遣業務の遂行により知り得た派遣先の業務上の一切の秘密を第三者に開示してはならず、派遣元の派遣労働者に対してもこれを遵守させなければならない。

2　派遣先は、派遣元に対し、秘密保持義務の厳守を内容とする派遣先宛の誓約書を派遣労働者に作成させて派遣先に提出させることができるものとする。

> **POINT**
>
> ### (1)　機密事項の外部漏えいの危険
>
> 　連合の派遣労働者実態調査結果報告（2002年）によると、派遣労働が進んだ場合の影響として労働組合の回答で最も多かっ

たのは、「機密事項の外部への漏えい」であった。派遣元が派遣労働者に対して十分な遵守対応を行わなければ、漏えいした派遣労働者だけではなく、その損害賠償は派遣元自体にも及ぶ場合がある（民法715条、東京地判平成 8 年 6 月24日判時1601号125頁）。

⑵　経済産業省「営業秘密管理指針」

経済産業省の「営業秘密管理指針」は、「派遣従業者をどのような業務に従事させるかについては、派遣契約で明確化する義務があるが、営業秘密管理に関する秘密保持規定については、特段の義務は課されていないため、どの程度の秘密保持義務を課す必要があるのかを派遣契約等で明確化する必要がある」とし、「この場合、派遣従業者と同程度の業務に従事している自社の従業者に対して課しているのと同等の秘密保持義務を遵守するよう規定することが望ましいと考えられる」とする。ただし、「労働者派遣事業制度の趣旨からは、派遣先は、派遣従業者と直接秘密保持契約を締結するよりもむしろ、雇用主である派遣元事業主との間で秘密保持契約を締結し、派遣元事業主が派遣先に対し派遣従業者による秘密保持に関する責任を負うこととすることが望ましい」とするが、「労働者派遣法によれば、派遣従業者は、その業務上取り扱ったことについて知り得た秘密を他に漏らしてはならない法律上の義務を負うものとされて」おり（労働者派遣法24条の 4 ）、「法的義務の点では従業者とは差異があるものの、営業秘密として表示を行い、アクセスを制限するといった、物理的・技術的管理の側面及び組織的管理の側面では、従業者と同様に妥当するものと解される」とする。

2　経済産業省「営業秘密管理指針」61頁以下（平成15年 1 月30日、最終改訂平成25年 8 月16日）

第14条（派遣労働者の個人情報の保護）

　派遣元が派遣先に提供する派遣労働者の個人情報は、労働者派遣法35条に定める派遣先に通知すべき事項および派遣労働者の業務遂行能力に関するものに限るものとする。ただし、目的を示し、かつ当該派遣労働者の同意を得た情報または紹介予定派遣を行う場合認められる範囲の情報はこの限りではない。

2　派遣先および派遣元は、派遣労働者の個人情報を正当な理由なく第三者に開示してはならず、派遣先は、他の派遣労働者および派遣先の従業員に対して、同様の義務を遵守させなければならない。

> **POINT**
>
> 　派遣元は、労働者の個人情報を管理するために、必要な措置を講じなければならない（労働者派遣法24条の3第2項）。

第15条（福利厚生施設の利用）

　派遣先は、派遣元の派遣労働者に対し、食堂、更衣室、レクリエーション施設等の施設または設備について、利用することができるよう便宜供与に努める。

> **POINT**
>
> 　派遣先の事業所によって便宜供与の内容は異なるため、基本契約では努力義務とし、個別契約で具体的に定める（労働者派遣法26条1項10号、労働者派遣規則22条3号参照）。

第17条（業務上の災害）

　派遣就業に伴う派遣労働者の業務上の災害については、派遣元が労働基準法に定める使用者の責任ならびに労働者災害補償保険法に定める事業主の責任を負う。通勤災害については、派遣元の加入する労働者災害

補償保険法により派遣労働者は給付を受ける。

> **POINT**
>
> 雇用主である派遣元が、派遣就業における労働災害および通勤災害において、責任を負う。

第17条（損害賠償）

派遣先または派遣元は、本契約または個別契約に定める条項に違反して相手方に損害を与えた場合、相手方は損害賠償を請求することができる。

2　派遣労働者の故意または過失により派遣先に損害を与えた場合には、派遣先は派遣元に対して損害の賠償を請求することができる。

3　派遣労働者が派遣業務の遂行に関し、第三者に損害を与えた場合には、派遣先および派遣元は協議の上、その負担を定める。

> **POINT**
>
> ### (1)　民法715条の派遣元の使用者責任
>
> 本契約第17条第2項は、派遣元の使用者責任（民法715条）を根拠とするが、派遣先に派遣労働者の指揮命令権があることから、民法715条1項にいう「ある事業のために他人（派遣労働者）を使用する者」は派遣先ではないのか。これに関し、以下のような裁判例がある。
>
> 東京地判平成8年6月24日判時1601号125頁（パソナ事件、後掲注1参照）は、派遣労働者の現金横領行為について、同人の本件領得行為は、本件契約に基づく派遣業務としての派遣元会社（被告）の職務の執行につきなされたものと解され、派遣元会社において、派遣労働者の選任およびその職務執行の監督について相当の注意を尽くしているとは到底言えず、派遣元会社らは損害賠償を支払う義務を負うとして民法715条の責任を認

めた。

東京地判平成15年10月22日判時1850号70頁（テンプロス・ベルシステム24事件）では、派遣先が、派遣元から派遣された労働者のうち２名が、派遣契約に係る派遣先の業務を遂行するにあたり、不正行為をして派遣先に損害を与えたとして、損害賠償を求めた事案で、派遣労働者らの不正行為の事実を認めた上で、派遣元と派遣労働者らの関係からすれば、当該派遣労働者らが派遣先に対し不法行為を行った場合には、派遣元は民法715条の使用者にあたるものと解するのが相当であるとした。

(2)　派遣期間中、指揮命令権は派遣先にあるため、派遣元の責任を軽減する変更例

変更例①は、本条第２項を派遣元の立場から、遂行業務に関して派遣労働者を指揮命令しない派遣元の責任を、故意・重過失に限定するものである。

変更例②は、遂行業務に関して派遣労働者を直接指揮命令しない派遣元の立場も考慮し第４項を追加するものである。

（変更例①）

派遣労働者の故意または<u>重大な</u>過失により派遣先に損害を与えた場合には、派遣先は派遣元に対して損害の賠償を請求することができる。

（変更例②）

<u>4　前項の場合において、派遣労働者の故意または過失および派遣先の指揮命令等の双方に原因があるときは、派遣先および派遣元は、協議して、それぞれの損害の負担割合を定める。</u>

(3)　派遣元に派遣労働者の身元保証を明確にし、当該派遣労働者の行為について派遣元の責任を明確にしておくための変更例

本条に第４項を追加するものである。なお、証書の差入れにあたっては「身元保証ニ関スル法律」を参照のこと。

（変更例）

> 4 派遣元は、個別契約の成立時に、派遣先に派遣する派遣元
> の派遣労働者の行為によって派遣先が受けた損害を賠償する
> ことを約し、証書を差し入れるものとする。

第18条（契約解除）

　派遣先または派遣元が、次の各号の一に該当する場合、相手方は何らの催告を要せず直ちに本契約および個別契約の全部または一部を解除できる。

(1) 本契約または個別契約に違反し、催告をしても違反が是正されないとき

(2) 労働者派遣法その他関係法令に違反したとき

(3) 監督官庁から事業の取消しまたは停止等の処分を受けたとき

(4) 差押え、仮差押え、仮処分、または競売の申立てがあったとき

(5) 支払い停止もしくは支払い停止の状態に陥ったとき、または手形交換所から警告もしくは不渡り処分を受けたとき

(6) 公租公課の滞納処分を受けたとき

(7) 破産手続開始、民事再生手続開始、会社更生手続開始、特別清算手続開始の申立てがあったとき

(8) 事業を停止したとき、または解散の決議をしたとき

(9) その他資産、信用または事業に重大な変化を生じ、本契約を継続しがたい相当の事由が生じたとき

2　前項に基づく解除については、損害賠償の請求を妨げない。

3　本契約または個別契約の期間中に派遣先または派遣元に本契約または個別契約を解除する必要が生じたときは、1か月以上の予告期間をもって、相手方に解除を行う理由を明らかにして、かつ解除の旨を書面で通知することにより当該契約を解除することができる。

4　派遣先は、派遣先の責に帰すべき事由によって個別契約を解除した場合に、当該派遣労働者の新たな就業機会の確保ができないときは、派遣元は、派遣先に対して損害の賠償を請求することができる。

5　派遣先は、派遣労働者の国籍、信条、性別、社会的身分または派遣労働者が労働組合の正当な行為をしたこと等を理由として、本契約および個別契約を解除することはできない。

第19条（反社会的勢力の排除）

　派遣先および派遣元は、本契約の締結時において、自己または自己の役員等〔受託者の業務を執行する社員、取締役、執行役またはこれらに準ずる者をいい、相談役、顧問その他いかなる名称であるかを問わずこれらの者と同等以上の支配力を有する者（以上の者を含めて「役員等」という）を含む〕が、暴力団、暴力団員、暴力団員でなくなった時から5年を経過しない者、暴力団準構成員、暴力団関係企業、総会屋、政治活動・宗教活動・社会運動標ぼうゴロ、特殊知能暴力集団等その他のこれらに準ずる者（以下、これらを「反社会的勢力」という）に該当しないこと、および次の各号のいずれにも該当しないことを表明し、かつ将来にわたって該当しないことを確約する。

(1)　反社会的勢力が経営を支配していると認められる関係を有すること

(2)　反社会的勢力が経営に実質的に関与していると認められる関係を有すること

(3)　受託者もしくは第三者の不正の利益を図る目的または第三者に損害を加える目的をもってするなど、不当に反社会的勢力を利用していると認められる関係を有すること

(4)　反社会的勢力に対して資金等を提供し、または便宜を供与するなどの関与をしていると認められる関係を有すること

(5)　役員等が反社会的勢力と社会的に非難されるべき関係を有すること

2　派遣先および派遣元は、自らまたは第三者を利用して次の各号の一にでも該当する行為を行わないことを確約する。

(1)　暴力的な要求行為

(2)　法的な責任を超えた不当な要求行為

(3)　取引に関して、脅迫的な言動をし、または暴力を用いる行為

(4)　風説を流布し、偽計を用いまたは威力を用いて委託者の信用を毀損

し、または委託者の業務を妨害する行為

　(5)　その他前号に準ずる行為

3　派遣先および派遣元は、自己または自己の役員等が第 1 項の反社会的勢力もしくは各号に該当し、または前項の各号に該当する行為を行い、もしくはそのおそれがあることが判明した場合には、直ちに相手方にその旨を通知しなければならない。

4　派遣先および派遣元は、互いに、相手方による反社会的勢力との関係の有無に関する調査に協力し、相手方から求められた事項については、客観的、合理的なものである限り、これに応じなければならない。

5　派遣先または派遣元は、相手方が前 4 項に違反した場合は、何らの催告をしないで直ちに、派遣先・派遣元間で締結したいっさいの契約を解除することができる。

6　派遣先または派遣元は、前項に基づき契約を解除したことにより、相手方に発生した損害について、賠償責任を負わない。

第20条（期限の利益の喪失）

　第18条第 1 項各号の一にでも該当する事由が生じたときは、その当事者は相手方に対するいっさいの債務について当然に期限の利益を喪失するものとする。

2　前条第 5 項の契約を解除した派遣先または派遣元の相手方は、いっさいの債務について当然に期限の利益を喪失するものとする。

第21条（有効期間）

　本契約の有効期間は、本契約締結の日から 1 年間とする。ただし、派遣先または派遣元から期間満了の 1 か月前までに書面による契約終了の意思表示がない限り、さらに 1 年間延長され、以後も同様とする。

2　本契約が有効期間満了により終了した場合であっても、終了前に締結された個別契約については、別段の意思表示がない限り、本契約が個別契約の期間満了まで適用される。

> **POINT**
>
> 　派遣先対派遣元の継続的取引を規定する基本契約には、自動
> 更新条項を設けることができるが、派遣期間制限のある業務の
> 場合の「個別契約」には、自動更新条項は設けることができな
> い。

第22条（協議事項）

　派遣先および派遣元は、本契約および個別契約に定めのない事項また
はそれらの条項の解釈について疑義が生じた場合には、誠意をもって協
議し、解決を図るものとする。

第23条（管轄裁判所）

　派遣先および派遣元は、本契約および個別契約に関し裁判上の紛争が
生じたときは、東京地方裁判所をもって、第一審の専属的合意管轄裁判
所とする。

　以上、本契約締結の証として本書２通を作成し、派遣先および派遣元の
記名押印の上、各１通を保有する。

平成〇〇年〇月〇日

　　　　　　　　　　　派遣先　東京都渋谷区〇〇１丁目１番１号
　　　　　　　　　　　　　　　株式会社 X
　　　　　　　　　　　　　　　　代表取締役社長　〇〇〇〇　㊞
　　　　　　　　　　　派遣元　東京都品川区〇〇２丁目２番２号
　　　　　　　　　　　　　　　Y 株式会社
　　　　　　　　　　　　　　　　代表取締役　〇〇〇〇　㊞

> ### POINT
>
> 　労働者基本契約書に関し、以下のような条項が定められる場合がある。
>
> 　追加条文例①は、裁判例[3]からも、現金等の取扱い業務は、明確に規定する必要がある。
>
> **（追加条文例①）**
>
> **第〇条（金銭の取扱い）**
>
> 　派遣先が派遣労働者に、現金、有価証券、その他これに類する証券および貴重品の取扱いをさせるときは、その取扱いについて、派遣先、派遣元間で別途定める。
>
> **（追加条文例②）**
>
> **第〇条（出張および車両の使用）**
>
> 　派遣先は、派遣元と別途定めることにより、派遣元の労働者に出張または車両の使用をさせることができる。
>
> **（追加条文例③）**
>
> **第〇条（機械等の使用）**
>
> 　　派遣元および派遣労働者は、派遣先の施設内に作業場所の提供を受けるときは、同時に本業務の遂行上必要となる機械、什器、備品等の一部または全部（以下、「賃借物等」という）の提供を受けることができる。
>
> 　2　前項の定めにより、派遣元および派遣労働者が賃借物等を使用するときは、派遣先の定める規則および派遣先の管理者

3　東京地判平成 8 年 6 月24日判時1601号125頁（パソナ事件）は、派遣労働者の現金横領行為についての損害賠償請求に対し、派遣元（被告）は、派遣先（原告）が契約業務外の現金取扱業務を派遣労働者にさせて生じたのであるから、損害は派遣先が負担すべきであり、派遣元には民法715条の使用者責任も本件派遣契約第 7 条の契約責任も生じないと主張した事案で、裁判所は、社会保険手続に付随しての本件現金取扱い業務程度の現金業務は予測できること、本件契約締結に際しての派遣先の派遣業務についての説明、本件契約書に現金業務の除外規定がないこと、派遣先への派遣労働者が本件現金取扱い業務を行っても派遣元や派遣労働者から何らの申し出もなかったこと等に照らすと、労働者派遣契約に基づき当該派遣労働者（被告）が担当すべき仕事の範囲に現金業務が含まれていると解されるとした。

の指示に従い、本業務遂行の目的以外に使用してはならない。この場合に、派遣元および派遣労働者は、本業務の実施のために必要がなくなったときまたは本業務の終了時には、速やかに賃借物等を派遣先に返還しなければならない。

3　派遣元および派遣労働者の責に帰すべき事由により、派遣先から提供を受けた作業場所や賃借物等の破損、故障に伴う修理費用は、派遣元の負担とする。

② 労働者派遣個別契約書

━━━━━━━━━●想定する前提●━━━━━━━━━

　株式会社 X は、派遣会社である Y 株式会社との間の労働者派遣基本契約書に基づき、派遣労働者の派遣を受けることになり、派遣労働者の就業に関し個別契約を締結することになった。

　なお、個別契約は、労働者派遣法26条が基本となる。個別契約は特定の個人ごとの派遣契約ではなく、業種別、部署別に締結する。[4] したがって、派遣期間中に派遣労働者が交替しても原則、個別契約は影響を受けるものではない。

労働者派遣個別契約書

　株式会社 X（以下、「派遣先」という）と Y 株式会社（以下、「派遣元」という）とは、平成○○年○月○日に締結した労働者派遣基本契約書に基づき、次のとおり労働者派遣個別契約（以下、「個別契約」という）を締結する。

1　業務内容　　パーソナルコンピュータの操作によるプレゼンテーション用資料、業績管理資料、会議用資料等の作成業務（労働者派遣事業の適正な運営の確保及び派遣労働者の保護等に関する法律施行令4条1項3号の事務用機器操作に該当）

POINT

　派遣労働者が従事する業務の内容（労働者派遣法26条1項1号）は、個別契約書にて定めなければならない。その業務に必

---

[4]　別に特定の個人（派遣労働者）と派遣会社の間では、「派遣労働契約」により派遣社員として雇用すること、派遣の業務内容、派遣期間、賃金、就業時間などについて合意される。

要とされる能力、行う業務等が具体的に記述され、当該記載により当該労働者派遣に適格な派遣労働者を派遣元が決定できる程度のものであり、できる限り詳細であることが適当である（労働者派遣事業関係業務取扱要領第7の2⑴「契約内容」、以下、「業務取扱要領」という）。

　派遣先が、派遣労働者を選定することはできず、もっぱら派遣元が自らの責任と判断で適格な派遣労働者を選定することになるので、その点からも、業務内容の記載内容は重要である。

2　**就業場所**　　株式会社X本社 国内営業部営業統括課販売促進係
（〒150-0000　渋谷区○○ 1-1-1 TEL03-3456-7890）

POINT

　派遣就業の場所（労働者派遣法26条1項2号）は、個別契約書にて定めなければならない。

　原則として、派遣労働者の所属する部署、電話番号等、必要な場合に派遣元が当該派遣労働者と連絡がとれる程度の内容が必要である（業務取扱要領）。

3　**指揮命令者**　　国内営業部営業統括課販売促進係長○○○○

POINT

　就業中の派遣労働者を直接指揮命令する者に関する事項（労働者派遣法26条1項3号）は、個別契約書にて定めなければならない。派遣労働者を具体的に指揮命令する者の部署、役職および氏名などである（業務取扱要領）。

4　**派遣期間**　　平成○○年 4 月 1 日から平成○○年 3 月31日まで

> **POINT**
>
> 　労働者派遣の期間（労働者派遣法26条 1 項 4 号）は、個別契約書にて定めなければならない。期間については、具体的な労働者派遣の開始の年月日および終了の年月日である（業務取扱要領）。なお、紹介予定派遣の場合は、派遣期間は 6 か月を超えることができない（派遣先指針18(1)、派遣元指針12(1)）。

5　**就業日**　　月～金（ただし、祝日、年末年始（12月29日から 1 月 3 日）、夏季休業（ 8 月13日から 8 月16日）を除く）

> **POINT**
>
> 　派遣就業をする日（労働者派遣法26条 1 項 4 号）は、個別契約書にて定めなければならない。就業する日については、具体的な曜日または日を指定する（業務取扱要領）。

6　**就業時間**　　9 時から18時まで

> **POINT**
>
> 　派遣就業の開始および終了の時刻（労働者派遣法26条 1 項 5 号）は、個別契約書にて定めなければならない。派遣就業すべき日々の始業、終業を定める（業務取扱要領）。

7　**休憩時間**　　12時から13時まで

> **POINT**
>
> 　休憩時間（労働者派遣法26条 1 項 5 号）は、個別契約書にて定

めなければならない。休憩の開始時間および終了時間を定める
（業務取扱要領）。

8　安全および衛生

　派遣先および派遣元は、労働者派遣法44条から47条の２までの規定により課された各法令を遵守し、自己に課された法令上の責任を負う。なお、派遣就業中の安全および衛生については、派遣先の安全衛生に関する規定を適用することとし、その他については、派遣元の安全衛生に関する規定を適用する。

> **POINT**
>
> 　安全および衛生に関する事項（労働者派遣法26条１項６号）は、個別契約書にて定めなければならない。派遣先において業務を遂行するにあたって、当該派遣労働者の安全、衛生を確保するために必要な事項に関し就業条件を記載する必要がある（業務取扱要領）。

9　派遣労働者からの苦情の処理

(1)　苦情の申出を受ける者

派遣先　　　営業課総務係主任〇〇〇〇　TEL03-3456-7881　内線881
派遣元事業主　　　派遣事業運営係主任〇〇〇〇
　　　　　　　　　　　　　　　　TEL03-3678-9012　内線9012

(2)　苦情処理方法、連携体制等

①　派遣元事業主における(1)記載の者が苦情の申出を受けたときは、直ちに派遣元責任者の〇〇〇〇へ連絡することとし、当該派遣元責任者が中心となって、誠意をもって、遅滞なく、当該苦情の適切迅速な処理を図ることとし、その結果について必ず派遣労働者に通知することとする。

② 派遣先における(1)記載の者が苦情の申出を受けたときは、直ちに派遣先責任者の〇〇〇〇へ連絡することとし、当該派遣先責任者が中心となって、誠意をもって、遅滞なく、当該苦情の適切かつ迅速な処理を図ることとし、その結果について必ず派遣労働者に通知することとする。

③ 派遣先および派遣元は、もっぱら自らによりその解決が即時に可能であり、かつ軽微なものである場合を除き、相互に遅滞なく通知するとともに、密接に連絡調整を行いつつ、その解決を図ることとする。

POINT

　派遣労働者から苦情の申出を受けた苦情の処理に関する事項（労働者派遣法26条1項7号）は個別契約にて定めなければならない。なお、苦情の申出を受けたときはその内容を派遣元に通知し、派遣元と密接な連携の下、遅滞なく、適切・迅速に処理しなければならない（同法40条1項）。

　派遣先・派遣元において苦情の申出を受ける者（氏名、部署、役職、電話番号）、苦情処理方法、連携体制等を記載する（業務取扱要領）。

10　労働者派遣契約の解除にあたって講ずる派遣労働者の雇用の安定を図るための措置

(1)　労働者派遣契約の解除の事前の申入れ

派遣先は、専ら派遣先に起因する事由により、労働者派遣契約の契約期間が満了する前の解除を行おうとする場合には、派遣元の合意を得ることはもとより、あらかじめ相当の猶予期間（2か月以上）をもって派遣元に解除の申入れを行うこととする。

(2)　就業機会の確保

派遣元事業主および派遣先は、労働者派遣契約の契約期間が満了する

前に派遣労働者の責に帰すべき事由によらない労働者派遣契約の解除を行った場合には、派遣先の関連会社での就業をあっせんする等により、当該労働者派遣契約に係る派遣労働者の新たな就業機会の確保を図ることとする。

⑶　損害賠償等に係る適切な措置

派遣先は、派遣先の責に帰すべき事由により労働者派遣契約の契約期間が満了する前に労働者派遣契約の解除を行おうとする場合には、派遣労働者の新たな就業機会の確保を図ることとし、これができないときには、少なくとも当該労働者派遣契約の解除に伴い派遣元事業主が当該労働者派遣に係る派遣労者を休業させること等を余儀なくされたことにより生じた損害の賠償を行わなければならないこととする。たとえば、派遣元事業主が当該派遣労働者を休業させる場合は休業手当に相当する額以上の額について、派遣元事業主がやむを得ない事由により当該派遣労働者を解雇する場合は、派遣先による解除の申入れが相当の猶予期間をもって行われなかったことにより派遣元事業主が解雇の予告をしないときは30日分以上、当該予告をした日から解雇の日までの期間が30日に満たないときは当該解雇の日の30日前の日から当該予告の日までの日数分以上の賃金に相当する額以上の額について、損害の賠償を行わなければならないこととする。その他派遣先は派遣元事業主と十分に協議した上で適切な善後処理方策を講ずることとする。

⑷　労働者派遣契約の解除の理由の明示

派遣先は、労働者派遣契約の契約期間が満了する前に労働者派遣契約の解除を行おうとする場合であって、派遣元から請求があったときは、労働者派遣契約の解除を行った理由を派遣元に対し明らかにすることとする。

> **POINT**
>
> 労働者派遣契約の解除にあたって講ずべき派遣労働者の雇用安定を図るための必要な措置に関する事項（労働者派遣法26条1項8号）は、個別契約にて定めなければならない。

> 　派遣元と派遣先が協議して、①労働者派遣契約の解除の事前
> の申入れ、②就業機会の確保、③損害賠償等に係る適切な措置、
> ④労働者派遣契約の解除の理由の明示、に係る必要な措置を具
> 体的に定める（業務取扱要領）。

11　**派遣元責任者**　　派遣元事業主の派遣事業運営係長○○○○

TEL　3597-****内線100

12　**派遣先責任者**　　派遣先の総務部秘書課人事係長○○○○

TEL　3593-****内線5720

> **POINT**
>
> 　派遣元および派遣先責任者に関する事項（労働者派遣法26条
> 1 項10号に基づき定める派遣規則22条 1 号）は、個別契約にて定
> めなければならない。派遣元・派遣先責任者の役職、氏名、連
> 絡方法である（業務取扱要領）。
> 　なお、製造業務に50人を超える派遣労働者を従事させる派遣
> 先は、当該派遣労働者を専門に担当する派遣先責任者を選任す
> る必要があり、また製造業務に派遣する派遣元は、当該派遣労
> 働者を専門に担当する派遣元責任者を選任する必要がある（労
> 働者派遣規則29条 3 号、34条 3 号）。

13　**就業日外労働**　　前記 5 の就業日以外の就労は、 1 か月に 2 日の範
囲で命ずることができるものとする。

14　**時間外労働**　　前記 6 の就業時間外の労働は 1 日 4 時間、 1 か月45
時間、 1 年360時間の範囲で命ずることができるものとする。

> **POINT**
>
> 　就業日以外の労働、時間外の労働ができる日または延長できる時間数（労働者派遣法26条１項10号に基づき定める派遣則22条２号）は、個別契約にて定めなければならない。
>
> 　派遣労働者に休日労働・時間外労働をさせる場合は、派遣元と派遣労働者の間で労使協定（36協定）が締結されていなければならない。

15　**派遣人員**　　２人

> **POINT**
>
> 　派遣労働者の人数（労働者派遣法26条１項柱書）は、個別契約にて定めなければならない。
>
> 　当該就業条件の組み合わせで常時いることとなる人数であり、たとえば、午前と午後で１人ずつ就業する場合は、１人となる（労働者派遣規則21条１項、業務取扱要領）。

16　**派遣料金**（１時間あたりの税別料金）
　時間内料金○○○○円
　時間外料金○○○○円　　深夜時間料金○○○○円　深夜残業料金
　法定外休日料金○○○○円　　法定休日料金○○○○円
　深夜割増は、22時から５時の時間帯に適用する。

17　**支払い条件**　　毎月末日締切、翌月末日支払いとする（ただし、締切日後５営業日以内に派遣先が受領した請求書記載分に限る）。

> **POINT**
>
> 　派遣料金、支払い条件は、法定記載事項ではないが、定めて

おく必要がある。

　なお、派遣元においては、派遣労働者に対して派遣料金を明示することが義務づけられている（労働者派遣法34条の2）。明示が必要となる派遣料金は、当該労働者に関する労働者派遣の料金、または当該労働者に関する労働者派遣を行う事業所における料金の平均額、のいずれかである（労働者派遣規則26条の2）。

18　派遣労働者の福祉の増進のための便宜の供与　　派遣先は、派遣労働者に対し、派遣先が雇用する労働者が利用する更衣室（ロッカー）、医務室、食堂、従業員用の通勤バスについて利用することができる。

POINT

　派遣先に雇用される労働者が通常利用している施設、設備、制服の貸与その他派遣労働者のための福祉の増進のための便宜供与および内容（労働者派遣法26条1項10号に基づき定める労働者派遣規則22条3号）は、個別契約にて定めなければならない。

　以上、本契約の締結の証として本書2通を作成し、派遣先および派遣元の記名押印の上、各1通を保有する。

平成○○年○月○日

　　　　　　　　派遣先　東京都渋谷区○○1丁目1番1号
　　　　　　　　　　　　株式会社X
　　　　　　　　　　　　　代表取締役社長　　○○○○　㊞
　　　　　　　　派遣元　東京都品川区○○2丁目2番2号
　　　　　　　　　　　　Y株式会社
　　　　　　　　　　　　　代表取締役　○○○○　㊞
　　　　　　　　　　　　（許可番号一般12—234578）

③ 紹介予定派遣に関する契約書

●想定する前提●

　X株式会社は、派遣会社であるY株式会社に、X社が希望するスキルをもった派遣社員を紹介予定派遣社員の派遣を依頼した。X社にとって、派遣期間（最長6か月間）を試用期間として利用でき、派遣期間満了後当該派遣社員を雇用するか否かは自由であり、雇用しない場合でも解雇予定手当てを支払う必要もないため、メリットがあるため紹介予定派遣を依頼したものであった。

紹介予定派遣に関する契約書

　株式会社X（以下、「派遣先」という）とY株式会社（以下、「派遣元」という）とは、派遣先と派遣元の間で平成〇〇年〇月〇」日付けにて締結した労働者派遣基本契約書（以下、「基本契約」という）の特約事項として派遣元が派遣先に対して行う紹介予定派遣に関し次のとおり契約（以下、「本契約」という）を締結する。

第1条（定　義）

　紹介予定派遣とは、労働者派遣事業と職業紹介事業の双方の許可を受けまたは届出をした者が、派遣労働者・派遣先間の雇用関係の成立のあっせん（職業紹介）を行いまたは行うことを予定して労働者の派遣をすること（以下、「本件業務」という）をいう。

> **POINT**
>
> 　紹介予定派遣とは、派遣先への派遣労働者の就職のあっせん（職業紹介）を前提として行う労働者派遣のことをいう。紹介予定派遣は職業紹介と労働者派遣がセットになったものである。紹介予定派遣では、派遣元は派遣先に派遣労働者のあっせんを

し、派遣先が当該派遣労働者を雇用したときは、派遣元は派遣
先から紹介手数料を受け取る。この紹介予定派遣事業は有料の
職業紹介事業となる。

　なお、有料の職業紹介事業を行おうとする者は、厚生労働大
臣の許可を受けなければならない（職業安定法30条）。

第2条（紹介予定派遣の承諾）

　派遣先および派遣元は、平成〇〇年〇月〇日付けで締結した個別労働
者派遣契約（以下、「個別契約」という）に基づき、派遣元が派遣先に派
遣就業させる派遣元の派遣労働者　〇〇〇〇（以下、「派遣社員Ｚ」とい
う）が、紹介予定派遣の対象であることを相互に確認する。

2　派遣元は、派遣社員Ｚの合意のもと、紹介予定派遣対象者としての
雇用契約を締結していることを派遣先に対して保証する。

3　派遣先は、派遣元から要請があるときには、雇用および選定に必要な
求人内容および賃金等の求人条件の概要を事前に派遣元に内示するもの
とする。

4　派遣先および派遣元は、紹介予定派遣に基づく派遣社員Ｚの派遣期
間は6か月を超えないものであることを相互に確認する。

POINT

　紹介予定派遣の場合は、6か月を超えて、同一の派遣労働者
の労働者派遣を行わないこと（派遣先指針第2の18(1)）。

　第2条第3項に関し、紹介予定派遣を経て派遣先が雇用する
場合に、年次有給休暇および退職金の取扱いについて、労働者
派遣の期間を勤務期間に含めて算入する場合は、その旨も含ま
れる。

第3条（職業紹介）

　派遣元は、派遣社員Ｚの派遣就業終了時に、派遣先および派遣社員Ｚに対して求人・求職の意思および求人・求職条件の確認をし、職業紹介を行うものとする。ただし、派遣先または派遣社員Ｚのいずれかより、職業紹介を受けることを希望しない旨の意思表示がされたときは、派遣元は、速やかにその相手方に報告するとともに、何らの責を負わず職業紹介を中止するものとする。

2　派遣元は前項の定めにかかわらず、派遣社員Ｚの派遣就業期間中に派遣先および派遣社員Ｚに求人・求職の意思確認を行うことができるものとする。

3　派遣先および派遣元は、第1項の定めにかかわらず、派遣社員Ｚの派遣就業期間前または派遣就業期間中に求人条件の明示をできるものとする。

4　派遣先は第1項の定めにかかわらず、派遣社員Ｚの派遣就業期間中に採用内定を行うことができるものとする。

第4条（採用内定）

　派遣先は派遣社員Ｚの採用を決定したときは、速やかに派遣元に対してその旨を通知するとともに、派遣元所定の書面による「採用決定に関する覚書」の締結をもって確認するものとする。

第5条（紹介手数料）

　派遣先が派遣元に支払う紹介手数料は、派遣元があらかじめ厚生労働大臣に届け出た手数料の範囲内で、派遣先が派遣社員Ｚと合意した派遣社員Ｚの理論上の年収をもとに、6か月間を限度として派遣社員Ｚの派遣就業実績月数に応じて下記のとおり算定された額とする。

　なお、派遣就業実績月数は、個別契約に定める派遣期間の暦日数を30日で除して算出するものとし、小数点以下の端数は切り捨てる。

　また、紹介手数料算定の際に円未満の端数が生じたときは、これを四捨五入する。

紹介手数料額

$$=派遣社員 Z の理論上の年収×\left\{20\%+10\%×\frac{(1-派遣就業月数)}{6}\right\}$$

2　前項に定める理論上の年収とは、派遣先が派遣社員 Z に支給する賃金の支払い形態に応じて下記の各号に従い算出された金額に、通勤手当を除く諸手当（所定外労働手当を含む）のすべての年間想定支給額と、賞与算定基礎額に前年度の派遣先の全従業員に対する平均賞与支給月数を乗じて算出される賞与支給想定額を合算したものをいう。ただし、年俸制の場合は当該年俸額をいう。

①　月給制の場合　　　月給（税込み基本給）×12月

②　日給制の場合　　　日給（税込み基本給）×20日×12月

③　時給制の場合　　　時給（税込み基本給）×明示書に定める所定労働時間数×20日×12月

第6条（支払い方法）

　派遣元は、第5条に基づき算定された紹介手数料を派遣先に請求し、派遣先は、採用決定者が入社した月の翌月末日までに、消費税および地方消費税を加算の上、派遣元の指定する銀行口座に振り込むものとする。

第7条（理由の明示）

　派遣先は、職業紹介を受けることを希望しなかった場合または職業紹介を受けた派遣社員 Z を採用しなかった場合には、派遣元の求めに応じ、その理由を書面の交付（もしくはファクシミリによる送信）または電子メールによる送信により派遣元に明示するものとする。

> **POINT**
>
> 　派遣先は、派遣期間満了後、紹介された派遣労働者を正社員として雇用する義務はなく、雇用を希望しないときは、雇用を断ることができる。同様に紹介された派遣労働者も、雇用されることを希望しないときは断ることができる。

　なお、派遣先は、職業紹介を受けることを希望しなかった、または職業紹介を受けた者を雇用になかった場合には、その理由を派遣元に対して書面により明示する。

第8条（守秘義務）

　派遣先および派遣元は、派遣社員Ｚ等の個人情報および本件業務の遂行に関して知り得た相手方の情報を本契約終了後も、第三者に開示、漏えいしまたは使用させてはならない。ただし、相手方から取得した後に自らの責を負うことなく公知になった相手方の情報はこの限りではない。

第9条（法の遵守）

　派遣先および派遣元は互いに労働者派遣法および職業安定法ならびに労働基準法等の関係法令を遵守する。

2　派遣元は、派遣社員Ｚの個人情報について、紹介予定派遣の各段階に応じ、前条および前項の規定に基づき必要な保護措置を講ずるものとする。

第10条（適用開始日）

　本契約は、個別契約に定める派遣期間の開始日より効力を生ずるものとする。

第11条（協議事項）

　本契約の各条項に疑義が生じ、または本契約および基本契約ならびに個別契約に定めがない事項については、派遣先と派遣元が協議して解決するものとする。

以上、本契約締結の証として本書2通を作成し、派遣先および派遣元の記名押印の上、各1通を保有する。

平成〇〇年〇月〇日

　　　　　　　　　派遣先　東京都渋谷区〇〇 1 丁目 1 番 1 号
　　　　　　　　　　　　　株式会社 X
　　　　　　　　　　　　　　代表取締役社長　〇〇〇〇　㊞
　　　　　　　　　派遣元　東京都品川区〇〇 2 丁目 2 番 2 号
　　　　　　　　　　　　　Y 株式会社
　　　　　　　　　　　　　　代表取締役　〇〇〇〇　㊞

II　労働力の委託に関するその他の契約書

①　構内作業請負契約書

━━━━━━━━　●想定する前提●　━━━━━━━━

　X株式会社は、家庭電器製品を製造販売する資本金の額が5億円の会社である。他の製造工程と比べて技術的な能力がそれほど要求されない梱包作業やトラック積込み作業等について、人件費のトータルコストの抑制および正社員の数の抑制の観点から、合同会社Y産業に構内製造工程の最終工程について依頼することになった。

- -

（収入印紙^5）

構内作業請負契約書

　X株式会社は（以下、「委託者」という）と合同会社Y産業（以下、「受託者」という）とは、委託者の工場内における請負取引（以下、「本請負」という）に関し、次のとおり契約（以下、「本契約」という）を締結する。

第1条（目　的）

　委託者は、受託者に対し、下記の業務（以下、「本請負業務」という）についての請負を委託し、報酬を支払うものとする。

(1)　本請負にかかる業務とは、完成製品の梱包作業およびトラック積込み作業をいう。

(2)　実施場所は、委託者の名古屋工場〇〇〇〇製造ラインの最終工程とする。

- -

5　本契約は、内容から、「請負」である。しかし、契約金額は年間台数×1個あたり単価となるが、台数は別途、発注書によることになると解されるので契約金額の記載はないが、継続的取引の基本となる契約書なので、第2号文書ではなく、第7号文書に該当する（詳細は78頁参照）。

> **POINT**
>
> ①　請負であるので、仕事の完成を明確に定めておく。この目的の定めで、請負取引か、委任取引か、それとも売買取引かがわかれば、トラブルも発生しにくい。
>
> 　なお、「委託業務の詳細は、別に作成した梱包作業マニュアルによる」などの記載をしてもよい。
>
> ②　なお、本条第1号に関する周辺業務も行う可能性がある場合は、以下のように変更する。
>
> **（変更例）**
>
> (1)　本請負にかかる業務とは、完成製品の梱包作業およびトラック積込み作業ならびにこれらに付帯する業務をいう。

第2条（本請負の方法）

　本請負の方法は、添付図書「○○製品に関する梱包・積込作業要領書」（以下、「要領書」という）に記載のとおりとする。

2　受託者は、要領書記載の内容その他につき疑義を生じたときは、速やかに委託者にその旨を申し出て、委託者の指示に従うものとする。

> **POINT**
>
> 　委託者は、作業の詳細な要領書を作成すべきであり、これに基づき請負取引がなされれば、トラブルも発生しにくい。

第3条（契約期間）

　本契約は、平成○○年4月1日から1年間とする。ただし、期間満了の3か月前までにいずれかの当事者より書面による別段の申し出がないときは、さらに1年間延長するものとし、以後も同様とする。

> **POINT**
>
> ①　委託者提示の契約書の場合であれば、受託者が社内担当部

　　　署に3か月前でよいのか確認しておく。

②　契約を終了する前、契約を改訂する場合には3か月前に申し出なければならない。ただ、契約の継続に影響を及ぼさない特定の条項の改訂であれば、別段の申し出をせずに延長した中で、交渉により解決し、変更覚書によることも可能である。

第4条（契約金額）

　本請負の契約金額は、1台あたり〇〇〇円（消費税抜金額〇〇〇円）とする。

2　委託者は、毎月1日から末日までの梱包台数に第1項の金額を乗じたものを翌月20日（金融機関休業日の場合、順延期間が2日以内の場合には当該金融機関の最初の営業日）に、受託者の金融機関口座に振り込むものとする。ただし、振込手数料は受託者の負担とする。

POINT

(1)　契約金額の記載方法

　期間が長期になり、価格の変更の可能性がある場合には、第1項は以下のように変更すべきである。

（変更例）

　本請負の契約金額は、1台あたり<u>の金額とし、委託者と受託者間で協議して定めるもの</u>とする。

(2)　課税物件表の第2号文書（請負）の契約金額の記載方法

　請負の場合の契約金額は、必ず、消費税（取引にかかる消費税および地方消費税）を抜いた金額がわかるようにしておくこと。第2号文書にする場合、消費税抜金額が記載されていれば、その金額により印紙税が算定されるからである。

　以下の例では、記載方法によって印紙税で4万円の差がでてくる（詳細は80頁参照）。なお、条文例、変更例の「→第2号文

書の印紙税額〇万円」は税額の違いを示すもので条文には記載
しない。

〔**検討すべき条文例**〕

　　本請負の契約金額は、金 1 億800万円とする。→ 第 2 号文書の
印紙税額10万円

　　本請負の契約金額は、金 1 億800万円（消費税込み）とする。
→同上

（**変更例①**）

　　本請負の契約金額は、金 1 億800万円（消費税抜金額 1 億円）
とする。→第 2 号文書の印紙税額 6 万円

（**変更例②**）

　　本請負の契約金額は、金 1 億800万円（消費税抜金額 1 億円、
消費税800万円）とする。→第 2 号文書の印紙税額 6 万円

　⑶　振込手数料の負担

　　下請事業者については、本契約で規定するか、「支払方法等
について」[6]などの書面に記載して相手方に送付しておかなけれ
ばならない（下請法 3 条)。

　⑷　遅延損害金条項

　　委託者の状況によっては、遅延損害金条項を入れておくこと
も必要であり、履行遅滞の予防策としても有効である。第 3 項
を追加する。

（**変更例**）

　　3　委託者が本契約に基づく金銭債務の支払いを遅延したと
きは、支払い期日の翌日から支払い済みに至るまで、年〇〇％
の割合による遅延損害金を支払うものとする。

第 5 条（本契約の履行）

6　公正取引委員会「下請代金支払遅延防止法第 3 条に規定する書面に係る参考例」〈www.jftc.go.
jp/shitauke/legislation/index.files/article3.pdf〉の10頁および20頁参照

受託者は、受託者の責任で善管注意義務をもって本請負作業を履行しなければならない。

2　受託者は、本請負作業に遅延を生じるおそれがあると認めたときは、直ちに委託者に通知し、委託者の指示に従わなければならない。

第6条（再委託の禁止）

受託者は、本請負作業の履行にあたり、第三者に再委任または再請負をしてはならない。

> **POINT**
>
> 通常は、構内作業なので、再請負は考えられないが、（福島第一原発や建設現場では再請負、再々請負もあるようなので）、再請負を認める場合について変更例を以下に示す。
>
> **（変更例）**
>
> **第6条（再委託の事前承認）**
>
> 受託者は業務の一部（主たる部分を除く）を第三者に委任し、または請け負わせようとするとき（以下、「再委託」という）は、あらかじめ再委託の相手方の住所、名称、再委託を行う業務の範囲、再委託の理由を記載した書面を委託者に提出し承認を受けなければならない。なお、再委託の内容（軽微な内容を除く）を変更する場合も同様とする。

第7条（設備・治具・原材料等の支給）

委託者は、本請負作業の履行の開始にあたり、受託者に無償支給する梱包材、電力、ガス、水道、無償貸与する機械器具・治具、フォークリフト、作業場所等について、別途、定める。

第8条（作業責任者）

受託者は、本請負の遂行にあたり、作業責任者を選任し、委託者に書

面にて届け出るものとする。

2　委託者は、作業責任者を不適当と判断したときは、その理由を明示して受託者に変更を求めることができる。

第9条（指揮・命令）

委託者は、本契約の遂行に際し、本請負作業につき受託者の作業者に直接指揮命令をしてはならない。現場での調整が必要な場合には、必ず前条で選任した作業責任者または作業責任者の監督者に対して指示をするものとする。

> **POINT**
>
> 偽装請負は労働者派遣法、職業安定法に違反するので、請負における指揮・命令関係を確認的に規定したものである。

第10条（法令等の遵守）

委託者および受託者は、本請負作業に対し、職業安定法、労働者派遣法、労働基準法、労働安全衛生法等の労働関係法令を遵守しなければならない。

2　受託者は、本請負の遂行にあたっては、安全に関する諸法令および委託者の指示する諸規程を遵守し、人身災害および施設事故のゼロを期するとともに、公害ならびに工場周辺住民の迷惑となる事態の発生を防止するため、万全の措置を講ずるものとする。

> **POINT**
>
> 第2項に関し、構内作業は、危険を伴う場合があるので、労働関係法令の遵守と災害ゼロの注意喚起を行っているものである。
>
> その他、受託者は、完成品の異動および積み込みの際等に、フォークリフトを使用するので運転者の要件（技能講習・安全

講習修了者・委託者による実技検定）などを指示する必要がある。
必要ならば、本条に追加しておく。

第11条（報告義務）

受託者は、毎日の本請負業務にかかる総作業時間、作業状況等を委託者に報告するものとする。

2 受託者は、委託者の求めに応じ、本請負業務の遂行に関する情報を速やかに報告しなければならない。

3 受託者は、本請負業務の遂行の支障となる事案が生じたときまたは生じるおそれのあるときは、委託者に対して直ちに報告し、委託者と協議しまたは委託者から指示を得なければならない。

POINT

(1) **委託者にとっての検討事項**

請負の場合であっても、仕事の完成まで、受託者に任せるのは問題であり、定期的な日報・週報などのほか、委託者の請求によるか一定条件によるかを定めて報告させる。

なお、長期にわたる場合などは、業務報告義務だけでなく、受託者に関する通知義務も規定する。

（追加条文例）

第〇条（通知義務）

受託者は次の各号の一つに該当するときは、委託者に対し、あらかじめその旨を書面により通知しなければならない。

(1) 名称または商号の変更

(2) 代表者および委託者担当役員の変更

(3) 本店または関連事業所の所在地または住所の変更

(4) ………

(2) **受託者にとっての検討事項**

報告の簡素化を検討する。日報から週報・旬報・月報などへ

変更する。第1項を以下のとおり変更する。

（変更例）

　受託者は、毎日の本請負業務にかかる総作業時間、作業状況等を委託者に<u>週ごとに</u>報告するものとする。

第12条（検査・検収）

　受託者の作業責任者は、本請負作業について要領書に基づき検査するものとし、検査合格をもって検収とする。

第13条（瑕疵担保責任）

　受託者は、前条に定める検収後、〇か月の間に、本請負業務に関し瑕疵が発見され、当該瑕疵によって梱包または本製品に損傷を受けた場合は、受託者は無償で梱包の取替をするのみならず、委託者は当該瑕疵に起因する損害の賠償を請求することができる。

第14条（履行遅延）

　受託者の責による理由により、委託者が指定した期間内に本請負業務を完了することができないときは、1個あたり〇〇円の金額を不足した個数に乗じた金額を損害金とする。

第15条（権利の帰属）

　本請負業務の遂行により生じた成果物ならびに成果物に付随するいっさいの権利は委託者に帰属し、受託者は速やかに委託者に権利を移転しなければならない。

2　本請負業務に関し、第三者との間に知的財産権上の紛争を生じときは、委託者がその責任において解決を図るものとし、受託者の責により委託者が損害を被ったときは、受託者は、委託者に対してその損害を賠償する。

第16条（権利義務の譲渡等）

　受託者は、あらかじめ書面により委託者の承認を受けた場合を除き、本契約によって生ずる権利もしくは義務を第三者に譲渡、承継または質入等の担保に供してはならない。

第17条（秘密保持）

　委託者および受託者は、本契約の有効期間内のみならず契約解除後においても、本請負業務の履行に関して知り得た営業上、技術上ならびに個人情報を、正当な理由なく第三者に開示または漏えいしてはならない。

2　受託者は、本件業務に従事する受託者の従業員に対しても、前項について遵守させなければならない。

第18条（反社会的勢力の排除）

　委託者および受託者は、相手方に対し、本契約の締結時において、委託者または受託者（委託者または受託者の代表者、役員、または実質的に経営を支配する者を含む）が、暴力団、暴力団員、暴力団員、暴力団準構成員、暴力団員でなくなった時から5年を経過しない者、暴力団関係企業、総会屋、政治活動・宗教活動・社会運動標ぼうゴロ、特殊知能暴力集団等の反社会的勢力（以下、「反社会的勢力」という）に該当しないことを表明し、かつ将来にわたって該当しないことを確約する。

2　委託者および受託者は、委託者が前項に該当するか否かを判定するために調査を要すると判断した場合、相手方の求めに応じその調査に協力し、これに必要と相手方が判断する資料を提出しなければならない。

第19条（契約解除と期限の利益の喪失）

　委託者または受託者が前条の反社会的勢力に属すると判明した場合、相手方は直ちに契約解除等の措置をとることができる。

(1)　委託者および受託者が反社会的勢力に属すると判明した場合、相手方は、催告その他の手続を要することなく、本契約のみならずすべての契約を直ちに解除することができ、解除した場合には当該委託者ま

たは受託者は当事者間のすべての取引により生じた相手方に対するいっさいの債務（本請負業務だけではなく、相手方に対するいっさいの債務を含む）について、当然に期限の利益を喪失するものとし、当該委託者または受託者は当該債務を直ちに弁済しなければならない。

(2)　相手方が、前号の規定により、すべての契約を解除した場合に、相手方はこれによる委託者または受託者の損害を賠償する責を負わない。

(3)　第 1 号の規定により相手方がすべての契約を解除した場合、相手方から当該委託者または受託者に対する損害賠償請求を妨げない。

2　前項に定めるほか、委託者および受託者に次の各号の一に該当する事由が生じた場合、相手方は何らの催告をすることなく、直ちに契約を解除することができる。

(1)　本契約または個別契約に違反し、相手方が相当の期間を定めて是正を催告したにもかかわらず、当該期間内にこれを是正しないとき

(2)　監督官庁より営業の取消し、停止等の処分を受けたとき

(3)　支払停止もしくは支払不能の状態に陥ったとき、または手形交換所から警告もしくは不渡り処分を受けたとき

(4)　信用・資力の著しい低下があったとき、またはこれに影響を及ぼす営業上の重要な変更があったとき

(5)　第三者より差押え、仮差押え、仮処分、その他強制執行もしくは競売の申立て、または公租公課の滞納処分を受けたとき

(6)　破産手続開始、民事最低手続開始、会社更生手続開始、特別清算開始の申立て等の事実が生じたとき

(7)　相手方に対する詐術その他背信的行為があったとき

3　前項により契約を解除されたときはいつでも、相手方に対するいっさいの債務につき当然に期限の利益を喪失するものとし、債務のすべてを直ちに相手方に弁済しなければならない。

> **POINT**
>
> 　本条第 3 項は、当然喪失条項であり、受託者は実際に実行をするか否かも含めて、倒産の引き金にならないよう細心の注意

を払うことが必要である。

　なお、本条第3項では、予防策として、当該解除した取引の債務だけでなく、「いっさいの」を挿入している。

第20条（損害賠償責任）

　委託者または受託者は本契約または個別契約に違反し、相手方に損害を与えたときはその損害のすべてにつき責任を負担する。

第21条（協議解決）

　本契約もしくは個別契約に定めのない事項、または本契約もしくは個別契約の解釈について疑義が生じたときは、当事者が誠意をもって協議のうえ解決する。

第22条（管轄裁判所）

　委託者および受託者は、本契約に関し裁判上の紛争が生じたときは、東京地方裁判所を第一審の専属的管轄裁判所とすることに合意する。

本契約書の締結を証するため、本書2通を作成し、当事者が記名押印のうえ、それぞれ1通を保有する。

平成○○年○月○日

　　　　　　　　　委託者　　　東京都○○区○○1－1－1
　　　　　　　　　　　　　　　X株式会社
　　　　　　　　　　　　　　　　代表取締役　○○○○　㊞
　　　　　　　　　受託者　　　名古屋市○○区○○2－2－1
　　　　　　　　　　　　　　　合同会社Y産業
　　　　　　　　　　　　　　　　代表社員　○○○○　㊞

POINT

　構内作業請負に関するその他の追加を検討すべき条文例は以下のものがある。

（追加条文例①）

第〇条（非常時の協力義務）

　受託者が本請負業務遂行中に、火災等の非常事態が発生したときは、受託者は委託者に協力して受託者の使用する機器、資料等の損害を最小限度にとどめるよう努力しなければならない。

（追加条文例②）

第〇条（不可抗力）

　受託者に不測の事態が発生し、本請負業務の遂行が不可能になったときには、受託者は直ちに委託者に報告するとともに、適切な措置を講じ委託者の業務に支障をきたさないよう努力しなければならない。

（追加条文例③）

第〇条（従業員等の管理）

　受託者は本請負業務を担当する自己の従業員等に関し、使用者として法律に規定されたすべての義務を負う。また、受託者は受託者の従業員等が本契約に定める事項を遵守するよう指導監督し、管理する義務を負うものとする。

（追加条文例④）

第〇条（受託者の作業場所）

　受託者の作業場所は、委託者が指定し管理する委託者の事業所であって、委託者から受託者に通知する場所に限定するものとする。

（追加条文例⑤）

第〇条（規則の適用）

　受託者は、受託者の従業員等に対していかなる作業場所においても、受託者の就業規則を適用するものとする。ただし、受

託者の従業員等が委託者の事業所内で作業を行う場合、必要が
あれば委託者と受託者が協議して別途これを定めるものとする。

2　店員派遣請負基本契約書

=====●想定する前提●=====

　委託者の X 株式会社は大規模小売業者であり、受託者の株式会社 Y は、X 社に納入している食品メーカーである。受託者は大規模小売店から委託を受けて社員等を派遣店員として派遣し、販売促進業務等に従事させるものである。なお、本契約は、基本契約であり、当事者は別に、派遣店舗、業務内容、日時、業務委託料等を記載した個別契約を締結する。

　もっとも「派遣」とはいっても実質は「請負」であり、大規模小売店には当該販促業務の指揮命令権はない。

　なお、本契約とは別に委託者・受託者間で取引基本契約を締結していることから、一般的な当事者間の取引に関する規定はない。

※上記のほか、大規模小売店が行う売上仕入（＝消費仕入）契約においても、店員の派遣を定める場合がある。

（収入印紙）[7]

販売促進業務請負基本契約書

　X 株式会社（以下、「委託者」という）と株式会社 Y（以下、「受託者」という）とは、委託者の店舗等での販売促進業務（以下、「本件業務」という）を、委託者が受託者に委託するにあたり、以下のとおり契約（以下、「本契約」という）を締結する。

第 1 条（目　的）

　委託者は、第 2 条に記載の本件業務を受託者に請け負わせ、受託者がこれを受諾し誠実に遂行するものとする。

7　本契約は請負取引であるが、本契約書は継続的な取引の基本となる契約書（課税物件表 7 〔第 7 号文書〕）であるため、4000 円の収入印紙を貼付することが必要となる。

第2条（本件業務の範囲）

　本件業務の範囲は、以下のとおりとし、詳細は、委託者と受託者が協議の上、委託者の依頼内容に応じて、別途定めるものとする。

　(1)　委託者より委託された商品に関するマネキン業務（店頭や展示会において各種商品の宣伝・販売促進にあたるもので、食品の試食・実演販売などのほか当該業務に付随した販売業務を含む）

　(2)　委託者より委託された商品の陳列ならびに改装業務（委託者より委託された、委託者の店舗および展示会における陳列および陳列棚の改装業務を含む）

第3条（個別契約）

　本契約は、本件業務の請負取引に関する基本的事項を定めたものであり、当事者間の個別契約に共通に適用されるものとする。

2　個別契約は、委託者が、受託者に対し本件業務の内容、日時および時間、場所、業務委託料等を記載した発注書面を交付し、受託者がこれを承諾することにより成立する。

第4条（業務委託料）

　本件業務の業務委託料は、委託者と受託者が協議の上、別途定めるものとする。

2　委託者が受託者に支払う業務委託料は、毎月末日を締切日とし、委託者は、翌月末日までに受託者指定の銀行口座に振込みの方法で支払うものとする。

3　本件業務の遂行にあたり、交通費、材料費、器材費その他の費用が発生する場合は、受託者はあらかじめ委託者の承諾を得た上で委託者に請求できるものとする。

> **POINT**
>
> 　帳合取引（239頁注8参照）をしている場合は、問屋・商社経由となる場合がある。

第5条（現場責任者による指揮監督）

受託者は、本件業務を遂行するにあたり、あらかじめ受託者の従業員の中から現場責任者を定めるとともに、書面により委託者に通知する。

2　現場責任者は、本件業務を遂行する受託者の従業員を管理し、指揮監督および指示をしなければならない。

3　委託者は、第1項で定める者またはその監督者以外の受託者の従業員に、指揮監督および指示をしてはならない。現場での調整が必要な場合には、現場責任者または現場責任者の監督者に対して指示をするものとする。

> **POINT**
>
> 本条第3項は、確認の意味で定めるものである。委託者の社員が指揮命令をするのは、「偽装請負」となる。

第6条（法令等の遵守）

受託者は、関係法令を遵守し、善良な管理者の注意をもって本件業務を遂行しなければならない。

2　受託者は、本件業務に従事する受託者の従業員に対し、労働基準法、労働安全衛生法、労働者災害補償保険法、職業安定法、その他法令上の責任を負わなければならない。

2　受託者は、本件業務を遂行するにあたり、委託者および委託者の顧客の社会的信用の保持に十分留意し、これを損なうことのないよう万全の注意を払うものとする。

> **POINT**
>
> その他法令はかなり幅の広い分野となる。
> その他の労働関係法令、独禁法・下請法（優越的地位の濫用）、食品衛生法、不正競争防止法などがある。

第7条（本件業務の遂行）

　受託者は、本件業務に従事する受託者の従業員の教育指導を万全を期し、本件業務に必要な一定の資格、または専門的な知識、技術、能力、経験等を有する従業員を選任の上、これらの者を配置する。

第8条（設備等の負担）

　本件業務の遂行に必要な設備、器材、備品等は、あらかじめ委託者が自ら負担することを承諾したものを除き、受託者の負担とする。

第9条（報告義務）

　受託者は、委託者の求めに応じ、本件業務の遂行にかかる情報を、速やかに報告するものとする。

2　受託者は、本件業務の遂行の支障となる事案が生じたとき、または生じるおそれがあるときは、委託者に対して、速やかに連絡するとともに、委託者と協力してその解決処理にあたるものとする。

第10条（守秘義務）

　受託者は、本件業務の遂行に関し知り得た委託者の事業内容その他いっさいの情報を第三者に開示もしくは漏えいしてはならず、また本契約の目的以外に使用してはならない。

2　受託者は、本件業務に従事する受託者の従業員に対しても、前項について遵守させなければならない。

第11条（損害賠償）

　受託者は、本契約または個別契約に違反し、委託者に損害を与えたときは、いっさいの損害につき賠償をするものとする。

> **POINT**
> 　受託者にも損害発生の可能性あるならば、双務条項としておくべきである。

第12条（再委託）

受託者は、本件業務の遂行にあたり、あらかじめ委託者の書面の承諾を得ない限り、本件業務の全部または一部を再委託することはできない。

2　前項の定めにより、受託者が書面による承諾を得て再委託する場合は、当該第三者に対して本契約の内容を十分に理解させるとともに、本契約に基づき受託者が負担する義務と同一の義務を課すものとする。

3　前項の場合といえども、受託者は本契約に基づく義務を免れない。

第13条（権利義務の譲渡禁止）

委託者および受託者は、あらかじめ相手方の書面の承諾を得ない限り、本契約に定める自己の権利または義務を、第三者に譲渡し、または担保に供してはならない。

第14条（契約期間）

本契約の有効期間は、平成〇〇年〇月〇日から平成〇〇年〇月〇日までの１年間とし、有効期間満了の１か月前までに当事者のいずれからも何らの意思表示がない場合は、本契約はさらに１年間継続されるものとし、以後も同様とする。

2　委託者または受託者は、前項にかかわらず本契約の有効期間中であっても、相手方に対して３か月前に書面で通知することにより本契約を解除することができるものとする。

第15条（期限の利益の喪失）

委託者また受託者が、次の各号の一に該当したときは、期限の利益を失い通知催告なしに、直ちにいっさいの債務の全額を弁済しなければならない。

(1)　本契約または個別契約に違反したとき

(2)　手形・小切手を不渡りにする等支払停止の状態に陥ったとき

(3)　仮差押え、差押え、仮処分、競売等の申立てを受けたとき

(4)　破産、民事再生、会社更生等の申立てを受けたときまたは自ら申立

てをしたとき

(5) 廃業または解散決議をなしたとき

(6) その他前各号に類する不信用な事実があったとき

2 委託者または受託者は、相手方に前項各号の一に該当する事実が存在する場合には、相手方に対して本契約を解除することができる。

3 前項に基づき、委託者または受託者が本契約を解除したことにより、相手方に損害が生じたとしても、委託者または受託者はこれにより損害を賠償しないものとする。

第16条（合意管轄）

本契約に関連して、当事者間に生じるすべての紛争は、東京地方裁判所を第一審の専属的合意管轄裁判所とする。

第17条（協　議）

本契約に定めにない事項、または本契約に疑義が生じたときは、誠意をもって委託者と受託者が協議の上、解決するものとする。

以上、本契約締結の証として本書2通を作成し、依頼者および紹介者の記名押印の上、各1通を保有する。

平成〇〇年〇月〇日

　　　　　　　　　委託者　東京都渋谷区〇〇1丁目1番1号
　　　　　　　　　　　　　X株式会社
　　　　　　　　　　　　　　代表取締役社長　〇〇〇〇　㊞
　　　　　　　　　受託者　東京都品川区〇〇2丁目2番2号
　　　　　　　　　　　　　株式会社Y
　　　　　　　　　　　　　　代表取締役　〇〇〇〇　㊞

③　企業間出向契約書

━━━━━●想定する前提●━━━━━

株式会社Ｙが、業務提携関係にあるＸ株式会社に経理担当者の出向を依頼した。Ｘ社は当該担当者を自社に籍をおいたまま、すなわち出向社員が出向元であるＸ社との雇用関係を維持したまま、出向先の経理業務に従事すること（在籍型出向）を基本にＹ社と契約することとした。

ちなみに出向先に籍を置く場合は移籍型出向という。

なお、この場合、別途、出向社員と出向元（Ｘ社）との出向契約が必要となる。

企業間出向契約書

Ｘ株式会社（以下、「出向元」という）と株式会社Ｙ（以下、「出向先」という）は、出向元の社員を出向先に出向させることにつき、以下のとおり契約（以下、「本契約」という）を締結する。

第1条（出向社員）

出向元は、出向先に対し、次に定める社員（以下、「出向社員」という）を出向させる。

(1)　氏名　　○○○○

(2)　出向元への入社年月日　　平成○年4月1日

2　出向元および出向先は、出向社員が、出向元の従業員としての地位を有したまま出向先に出向し、出向先の指揮監督下において、本契約に定める業務の遂行にあたることを確認する。

POINT

本条第2項で「在籍型出向」を定めている。この場合でも、原則、出向先の労働条件に服することになるが、出向元の従業

員としての地位を失っていないため、休職、解雇、定年等の身分上の定めは、出向元の定めによるものとしている（本契約第5条参照）。

第2条（業務内容及び配属）

出向社員の出向先における担当業務は、経理、会計業務とする。

2　出向社員の勤務地、所属および役職は、次に定めるとおりとする。

(1)　勤務地　　東京都○○区○○１－１－１　株式会社Ｙ本社

(2)　所属　　　総務部経理課

(3)　役職　　　課長

3　本条第1項に定める業務内容の変更あるいは追加の必要が生じた場合、出向先は出向元の事前の承諾を得なければならない。また、前項に定める出向社員の勤務地、所属または役職を変更した場合は、出向先は、出向元に対し、速やかに連絡しなければならない。

> **POINT**
>
> 使用者は、就業場所および従事する業務に関する事項は、労働契約を締結の際に明示すべき義務がある（労基法15条1項、労基法施行規則5条1項）。

第3条（出向期間）

出向期間は、平成○○年4月1日から平成○○年3月31日までの○年間とする。

2　出向元は、出向元の業務上の都合により、出向期間を延長することができる。

3　前項の定めにかかわらず、出向元および出向先は、相手方が次の各号のいずれかに該当したときは、何らの催告なく直ちに本契約を解除できるものとする。なお、この場合でも損害賠償の請求を妨げない。

(1)　監督官庁から営業停止または営業免許もしくは営業登録の取消し等の処分を受けたとき

(2)　差押え、仮差押え、仮処分、強制執行、担保権の実行としての競売、租税滞納処分その他これらに準じる手続が開始されたとき

(3)　破産、特別清算、民事再生もしくは会社更生の手続開始決定等の申立てをし、またはなされたとき

(4)　自ら振り出し、もしくは引き受けた手形または小切手が1回でも不渡りとなったとき、あるいは支払停止状態に陥ったとき

(5)　合併による消滅、資本の減少、営業の廃止もしくは変更または解散決議がなされたとき

(6)　前各号以外に財産状態が悪化し、またはそのおそれがあると認められる相当の事由があるとき

(7)　相手方に重大な危害または損害を及ぼしたとき

第4条（二重出向の禁止）

出向先は、出向社員を出向先以外の会社へ出向させてはならない。

第5条（勤務条件）

出向社員は、出向期間中、出向先の指揮監督に服するものとする。

2　出向社員の労働時間、休憩時間および休日は、出向先の定める就業規則その他の規程に従うものとする。

3　休職、解職、懲戒、定年などの出向社員の身分上の事項は、出向元の定めるところによる。

4　出向社員の年次有給休暇および慶弔等の特別休暇の付与日数は、出向元の定めるところによる。ただし、出向元における出向開始直前時点の出向社員の年次有給休暇残日数は、出向先が引き継ぐものとする。

POINT

年次有給休暇等について、出向先の基準に従う場合も可能である。

第6条（給与・賞与等）

　出向社員に対する出向期間中の給与、賞与および退職金は、出向元が出向元の定めるところに従い、直接出向社員に支給する。

POINT

(1) 出向元が給与・賞与等を支払う場合（第6条・第7条参照）

　出向社員の給与・賞与は、出向元が管理しているので、出向先が直接、出向社員に支給するのが一般的である（第6条）。そして、出向先が一定の分担金を支払う（第7条）。

　変更例は、内容について具体的に定める場合である。

（変更例）

　第○条（給与・賞与等）

　　出向先は、出向社員の給与等について、次に定める金額を負担する。

　(1)　出向社員の給与　　　月額400,000円

　(2)　出向社員の通勤補助費　　月額10,000円

　(3)　出向社員の賞与　　年2回　　各回80万円

2　前項第1号ないし第2号の金額を、毎月20日までに、第3号の金額を5月20日および11月20日までに、出向元の指定する金融機関口座に振込みの方法により支払う。

3　出向社員の出張に要する費用その他業務の遂行上要する費用は、出向先が直接、出向社員に直接、支給する。

(2) 出向先が給与・賞与等を支払う場合

　上記(1)とは反対に、出向先が、出張旅費等の業務上必要な費用だけでなく、給与・賞与まで含めて、直接、支給する場合もある。

（変更例）

　第○条（給与・賞与等）

　　出向社員の出向期間中の給与、賞与、出張旅費、日当、通

　　勤手当およびその他の諸手当（以下、「給与等」という）は、
　　出向先の負担において支給する。

2　　出向先は、出向先の算定基準による出向社員に対する賃金
　　等の金額が、出向元の算定基準による出向社員に対する給与
　　等の金額以上になるよう、調整手当等を用いることにより対
　　処しなければならない。

第 7 条（出向分担金）

　　出向先は出向分担金として、出向社員の出向に際して、月額○○○,
○○○円を出向元に支払う。

2　　出向先は、前項に定める出向分担金を、前月末日までに、出向元の指
定する金融機関口座に振込みの方法により支払う。

3　　出向分担金の額は、必要がある場合に、出向元もしくは出向先の相手
方に対する請求により、当事者が協議することができる。

第 8 条（社会保険および労災補償保険）

　　出向社員の健康保険、厚生年金保険、厚生年金基金、雇用保険および
介護保険は、出向元における被保険者資格を継続し、その事業者負担分
は、全額、出向元が負担する。

2　　労働者災害保険（以下、「労災保険」という）については、出向元の通
知する金額に基づき出向先の負担で出向先が付保する。なお、労災保険
料算定の基礎額は、確定保険料算定時期に出向元より出向先に通知す
る。

POINT

(1)　社会保険

　　社会保険は、出向社員の給与を支払う会社（第 6 条により出
向元）が加入しなければならないため、出向元で加入し、事業
主負担分については、直接、出向元が納付する。もっとも、変

更例のように間接的に、その分を、出向先に負担させることも
可能である。

(変更例)

　出向社員の健康保険、厚生年金保険、厚生年金基金、雇用保
険および介護保険は、出向元における被保険者資格を継続し、
その事業者負担分は、直接的には、全額、出向元が納付するも
のとする。ただし、出向先は、出向元の納付額相当分を、前月
末日までに、出向元の指定する金融機関口座に振込みの方法に
より支払うものとする。

　(2)　労災保険

　労災保険は、実際の勤務先が出向先であるため、出向先が支
払うことになる。もっとも、間接的に、その分を、出向元に負
担させることも可能である。

第9条（業務付帯費用）

　出向社員が、通勤費および出張旅費等業務に付帯する費用については、
出向先の規定に基づき出向先が出向社員に直接支給する。

2　出向社員の出向先への赴任および出向元への帰任に必要な旅費は、出
　向元が負担する。

3　本契約に基づき出向元が出向社員に支給したもののうち出向先が負担
　すべきものは、出向元から出向先への請求に基づき出向先が出向元に支
　払うものとする。

第10条（報　告）

　出向先は、出向元に対し、出向社員の毎月の勤務実績を翌月末日まで
に、書面により報告するものとする。

第11条（職務著作及び発明の取扱い）

　出向社員が出向期間中に出向先において創作ないし開発された著作物

または発明は、別途当事者間で特段の合意がない限り、出向先の職務発明および職務著作規程に従い、その権利の帰属を決定し処理するものとする。

> **POINT**
>
> 　出向社員が著作物の著作にかかわる場合、または発明にかかわる場合に、規定しておく。特に、技術者が出向した場合で、その発明が出向元の製品にも関係するような場合、トラブルになる可能性もあるので、どのようにするのか明確に定めておくことが必要になる。

第12条（秘密保持義務）

　出向元および出向先は、本契約に基づく出向元の出向社員の出向先への出向を通じて、相手方から知り得た情報については、本契約の存続期間中はもとより、本契約終了後といえども事前に相手方の書面による承諾を得ることなく、第三者に開示または漏えいしてはならないとともに、出向社員に対してもそれを遵守させる義務を負うものとする。ただし、次の各号のいずれかに該当する情報はこの限りではない。

(1)　相手方から開示を受けたときに既に自ら所持していた情報

(2)　相手方から開示を受けたときに既に公知または公用であった情報

(3)　相手方から開示を受けた後に自らの責に帰すべき事由によることなく公知または公用となった情報

(4)　相手方から開示を受けた後に、開示された情報と関係なく、独自に開発した情報

(5)　第三者から秘密保持義務を負うことなく合法的に入手した情報

第13条（損害賠償）

　出向社員が故意または重大な過失によって出向先に損害を与えた場合は、出向元は出向社員と連帯して、その損害を賠償するものとする。

POINT

　出向契約書に以下のような規定があった場合において、出向中の社員が出向先の会社に損害を与えた場合、出向元が補償するとした契約が有効であるとして、出向中の社員の横領行為によって出向先の被った損害について出向元の損害賠償責任を認め、また、出向先にも会計監査上の過失があるとして損害の5割を過失相殺するのが相当であるとした事例がある（名古屋地判平成25年5月8日金判1424号48頁（第一審）、名古屋高判平成26年2月13日金判1444号30頁（控訴審））。

　第○条　出向元は、出向者が法令または出向先の規則等に違反したことにより、出向先に損害を与えた場合、その行為により出向先が被った損害を補償する。ただし、その原因が出向先の責に帰すべき事由によるときはこの限りでない。[8]

※上記の条文に関し、裁判所は、本件ただし書の「その原因」とは、「出向者の行為により出向先が被った損害が生じた原因」をいうが、出向先の内部統制構築義務違反等は横領行為の誘因および拡大させた原因にすぎないから上記横領行為に本件ただし書は適用されないとした上で、本件補償条項は、身元保証法が適用されるべきで、そうすると、出向者の横領行為の損害賠償責任および損害賠償額は、身元保証法5条（裁判所は身元保証人の損害賠償の責任およびその金額を定めるにつき、被用者の監督に関する使用者の過失の有無、身元保証人が身元保証をなすに至った事由およびこれをなすにあたり用いた注意の程度、被用者の任務または身上の変化その他いっさいの事情を斟酌する）に基づいて判断することになるとし、裁判所が損害賠償の責任および金額を判断するに際し、出向先の過失を斟酌することができるとした（前掲名古屋高判平成26年2

8　本条文は上記記載判例（名古屋地判平成25年5月8日）の判決文より類推し、記載したものである。

月13日）。

第14条（復　職）

　出向社員は、次の各号のいずれかに該当するときには、出向元に復職するものとする。

(1)　出向期間が延長されず満了したとき

(2)　出向元の出向社員に対する復職命令がなされたとき

第15条（協議解決）

　本契約に定めのない事項または本契約の条項の解釈について疑義が生じたときは、甲および乙は、誠意をもって協議のうえ解決する。

第16条（専属的合意管轄）

　出向元および出向先は、本契約に関して生じた紛争については、東京地方裁判所を第一審の専属的合意管轄裁判所とすることに合意する。

　以上、本契約締結の証として、本契約書2通を作成し、甲乙が署名または記名および捺印の上、各1通を保有する。

平成〇〇年〇月〇日

　　　　　　　　　出向元　東京都〇〇区〇〇1－1－1
　　　　　　　　　　　　　X株式会社
　　　　　　　　　　　　　　代表取締役　〇〇〇〇　㊞
　　　　　　　　　出向先　東京都〇〇区〇〇3－3－3
　　　　　　　　　　　　　株式会社Y
　　　　　　　　　　　　　　代表取締役　〇〇〇〇　㊞

POINT

　出向契約書に関するその他の追加検討すべき条項を以下に示

す。
　⑴　**時間外労働等について**
　出向社員が管理職ではない場合などの、時間外労働や休日労働を定める。
（追加条文例）
　第〇条（時間外労働等）
　　出向先は、出向社員に対して、時間外労働を命令することができる。
　⑴　時間外労働は、1か月〇〇時間を上限とする。
　⑵　1か月〇〇時間を超えて時間外労働を命令するときは、出向先は、あらかじめ出向元の許可をとらなければならない。
2　出向先は、業務上必要なときは、出向社員に対して、休日労働を命令することができる。
　⑴　休日労働は、1か月2日を上限とする。
　⑵　1か月2日を超えて休日労働を命令するときは、出向先は、あらかじめ出向元の許可をとらなければならない。
　⑵　**福利厚生について**
　追加条文例①は、出向先の就業に付随する施設・設備等の利用を定める。追加条文②は、出向元の制度の適用および出向先の契約宿泊施設、契約スポーツ施設、持株会などの福利厚生施設等の利用について定める。
（追加条文例①）
　第〇条（福利厚生施設等の使用）
　　出向社員の出向先における日常の就業および生活に付随することがら（事務服・作業着、休憩場所、食堂、診療所、売店など）については、出向先の施設設備等を使用することができる。
（追加条文例②）
　第〇条（福利厚生の取扱い）
　　第8条（社会保険および労災補償保険）の定め以外の福利厚生

について、原則として、出向元の制度を適用する。ただし、出向先の定めを適用する必要がある場合は、出向元および出向先が協議して、その都度、取り扱いを定めるものとする。なお、出向社員が出向先の運営する福利厚生施設・設備を利用する場合は、この限りではない。

　⑶　**出向担当窓口について**

　出向元・出向先の出向担当部署および担当者を定める。

（追加条文例）

第〇条（出向窓口）

　出向元および出向先は、出向窓口部署および担当者を定めるものとし、出向社員の出向期間中に、窓口部署および担当者に変更を生じた当事者は、速やかに相手方に通知するものとする。

9　法定福利厚生制度とは、法律により使用者に実施が義務付けられている福利厚生費用で、社会保険料の事業者負担を指す。一方、法定外福利厚生制度は、使用者が独自に行う福利厚生に関する費用であり、企業によって内容が異なるので、異なる部分についての適用可否の協議が必要となる。
　法定外福利厚生費用は、住宅手当、家賃補助、社宅、独身寮、人間ドック等の法定健康診断以外の補助、法定の育児・介護費用以外の補助、資格取得補助、慶弔見舞、など多岐にわたる。

第6章

販売権の委託に関する契約書

1 代理商契約書

●想定する前提●

　Ｙ株式会社の代表取締役Ａは、数年前までＸ社の営業担当であったが、Ｘ社を退職しＹ社事業を展開してきた。このたび、Ｙ社は、Ｘ社から要請され、Ｘ社の代理商としての業務を行うこととなった。

　Ｘ社は、Ｙ社を代理商とすることにより、次のようなメリットを享受できると考えて契約をするものであった。

①　Ｘ社の従業員を増員させないで、営業を拡大できる。従業員の増員とは異なり、必要があればＹ社との契約関係を終了することもできる。

②　Ｙ社代表取締役Ａの持っている専門的な知識や経験を利用することができる。

③　手数料制度により、変動費化することによりコスト削減が可能となる。

④　従業員であれば監督義務を負うが、Ｙ社に対しては、直接的な監督義務を負わない。

　さらにＹ社に特別の義務（通知義務、競業禁止義務）が発生させることができる（会社法16条、17条）。

　また、Ｙ社としても、Ａの経験や知識を生かし、売上げ拡大や業容拡大をすることが可能になる。またＹ社が代理商に該当すれば、権利として固有の留置権（会社法20条本文）や手数料を請求できる。

POINT

　代理商とは、①特定の企業（会社・商人）のために、②当該企業の平常の事業の部類に属する、③取引の代理または媒介をする者で、④企業の使用人でない者をいう（商法27条かっこ書、会社法16条かっこ書）。

　すなわち、①は特定企業の補助者となることである。特定の企業は、数社または数人でもよいが、競業禁止義務との関係で新たに他の企業の代理商となるには、該当する特定企業の承諾が必要となる。②は当該企業と継続的な契約関係があることである。③は取引の代理をする代理商を締約代理商といい、取引の媒介をする代理商を媒介代理商という。④に関して、企業の使用人と区別が困難な場合は、自己の商号・営業所を有する、自ら営業費を負担する、報酬が手数料（コミッション）であるなどで判断する。

　代理商契約には、代理店契約、商品販売代理契約、商品販売委託契約などの名称を付されたものがあるが、必ずしも代理商契約であるとは限らない。同様に「代理店」の名称を付したものでも必ずしも法律上の代理商であるとは限らず、また代理商でありながら代理店の名称をもたないものもある。[1]したがって、上記の①から④の要件で代理商かどうかを判断する。

　たとえば、X社がY社に対して商品を販売し、Y社がその商品に自社の利益を加えて直接、顧客に販売し、Y社がその顧客に対する債権を回収し、取引が完結するものであっても、継続的に売買することを目的に「代理店」という名称を付して取引を行う場合があるが、これは委託契約ではなく売買契約であり、たとえ「代理店契約書」という契約書タイトルであっても、会社法および商法でいう代理商契約にはあたらない。この

1　大判昭和15年3月12日新聞4556号7頁（鑞接棒代理商事件）

ような継続的売買を行うためのものが代理店の大部分を占める
とされるが、もとより委託ではないので本書の対象とはしない。

（収入印紙）[2]

商品販売代理契約書

> **POINT**
>
> 「代理店契約書」とする場合も多い。

　Ｘ株式会社（以下、「委託者」という）とＹ株式会社（以下、「受託者」
という）は、受託者が、委託者の行う商品の取引についての代理業務を
行うことにつき、次のとおり契約（以下、「本契約」という）を締結する。

第1条（目　的）

　委託者は、委託者の下記商品（以下、「本件商品」という）を販売する
にあたり、受託者に代理権を付与し、代理人として契約を締結すること
を委託（以下、「委託業務」という）し、受託者はこれを受託するものと
する。

商品：〇〇〇〇

> **POINT**
>
> 　受託者は、締約代理商である（会社法16条かっこ書）。委託者
> と締約代理商との間には委任契約が存在し、媒介代理商との間
> には準委任契約が存在することになる。

2　本契約は締結代理商契約であり委任契約である。ただ、その内容が継続的取引の基本となる契約
書（第7号文書）といえるものであり、4,000円の収入印紙の貼付が必要となる。

第2条（取引の代理の方法）

　受託者は、本件商品にかかる取引の代理につき、あらかじめ委託者が作成した売買契約書をもって、受託者が委託者の代理人であることを表示した上、受託者名で買主と契約（以下、「売買契約」という）を締結しなければならない。

> **POINT**
>
> 　商法は、顕名主義の例外を定めて、本人にとって、商行為となる契約において、代理人が顕名しなくても代理人の行為の効果が本人に帰属するとし、相手方が代理行為であると知らなかったときは代理人に履行を請求できると定める（商法504条）。
>
> 　他方、本条においては、商法504条の適用を排除するため、取引の範囲を定めて、委託者所定の契約書に基づき、委託者の代理人である旨を表示させて、第三者との契約を締結するものである。

第3条（事前通知）

　受託者は、委託者から包括的に指示された範囲を超えるとき、または売買契約の内容を変更するとき、もしくは納期、数量、仕様等につき特別な内容とするときは、事前に委託者に対し、通知し、回答を求めなければならない。

> **POINT**
>
> 　代理商である受託者が、取引の代理を行ったときは、遅滞なく委託者に対して、その旨を通知しなければならない（会社法16条）。本条は、さらに、一定の取引が行われる場合に、受託者に事前の通知義務を課すものである。

第4条（締結後の措置）

受託者は、前項の締結後直ちに、本件売買契約書を委託者に送付するものとする。

2　受託者の過失により委託者の契約履行が遅延し、委託者が売買契約の買主から損害賠償等の請求を受けたときは、当該損害賠償等は受託者の負担とする。

> **POINT**
>
> 　代理商である受託者が、取引の代理をしたときは、遅滞なく、委託者に対して、その旨を通知しなければならない（民法27条）。
>
> 　受託者は委託者の代理人として売買契約を締結するので、その効力は本人である委託者に生ずる（民法99条）。したがって、契約内容の確実な履行のためには、売買契約書を委託者に送付する必要がある。

第5条（売買代金）

受託者は、売買契約に基づく委託者の売買代金債権等の金銭債権を買主より回収してはならない。

ただし、受託者が買主から代金の全部または一部を受領したときは、その旨を直ちに委託者に通知するとともに、速やかに当該金銭を委託者の金融機関の口座に振り込むものとする。

> **POINT**
>
> 　金銭の受領については、委託者が回収・受領すべきであることを確認したものである。もっとも、変更例のように、受託者が売買代金を受領すると定めることも可能である。この場合の販売手数料の支払方法等については、下記第6条のPOINT(1)を参照のこと。

（変更例）

　　受託者は、売買契約の買主から代金を受領する。

2　受託者は、前月中に販売した本件商品の相手方ごとの本件
　商品の品番、終了および販売金額の総額など、および前月中
　に受領した買主ごとの金額などにつき、毎月〇日までに報告
　する。報告内容および報告方法の詳細は、別途、委託者と受
　託者で取り決めるものとする。

第6条（販売手数料の支払）

　委託者は、受託者に対して、契約金額の10％の手数料を支払うものとする。

2　手数料の計算方法は、前月1日から末日までに成立した契約金額の総
　額について、前項の率を乗じて得た販売手数料を、毎月10日までに、委
　託者が受託者の指定する金融機関の口座に振り込む方法によりに支払う
　ものとする。

3　委託業務遂行に要する旅費、通信費その他いっさいの費用は、受託者
　の負担とする。

POINT

⑴　手数料支払の方法

　第5条第1項で受託者が販売代金を受領しない旨を規定して
いるので、販売手数料は委託者から受託者に振り込むことにな
る。

　なお、第5条のPOINTの変更例に関しては、以下の変更
例のように販売総額から販売手数料を差し引いた金額を、委託
者の口座に振り込むものとする。

（変更例）

受託者の販売手数料は契約金額の10％とする。

2　受託者は毎月〇日までに、前月中に販売した本件商品の契

約代金の総額から、前項の率を乗じて得た販売手数料の額を
控除した残額を、受託者の指定する金融機関の口座に振り込
む方法によりに支払うものとする。

(2)　費用の負担

委任の場合（第1項参照）、その委任事務の処理に必要な費用
は、委託者が負担するのが原則であるが（民法650条）、本条第
3項はそれとは異なる特則を定めるものである。

第7条（保証金）

受託者は、あらかじめ本契約にかかる損害賠償の保証金として、金〇
〇万円を預託するものとする。

2　保証金には金利を付さないものとし、本契約終了時に、損害が発生し
たときは、当該金額を控除して、その残額を受託者に返還する。

POINT

上記第6条のPOINTの変更例にように、受託者が代金を
受領し、手数料のみ残し、残額を委託者に支払う場合は、とり
わけ保証金の必要性が高くなる。

第8条

本契約の有効期間は、平成〇〇年〇月〇日から平成〇〇年〇月〇日か
までの1年間とする。ただし、期間満了の3か月前までに、当事者双方
から、何らの異議申立てがないときは、本契約は、さらに1年間自動的
に延長されるものとし、以後も同様とする。

本契約の締結を証するため、本書2通を作成し、各自記名押印の上、各
1通を保有する。

　平成〇〇年〇月〇日

（委託者）　東京都渋谷区〇〇１丁目１番１号

Ｘ株式会社

代表取締役社長　〇〇〇〇　㊞

（受託者）　東京都港区〇〇２丁目２番２号

Ｙ株式会社

代表取締役　〇〇〇〇　㊞

② 売上仕入契約書

=●想定する前提●=

株式会社 X は、百貨店である。Y 株式会社は、X 社に商品を納入していたが、このたび X 社の店舗内の売場で、Y 社が製造する自社商品の販売を受託することになった。

これは、「売上仕入」「消化仕入」といわれるもので、商品の所有権は Y 社に残しておき、売上げが立った時点で、仕入がなされ所有権が X 社に移転されるものである。通常の委託販売との違いは、表面上は X 社に売上げが立つことであるが、一方、Y 社に在庫負担が発生するため、一般的に通常の売買に比べて X 社の利益率は低くなるとされる。

(収入印紙)[3]

売上仕入契約書

株式会社 X (以下、「委託者」という) と Y 株式会社 (以下、「受託者」という) とは、受託者の製造する商品の販売業務について以下のとおり契約 (以下、「本契約」という) を締結する。

第1条 (目 的)

委託者は、委託者の店舗 (○○店) 内で自己の名において○○○ (以下、「商品」という) の販売を行うのにあたり、当該商品の販売および管理等の業務の補助 (以下、「委託業務」という) を受託者に委託する。

2 受託者は、前項の委託業務の遂行にあたり、委託者の指示に従わなければならない。

---

3 本契約書は、継続的取引の基本となる契約書 (第7号文書) に該当し、4,000円の収入印紙の貼付が必要となる。

第2条（所有権の移転）

受託者が委託者の指示により委託者の店舗内に搬入した商品の管理は受託者が行うものとし、当該商品を顧客に販売した時に、委託者が受託者から仕入れたものとし、同時にその所有権は受託者から委託者に移転するものとする。

2　受託者は委託者の指示があるときには、いつでも商品を委託者の店舗から搬出しなければならない。

POINT

(1)　**売上仕入契約の特徴**

本条が、売上仕入契約のポイントであり、店舗内に搬入しただけでは仕入計上はできず、受託者の在庫品として扱われる。そして、その商品を受託者が顧客に販売した時に、初めて仕入計上ができ所有権は委託者に移転する。

(2)　**賃貸借契約との違い**

賃貸借契約では、テナントは商品を販売しても、賃貸人（ビル側）には商品の所有権が移転することはなく、賃料を支払うのみである。

(3)　**通常の販売委託契約との違い**

売上仕入契約では、受託者は売上げと原価が計上できるが、販売委託契約では販売手数料を計上できるのみである。

第3条（売上代金の処理）

商品の代金は、その都度、委託者の売上金として管理される。委託者は受託者に対し、商品代金その他の費用として、その売上高に所定の原価率（〇〇％）を乗じた金額を支払う。

2　前項の支払いは、毎月末日に締め切り、翌月末日までに受託者の指定する金融機関の口座に振り込む方法により支払う。

3　物価の急激な変動その他の事情変更により、第1項の原価率によるこ

とが著しく不合理と認められる場合には、委託者は受託者に対しその変更の申入れをすることができる。

> **POINT**
>
> 　海外ブランドの納入業者、大手アパレルメーカー等の競争力を有し、自らのブランド戦略を有する納入業者との間では、百貨店の営業方針との調整交渉が行われ、条項が修正される場合も多いとされる。変更例は、第１項を変更し、商品ごとに納入価格を定めるものである。
>
> **(変更例)**
>
> 　商品の代金は、その都度、委託者の売上金として管理される。委託者の店舗における委託者の個々の商品の販売価格および納入価格については、あらかじめ当事者が協議の上、定めるものとし、販売価格および納入価格の改定についても同様とする。

第４条（商品の管理責任）

　受託者が納入する商品の盗難、毀損、滅失等の責任は、受託者が顧客に販売または委託者の店舗から搬出するまでは、受託者の負担とする。ただし、委託者の責に帰すべき場合は、この限りでない。

第５条（商品の製造物責任）

　受託者は、委託者の信用を失墜するおそれのある商品を搬入してはならず、受託者は商品の品質、量目、性能、および表示についていっさいの責任を負担しなければならない。

２　万が一、受託者が納入する商品の欠陥等に起因して、人の生命、身体、財産に損害が発生し、またそのおそれがあると委託者が判断した場合には、委託者は無条件で、本契約または個別契約の全部または一部の履行

4　岡野純司「大規模小売業者・納入業者間の売上仕入契約」現代企業法研究会編著『企業間提携契約の理論と実務』39頁（判例タイムズ社・2012年）

を停止し、あるいは解除することができる。この場合、受託者が、委託者および第三者に対するいっさいの損害賠償責任を負担する。ただし、その原因が委託者の責に帰すべき場合は、この限りでない。

> ## POINT
>
> 　本契約の受託者であるＹ社は、自社で製造した商品であるので、当然、製造物責任を負担するが、そうでなくても、本契約当事者（委託者・受託者）間においては、商品の欠陥等の第三者損害について、納入者であるＹ社が、負担しなければならないとする。

第6条（法令等の遵守）

　受託者は委託者の店舗内で商品を販売するにあたり、各種法令および委託者の指示を遵守するとともに、委託者の信用を害するおそれのあるいっさいの行為をしてはならない。

2　受託者の商品および商品販売に関し第三者との間で紛争が生じた場合には、受託者は委託者の指示に従いその紛争を解決し、委託者に対しいっさいの迷惑をかけないものとする。ただし、委託者の責に帰すべき場合はこの限りではない。

第7条（費用負担）

　受託者は、委託者の事前の承諾を得て、商品販売に必要な什器、備品等を自己の費用で納入し、これらの修理およびメンテナンス費用を負担するものとする。

2　受託者は、商品販売に必要となる消耗品、通信費、受託者が委託者に派遣する従業員の人件費その他当事者協議の上決定した費用を負担する。

> **POINT**
>
> 　海外ブランドの納入業者、大手アパレルメーカー等の競争力を有し、自らのブランド戦略を有する納入業者との間では、販売促進方法などを納入業者が行う場合もあり、条項が修正される場合も多いとされる。[5]以上に関し、第3項を追加する。
>
> **（変更例）**
>
> 3　受託者は、委託者の事前の承諾を得て、委託者の委託業務に必要な装飾、宣伝、広告、放送等を実施することができ、これら費用は受託者が負担するものとする。

第8条（賃借権、営業権の排除）

　本契約は受託者に対し商品の販売場所および店舗利用に関し賃借権を設定するものではなく、また、その他占有、使用または営業に関するいっさいの権利を認めるものではない。

2　商品の販売場所については委託者が指定し、その位置、面積、形状等は委託者の裁量により任意に変更することができ、これにつき受託者は異議を申し立てないものとする。

> **POINT**
>
> 　本条は、賃貸借契約を明確に否定するものである。そのうえ、出店場所についても委託者の裁量により変更することができることを定めている。これらは、賃貸借契約の要素を弱めるものである。もっとも、第1項に関し、賃貸借契約ではない出店契約としても借地借家法の適用が肯定される場合があるとされる。[6]

5　岡野・前掲（注4）40頁

6　岡野・前掲（注4）40頁および41頁の裁判例（東京地判平成8年7月15日判時1596号81頁）。なお、本裁判例については、第4 II③「経営委託契約書」478頁に記載がある。

第9条（従業員等の派遣）

受託者が委託業務遂行のため受託者の従業員等（受託者のアルバイト、受託者を派遣先とする派遣従業員を含む。以下同じ）を販売場所に派遣する場合には、あらかじめ委託者の承諾を得なければならない。また、いったん委託者の承諾を得た受託者の従業員等であっても、委託者の信用を損なうおそれがあるなどやむを得ない事由があるときは、受託者に対しその者の交代を要求できるものとする。

2　受託者は、前項に基づき販売場所に派遣される受託者の従業員等に委託者の営業方針ならびに規則および委託者の指示を遵守させるものとする。

POINT

(1)　店員派遣の意味

百貨店やスーパーの派遣店員の派遣は、労働者派遣法上の派遣ではなく、受託者に雇用されている者を、出張させて、委託者の販売場所で販売業務に従事させるものであり、業務の指揮命令は受託者が直接行うものである。

(2)　委託者の指示方法

第9条第2項に「委託者の指示を遵守させる」とあるが、委託者は、直接、派遣従業員に指示できるわけではなく、受託者が自己の従業員に対して、委託者の指示を遵守させることを求めているので、委託者は受託者の管理担当者に対して指示をすべきである。変更例は、委託者の指示方法について確認的に記載する。

（変更例）

3　前項の委託者の指示は、あらかじめ受託者が派遣する従業員の中から現場責任者を定めて受託者に通知をした者またはその者の監督者に対して行うものとする。

第10条（商標等）

　受託者は、事前の委託者の承諾を得ずに委託者の商標、商号、意匠を使用してはならない。受託者が委託業務以外で、すなわち第三者との取引において委託者の商標、商号、意匠を使用しまたは自らを委託者と誤認させるなどの行為をしたときは、第三者に生じた損害はすべて受託者が負担するものとし、第三者から委託者に対し何らかの請求があった場合であっても、受託者がこれを解決し、委託者にいっさいの責任を負担させない。

2　受託者は、委託者が支給した商標、商号、意匠を付した包装材料等について、委託業務以外でこれを使用してはならない。

> **POINT**
>
> 　委託者の包装紙、手提げ袋、包装箱等の包装材料等については、委託者の主要なブランド戦略であり、その使用について制限を加えるものである。

第11条（再委託の禁止）

　受託者は理由のいかんを問わず、委託業務を第三者に再委託または代行させてはならない。

第12条（秘密保持）

　受託者は、本契約に基づき委託者から開示された委託者の秘密情報（以下、「秘密情報」という）および顧客等の個人情報（以下、「個人情報」という）について秘密を保持し、開示・漏えいしてはならない。受託者は委託者より開示を受けた秘密情報および個人情報を、委託者の定める目的以外に使用してはならない。

2　受託者は、委託業務の遂行に際し、委託者の事前の書面による承諾を得ないで、個人情報を収集してはならず、自己の営業に使用してはならない。

3　受託者は本条に定める秘密保持義務を受託者の従業員等に遵守させな
　ければならない。

4　受託者は、本条に定める秘密保持義務を、本契約の有効期間中はもと
　より、その終了後においても遵守しなければならない。

> **POINT**
>
> 　秘密情報とりわけ個人情報は、百貨店にとって、極めて重要
> な営業秘密であり、さらに詳細な「秘密保持に関する覚書」が
> 必要となる場合も多い。変更例①は第 5 項を追加して、変更例
> ②は、第 1 項中にそれぞれ規定する。
>
> **（変更例①）**
>
> 5　個人情報の秘密保持等の詳細については、別に「秘密保持
> 　に関する覚書」において取り決める。
>
> **（変更例②）**
>
> 　受託者は、本契約に基づき委託者から開示された委託者の秘
> 密情報（以下、「秘密情報」という）および顧客等の個人情報
> （以下、「個人情報」という）について秘密を保持し、開示・漏え
> いしてはならない。受託者は委託者より開示を受けた秘密情報
> および個人情報を、委託者の定める目的以外に使用してはなら
> ない。なお、委託者が受託者に開示する委託者の保有する顧客
> 情報データ等個人情報の秘密保持等の詳細については、別に
> 「秘密保持に関する覚書」において取り決める。

第13条（反社会的勢力の排除）

　委託者および受託者は、相手方に対し、本契約書の締結時において、
受託者（受託者の代表者、役員、または実質的に経営を支配する者を含む）
が暴力団、暴力団員、暴力団員でなくなった時から 5 年を経過しない者、
暴力団準構成員、暴力団関係企業、総会屋、政治活動・宗教活動・社会
運動標ぼうゴロ、特殊知能暴力集団等その他のこれらに準ずる者（以下、

これらを「反社会的勢力」という）に該当しないことを表明し、かつ将来
にわたって該当しないことを確約する。

2　委託者または受託者は、相手方が前項に該当するか否かを判定するた
めに調査を要すると判断した場合、相手方の求めに応じその調査に協力
し、これに必要と相手方が判断する資料を提出しなければならない。

3　委託者または受託者が第1項の反社会的勢力に該当すると判明した場
合、相手方は直ちに契約解除等の措置をとることができる。

(1)　相手方は、催告その他の手続を要することなく、本契約のみならず
委託者または受託者との間のすべての契約を直ちに解除することがで
き、解除した場合には、委託者または受託者は相手方との間における
すべての取引等により生じた相手方に対するいっさいの債務について、
当然に期限の利益を喪失するものとし、委託者または受託者は当該債
務を直ちに弁済しなければならない。

(2)　相手方が、前号の規定により、契約を解除した場合に、相手方はこ
れにより委託者または受託者の損害を賠償する責を負わない。

(3)　第1号の規定により相手方が契約を解除した場合、相手方から委託
者または受託者に対する損害賠償請求を妨げない。

> **POINT**
>
> 　いわゆる暴排条項は、百貨店の信用維持のため、必要不可欠
> な規定である。百貨店である委託者は、反社会的勢力と関連の
> ないことが、当然であるので双務条項とすべきである。

第14条（損害賠償）

　受託者または受託者の従業員等の責に帰すべき事由により、委託者ま
たは第三者に損害を与えた場合には、受託者は一切の損害を賠償しなけ
ればならない。

第15条（契約の解除）

委託者は、受託者が次の各号のいずれかに該当したときは、催告その他の手続を要しないで、直ちに本契約および個別契約の全部または一部を解除することができる。

(1)　本契約に違反し、相手方が相当の期間を定めて催告したにもかかわらず、当該期間内にこれを是正しないとき

(2)　委託者の社会的信用をおよび名誉を著しく傷つけたとき

(3)　受託者の売上高の不振が回復する見込みがなく、受託者の営業努力が十分でないとき

(4)　委託者に対し、直接・間接を問わず損害を与える行為をしたとき

(5)　委託者の営業方針上、やむを得ないとき

(6)　手形・小切手を不渡りにする等支払停止の状態に陥ったとき

(7)　破産、民事再生、会社更生、特別清算の手続開始の申立てがあったとき

(8)　仮差押え、差押え、仮処分、競売等の申立てを受けたとき

(9)　事業の譲渡または他の会社との合併もしくは会社分割をしたとき、または廃業または解散決議をなしたとき

(10)　信用、資産または事業の重大な変化など、本契約の履行が困難になる事由が認められたとき

POINT

(1)　契約解除の双務条項化

委託者側の一方的な契約解除事由が定められているが、双務条項とし受託者側からも解除できる旨を定めるべきである。その場合、できるだけ客観的な解除事由項目を定めるべきである。

（変更例）

委託者または受託者は、相手方が次の各号のいずれかに該当したときは、催告その他の手続を要しないで、直ちに本契約および個別契約の全部または一部を解除することができる。

(1)　本契約の各条項に違反した場合であって、相手方が相当の期間を定めて違反状態の解消を求めたが、その期間内に違反

状態が解消されないとき

(2) 手形・小切手を不渡りにする等支払停止の状態に陥ったとき

(3) 仮差押え、差押え、仮処分、競売等の申立てを受けたとき

(4) 破産、民事再生、会社更生、特別清算の手続開始の申立てがあったとき

(5) 廃業または解散決議をなしたとき

(6) その他委託者または受託者の財産状態が悪化し、またはそのおそれがあると認められる相当の事由があるとき

(7) 受託者または委託者の信用を著しく傷つけたとき

⑵ 第15条第5号の「営業方針上、やむを得ないとき」

受託者に非がないのに、委託者の営業方針として契約解除する場合は、トラブルに発生する可能性が高く、訴訟になっても委託者敗訴になる可能性が高い。相当の補償や委託者のかなり前からの解約交渉が必要となる。本条柱書で述べる催告その他の手続を要しないで、直ちに本契約を解除することができる項目とすべきではない。

そこで、任意解除条項の追加を検討する。もっとも、本条項においても、受託者に非がない場合、相手方が承諾すれば問題はないが、たとえば受託者が承諾しないで、訴訟で争った場合、委託者が何の負担もせずに、解約できるとは限らない。

任意解除条項については「第2章⑤任意解除条項」（121頁）を参照のこと。

（追加条文例）

第○条（任意解除）

委託者および受託者は、本契約の契約期間中といえども、3か月前までに、相手方に対し、書面で通知することにより、本契約を解除することができる。

第16条（契約期間）

本契約の有効期間は、平成〇〇年〇〇月〇〇日から平成〇〇年〇〇月〇〇日までとし、委託者または受託者いずれか一方より期間満了3か月前までに書面による解約の申し出のない限り、1年間自動的に更新するものとし、以後も同様とする。

第17条（原状回復措置）

本契約が終了した場合には、委託者の指示に従い、受託者は速やかに自らの費用により受託者の所有に属する商品その他受託者が設置した設置物等を販売場所より搬出し、原状回復しなければならない。この場合、受託者は、委託者に対して補償を求めることはできない。

2　受託者は前項の義務を履行しない場合、委託者は自ら前項の原状回復措置をとることができ、これらの費用はすべて受託者が負担する。

第18条（裁判管轄）

委託者および受託者は、本契約に関し裁判上の紛争が生じたときは、〇〇地方裁判所をもって、第一審の専属的合意管轄裁判所とする。

第19条（協議解決）

本契約に定めのない事項、または本契約に疑義が生じたときは、誠意をもって委託者と受託者が協議の上解決するものとする。

本契約締結の証として本書2通を作成し、各自記名捺印の上それぞれその1通を保有する。

平成〇〇年〇月〇日

　　　　　　　　（委託者）　東京都渋谷区〇〇1丁目1番1号
　　　　　　　　　　　　　　X株式会社

　　　　　　　　　　　　　　代表取締役社長　〇〇〇〇　㊞

（受託者）　東京都港区○○2丁目2番2号

Y株式会社

代表取締役　○○○○　㊞

【著者略歴】

滝川　宜信（たきかわ　よしのぶ）

昭和22年　名古屋生まれ
　　　　　学習院大学法学部卒業、中央大学法学研究科博士後期課程中途退学
　　　　　株式会社デンソー法務部長、名古屋大学大学院法学研究科客員教授、南山大学、中京大学、名城大学各非常勤講師などを歴任
現　　在　明治学院大学大学院法務職研究科教授
〔著　書〕『経営指導念書の理論と実際』（単著・民事法研究会・平成13年）
　　　　　『戦略経営ハンドブック』（共著・中央経済社・平成15年）
　　　　　『社外取締役のすべて』（共著・東洋経済新報社・平成16年）
　　　　　『ビジネス契約実務大全』（共著・企業研究会・平成16年）
　　　　　『企業法務戦略』（共著・中央経済社・平成19年）
　　　　　『リーディング会社法〔第2版〕』（単著・民事法研究会・平成22年）
　　　　　『実践　企業法務入門〔第5版〕』（単著・民事法研究会・平成23年）
　　　　　『内部統制対応版企業コンプライアンス態勢のすべて〔新訂版〕』（共著・金融財政事情研究会・平成24年）
　　　　　『取引基本契約書の作成と審査の実務〔第5版〕』（単著・民事法研究会・平成26年）

業務委託（アウトソーシング）契約書の作成と審査の実務

平成27年1月28日　第1刷発行

定価　本体5,500円＋税

著　　者　滝川　宜信
発　　行　株式会社　民事法研究会
印　　刷　株式会社　太平印刷社

発 行 所　株式会社　民事法研究会
　　　　　〒150-0013　東京都渋谷区恵比寿 3-7-16
　　　　　TEL 03(5798)7257　FAX 03(5798)7258〔営業〕
　　　　　　　03(5798)7277　FAX 03(5798)7278〔編集〕
　　　　　http://www.minjiho.com/　　info@minjiho.com

落丁・乱丁はおとりかえします。ISBN978-4-89628-993-0　C2032　¥5500E
カバーデザイン　袴田峯男

取引基本契約書の作成と審査の実務
〔第5版〕

滝川 宜信 著

A 5 判・474頁・定価 本体4,000円＋税

▷▷▷▷▷▷▷▷▷▷▷▷▷▷▷▷▷▷ **本書の特色と狙い** ◁◁◁◁◁◁◁◁◁◁◁◁◁◁◁◁◁◁

- ▶平成26年改正会社法などの最新の法令・判例・実務等を踏まえ改訂した必備書！
- ▶第5版では、反社会的勢力の排除、通知義務の基本条項の変更や最新の法令、実務の変更に対応させ改訂！
- ▶数十社に及ぶ契約書を比較・検討し、逐条ごとに判例・学説・実例を踏まえて詳解したわが国唯一の実践書！
- ▶企業の法務・契約担当者、第一線の営業担当者をはじめ、弁護士、司法書士等の法律実務家のみならず、契約法の研究者にとっても必読の書！

❖❖❖❖❖❖❖❖❖❖❖❖❖ **本書の主要内容** ❖❖❖❖❖❖❖❖❖❖❖❖❖

発行 ㊑ 民事法研究会

〒150-0013　東京都渋谷区恵比寿3-7-16
（営業）TEL. 03-5798-7257　FAX. 03-5798-7258
http://www.minjiho.com/　info@minjiho.com